中华人民共和国反电信网络诈骗法

——释义与适用——

主编　王爱立　刘忠义　隋　静　温信祥

中国民主法制出版社

图书在版编目（CIP）数据

《中华人民共和国反电信网络诈骗法》释义与适用／王爱立等主编．—北京：中国民主法制出版社，2022.10

ISBN 978-7-5162-2964-4

Ⅰ.①中… Ⅱ.①王… Ⅲ.①反电信网络诈骗法—法律解释—中国②反电信网络诈骗法—法律适用—中国 Ⅳ.①D924.335

中国版本图书馆CIP数据核字（2022）第191547号

图书出品人：刘海涛
专家审读：包 璐
责任编辑：陈 曦 贾萌萌
图书策划：刘 卫

书 名／《中华人民共和国反电信网络诈骗法》释义与适用
作 者／王爱立 刘忠义 隋 静 温信祥 主编

出版·发行／中国民主法制出版社
地址／北京市丰台区右安门外玉林里7号（100069）
电话／010－57258080 57514499（系统发行） 63292520（编辑室）
传真／010－84815841
http://www.npcpub.com
E-mail:mzfz@npcpub.com
经销／新华书店
开本／16开 710毫米×1000毫米
印张／32.5 **字数**／494千字
版本／2022年11月第1版 2022年11月第1次印刷
印刷／北京飞帆印刷有限公司

书号／ISBN 978-7-5162-2964-4
定价／68.00元

本书编委会

编写人员	张义健	陈远鑫	黄　星	伊繁伟	王　瑞
	马　曼	戴　蕾	骆　程	张金勇	王　雷
	董　晴	刘筱彤	纪文哲		
	史　梁	刘道前	夏学建	周其海	徐永胜
	楼先迪	李菁菁	白安磊	黎　捷	沈一波
	杜一超	张　军	张　硕	肖　维	王晓伟
	杨　琛	王　博	夏　琳	林　锋	尚　进
	黄辉煌	杨万方	俞　航	刘　帅	张　鹏
	刘远洋	常　雯	杜　伟	崔现东	周　帅
	王栩晨	王卉婷	王玉环	杨剑锋	万晓玥
	王建宇	姜清明	刘妍妍	华钦卿	崔　颖
	曹　芳	刘　姣	卢　丹	李霁澎	毕　然
	张亦冰	陈　哲	王建伟	刘婧璇	王晓晴
	杨　青	李文勇	罗　强	周鹏博	张卫华
	郝雅红	张笑尘	赵朋飞	张文博	马征程
	王冀东	金　涛	黄兵涛	钱国根	吉祖来
	周晨阳	丁　岩	徐晓莉	孔凡东	李　伟
	雷　珅	沈颜奕	施　蕾	陈　杰	王素雅

前　言

2022年9月2日，第十三届全国人大常委会第三十六次会议审议通过了《中华人民共和国反电信网络诈骗法》。该法自2022年12月1日起施行。

反电信网络诈骗法贯彻落实习近平总书记关于打击治理电信网络诈骗工作的重要指示批示精神和党中央决策部署，立法过程中坚持以人民为中心，统筹发展和安全，坚持精准防治和问题导向，强化系统观念、注重源头治理、综合治理，加强预防性法律制度建设，是专门为打击治理电信网络诈骗活动制定的“小切口”法律，为坚决打击遏制电信网络诈骗活动提供坚实充分法治保障。

制定反电信网络诈骗法坚持从实际出发，践行全过程人民民主，充分听取和吸收了各方面的意见。反电信网络诈骗法共七章五十条，包括总则、电信治理、金融治理、互联网治理、综合措施、法律责任和附则。本法对反电信网络诈骗工作的基本原则、反制技术措施、宣传教育防范，完善电话卡、物联网卡、金融账户、互联网账号有关基础管理制度，涉诈相关非法服务、设备、产业的治理、处置措施和申诉救济渠道，国际合作、保障措施及法律责任等作了全面的规定。

为便于执法机关、司法机关和广大群众学习掌握反电信网络诈骗法，使本法能够在实践中得以严格贯彻落实，全国人大常委会法制工作委员会刑法室、公安部刑事侦查局、工业和信息化部网络安全管理局、中国人民银行支付结算司参与反电信网络诈骗法制定工作的人员，共同撰写了《〈中华人民共和国反电信网络诈骗法〉释义与适用》一书，对条文的具体含义、实践中需要注意的问题以及立法宗旨和背景作了详细介绍和阐述。本书密切结合法律草案起草、审议和修改中各方面的意见建议，紧扣实践问题和执法需求，并对重要条文编附了典型案例，必将为读者正确理解和适用反电信网络诈骗法提供有力的参考和帮助。本书难免有不妥之处，敬请广大读者批评指正。

编　者

2022 年 10 月

目　　录

第二部分　释　　义

第三部分 附　　录

中华人民共和国主席令

第一一九号

《中华人民共和国反电信网络诈骗法》已由中华人民共和国第十三届全国人民代表大会常务委员会第三十六次会议于2022年9月2日通过，现予公布，自2022年12月1日起施行。

中华人民共和国主席　习近平

2022年9月2日

中华人民共和国反电信网络诈骗法

（2022 年 9 月 2 日第十三届全国人民代表大会常务委员会第三十六次会议通过）

目　　录

第一章　总　　则

第一条　为了预防、遏制和惩治电信网络诈骗活动，加强反电信网络诈骗工作，保护公民和组织的合法权益，维护社会稳定和国家安全，根据宪法，制定本法。

第二条　本法所称电信网络诈骗，是指以非法占有为目的，利用电信网络技术手段，通过远程、非接触等方式，诈骗公私财物的行为。

第三条　打击治理在中华人民共和国境内实施的电信网络诈骗活动或者中华人民共和国公民在境外实施的电信网络诈骗活动，适用本法。

境外的组织、个人针对中华人民共和国境内实施电信网络诈骗活动的，或者为他人针对境内实施电信网络诈骗活动提供产品、服务等帮助的，依照本法有关规定处理和追究责任。

第四条　反电信网络诈骗工作坚持以人民为中心，统筹发展和安全；坚持系统观念、法治思维，注重源头治理、综合治理；坚持齐抓共管、群防群治，全面落实打防管控各项措施，加强社会宣传教育防范；坚持精准防治，保障正常生产经营活动和群众生活便利。

第五条 反电信网络诈骗工作应当依法进行，维护公民和组织的合法权益。

有关部门和单位、个人应当对在反电信网络诈骗工作过程中知悉的国家秘密、商业秘密和个人隐私、个人信息予以保密。

第六条 国务院建立反电信网络诈骗工作机制，统筹协调打击治理工作。

地方各级人民政府组织领导本行政区域内反电信网络诈骗工作，确定反电信网络诈骗目标任务和工作机制，开展综合治理。

公安机关牵头负责反电信网络诈骗工作，金融、电信、网信、市场监管等有关部门依照职责履行监管主体责任，负责本行业领域反电信网络诈骗工作。

人民法院、人民检察院发挥审判、检察职能作用，依法防范、惩治电信网络诈骗活动。

电信业务经营者、银行业金融机构、非银行支付机构、互联网服务提供者承担风险防控责任，建立反电信网络诈骗内部控制机制和安全责任制度，加强新业务涉诈风险安全评估。

第七条 有关部门、单位在反电信网络诈骗工作中应当密切协作，实现跨行业、跨地域协同配合、快速联动，加强专业队伍建设，有效打击治理电信网络诈骗活动。

第八条 各级人民政府和有关部门应当加强反电信网络诈骗宣传，普及相关法律和知识，提高公众对各类电信网络诈骗方式的防骗意识和识骗能力。

教育行政、市场监管、民政等有关部门和村民委员会、居民委员会，应当结合电信网络诈骗受害群体的分布等特征，加强对老年人、青少年等群体的宣传教育，增强反电信网络诈骗宣传教育的针对性、精准性，开展反电信网络诈骗宣传教育进学校、进企业、进社区、进农村、进家庭等活动。

各单位应当加强内部防范电信网络诈骗工作，对工作人员开展防范电信网络诈骗教育；个人应当加强电信网络诈骗防范意识。单位、个人应当协助、配合有关部门依照本法规定开展反电信网络诈骗工作。

第二章　电信治理

第九条　电信业务经营者应当依法全面落实电话用户真实身份信息登记制度。

基础电信企业和移动通信转售企业应当承担对代理商落实电话用户实名制管理责任，在协议中明确代理商实名制登记的责任和有关违约处置措施。

第十条　办理电话卡不得超出国家有关规定限制的数量。

对经识别存在异常办卡情形的，电信业务经营者有权加强核查或者拒绝办卡。具体识别办法由国务院电信主管部门制定。

国务院电信主管部门组织建立电话用户开卡数量核验机制和风险信息共享机制，并为用户查询名下电话卡信息提供便捷渠道。

第十一条　电信业务经营者对监测识别的涉诈异常电话卡用户应当重新进行实名核验，根据风险等级采取有区别的、相应的核验措施。对未按规定核验或者核验未通过的，电信业务经营者可以限制、暂停有关电话卡功能。

第十二条　电信业务经营者建立物联网卡用户风险评估制度，评估未通过的，不得向其销售物联网卡；严格登记物联网卡用户身份信息；采取有效技术措施限定物联网卡开通功能、使用场景和适用设备。

单位用户从电信业务经营者购买物联网卡再将载有物联网卡的设备销售给其他用户的，应当核验和登记用户身份信息，并将销量、存量及用户实名信息传送给号码归属的电信业务经营者。

电信业务经营者对物联网卡的使用建立监测预警机制。对存在异常使用情形的，应当采取暂停服务、重新核验身份和使用场景或者其他合同约定的处置措施。

第十三条　电信业务经营者应当规范真实主叫号码传送和电信线路出租，对改号电话进行封堵拦截和溯源核查。

电信业务经营者应当严格规范国际通信业务出入口局主叫号码传送，真实、准确向用户提示来电号码所属国家或者地区，对网内和网间虚假主叫、不规范主叫进行识别、拦截。

第十四条 任何单位和个人不得非法制造、买卖、提供或者使用下列设备、软件：

（一）电话卡批量插入设备；

（二）具有改变主叫号码、虚拟拨号、互联网电话违规接入公用电信网络等功能的设备、软件；

（三）批量账号、网络地址自动切换系统，批量接收提供短信验证、语音验证的平台；

（四）其他用于实施电信网络诈骗等违法犯罪的设备、软件。

电信业务经营者、互联网服务提供者应当采取技术措施，及时识别、阻断前款规定的非法设备、软件接入网络，并向公安机关和相关行业主管部门报告。

第三章 金融治理

第十五条 银行业金融机构、非银行支付机构为客户开立银行账户、支付账户及提供支付结算服务，和与客户业务关系存续期间，应当建立客户尽职调查制度，依法识别受益所有人，采取相应风险管理措施，防范银行账户、支付账户等被用于电信网络诈骗活动。

第十六条 开立银行账户、支付账户不得超出国家有关规定限制的数量。

对经识别存在异常开户情形的，银行业金融机构、非银行支付机构有权加强核查或者拒绝开户。

中国人民银行、国务院银行业监督管理机构组织有关清算机构建立跨机构开户数量核验机制和风险信息共享机制，并为客户提供查询名下银行账户、支付账户的便捷渠道。银行业金融机构、非银行支付机构应当按照国家有关规定提供开户情况和有关风险信息。相关信息不得用于反电信网络诈骗以外的其他用途。

第十七条 银行业金融机构、非银行支付机构应当建立开立企业账户异常情形的风险防控机制。金融、电信、市场监管、税务等有关部门建立开立企业账户相关信息共享查询系统，提供联网核查服务。

市场主体登记机关应当依法对企业实名登记履行身份信息核验职责；依照规定对登记事项进行监督检查，对可能存在虚假登记、涉诈异常的企业重点监督检查，依法撤销登记的，依照前款的规定及时共享信息；为银行业金融机构、非银行支付机构进行客户尽职调查和依法识别受益所有人提供便利。

第十八条 银行业金融机构、非银行支付机构应当对银行账户、支付账户及支付结算服务加强监测，建立完善符合电信网络诈骗活动特征的异常账户和可疑交易监测机制。

中国人民银行统筹建立跨银行业金融机构、非银行支付机构的反洗钱统一监测系统，会同国务院公安部门完善与电信网络诈骗犯罪资金流转特点相适应的反洗钱可疑交易报告制度。

对监测识别的异常账户和可疑交易，银行业金融机构、非银行支付机构应当根据风险情况，采取核实交易情况、重新核验身份、延迟支付结算、限制或者中止有关业务等必要的防范措施。

银行业金融机构、非银行支付机构依照第一款规定开展异常账户和可疑交易监测时，可以收集异常客户互联网协议地址、网卡地址、支付受理终端信息等必要的交易信息、设备位置信息。上述信息未经客户授权，不得用于反电信网络诈骗以外的其他用途。

第十九条 银行业金融机构、非银行支付机构应当按照国家有关规定，完整、准确传输直接提供商品或者服务的商户名称、收付款客户名称及账号等交易信息，保证交易信息的真实、完整和支付全流程中的一致性。

第二十条 国务院公安部门会同有关部门建立完善电信网络诈骗涉案资金即时查询、紧急止付、快速冻结、及时解冻和资金返还制度，明确有关条件、程序和救济措施。

公安机关依法决定采取上述措施的，银行业金融机构、非银行支付机构应当予以配合。

第四章 互联网治理

第二十一条 电信业务经营者、互联网服务提供者为用户提供下列服务，在与用户签订协议或者确认提供服务时，应当依法要求用户提供真实身份信息，用户不提供真实身份信息的，不得提供服务：

（一）提供互联网接入服务；

（二）提供网络代理等网络地址转换服务；

（三）提供互联网域名注册、服务器托管、空间租用、云服务、内容分发服务；

（四）提供信息、软件发布服务，或者提供即时通讯、网络交易、网络游戏、网络直播发布、广告推广服务。

第二十二条 互联网服务提供者对监测识别的涉诈异常账号应当重新核验，根据国家有关规定采取限制功能、暂停服务等处置措施。

互联网服务提供者应当根据公安机关、电信主管部门要求，对涉案电话卡、涉诈异常电话卡所关联注册的有关互联网账号进行核验，根据风险情况，采取限期改正、限制功能、暂停使用、关闭账号、禁止重新注册等处置措施。

第二十三条 设立移动互联网应用程序应当按照国家有关规定向电信主管部门办理许可或者备案手续。

为应用程序提供封装、分发服务的，应当登记并核验应用程序开发运营者的真实身份信息，核验应用程序的功能、用途。

公安、电信、网信等部门和电信业务经营者、互联网服务提供者应当加强对分发平台以外途径下载传播的涉诈应用程序重点监测、及时处置。

第二十四条 提供域名解析、域名跳转、网址链接转换服务的，应当按照国家有关规定，核验域名注册、解析信息和互联网协议地址的真实性、准确性，规范域名跳转，记录并留存所提供相应服务的日志信息，支持实现对解析、跳转、转换记录的溯源。

第二十五条 任何单位和个人不得为他人实施电信网络诈骗活动提供下列支持或者帮助：

（一）出售、提供个人信息；

（二）帮助他人通过虚拟货币交易等方式洗钱；

（三）其他为电信网络诈骗活动提供支持或者帮助的行为。

电信业务经营者、互联网服务提供者应当依照国家有关规定，履行合理注意义务，对利用下列业务从事涉诈支持、帮助活动进行监测识别和处置：

（一）提供互联网接入、服务器托管、网络存储、通讯传输、线路出租、域名解析等网络资源服务；

（二）提供信息发布或者搜索、广告推广、引流推广等网络推广服务；

（三）提供应用程序、网站等网络技术、产品的制作、维护服务；

（四）提供支付结算服务。

第二十六条 公安机关办理电信网络诈骗案件依法调取证据的，互联网服务提供者应当及时提供技术支持和协助。

互联网服务提供者依照本法规定对有关涉诈信息、活动进行监测时，发现涉诈违法犯罪线索、风险信息的，应当依照国家有关规定，根据涉诈风险类型、程度情况移送公安、金融、电信、网信等部门。有关部门应当建立完善反馈机制，将相关情况及时告知移送单位。

第五章 综合措施

第二十七条 公安机关应当建立完善打击治理电信网络诈骗工作机制，加强专门队伍和专业技术建设，各警种、各地公安机关应当密切配合，依法有效惩处电信网络诈骗活动。

公安机关接到电信网络诈骗活动的报案或者发现电信网络诈骗活动，应当依照《中华人民共和国刑事诉讼法》的规定立案侦查。

第二十八条 金融、电信、网信部门依照职责对银行业金融机构、非银行支付机构、电信业务经营者、互联网服务提供者落实本法规定情况进行监督检查。有关监督检查活动应当依法规范开展。

第二十九条 个人信息处理者应当依照《中华人民共和国个人信息保护法》等法律规定，规范个人信息处理，加强个人信息保护，建立个人信息被用于电信网络诈骗的防范机制。

履行个人信息保护职责的部门、单位对可能被电信网络诈骗利用的物流信息、交易信息、贷款信息、医疗信息、婚介信息等实施重点保护。公安机关办理电信网络诈骗案件，应当同时查证犯罪所利用的个人信息来源，依法追究相关人员和单位责任。

第三十条 电信业务经营者、银行业金融机构、非银行支付机构、互联网服务提供者应当对从业人员和用户开展反电信网络诈骗宣传，在有关业务活动中对防范电信网络诈骗作出提示，对本领域新出现的电信网络诈骗手段及时向用户作出提醒，对非法买卖、出租、出借本人有关卡、账户、账号等被用于电信网络诈骗的法律责任作出警示。

新闻、广播、电视、文化、互联网信息服务等单位，应当面向社会有针对性地开展反电信网络诈骗宣传教育。

任何单位和个人有权举报电信网络诈骗活动，有关部门应当依法及时处理，对提供有效信息的举报人依照规定给予奖励和保护。

第三十一条 任何单位和个人不得非法买卖、出租、出借电话卡、物联网卡、电信线路、短信端口、银行账户、支付账户、互联网账号等，不得提供实名核验帮助；不得假冒他人身份或者虚构代理关系开立上述卡、账户、账号等。

对经设区的市级以上公安机关认定的实施前款行为的单位、个人和相关组织者，以及因从事电信网络诈骗活动或者关联犯罪受过刑事处罚的人员，可以按照国家有关规定记入信用记录，采取限制其有关卡、账户、账号等功能和停止非柜面业务、暂停新业务、限制入网等措施。对上述认定和措施有异议的，可以提出申诉，有关部门应当建立健全申诉渠道、信用修复和救济制度。具体办法由国务院公安部门会同有关主管部门规定。

第三十二条 国家支持电信业务经营者、银行业金融机构、非银行支付机构、互联网服务提供者研究开发有关电信网络诈骗反制技术，用于监测识别、动态封堵和处置涉诈异常信息、活动。

国务院公安部门、金融管理部门、电信主管部门和国家网信部门等应当统筹负责本行业领域反制技术措施建设，推进涉电信网络诈骗样本信息数据共享，加强涉诈用户信息交叉核验，建立有关涉诈异常信息、活动的监测识别、动态封堵和处置机制。

依据本法第十一条、第十二条、第十八条、第二十二条和前款规定，对涉诈异常情形采取限制、暂停服务等处置措施的，应当告知处置原因、救济渠道及需要提交的资料等事项，被处置对象可以向作出决定或者采取措施的部门、单位提出申诉。作出决定的部门、单位应当建立完善申诉渠道，及时受理申诉并核查，核查通过的，应当即时解除有关措施。

第三十三条 国家推进网络身份认证公共服务建设，支持个人、企业自愿使用，电信业务经营者、银行业金融机构、非银行支付机构、互联网服务提供者对存在涉诈异常的电话卡、银行账户、支付账户、互联网账号，可以通过国家网络身份认证公共服务对用户身份重新进行核验。

第三十四条 公安机关应当会同金融、电信、网信部门组织银行业金融机构、非银行支付机构、电信业务经营者、互联网服务提供者等建立预警劝阻系统，对预警发现的潜在被害人，根据情况及时采取相应劝阻措施。对电信网络诈骗案件应当加强追赃挽损，完善涉案资金处置制度，及时返还被害人的合法财产。对遭受重大生活困难的被害人，符合国家有关救助条件的，有关方面依照规定给予救助。

第三十五条 经国务院反电信网络诈骗工作机制决定或者批准，公安、金融、电信等部门对电信网络诈骗活动严重的特定地区，可以依照国家有关规定采取必要的临时风险防范措施。

第三十六条 对前往电信网络诈骗活动严重地区的人员，出境活动存在重大涉电信网络诈骗活动嫌疑的，移民管理机构可以决定不准其出境。

因从事电信网络诈骗活动受过刑事处罚的人员，设区的市级以上公安机关可以根据犯罪情况和预防再犯罪的需要，决定自处罚完毕之日起六个月至三年以内不准其出境，并通知移民管理机构执行。

第三十七条 国务院公安部门等会同外交部门加强国际执法司法合作，与有关国家、地区、国际组织建立有效合作机制，通过开展国际警务合作等方式，提升在信息交流、调查取证、侦查抓捕、追赃挽损等方面的合作水平，有效打击遏制跨境电信网络诈骗活动。

第六章　法律责任

第三十八条　组织、策划、实施、参与电信网络诈骗活动或者为电信网络诈骗活动提供帮助，构成犯罪的，依法追究刑事责任。

前款行为尚不构成犯罪的，由公安机关处十日以上十五日以下拘留；没收违法所得，处违法所得一倍以上十倍以下罚款，没有违法所得或者违法所得不足一万元的，处十万元以下罚款。

第三十九条　电信业务经营者违反本法规定，有下列情形之一的，由有关主管部门责令改正，情节较轻的，给予警告、通报批评，或者处五万元以上五十万元以下罚款；情节严重的，处五十万元以上五百万元以下罚款，并可以由有关主管部门责令暂停相关业务、停业整顿、吊销相关业务许可证或者吊销营业执照，对其直接负责的主管人员和其他直接责任人员，处一万元以上二十万元以下罚款：

（一）未落实国家有关规定确定的反电信网络诈骗内部控制机制的；

（二）未履行电话卡、物联网卡实名制登记职责的；

（三）未履行对电话卡、物联网卡的监测识别、监测预警和相关处置职责的；

（四）未对物联网卡用户进行风险评估，或者未限定物联网卡的开通功能、使用场景和适用设备的；

（五）未采取措施对改号电话、虚假主叫或者具有相应功能的非法设备进行监测处置的。

第四十条　银行业金融机构、非银行支付机构违反本法规定，有下列情形之一的，由有关主管部门责令改正，情节较轻的，给予警告、通报批评，或者处五万元以上五十万元以下罚款；情节严重的，处五十万元以上五百万元以下罚款，并可以由有关主管部门责令停止新增业务、缩减业务类型或者业务范围、暂停相关业务、停业整顿、吊销相关业务许可证或者吊销营业执照，对其直接负责的主管人员和其他直接责任人员，处一万元以上二十万元以下罚款：

（一）未落实国家有关规定确定的反电信网络诈骗内部控制机制的；

（二）未履行尽职调查义务和有关风险管理措施的；

（三）未履行对异常账户、可疑交易的风险监测和相关处置义务的；

（四）未按照规定完整、准确传输有关交易信息的。

第四十一条 电信业务经营者、互联网服务提供者违反本法规定，有下列情形之一的，由有关主管部门责令改正，情节较轻的，给予警告、通报批评，或者处五万元以上五十万元以下罚款；情节严重的，处五十万元以上五百万元以下罚款，并可以由有关主管部门责令暂停相关业务、停业整顿、关闭网站或者应用程序、吊销相关业务许可证或者吊销营业执照，对其直接负责的主管人员和其他直接责任人员，处一万元以上二十万元以下罚款：

（一）未落实国家有关规定确定的反电信网络诈骗内部控制机制的；

（二）未履行网络服务实名制职责，或者未对涉案、涉诈电话卡关联注册互联网账号进行核验的；

（三）未按照国家有关规定，核验域名注册、解析信息和互联网协议地址的真实性、准确性，规范域名跳转，或者记录并留存所提供相应服务的日志信息的；

（四）未登记核验移动互联网应用程序开发运营者的真实身份信息或者未核验应用程序的功能、用途，为其提供应用程序封装、分发服务的；

（五）未履行对涉诈互联网账号和应用程序，以及其他电信网络诈骗信息、活动的监测识别和处置义务的；

（六）拒不依法为查处电信网络诈骗犯罪提供技术支持和协助，或者未按规定移送有关违法犯罪线索、风险信息的。

第四十二条 违反本法第十四条、第二十五条第一款规定的，没收违法所得，由公安机关或者有关主管部门处违法所得一倍以上十倍以下罚款，没有违法所得或者违法所得不足五万元的，处五十万元以下罚款；情节严重的，由公安机关并处十五日以下拘留。

第四十三条 违反本法第二十五条第二款规定，由有关主管部门责令改正，情节较轻的，给予警告、通报批评，或者处五万元以上五十万元以下罚款；情节严重的，处五十万元以上五百万元以下罚款，并可以由有关主管部门责令暂停相关业务、停业整顿、关闭网站或者应用程序，对其直接负责的主管人员和其他直接责任人员，处一万元以上二十万元以下罚款。

第四十四条 违反本法第三十一条第一款规定的，没收违法所得，由公安机关处违法所得一倍以上十倍以下罚款，没有违法所得或者违法所得不足二万元的，处二十万元以下罚款；情节严重的，并处十五日以下拘留。

第四十五条 反电信网络诈骗工作有关部门、单位的工作人员滥用职权、玩忽职守、徇私舞弊，或者有其他违反本法规定行为，构成犯罪的，依法追究刑事责任。

第四十六条 组织、策划、实施、参与电信网络诈骗活动或者为电信网络诈骗活动提供相关帮助的违法犯罪人员，除依法承担刑事责任、行政责任以外，造成他人损害的，依照《中华人民共和国民法典》等法律的规定承担民事责任。

电信业务经营者、银行业金融机构、非银行支付机构、互联网服务提供者等违反本法规定，造成他人损害的，依照《中华人民共和国民法典》等法律的规定承担民事责任。

第四十七条 人民检察院在履行反电信网络诈骗职责中，对于侵害国家利益和社会公共利益的行为，可以依法向人民法院提起公益诉讼。

第四十八条 有关单位和个人对依照本法作出的行政处罚和行政强制措施决定不服的，可以依法申请行政复议或者提起行政诉讼。

第七章 附 则

第四十九条 反电信网络诈骗工作涉及的有关管理和责任制度，本法没有规定的，适用《中华人民共和国网络安全法》、《中华人民共和国个人信息保护法》、《中华人民共和国反洗钱法》等相关法律规定。

第五十条 本法自 2022 年 12 月 1 日起施行。

第一部分

导　读

全面构筑打击治理
电信网络诈骗活动的法治保障

——《中华人民共和国反电信网络诈骗法》综述

全国人大常委会法工委刑法室主任　王爱立

2022年9月2日，第十三届全国人大常委会第三十六次会议审议高票通过了《中华人民共和国反电信网络诈骗法》。反电信网络诈骗法贯彻落实习近平总书记关于打击治理电信网络诈骗工作的重要指示批示精神和党中央决策部署，充分体现了人民意愿和实践需要，以“小切口”专项立法快节奏推进，全面构筑打击治理电信网络诈骗活动的法治保障。

一、制定反电信网络诈骗法的背景与过程

（一）立法背景

一是贯彻落实党中央决策部署的重要举措。电信网络诈骗活动多发高发，严重危害人民群众利益和社会和谐稳定。习近平总书记高度重视打击治理电信网络诈骗犯罪工作，多次作出重要指示批示，对反电信网络诈骗工作的指导思想、基本原则、关键环节和制度构建作出明确指示，从立法、执法、司法各领域各方面提出明确要求，特别强调“要加强法律制度建设”“要从完善法律入手进行规制，补齐监管漏洞和短板，决不能放任不管”。这些精神主要体现在总则相关规定中，如第一条立法目的，第四条“四个坚持”的工作原则等，分则各个章节的具体制度也都贯彻体现了上述重要精神。制定反电信网络诈骗法是落实党中央决策部署、打击遏制电信网络诈骗活动的重要举措。

二是坚持以人民为中心，统筹发展和安全的必然要求。近年来，电信网络诈骗犯罪活动形势严峻，在刑事犯罪案件中占据很大的比重，犯罪分子利

用新型电信网络技术手段，钻管理上的漏洞，利用非法获取个人信息、网络“黑灰产”交易等实施精准诈骗，组织化、链条化运作，跨境跨地域实施，已经成为当前发案最高、损失最大、群众反响最强烈的突出犯罪，严重危害人民群众获得感、幸福感、安全感。对此，立法必须作出回应，进一步完善制度，坚决打击治理，以法治方式、法治思维加强社会治理，维护人民群众切身利益，以法治保障实现人民对美好生活的向往。

三是反电信网络诈骗工作实践的迫切需要。从实践情况看，反电信网络诈骗工作综合治理、源头治理方面的制度措施不够充分，金融、通信、互联网等行业治理存在薄弱环节，需要进一步建立完善各方面责任制度，形成协同打击治理合力；实践中一些好的做法和政策文件需要上升为法律规定；现有法律规定总体上较为分散，各方面对于加强法律制度建设的需求较为迫切。在这些情况下，急需有一部专门立法，满足实践需要。

（二）立法过程

2021 年 4 月，习近平总书记作出重要指示，按照全国人大常委会领导同志指示，全国人大常委会法工委自 4 月底开始会同公安部、工业和信息化部、人民银行等抓紧推进反电信网络诈骗立法工作、深入开展调研；7 月形成工作草案后征求了中央有关部门、地方和企业意见；8 月修改后召开座谈会，再次征求有关方面意见后，形成反电信网络诈骗法草案。2021 年 10 月，十三届全国人大常委会第三十一次会议对反电信网络诈骗法草案进行了初次审议。2022 年 6 月，十三届全国人大常委会第三十五次会议对草案进行了第二次审议。2022 年 8 月，十三届全国人大常委会第三十六次会议对草案进行了第三次审议，并于 9 月 2 日表决通过。国家主席习近平签署第一一九号主席令予以公布，自 2022 年 12 月 1 日起施行。

立法过程中始终坚持问题导向、结果导向，坚持立法的全过程人民民主。反电信网络诈骗立法中，深入贯彻习近平总书记关于全过程人民民主的重大理念，保障人民当家作主。通过书面征求意见、座谈会、实地调研等形式，广泛听取各方面意见。将草案印发各地方、有关部门及高等院校、研究机构、基层立法联系点、银行、互联网企业等征求意见，两次在中国人大网公布草案征求社会公众意见，在三次审议阶段都专门听取互联网企业意见，先后在北京、云南、浙江、湖北、福建等地深入进行调研，听取一线执法干警、律师、专家学者等方面的意见，在充分吸收常委会审议意见和各方面意见的基础上对草案进行修改完善。

二、制定反电信网络诈骗法的总体思路

制定反电信网络诈骗法的总体思路是，贯彻落实习近平总书记关于打击治理电信网络诈骗工作的重要指示批示精神，贯彻习近平法治思想，坚持以人民为中心，统筹发展和安全，坚持精准防治和问题导向，强化系统观念、注重源头治理、综合治理，加强预防性法律制度建设，为打击遏制电信网络诈骗活动提供法治支撑。

一是立足综合治理、源头治理和依法治理，侧重前端防范，完善预防性法律制度。关于依法打击电信网络诈骗，刑法已多次作出相关修改完善，打击的法律手段总体上较为充足。“消未起之患、治未病之疾，医之于无事之前。”习近平总书记指出：“法治建设既要抓末端、治已病，更要抓前端、治未病……完善预防性法律制度。”本法主要是按照完善预防性法律制度的要求，针对电信网络诈骗发生的信息链、资金链、技术链、人员链等各环节，加强防范性制度措施建设，深入推进行业治理，强化部门监管责任和企业社会责任，变“亡羊补牢”为“未雨绸缪”，变重“打击”为“打防管控”并重，提升社会治理体系和治理能力水平，建设更高水平的平安中国、法治中国。

二是“小快灵”“小切口”立法的又一次重要立法实践。中央全面依法治国工作会议提出，“要研究丰富立法形式，可以搞一些‘大块头’，也要搞一些‘小快灵’”。这部立法主要考虑是体现“小切口”专项立法，坚持问题导向，对关键环节、主要制度作出规定，建起“四梁八柱”，力求精准有效，条文数量不多，立法进程要快，是一部体现“小快灵”“小切口”的立法，进一步丰富全国人大常委会的立法形式。

三是坚持急用先行，与其他行业立法共同推进。在治理电信网络诈骗方面，基本形成了以党中央有关决策部署为指针，以刑法、刑事诉讼法为基本

依据，法律、法规、司法解释、规范性文件等不同层次规范相结合的反电信网络诈骗法律制度体系。如《全国人民代表大会常务委员会关于加强网络信息保护的决定》、网络安全法、反洗钱法、个人信息保护法等都涉及电信网络诈骗治理的相关规定。例如，电信网络诈骗犯罪基本都涉及洗钱活动这一重要环节，反洗钱法对客户身份识别、交易记录保存、可疑交易报告等相关反洗钱制度作了规定，这些制度是治理电诈犯罪的重要基础。但上述法律规定总体上较为分散，针对性不强、力度不够。反电信网络诈骗法作为专门立法，虽然体量小，但涉及金融、通信、互联网、个人信息保护等各领域，是一部集中全面、系统综合、针对性强的小法律，目的是解决当前迫切需要的立法需求，坚持急用先行。专门立法与行业立法将相互配套、共同发力，为打击治理电信网络诈骗犯罪提供充分的法律制度保障，备足法律制度供给侧。

四是统筹发展和安全。本法在工作过程中，将统筹发展和安全、坚持精准防治作为重要出发点，依法保护公民和组织合法权益，防止由于采取“一刀切”等方式对市场服务、公民生活可能带来的不利影响；充分赋予有关部门执法和管理手段、落实企业社会责任，也要防止不必要的，或者成本过大、收益很小的措施。制度设计时充分考虑对群众便利和营商环境可能造成的影响，主要针对金融、电信、互联网领域的异常行为进行监督管理，精准面向具有电信网络诈骗特征的行为惩治，包括高风险电话卡、异常金融账户和可疑交易、异常互联网账号、“黑灰产”、非法设备、改号电话、涉诈App、域名等，充分利用大数据等技术措施，同时规定相应救济渠道。

三、反电信网络诈骗法的主要内容

反电信网络诈骗法共七章五十条，包括总则、电信治理、金融治理、互联网治理、综合措施、法律责任和附则。主要内容包括：

（一）明确反电信网络诈骗工作的立法目的和基本原则

反电信网络诈骗法的立法目的是预防、遏制和惩治电信网络诈骗活动，加强电信网络诈骗工作，保护公民和组织的合法权益，维护社会稳定和国家安全，强调坚持系统观念，注重源头治理、综合治理，全面落实打防管控各项措施；压实地方政府、行业主管部门、企业等监管防范职责；加强协同联动工作机制建设。

（二）明确电信网络诈骗的概念和适用范围

电信网络诈骗是诈骗类型中的一种，有着与传统诈骗的共性，但更有其自身的特点，随着技术手段和诈骗方法的变化，诈骗行为本身也在不断变化。本法在总结实践中关于电信网络诈骗界定经验的基础上，对电信网络诈骗的概念和范围作了规定。本法所称电信网络诈骗，是指非法占有为目的，利用电信网络技术手段，通过远程、非接触等方式，诈骗公私财物的行为，在法律中明确概念，增强实践操作性。规定电信网络诈骗的概念就是明确了本法的适用对象范围，具有重要意义。管辖方面，对于在中国境内实施的电信网络诈骗活动适用本法，同时对域外管辖也作出规定，对中国公民在境外实施的电信网络诈骗活动，境外的个人、组织针对中国境内实施的电信网络诈骗活动以及为针对境内实施的电信网络诈骗活动提供产品、服务等帮助的，都要依法适用本法，按照本法的规定处理和追究责任。

（三）规定反电信网络诈骗犯罪工作机制和各部门职能分工

构筑电信网络诈骗的防火墙，需要举全社会之力，协同配合，加强联动。规定国务院建立反电信网络诈骗工作机制，统筹协调打击治理工作，地方各级人民政府组织领导本行政区域内反电信网络诈骗工作，确定目标任务和工作机制，公安机关牵头负责反电信网络诈骗工作，有关部门和企业建立完善制度，履行和承担相应职责。

（四）明确宣传教育防范

本法的总则和综合措施部分对宣传教育作出规定。各级政府、有关部门、单位及村民委员会、居民委员会在反电信网络诈骗工作中都要担负起相应职责，包括金融、电信、网信、教育行政、市场监管、民政等部门，以及新闻、广播、电视、文化、电信业务经营者、银行业金融机构、非银行支付机构、互联网服务提供者等单位。宣传的内容、方式上，要增强宣传的针对性、精准性。针对实践中由于管理漏洞、内部风控机制不完善等原因，为实施电信网络诈骗提供可乘之机的情况，还规定各单位要加强内部教育防范，加强对从业人员、用户等的教育和风险提示等。规定个人应当提升电信网络诈骗防范意识。

（五）完善电话卡、物联网卡、金融账户、互联网账号有关基础管理制度

落实实名制，是电信网络诈骗治理工作实现源头治理的关键环节。实践中，大量电信网络诈骗案件及为实施电信网络诈骗提供的帮助行为是利用实名制管理上的漏洞实现的。对此，本法规定了电话卡、互联网服务真实信息登记制度，建立健全金融业务尽职调查制度；对办理电话卡、金融账户的数量和异常办卡、开户情形进行限制，防范开立企业账户风险；有针对性地完善物联网卡销售、使用监测制度。

（六）统筹推进各类反制技术措施建设，为利用大数据反诈提供制度支持

随着金融、电信、互联网领域的不断发展，电信网络诈骗的手段也在花样翻新、不断升级。反电信网络诈骗工作是一场“技术战”，要打破信息壁垒、技术壁垒，国家要支持研究开发有关电信网络诈骗反制技术，有关部门、单位要提升技术，推进涉电信网络诈骗信息数据互通共享。特别是要利用大数据等技术反制，实现对金融、通信、互联网等领域涉诈异常情形的监测、识别和处置，包括高风险电话卡、异常金融账户和可疑交易、异常互联网账号等。本法对有关反制技术系统建设、反制技术标准等都提出了明确要求。

（七）明确处置措施和申诉救济渠道

为了能及时有效阻止电信网络诈骗的发生，在经监测识别后，电信业务经营者、银行业金融机构、非银行支付机构、互联网服务提供者及公安、金融、电信、网信等部门可以对涉诈异常情形进行二次核验，可以根据不同情形采取限制、暂停服务等处置措施，快速斩断诈骗环节。对于采取上述措施可能造成误伤误判等情况的，要对被处置人权益给予保障，告知处置原因、救济渠道等，被处置对象可以提出申诉救济。

（八）加强对涉诈非法服务、设备、产业的治理

本法治理改号电话、虚假主叫和涉诈非法设备；加强涉诈 App、互联网域名监测治理；打击治理涉电信网络诈骗相关“黑灰产”。一方面，任何单

位和个人不得故意、恶意或者实施非法活动，为他人实施电信网络诈骗提供支持或者帮助，包括出售、提供个人信息、洗钱和其他各类支持、帮助行为，违反规定的由公安机关等给予没收违法所得、罚款、拘留等处罚。另一方面，电信业务经营者、互联网服务提供者在提供相应服务时要依照国家有关规定，履行合理注意义务，对利用其业务从事涉诈支持、帮助活动进行监测识别和处置，违反规定的，由有关主管部门给予警告、通报批评、罚款、暂停有关业务、停业整顿等处罚。

（九）加强综合施策，进行全链条治理

本法建立涉案资金紧急止付、快速冻结和资金返还制度；加强个人信息保护，防范个人信息被用于电信网络诈骗，同时要查证电信网络诈骗犯罪所利用的信息来源；建立电信网络诈骗举报奖励和保护制度；加强预警，建立预警劝阻系统，对潜在受害人预警劝阻和开展被害人救助；加强治理跨境电信网络诈骗活动，对涉诈有关人员可以采取限制出境措施，规定特定风险防范措施和打击跨境作案等。

（十）明确法律责任，加大惩处力度

本法明确组织、策划、实施、参与电信网络诈骗人员除依法承担刑事责任、行政责任以外，造成他人损害的，还应当依法承担民事责任等；规定金融、电信、互联网企业违反本法规定的处罚，以及违反本法规定，造成他人损害的依照民法典等法律的规定承担民事责任；对网络“黑灰产”、非法买卖、出租、出借电话卡、物联网卡、金融账户、互联网账号等行为给予行政处罚；在刑法规定刑事责任的基础上，规定专门行政处罚，加大对尚不构成犯罪人员的行政处罚力度；对从事电信网络诈骗犯罪及关联犯罪的人员，可以按照国家有关规定记入信用记录，并规定了惩戒的措施内容。

认真贯彻落实反电信网络诈骗法
依法打击治理电信网络诈骗违法犯罪活动

国务院打击治理电信网络新型违法犯罪工作部际联席会议召集人

公安部副部长　杜航伟

以习近平同志为核心的党中央高度重视打击治理电信网络诈骗犯罪工作。2021年4月6日，习近平总书记专门作出重要指示，要求加强源头治理，加强法律制度建设，为打击治理工作指明了前进方向、提供了根本遵循。为贯彻落实党中央决策部署，由全国人大常委会法工委牵头，开展了反电信网络诈骗法立法工作，公安部高度重视，多次专题研究，并组建专班全面梳理反诈工作，提出质量高、针对性强的立法建议。经过一年多深入调研论证、广泛征求意见，并三次提请十三届全国人大常委会审议，本法于2022年9月通过，自12月1日起实施。本法是我国第一部专门、系统、完备规范反电信网络诈骗工作的法律，是党中央部署打击治理电信网络诈骗工作的标志性成果，是中国特色反电信网络诈骗犯罪制度的成功探索和具体实践。学习、宣传、贯彻、实施本法，是当前和今后一段时期全国打击治理工作的一项重要任务。

一、深刻认识反电信网络诈骗法出台的重大意义

随着信息社会快速发展，犯罪结构发生了重大变化，传统犯罪持续下降，以电信网络诈骗为代表的新型网络犯罪已成为当前的主要犯罪形态，成为公安机关面临的重要挑战，成为复杂的社会治理难题。近年来，我们在取得成效、积累经验的同时，发现一些重点行业存在的管理漏洞和社会治理的薄弱环节，成为严重制约打击治理工作的瓶颈，亟须一部专门法律完善顶层设计，加强行业监管，规范打击治理。本法坚持问题导向，对电信网络诈骗

打击治理实践进行了系统总结，充分吸收了“四专两合力”（专题研究、专门队伍、专案攻坚、专业技术，抓好内部合力、促成外部合力）有关内容，有效解决了工作中的难点痛点，对于打击治理工作具有里程碑意义。

（一）制定反电信网络诈骗法是贯彻落实习近平法治思想的重要举措

习近平法治思想是新时代推进全面依法治国的根本遵循和行动指南，强调在法治轨道上推进国家治理体系和治理能力现代化。本法以习近平法治思想为指导，坚持运用法治思维破解电信网络诈骗犯罪打击治理难题，聚焦电信、金融、互联网三大行业突出问题，充分发挥法治固根本、稳预期、利长远的保障作用，立足源头治理、综合治理，建立了一系列行之有效的制度措施，回应了群众期待，为打击治理电信网络诈骗提供了重要的法律支撑和坚强的法律保障。

（二）制定反电信网络诈骗法是落实以人民为中心理念的具体体现

近年来，打击治理电信网络诈骗工作取得了显著成效，但犯罪形势仍然复杂严峻，案件依然高发多发，有的群众被骗倾家荡产，有的企业被骗停工破产，此类犯罪仍是群众反响强烈的突出犯罪。本法坚持以人民群众的根本利益为出发点和落脚点，致力于筑起诈骗的“防火墙”，捂紧群众的“钱袋子”，全力维护人民群众合法权益。

（三）制定反电信网络诈骗法是统筹发展和安全的必然要求

安全是发展的保障，发展是安全的目的。近年来，电信、金融、互联网行业蓬勃发展，满足了人民群众日益增长的多元化需求。但行业治理存在薄弱环节，部分企业重经济效益，轻安全风险，忽视社会责任，放任经营开发的技术、产品被不法分子利用，形成了“黑灰产”，助长了电信网络诈骗活动的发展蔓延，亟须进一步建立完善各方面责任制度，形成协同打击治理合力。

（四）制定反电信网络诈骗法是打击治理电信网络诈骗工作实践的迫切需要

近年来，公安部会同有关部门不断加强打击治理电信网络诈骗的顶层设计和制度建设。但相关法律规定较为分散，不够明确、针对性不强；“四专两合力”等被实践证明是科学、成熟、有效的经验做法和政策文件需要上升为法律规定；电信、金融、互联网行业治理和制度建设需要进一步完善。本法的制定出台切实解决了各方面对于加强法律制度建设的迫切需求。

二、准确把握反电信网络诈骗法的原则和特点

反电信网络诈骗法共七章五十条，主要包括电信治理、金融治理、互联网治理、综合措施、法律责任等内容。条文虽然不多，但坚持急用先行，针对性、适用性、有效性强，是一部“立得住、行得通、真管用”的立法。

（一）反电信网络诈骗法注重源头治理，致力于建设预防性法律制度

本法是一部预防法、管理法，注重源头治理、前端预防。本法从行业源头入手，紧盯涉诈风险环节，明确责任、加强监管、堵塞漏洞，对企业反诈内控机制、新业务涉诈风险评估、“实名制”、开卡数量限制、异常账户账号重新实名核验、异常账户和可疑交易监测、涉诈账户账号处置等均作出了明确规定，建立了涉诈风险全流程、全环节预防管控机制，强化监管部门主体责任，压实企业责任，变“亡羊补牢”为“未雨绸缪”，进一步深化了行业源头治理。

（二）反电信网络诈骗法注重综合治理，致力于构建全社会反诈格局

本法立足构建国务院统筹、地方政府主责、公安机关牵头、行业主管部门监管、人民法院人民检察院依法惩治、有关企业审慎经营的治理体系，厘清了政府、部门和企业的反诈防诈职责，完善了相关行业基础管理制度，健全了电信、金融、互联网行业对电信网络诈骗监测、识别、阻断、反制的制度体系，为培育全社会齐抓共管、群防群治理念，形成全民反诈、全社会反诈的良好局面奠定了法律基础。

（三）反电信网络诈骗法注重依法惩处，致力于构建责任追究体系

本法健全完善了由法律、司法解释、法律指导意见等共同组成的反电信网络诈骗法律体系，构建了信用惩戒、民事责任、行政责任、刑事责任相衔接的追责体系，填补了法律空白，加大了惩处力度。在本法授权下，行业主管部门可以对未履行反诈法定义务的行业企业实施行政处罚；公安机关可以对有关涉诈人员采取惩戒措施，记入信用记录，对前科人员和重大嫌疑人员采取限制出境措施，对电信网络诈骗违法人员处以行政拘留和罚款；人民检

察院对于电信网络诈骗犯罪侵害国家利益和社会公共利益的，可以提起公益诉讼。

（四）反电信网络诈骗法注重追赃挽损，致力于全面维护人民群众合法权益

追赃挽损是电信网络诈骗案件被害群众的核心关切，也是立法过程中最受关注的焦点问题。本法要求加强追赃挽损，完善涉案资金处置制度，及时返还被害人的合法财产；将紧急止付、快速冻结、及时解冻和资金返还等工作机制和措施在立法中确认下来，有利于公安机关依法拦截涉诈资金，并及时发还被骗群众，最大限度挽回群众损失。同时，本法还要求建立相应救济申诉渠道，有利于推动相关措施更加精准，尽可能减少对群众正常生产生活的影响。

三、充分发挥反电信网络诈骗法在打击治理工作中的规范引领作用

本法的出台，为依法、准确、及时预防治理电信网络诈骗违法犯罪工作提供了法律指引和法治保障，有利于更好运用法治思维和法治方式打击治理电信网络诈骗。全国公安机关要以本法出台为契机，在党委和政府领导下，切实履行好牵头责任，会同各有关部门齐抓共管，推动打击治理电信网络诈骗工作再上新台阶。

（一）以反电信网络诈骗法为引领，持续开展严厉打击

本法首次在法律中明确了电信网络诈骗的概念，规定了打击治理电信网络诈骗的管辖规则，提出了全面落实打防管控的工作原则，明确了公检法三机关的职责任务，并强调加强国际执法合作，有效打击遏制跨境电信网络诈骗活动。公安机关要以本法为引领，持续加大打击力度，全面提升打击质效。

一是始终保持高压态势。坚持出重拳、下重手、用重典，持续推进“云剑”“断卡”“断流”“拔钉”等各类专项行动，不断掀起打击犯罪高潮，坚决遏制犯罪分子的嚣张气焰；在外交部门的协助下，积极开展国际执法合作，摧毁境外诈骗窝点，缉捕境外重大逃犯。

二是强力组织大案攻坚。持续发起区域会战和集群战役，严厉打击转账

洗钱、技术支撑、组织偷渡等“黑灰产”犯罪，坚决斩断犯罪关键链条，抓金主、铲窝点、打平台、断资金，确保打深打透打彻底。

三是用足用好法律武器。加强与检法机关的协作配合，依法从严惩处电信网络诈骗犯罪，确保形成强大震慑。用好本法赋予公安机关新的行政处罚措施，对尚不构成犯罪的及时依法处罚。坚持宽严相济，过罚相当，对未成年人、在校学生等人员要依法从宽处罚。

（二）以反电信网络诈骗法为引领，注重强化预警防范

本法聚焦防范治理，规定了一系列预防和遏制电信网络诈骗活动滋生和蔓延的法律制度。公安机关要坚持打防结合、防范为先，会同有关部门下好先手棋，打好主动仗，最大限度减少电信网络诈骗犯罪发生，最大限度保护人民群众财产安全。

一是筑牢预警劝阻“防火墙”。本法对建立预警劝阻系统，采取劝阻措施做出了法律授权。公安机关要会同有关部门建立完善预警劝阻专门系统和反诈大数据平台、App，全方位织密织牢技术反诈防护网络，不断提升预警信息监测发现能力，及时发现更多潜在受害者，分级分类劝阻，防止群众被骗。

二是加固资金拦截的“防洪堤”。本法对监测识别处置涉诈异常账户和可疑交易作出了具体规定。有关主管部门要督促金融机构和支付机构，建立风险监测机制，提升风险拦截能力和资金拦截质效，做好账户清理整治工作。同时，公安机关也要依据本法的授权，进一步完善快速止付冻结机制、完善涉案资金处置制度，及时返还被害人的合法财产，切实维护人民群众的合法权益。

三是增强识诈防诈“免疫力”。本法强调加强反诈宣传，提高公众的防骗意识和识骗能力。公安机关要坚持广泛宣传与精准宣传相结合，加强对易受骗群体、案件高发行业和重点地区的精准宣传。各地联席办要组织开展反诈宣传进社区、进农村、进家庭、进学校、进企业活动，普及相关法律和知识，推动无诈社区创建活动，实施网格化管理，做到宣传无死角、全覆盖，进一步营造全社会反诈浓厚氛围。

（三）以反电信网络诈骗法为引领，全面落实源头管控

本法规定，地方各级人民政府组织领导本行政区域内反电信网络诈骗工

作，开展综合治理。各地公安机关要坚持和发展“枫桥经验”，在党委和政府领导下，坚决落实各项社会治理措施。

一是强化落实属地责任。各地党委和政府要落实主体责任，加强综合治理。诈骗犯罪作案人员集中的地区要大力弘扬社会主义核心价值观，优化产业布局，拓宽就业渠道，引导勤劳致富；涉诈“黑灰产”泛滥的地区要全面整治涉诈突出问题，坚决消除本地“黑灰产”。

二是强化落实出境管控。本法规定，对电诈前科人员和前往重点地区的重大涉诈嫌疑人员，可以采取限制出境措施。公安机关和移民管理部门要加强协作配合，用足用好限制出境措施，强化精准摸排、出境管控和拦截劝阻，严密证件签发、边防检查等环节措施，持续强化边境物防技防建设，全环节大幅压减出境作案人员。

三是强化落实教育劝返。加大出境作案人员的教育劝返力度，全力劝返缅北、柬埔寨、阿联酋、菲律宾、“金三角”等国家和地区的涉诈人员。

（四）以反电信网络诈骗法为引领，深入抓好行业治理

电信治理、金融治理和互联网治理是本法的核心内容。相关企业应当依照本法规定审慎经营；行业主管部门要切实履行监管职责，依法加强行业治理。公安机关要加强与行业主管部门协作配合，及时通报工作中发现的治理漏洞，协助做好治理工作。

一是深入抓好电信行业治理。本法要求落实电话卡实名制，办卡不得超出法定数量，并对物联网卡使用作出了明确规定。工信部门要加强电信监管，建立用户积分制度、黑名单制度，严格落实实名制和失信人员的通信惩戒措施，全力整治虚商卡。要严格控制新开卡，加强排查存量卡，重点整治物联网卡。同时，电信企业要加强对新业务的事先风险评估。

二是深入抓好金融行业治理。本法规定，金融机构应当建立异常账户和可疑交易监测机制，透传交易信息，并收集异常客户必要交易信息和设备信息。人民银行要强化资金监管，深入推进涉诈“资金链”治理，督促金融机构落实法律要求，严格落实实名开立和交易核验制度，依法记录留存相关信息，确保涉诈资金能追踪、能溯源。

三是深入抓好互联网行业治理。本法对支持和帮助电信网络诈骗行为作

出了禁止性规定。工信部门要加强互联网监管，大力整治互联网接入、域名注册、服务器托管、App 制作开发、网络支付、网络游戏、网络直播、引流推广等涉诈重点领域，督促头部平台企业切实履行社会责任。要严格落实“一案双查”，及时约谈、曝光问题突出企业，依法严肃查处违法违规企业，倒逼企业落实安全管理的社会责任。

四、切实抓好反电信网络诈骗法的贯彻落实工作

徒法不足以自行。公安机关作为打击治理电信网络新型违法犯罪工作牵头单位，要协调统筹抓好本法贯彻落实工作。

一是抓好学习培训。推动将本法纳入各级领导干部学法重点，纳入各级党委（党组）理论中心组学习内容，政府常务会会前学法计划。会同有关部门编写辅导读物、案例汇编等，帮助进一步学懂弄通、指导实践。采取线上、线下等多种形式，举办培训班，会同全国人大常委会法工委对各成员单位有关人员和反诈民警进行宣讲培训。

二是抓好普法宣传。在中央主流媒体、网站、新媒体等平台，开辟专题专栏细致深入报道。编制宣传挂图，创作展播一批高质量普法剧、动漫、微视频等法治文化产品。组织开展本法普法宣传进学校、进企业、进社区、进农村、进家庭等活动，推动本法宣传在全社会有效覆盖。

三是制定配套规范。对本法出台前已有的制度措施，全面系统梳理完善，做好与本法的衔接。对信用惩戒等新增措施，加强研究，尽快制定实施办法。对涉及行业主管部门的相关配套规范，密切关注制定进展，并做好有关配合工作。

打击治理电信网络诈骗违法犯罪工作任重而道远。全国公安机关要认真学习贯彻党的二十大精神，以本法实施为契机，乘势而上、积极作为，不断完善工作机制，加强专题研究、建强专门队伍、强化专案攻坚、做强专业技术、抓好内部合力、促成外部合力，全面提升运用法律武器打击治理电信网络诈骗的能力水平，推动反诈工作深入健康发展，为建设更高水平的平安中国、法治中国做出新的更大的贡献。

循法而行　依法而治　全面构建信息通信行业防范治理电信网络诈骗工作新格局

工业和信息化部党组成员、副部长　张云明

以习近平同志为核心的党中央高度重视打击治理电信网络诈骗工作。2021 年 4 月 6 日，习近平总书记对打击治理电信网络诈骗工作作出重要指示时强调，要强化法治思维，加强法律制度建设，坚决遏制此类犯罪多发高发态势。反电信网络诈骗法的及时制定，是贯彻习近平总书记重要指示批示精神和党中央、国务院决策部署的针对性举措，是建设完善反电信网络诈骗法律制度体系的标志性成果，在我国打击治理电信网络诈骗工作中具有里程碑意义。

近年来，电信网络诈骗已成为发案最多、上升最快、人民群众反映最为强烈的犯罪类型，呈现出“产业化分布、集团化运作、精细化分工、跨境式布局”的特点，严重危害人民切身利益、影响社会和谐稳定。在国务院打击治理电信网络新型违法犯罪工作部际联席会议组织指挥下，工业和信息化部坚决贯彻落实党中央、国务院决策部署，与各地区、各部门密切协同配合，有效遏制了电信网络诈骗犯罪快速上升的势头。打击治理电信网络诈骗是一项长期、复杂的工作，反电信网络诈骗法的颁布实施为做好常态化反诈工作提供了全面有力的法律保障。工业和信息化部将坚持以人民为中心的发展思想，按照法律赋予的职责任务，组织全行业履职尽责、攻坚克难，全面构建源头治理和综合治理兼顾、以技管网和群防群治并重、常态治理和专项攻坚结合的行业反诈工作新格局。

一、坚持依法治理，保持反诈高压态势

信息通信行业要带头尊法学法守法用法，持续加大防范治理力度，全面

挤压犯罪空间。

一是坚决落实法律责任。反电信网络诈骗法首次从法律层面明确了电信网络诈骗的定义，提出了反诈工作的目标、原则、机制和要求。全行业要严格按照法律规定，深刻把握法律原则，坚持落实法律责任，有效提升监测、预警、防范和处置等能力，坚定不移推动反电信网络诈骗工作走实走深。

二是狠抓防范治理落地。反电信网络诈骗法专章规定了电信、互联网两大领域防范治理电信网络诈骗的任务要求，明确列举了相关法律责任。全行业要坚决落实各项主体责任，加强制度建设、提升技防能力、培养专业队伍。工业和信息化部也将进一步加强组织调度和督导检查，完善考核、追责机制，用足用好法律手段，对电信网络诈骗活动依法及时追责处罚。

二、坚持源头治理，提升反诈工作质效

信息通信行业源头治理很大程度上关系到全国反诈工作的成效。反电信网络诈骗法明确要求加大行业源头治理力度。

一是严格用户实名制管理。本法明确了对电话用户、物联网卡用户的真实身份信息登记制度和核验要求；对电话卡办理数量作出规定；对物联网卡管理提出明确要求，强调做好物联网卡风险评估和监测预警，完善物联网卡销售和再销售制度。全行业要持续推进“断卡”行动，严格规范电话卡、物联网卡、家庭宽带、短信端口等重点业务实名登记管理，建立电话卡、物联网卡入网监测预警机制，组织开展移动通信转售企业实名制专项行动；严格控制开卡数量和功能，完善电信企业开卡、验卡、封停和救助等办法，开展“一证多卡”清理整治；健全完善物联网卡安全分类管理制度，开展网上售卡治理，从严加强各类营销渠道规范管理。

二是加强重点业务治理。本法要求规范真实主叫号码传送和电信线路出租管理，对改号电话、虚假主叫、不规范主叫进行识别拦截和溯源核查。全行业要依法对用于诈骗的国际电话和短信、短信端口、语音专线、互联网专线、云服务等重点业务开展清理整顿，规范真实主叫号码传送以及语音专线、中继线等电信线路的出租管理，加强对改号电话的封堵拦截和溯源核查；进一步规范境外号码传送，针对高风险国际来话，构建国际口、网间和网内处置能力，进一步提升涉诈号码的发现分析、拦截处置和预警提醒等能力，有效应对不断出现的新型诈骗手法，持续压降跨境诈骗高发态势。

三是深化涉诈设备清理。反电信网络诈骗法列举了 4 类非法用于电信网络诈骗活动的设备和软件。全行业要深入开展“打猫行动”，针对“猫池”设备、GOIP 设备等具有群呼群发隐匿功能的涉诈产品及其相关软硬件，持续提升线索发现、追踪溯源、快速处置和情报共享等能力，迭代完善“打猫”模型有效性，巩固提升与各级公安机关协同联动打击力度。工业和信息化部也将进一步优化完善“打猫英雄榜”等激励措施，切实强化监督考核机制。

三、坚持综合治理，构建闭环反诈体系

电信网络诈骗属于可预防犯罪，既要加强事前风险防范，又要强化事中监测预警，还要做好事后打击治理。反电信网络诈骗法提出了一系列预防治理电信网络诈骗犯罪滋生和蔓延的任务要求。工业和信息化部将组织信息通信行业充分发挥管理、技术优势，构建“事前—事中—事后”闭环防控治理体系，提升专业精准水平。

一是健全安全评估制度。全行业要加强新业务涉诈风险安全评估，建立反电信网络诈骗内控机制和安全责任制度，按要求开展涉诈安全风险评估。工业和信息化部将进一步建立健全行业涉诈安全评估和许可报备制度，制定相关行业标准和规范；严格审查有关从业主体资格，定期对涉诈高风险技术、应用、业务、设备等进行安全评估和督促整改。

二是强化涉诈预警提醒。按照“精准防治”原则，工业和信息化部将进一步扩展“12381”涉诈预警劝阻系统功能，利用大数据、人工智能等技术手段，持续提升预警监测发现能力，精准发现潜在受害群众并及时预警；组织全行业会同公安机关建立预警用户保护机制，持续做好反诈号码权威标记工作，建立和推广反诈名片，实现对国际来话和短信实时主动提醒，助力公安机关提升电话预警劝阻接听率，提升群众防范跨境诈骗意识。

三是完善“一证通查”服务。持续完善“一证通查”服务能力，为群众提供更加便捷的查询渠道，满足用户查询个人名下电话卡、互联网账号的需求，解除用户不知情被办卡、被申请互联网账号的“痼疾”，全力压缩诈骗分子违法犯罪活动空间。

四是健全信用惩戒制度。工业和信息化部将积极依法配合公安部制定电信网络诈骗及关联违法犯罪人员失信惩戒办法，对列入严重失信主体名单的相关人员实施拒绝新开卡开户和限制、暂停相关服务等惩戒措施；建立健全信用修复和救济制度；完善行业内部管理和责任倒查制度，制定监督检查和考核管理办法，加大对违法违规企业、人员的处罚和追责问责力度。

四、坚持聚焦难点，推进互联网领域治理

传统电信领域诈骗高发势头得到明显遏制，互联网领域诈骗成为主流，且手法层出不穷、防不胜防。反电信网络诈骗法的一大亮点就是紧跟形势挑战、加强互联网等新兴领域的立法，规定了互联网领域防范治理的工作职责和具体举措。

一是规范互联网领域服务。明确了10余种须实名验证的互联网服务，强化网络实名管理，对异常账号开展监测处置和实名核验。工业和信息化部将抓紧部署开展互联网领域反诈专项行动，组织建立"责任明晰、统一调度、协同联动、顺畅高效"的互联网领域反诈工作体系。全行业要依法落实真实身份信息认证，对于使用手机号码注册互联网账号的，加强实名核验，确保互联网账号实名实人实操；严格禁止使用物联网卡注册互联网账号；建立互联网账号监测预警机制，对涉诈互联网账号及时采取重新核验、限制功能和暂停服务等处置措施；完善涉诈风险控制和安全管理机制，加快企业平台与行业反诈大平台系统对接和协同联动；依法为用户提供便捷的互联网账号查询、注销、解绑服务。

二是开展App全流程监管。工业和信息化部将抓紧研究建立App许可或备案管理制度；推进涉诈App专项治理，建设涉诈App安全管理平台，实现涉诈App闭环监管能力；完善投诉举报、监管通报和示范激励等长效工作机制；积极组织全行业持续提升App评估检测、监测预警、溯源定位和阻断处置等技术能力，加强涉诈App以及各类下载分发渠道的重点监测、线索共享和巡查处置。

三是打击涉诈资源和活动。反电信网络诈骗法明确了域名解析、域名跳转和网址链接转换服务等3类主体的全环节管理要求，为涉诈资源的关停、拦截、封堵和下架等处置措施提供了法律依据。工业和信息化部将尽快出台配套管理要求，明确工作机制、提升技术能力、加强接入资源管理，督促3类主体严格落实真实信息核验、日志信息留存、溯源能力构建等责任和义务。全行业要进一步提升监测、预警、处置一体化技防能力，依法依规做好涉诈网站网页、互联网协议地址（IP）、App及诈骗电话、诈骗短消息的监测预警、动态封堵、拦截处置和投诉受理等。

五、坚持以技管网，筑牢精准技防体系

反电信网络诈骗法明确了研制开发有关电信网络诈骗技术反制措施，用以监测识别、动态封堵和处置涉诈信息、活动。工业和信息化部将组织指导全行业扎实稳步推进平台联通、数据共享、能力联动的反诈技防体系建设。

一是提升技防能力水平。不断完善以信息通信行业反诈大平台为枢纽的跨部门、跨区域、跨网络全国一体化反诈技防体系建设，加快建立统一的行业涉诈资源库，支撑实现行业反诈工作统一指挥调度、能力协同联动、数据资源共享、主动预防预警、全网一键处置能力；组织创建行业反诈联合实验室，加强技术研究和科技创新，开展试点示范和应用推广，提升行业反诈治理实效。

二是强化标准引领思路。立法先行，标准跟进。工业和信息化部将组织全行业建立行业防范治理电信网络诈骗技术标准组织体系，统筹行业专家团队和技术力量，抓紧研究出台反诈相关技术标准，建立涵盖基础管理、风险评估、技术防范、预防预警、数据共享等系统全面的反诈技术标准体系，充分发挥标准基础性、引领性作用，指导全行业依法依规开展涉诈资源清理和涉诈信息拦截处置等工作，切实提升全行业反诈技术能力，更好适应新时期行业反诈工作的新形势新要求。

六、坚持群防群治，增强行业反诈合力

防范治理电信网络诈骗工作是一项复杂的系统工程，须在党的统一领导下，坚持群众路线，构建起政府主导、各方参与、高效协同的治理体系。

一是建强反诈专业队伍。工业和信息化部将继续加强部、省、企三级反诈工作专班建设，推动行业反诈工作专班常态化、实体化运作，组织建立行业反诈技术专家评定体系和反诈专家库，指导相关单位加强专业队伍建设。行业各相关单位也要强化组织领导，加大资源和经费保障，加强反诈工作培训，提升人员专业化水平。

二是增强协同联动力度。面对电信网络诈骗跨地域、跨网络、跨企业作案的“新常态”，全行业要进一步加强与各级有关部门密切配合，依法依规建立更加紧密顺畅的涉诈数据共享、线索核查溯源等工作机制，实现在资源共享、预警处置、协同处置、技术攻关和宣传教育等方面的共享互通、快速联动。

三是强化普法宣传教育。防范治理电信网络诈骗必须践行群众路线，要充分依靠群众力量，打好这场人民战争。全行业要发挥行业优势，通过线上线下相结合方式，开展普法宣传和防诈教育，建立全方位、广覆盖的反诈宣传体系，特别是针对学生、老年人等易受骗高危人群开展重点宣传、精准宣传，切实增强人民群众对防范通过各类新型电信网络进行诈骗的意识和能力，全力保护人民群众财产不损失、少损失；要进一步加强对政企业务人员、营业厅从业人员等重点人员的反诈教育，杜绝“灯下黑”情况的发生。

防范治理电信网络诈骗工作是一场攻坚战、持久战，责任重大、使命光荣、任重道远。信息通信行业要以反电信网络诈骗法实施为契机，凝心聚力、勇担重任、突出重点、积极作为，压紧压实各方主体责任，不断健全闭环工作机制，建立建强专业队伍力量，持续强化技术管控能力，全面提升协同联动水平，坚定不移推动防范治理电信网络诈骗工作走实走深，加快构建信息通信行业电信网络诈骗治理新格局，切实增强人民群众获得感、幸福感、安全感，为维护社会稳定大局、建设高水平的平安中国、法治中国贡献更大力量。

深入贯彻落实反电信网络诈骗法
推动“资金链”治理再上新台阶

中国人民银行党委委员、副行长　张青松

习近平总书记高度重视打击治理电信网络诈骗工作，在2021年4月对打击治理电信网络诈骗工作作出重要批示，强调注重源头治理、综合治理，全面落实打防管控措施和金融、通信、互联网等行业监管主体责任，加强法律制度建设，坚决遏制此类犯罪多发高发态势。反电信网络诈骗法作为我国第一部专门、系统、规范打击治理电信网络诈骗的法律，是贯彻习近平总书记重要批示指示精神的重要举措，为推动形成全链条反诈、全行业阻诈、全社会防诈的打防管控格局提供了全面的法治保障。

近年来，人民银行坚决贯彻落实党中央、国务院决策部署，在国务院打击治理电信网络新型违法犯罪工作部际联席会议统筹指挥下，组织银行业金融机构、非银行支付机构、清算机构等金融单位主动作为，协助公安机关阻断电信网络诈骗资金转移链条，挽回大量人民群众损失，取得了阶段性成效。打击治理电信网络诈骗犯罪具有长期性、艰巨性、复杂性，金融行业要始终坚持以人民为中心，把学习、宣传、贯彻、实施反电信网络诈骗法作为当前和今后一个时期的一项重要任务，充分发挥法治引领作用，增强反诈工作的责任感和使命感，按照法律赋予的职责任务，推动“资金链”治理再上新台阶，以实际行动守护人民群众“钱袋子”。

一、坚持法治思维，依法履行金融反诈责任

反电信网络诈骗法对信息链、资金链、技术链、人员链等各环节都提出了具体举措和明确要求，清晰界定了各行业各部门的反诈职责。银行业金融

机构、非银行支付机构作为“资金链”治理的关键，要切实履行金融治理法律责任，防范金融服务被不法分子用于转移电信网络诈骗资金。

一是压实风险防控主体责任。银行业金融机构、非银行支付机构要按照“谁的账户谁负责”“谁的商户谁负责”“谁的终端谁负责”“谁的钱包谁负责”等原则严格落实主体责任，逐条对照法律条款要求完善内部控制机制和安全责任制度，将反电信网络诈骗纳入工作环节和业务流程，使反电信网络诈骗成为金融行业风险控制的有机组成部分。

二是完善内部组织保障。银行业金融机构、非银行支付机构要明确落实反电信网络诈骗法牵头负责部门和专职工作人员，统筹整合安全保卫、反洗钱、运行管理、个人金融、网络金融、公司金融、信用卡等条线力量，强化各部门工作职责和分工协作，划清前中后台各部门、各环节、总分支机构责任链，将“资金链”治理纳入重点工作任务清单和绩效考核体系，为打击治理工作机制常态化运行提供组织保障。

三是严肃追责问责。银行业金融机构、非银行支付机构对被用于电信网络诈骗活动的银行账户、支付账户和支付结算服务等，要严格以案倒查、举一反三，查补本单位风险防控薄弱环节和管理漏洞。严格落实上级对下级监管职责，对未履行风险防控职责的单位和相关责任人严肃追责。

二、坚持控增量清存量，持续完善账户管理机制

强化银行账户和支付账户管理是电信网络诈骗“资金链”治理的首要环节。反电信网络诈骗法按照党中央“完善预防性法律制度”要求，在“金融治理”章节提出强化开户管理，着重强调客户尽职调查、异常开户处置、开户数量管理等要求，在前端防范方面为“资金链”治理夯实了根基。银行业金融机构、非银行支付机构要严格落实法律规定，切实守住开户风险防控关。

一是完善客户尽职调查制度。落实好客户尽职调查是银行业金融机构、非银行支付机构为客户提供服务、识别电信网络诈骗犯罪的前置条件。反电信网络诈骗法第十五条对客户尽职调查涉及的业务范畴、持续时间和工作内容都提出了明确要求。银行业金融机构、非银行支付机构要依法采取合理必要措施识别客户身份、了解开户目的，为判别相关账户、支付结算是否符合客户身份背景、正常业务需求打好基础，让有意规避客户尽职调查、企图利用金融服务转移犯罪资金的诈骗分子“无处遁形”。

二是强化异常开户审核。对异常开户情形加强审核是银行业金融机构、非银行支付机构反诈风险防控的一道重要防线。反电信网络诈骗法第十六条、第十七条明确规定银行业金融机构、非银行支付机构加强单位和个人开立银行账户、支付账户异常情形的风险防控职责。银行业金融机构、非银行支付机构在办理开户业务时要综合客户身份、开户行为和开户目的等信息有效发现异常开户，对异常情形有权加强核查或者拒绝开户。同时，要注重通过账户分类分级管理机制，对不同客户及其风险特征设定不同账户功能，审慎与客户约定非柜面交易限额，使账户功能与客户正常资金需求相匹配，筑牢账户风险防控安全防线。

三是强化开户数量管理。针对一些单位和个人将银行账户和支付账户出售出租给不法分子转移电信网络诈骗资金的情况，反电信网诈骗法第十六条明确提出开户数量限制规定。银行业金融机构、非银行支付机构要坚决转变以开户数量为导向的内部考核体系，有效评估客户开户数量的合理性，重点关注超出正常需求的大量开户行为，落实有关开户数量限制规定。清算机构要组织推进建设跨机构开户数量核验机制和风险信息共享机制，为银行业金融机构和非银行支付机构提供重要风险信息参考。

四是排查清理存量账户风险。银行业金融机构、非银行支付机构要持续配合公安机关推进“断卡”行动，重点关注符合电信网络诈骗特征的、超出正常业务需求的一人多卡、频繁开销户、频繁挂失补卡等异常银行账户和支付账户，排查清理被出售出租风险，依法将可疑情形移送公安机关。同时要加强客户信息保护，相关信息不得用于反电信网络诈骗以外的其他用途。

三、坚持精准防控，最大限度阻断涉诈资金转移

对交易强化涉诈风险监测并采取风险防控措施，是阻断电信网络诈骗资金链的重要措施。反电信网络诈骗法首次立法明确银行业金融机构、非银行

支付机构对监测识别的异常账户和可疑交易采取必要的阻断措施，这是法律赋予金融行业的职责。同时，反电信网络诈骗法也明确提出统筹发展和安全，坚持精准防控，保障正常生产经营活动和群众便利生活。银行业金融机构、非银行支付机构要建立健全“风险监测—及时处理—有效反馈—持续优化”的风控体系，做到风险“早发现、早识别、早处置”，持续提升风险防控的科学性、精准性和有效性。

一是精准研判，提升涉诈异常账户和可疑交易监测识别能力。银行业金融机构、非银行支付机构要落实反电信网络诈骗法第十八条、第十九条规定，建立完善符合电信网络诈骗活动特征的异常账户和可疑交易监测拦截机制。要密切跟踪研究、及时掌握电信网络诈骗新变化、新趋势，总结电信网络诈骗活动特征，前置风险防线，持续完善涉诈账户和交易监测机制，及时发现异常账户和可疑交易。要将涉诈账户、交易特征和管控人员信息同步纳入反洗钱客户风险等级划分和监测分析系统，联动做好客户持续尽职调查，延伸监测涉洗钱犯罪活动，及时上报可疑交易报告，让反诈和反洗钱风险监测发挥联防联控、事半功倍的效果。要不折不扣落实支付信息传输真实、完整、一致性规定，为涉诈“资金链”追踪溯源打好基础。

二是精确打击，完善涉诈异常账户和可疑交易管控机制。银行业金融机构、非银行支付机构要对监测识别的异常账户和可疑交易，依法用好核实交易情况、重新核验身份、延迟支付结算、限制或者中止有关业务等必要的管控措施。要充分利用公安机关通报的涉案样本信息，做好回溯性监测，并对发现的涉诈账户及时核验客户身份，必要时调整账户功能，阻断涉诈资金转移。要健全管控措施分类分级机制，依据风险大小、轻重缓急，按照“最小、必要”原则确定管控范围和措施。

三是精细操作，畅通异议申诉渠道。反电信网络诈骗法第三十一条、第三十二条为保护人民群众的合法权益，明确规定要建立风险管控措施的申诉救济渠道。银行业金融机构、非银行支付机构要高度重视并妥善解决因涉诈风险防控引发的群众申诉，要按照“谁决定、谁负责”原则，以“渠道畅通、有误必纠”为目标，畅通账户管控救济渠道，将履行告知义务、首问负责制、解除管控责任等落实到位，提供跨省跨网点的异议申诉服务，及时解除不当管控措施，避免影响客户正常业务。

四是精心服务，持续提升金融服务质效。银行业金融机构、非银行支付机构要按照“开户便利度不减、风险防控力度不减，优化服务要加强、风险管理要加强”的“两个不减、两个加强”原则，落实好人民银行相关规定要求，统筹做好风险防控与优化服务，在风险防控同时为人民群众提供便捷的支付服务。数字人民币运营机构要结合客户风险等级和交易场景实施差异化风险管理措施，保障正常客户的支付体验。清算机构要充分发挥跨机构中枢优势，为客户提供便捷的银行账户和支付账户信息查询渠道。

四、坚持系统观念，全面升级综合治理体系

电信网络诈骗犯罪由“人员链”“信息链”“技术链”“资金链”等多个环节构成并形成产业化利益链条，打击治理电信网络诈骗犯罪活动是一场整体战、持久战。反电信网络诈骗法明确了齐抓共管、群防群治的总体打击治理思路，金融行业要在国务院、各省市联席会议机制下，充分发挥警银协作机制作用，加强与工信、市场监管、网信等部门配合，共同筑牢反电信网络诈骗整体防线。

一是依法协助公安机关做好资金查控和预警劝阻，最大限度为人民群众追赃挽损。根据公安机关指令查控涉诈资金是阻断涉诈资金转移的最主要方式。反电信网络诈骗法第二十条、第三十三条对涉案资金的追赃挽损提出了明确要求。银行业金融机构、非银行支付机构要依法根据公安机关查询、止付、冻结、解冻、资金返还指令及时处置涉案资金，优化工作流程，完善工作机制。要会同公安机关完善预警劝阻系统，及时劝阻潜在被害人转账汇款，最大限度减少人民群众资金损失。

二是协助公安机关严厉打击买卖账户行为，铲除犯罪土壤。买卖的银行账户（卡）和支付账户是不法分子转移电信网络诈骗资金的重要作案工具之一。反电信网络诈骗法第三十一条明确对买卖账户人员在刑事追责基础上实施行政惩戒，加大打击力度，形成强大震慑。银行业金融机构、非银行支付机构要依法对公安机关认定的惩戒人员严格实施暂停新开户、限制账户功能等措施。银行业金融机构要向公安机关及时报告到网点开户的可疑贩卡人员。

三是强化跨机构跨部门联动协作，形成打击合力。人民银行分支机构要会同公安、电信、网信、市场监管等部门强化涉诈信息共享；对辖区银行业金融机构、非银行支付机构落实反电信网络诈骗法情况进行监督检查；持续发挥支付结算、反洗钱、外汇管理等部门工作合力，夯实“资金链”综合治理机制。清算机构要推进行业涉诈信息、典型案例共享，提升行业风险防控能力。

五、坚持宣教并举，提高全社会反诈法律意识

针对性、精准性的宣传教育和防范预警是长期以来反电信网络诈骗工作的重要实践经验。反电信网络诈骗法对加强反诈宣传教育提出明确要求，金融行业要积极响应号召、迅速贯彻落实，认真做好普法宣传和培训工作，营造“全民反诈”的浓厚氛围。

一是注重宣传解读。将反电信网络诈骗法列入金融普法的重要内容，让人民群众充分理解政策举措、政策意图。围绕社会各界、群众关心的热点问题进行重点解读、释疑解惑，回应社会关切。广泛开展警示教育，使人民群众增强防诈识诈能力，强化不得租借账户的法律意识，争取人民群众对金融风险防控的理解和支持。

二是丰富宣传教育形式。将反电信网络诈骗法纳入从业人员的必修课，让从业人员全面理解和准确掌握法律规定。广泛动员和组织力量，积极开展反电信网络诈骗宣传月、宣传周等活动，围绕“群众希望了解的”和“需要群众了解的”，针对重点人群深入推进反电信网络诈骗宣传教育，通过“进学校、进企业、进社区、进农村、进家庭”等形式，及时向社会公众提醒不法分子作案的新手法、新动向，全面提升社会公众的反诈意识和防范能力。

三是强化预防提示。银行业金融机构、非银行支付机构在为客户开立账户、提供资金转账等服务时，要特别着重对客户防范电信网络诈骗作出提示，对可能受到电信网络诈骗的客户及时作出提醒，对租售账户可能被用于违法犯罪的法律责任作出警示，守护好资金链“预警”宣传防线。

金融行业要以反电信网络诈骗法的实施为契机，以更严要求、更高标准贯彻落实党中央、国务院决策部署，践行“金融为民”初心使命，全面落实金融行业打防管控各项措施，织密金融行业风险防控网，牢牢守护人民群众“钱袋子”。

第二部分

释　义

第一章 总 则

第一条 为了预防、遏制和惩治电信网络诈骗活动，加强反电信网络诈骗工作，保护公民和组织的合法权益，维护社会稳定和国家安全，根据宪法，制定本法。

【条文主旨】本条是关于立法目的和立法根据的规定。

【立法宗旨和背景】

（一）起草背景

近年来，电信网络诈骗犯罪多发高发，十分猖獗，严重危害国家安全、社会秩序和人民群众财产安全，成为突出的社会问题，必须依法防范惩治，坚决打击遏制这类犯罪。这就需要根据实践迫切需要，从“小切口”入手，立足预防性法律制度建设，制定一部专门的反电信网络诈骗法，为打击治理电信网络诈骗活动提供全面系统的有力法律支撑。制定本法的有关背景和考虑主要有：

1. 贯彻落实习近平总书记重要指示批示精神和党中央决策部署，要求必须制定一部专门的反电信网络诈骗法。习近平总书记多次对打击治理电信网络诈骗犯罪作出重要指示批示。2021 年 4 月，习近平总书记作出重要指示强调：“近年来，各地区各部门贯彻党中央决策部署，持续开展电信网络诈骗犯罪打击治理，取得了初步成效。要坚持以人民为中心，统筹发展和安全，强化系统观念、法治思维，注重源头治理、综合治理，坚持齐抓共管、群防群治，全面落实打防管控各项措施和金融、通信、互联网等行业监管主体责任，加强法律制度建设，加强社会宣传教育防范，推进国际执法合作，坚决遏制此类犯罪多发高发态势，为建设更高水平的平安中国、法治中国作出新的更大的贡献。”2021 年 12 月 6 日，中央政治局就建设中国特色社会主义法治体系进行第三十五次集体学习，习近平总书记在主持学习时指出：

"对人民群众反映强烈的电信网络诈骗、新型毒品犯罪和'邪教式'追星、'饭圈'乱象、'阴阳合同'等娱乐圈突出问题，要从完善法律入手进行规制，补齐监管漏洞和短板，决不能放任不管。"习近平总书记的这些重要指示从指导思想、基本原则、具体举措、关键环节、制度构建等方面对反电信网络诈骗工作提出明确要求，为我们打击治理电信网络诈骗犯罪工作指明了方向，提供了根本遵循。为贯彻落实习近平总书记重要指示批示精神，2021年12月31日中共中央办公厅、国务院办公厅印发《关于加强打击治理电信网络诈骗违法犯罪工作的意见》，对有关工作作出系统谋划和全面部署。贯彻落实党中央重大决策部署，需要完善加强法律制度，为及时解决这一突出的社会治安问题提供充分法律保障。

2. 坚持以人民为中心，解决人民群众急难愁盼，要求我们必须坚决打击遏制住电信网络诈骗犯罪，需要制定法律提供坚强保障。近年来，在全国刑事案件持续下降的情况下，电信网络诈骗案件居高不下，形势严峻。电信网络诈骗犯罪约占全部刑事立案数的20%，从刑事报案数看，约占全部刑事警情数的50%。目前日均发案仍超3000起，群众日均被骗损失2亿元，案件仍在高位运行。此类犯罪已成为主流犯罪，严重危害人民群众人身财产安全、破坏社会诚信、损害国家形象。电信网络诈骗与传统"一对一"的诈骗具有很大的不同，犯罪分子利用通信网络等技术手段，钻管理上的漏洞，非法获取个人信息，针对社会不特定群体，特别是老年人、在校学生等，大肆实施诈骗，呈现组织化、链条化、精准化、跨境实施等特征。每个人都可能陷于骗局当中，人民群众防不胜防，严重危害人民群众获得感、幸福感、安全感。对此必须从人民立场出发，坚决打击治理这一人民群众深恶痛绝的违法犯罪活动。制定反电信网络诈骗法是重要举措。

3. 打击治理电信网络诈骗需要进一步完善法律制度。从现行法律制度看，有关法律从不同方面对打击治理电信网络诈骗作了相应规定。特别是近年来的刑法修改，2015年通过的刑法修正案（九）根据电信网络诈骗等网络犯罪出现的新情况、新问题作了系统性、针对性修改，从帮助、预备、互联网企业责任等各环节、各阶段单独定罪处罚，在立法层面解决了网络犯罪定罪门槛高、查证难等突出问题，实现了"打早打小"。同时，其他有关行政的、经济的法律也有涉及电信网络诈骗治理的相关规定，如全国人大常委会关于加强网络信息保护的决定、网络安全法、反洗钱法、个人信息保护法等。同时，立法方面也需要进一步完善，打击治理电信网络诈骗的法律规定比较分散；有的规定对于打击治理电信网络诈骗来说，还不够明确、细化和有针对性；实践中的一些做法和政策文件需要进一步上升为法律规定。从实践情况看，反电信网络诈骗工作综合治理、源头治理方面的制度措施不够充分，金融、通信、互联网等行业治理有待进一步完善，需要进一步建立完善各方面责任制度，形成协同打击治理合力。针对当前电信网络诈骗犯罪的情况、特点和问题，各方面都认为坚决贯彻落实习近平总书记重要批示精神，在进一步强化执法和治理工作的同时，也需要进一步完善法律，有针对性地规定相关制度，为打击治理电信网络诈骗犯罪提供更加充分有效的法律保障。

关于专门立法方式。从调研情况看，多数意见赞成制定一部专门反电信网络诈骗法，认为专门立法是针对特定事项的立法，能够集中全面解决打击治理电信网络诈骗犯罪中的法律问题，从各环节作出规定，体现系统观念和源头治理、综合治理的要求，更有利于防范遏制惩治此类犯罪，更好回应社会关切；其他相关立法条文分散，从各个环节领域分别作出规定，系统性、针对性不强；专门立法在立法技术上没有问题。也有意见提出，可以在目前正在起草、修改的相关立法中研究解决。后经研究认为，就打击治理电信网络诈骗犯罪进行专门立法是必要的，各方面对于解决电信网络诈骗犯罪涉及的通信、金融、互联网治理等各环节制度问题的需求较为迫切，专门立法符合实践需要，可以为及时有效打击遏制防范电信网络诈骗提供有力的法律支撑。

制定反电信网络诈骗法的有关主要考虑。这部法律在立法技术、立法方式上还有以下重要特征：

一是研究制定反电信网络诈骗法是“小快灵”立法的又一次重要立法实践。中央全面依法治国工作会议提出，“要研究丰富立法形式，可以搞一些‘大块头’，也要搞一些‘小快灵’”。这次立法主要考虑是体现“小切口”，对关键环节、主要制度作出规定，建起四梁八柱，力求精准有效，条文数量不求太多，立法进程要快，是一部体现“小快灵”的立法，将进一步丰富全国人大常委会的立法形式。

二是研究制定反电信网络诈骗法是完善预防性法律制度建设的重要体现。反电信网络诈骗法体现的是源头治理、综合治理，侧重前端防范。

三是研究制定反电信网络诈骗法体现的是急用先行，同时其他行业立法也将共同推进。反电信网络诈骗法虽然体量小，但涉及金融、通信、互联网、个人信息保护等各领域，是一部集中全面、系统综合、针对性强的小法律，目的是解决当前迫切需要的立法需求，坚持急用先行。同时，其他有关行业性法律针对电信网络诈骗的新情况、新问题从各自行业领域作出专门规范，也是必要的。专门立法与行业立法相互配套、共同发力，将为打击治理电信网络诈骗犯罪提供充分的法律制度供给。

四是本法作为一部新型领域立法，立法技术上坚持粗细相宜。反电信网络诈骗法针对的是网络空间新兴违法犯罪活动，不断翻新变化，规律也在不断变化。立法过程中坚持问题导向和结果导向，对能够明确的予以明确细化，对一时难以看清的作出原则性或者授权性规定，处理好粗与细的关系。本法总体上粗略相间，有的地方很细，也有很多地方作原则性的粗规定。通盘考虑各方面诉求，平衡各方面利益和责任，条文规定详略得当，对拿不准的原则规定，提供法律依据，不作细化规定。本法有很多义务性规定，将来还需要主管部门等出台相关配套规定，具体确定和根据情况实时调整。

（二）审议中各方面的意见

1. 反电信网络诈骗法草案第一条规定：“为了预防、遏制和惩治电信网络诈骗活动，加强反电信网络诈骗工作，保护公民合法权益，维护社会稳定和国家安全，制定本法。”在草案审议和征求意见过程中，对草案一审稿第一条的意见主要有：一是有些常委会组成人员提出，“单位”在有些情形下也是受害者，建议扩大保护范围，在“公民”后增加“法人和其他组织”，将“保护公民合法权益”修改为“保护公民、法人和其他组织的合法权益”。二是有的认为，草案涉及个人处理信息活动的规范，参照个人信息保护法的规定和表述，建议增加“根据宪法”的表述。三是有的建议删除“遏制”表述。

2. 草案二次审议稿第一条规定："为了预防、遏制和惩治电信网络诈骗活动，加强反电信网络诈骗工作，保护公民和组织的合法权益，维护社会稳定和国家安全，根据宪法，制定本法。"根据各方面的意见，草案二次审议稿对草案一审稿作了以下修改：一是将"保护公民合法权益"修改为"保护公民和组织的合法权益"，增加了保护"组织"合法权益的表述。二是在立法根据中增加了"根据宪法"，制定本法。

在审议、征求意见和通过前评估过程中，各方面的意见主要有：一是有的提出，将"惩治"修改为"依法惩治"，与国家安全法等相关法律表述一致，意在强调"依法"开展反电信网络诈骗工作。二是有的提出，将"组织"修改为"法人和其他组织"，民法典将组织分为法人和非法人组织。

3. 草案三次审议稿第一条规定："为了预防、遏制和惩治电信网络诈骗活动，加强反电信网络诈骗工作，保护公民和组织的合法权益，维护社会稳定和国家安全，根据宪法，制定本法。"草案三次审议稿对草案二次审议稿未作修改。

4. 关于为了"预防、遏制和惩治"电信网络诈骗活动的表述问题。一是关于"遏制"。草案研究过程中，有意见提出删去"遏制"作为立法目的的表述。法律中很少使用这一表述，类似的表述有"制止"，但也不多。国家安全法第九条规定："维护国家安全，应当坚持预防为主、标本兼治，专门工作与群众路线相结合，充分发挥专门机关和其他有关机关维护国家安全的职能作用，广泛动员公民和组织，防范、制止和依法惩治危害国家安全的行为。"香港特别行政区维护国家安全法第五条第一款规定："防范、制止和惩治危害国家安全犯罪，应当坚持法治原则。法律规定为犯罪行为的，依照法律定罪处刑；法律没有规定为犯罪行为的，不得定罪处刑。"这两部法律中规定了与"遏制"类似的"制止"，但并没有在第一条立法目的中规定。反间谍法也使用了"制止"作为立法目的的表述，但目前没有其他法律在立法目的中规定"遏制"的，这是本法专门使用的表述，主要考虑是：习近平总书记在关于反电信网络诈骗工作重要批示中指出，要"坚决遏制此类犯罪多发高发态势"，当前电信网络诈骗活动十分猖獗，制定本法的重要目的就是为迅速遏制这一犯罪猖獗势头提供法律依据，遏制电信网络诈骗活动是立法的重要目的，是当前亟须解决的突出问题。二是关于是表述为“惩治”还是“依法惩治”。如上所述，国家安全法第九条中使用了“依法惩治”，但并没有在第一条立法目的中进行表述，更多法律表述为“惩治”。反间谍法第一条规定：“为了防范、制止和惩治间谍行为，维护国家安全，根据宪法，制定本法。”国家情报法第十一条规定：“国家情报工作机构应当依法搜集和处理境外机构、组织、个人实施或者指使、资助他人实施的，或者境内外机构、组织、个人相勾结实施的危害中华人民共和国国家安全和利益行为的相关情报，为防范、制止和惩治上述行为提供情报依据或者参考。”反恐怖主义法第一条规定：“为了防范和惩治恐怖活动，加强反恐怖主义工作，维护国家安全、公共安全和人民生命财产安全，根据宪法，制定本法。”反有组织犯罪法第一条规定：“为了预防和惩治有组织犯罪，加强和规范反有组织犯罪工作，维护国家安全、社会秩序、经济秩序，保护公民和组织的合法权益，根据宪法，制定本法。”因此，多数法律表述为“惩治”，惩治当然是必须依法进行，这也是制定本法的目的。另外，本法第五条中也再次强调了反电信网络诈骗工作应当依法进行，作了明确规定，本条立法目的中不再表述为“依法”惩治。

5. 关于规定“根据宪法”。除了基础性部门法如刑法、民法典等以外，随着我国法律门类和数量不断增长和细化，哪些法律在立法根据中应当写上“根据宪法”，哪些不需要写上，需要一个相对明确的标准，需要结合各部法律的内容和规范的特殊性，与宪法实施的紧密程度等综合判断，当然，即使不写根据宪法，所有法律也都是贯彻实施宪法，根据宪法精神制定的，法律规定不得违背宪法规定。本法在草案一审稿中并未规定根据宪法，在草案二审稿中增加了这一规定。主要考虑有：

一是反电信网络诈骗法根本目的和任务是通过打击治理电信网络诈骗犯罪，实现保护人民群众财产安全。这两点在宪法中具有直接根据。宪法对保护公民和组织财产安全作了明确规定，宪法第十三条中规定：“公民的合法的私有财产不受侵犯。国家依照法律规定保护公民的私有财产权和继承权”；第二十八条对打击犯罪作了规定：“国家维护社会秩序，镇压叛国和其他危害国家安全的犯罪活动，制裁危害社会治安、破坏社会主义经济和其他犯罪的活动，惩办和改造犯罪分子。”

二是本法在规定有关反电信网络诈骗制度过程中，有的涉及对公民基本权利方面的限制，如通信权等，宪法第四十条规定：“中华人民共和国公民的通信自由和通信秘密受法律的保护。除因国家安全或者追查刑事犯罪的需要，由公安机关或者检察机关依照法律规定的程序对通信进行检查外，任何组织或者个人不得以任何理由侵犯公民的通信自由和通信秘密。”又如，本法对出境的限制等。当然，上述规定是为了防范违法犯罪，对这些人员的一些权利和活动进行限制，由于涉及基本权利限制，因此也需要根据宪法的精神，在统筹打击犯罪和维护基本权利这两重宪法目的中进行权衡、统筹考虑，实现精准防范。因此，从本法规范涉及宪法权利的紧密程度和保护需要这一点来看，增加规定“根据宪法”也是必要的。

三是其他关于打击某方面违法犯罪的专项法律也都规定了“根据宪法”的内容。如反有组织犯罪法、反恐怖主义法等法律中都规定了“根据宪法”，制定该法的内容。与此相关的个人信息保护法等也规定了“根据宪法”作为立法依据。

四是进一步完备宪法实施制度的需要。党中央提出加强宪法实施和监督，宪法实施的方式具有多样性，其中重要的是通过制定其他法律实施，为进一步加强宪法实施有必要在本法中规定“根据宪法”的内容。我国宪法对打击犯罪和保护公民的基本权利作了充分具体的规定。通过建立健全法律法规和制度体系，推动和保障宪法实施，是我国宪法实施的基本途径。在依法打击犯罪方面，现行宪法颁布实施 40 年以来，全国人大及其常委会制定并不断补充和完善刑法，通过关于刑法的解释，并制定了一系列防范和惩处犯罪相关法律和有关法律问题的决定，如预防未成年人犯罪法、反有组织犯罪法、反恐怖主义法、关于维护互联网安全的决定等。这些刑事领域立法为依法防范和惩处犯罪，维护国家安全、社会秩序和公民、组织合法权益提供了有力法律依据，是不断通过立法落实宪法规定和精神的具体举措。反电信网络诈骗法是专门针对当前突出的电信网络诈骗违法犯罪活动，加强源头治理的又一部刑事领域专门法律。根据实践需要，及时制定反电信网络诈骗法，有效防范和惩处电信网络诈骗违法犯罪活动，保护公民财产、个人信息安全等合法权益，是通过立法推动实施宪法的又一重要举措。

（三）有关国家和地区的规定

当前，全球电信网络诈骗整体呈上升态势，在很多国家成为新型的主要犯罪类型。为应对电信网络诈骗犯罪活动，从一些国家立法情况看，不断强化立法保障，打好诈骗治理的法治基础。目前，世界主要国家和地区为预防和治理电信网络诈骗，在电信法及相关立法中设置了一系列专门条款，其中美国、韩国的相关规定相对完善和详细。通过对相关条款的梳理总结，目前国外在电信网络诈骗治理方面的立法重点主要集中在以下四个方面：

一是电信业务办理实名制和用户真实身份核验要求，确保主叫身份真实性。美国要求提供语音服务（包括 VOIP）的电信运营商应使用用户身份认证框架；韩国要求办理电信业务需要使用人真实信息，监管部门应构建身份核验系统；日本要求移动语音通信服务运营商应当要求用户提供身份信息，未按照规定进行真实身份验证的，移动语音通信服务运营商可拒绝提供服务。同时，为确保用户的真实身份，一些国家还对电信号码资源、电信设备的转让进行规范。如韩国禁止私下交易电信号码，监管部门可要求对私下交易的电话号码采取服务隔离或信息显示限制；日本规定转让终端设备应当取得移动语音通信运营商同意或进行受让人身份验证。

二是完善金融账户监管和反洗钱制度建设，针对薄弱环节加强综合治理。美国通过《银行保密法》确立了金融账户实名制和反洗钱制度，并颁布一系列配套立法保障实施。欧盟高度重视反洗钱工作，先后发布了五个反洗钱指令，并通过刑事立法加大对洗钱犯罪的惩处力度。英国颁布《反洗钱条例》和《犯罪收益法》，构建了较为完整的洗钱犯罪罪名体系。澳大利亚通过《金融交易报告法》，建立了金融交易信息报告体系和制度。俄罗斯通过《俄罗斯联邦刑法典》修正案和《反洗钱和恐怖融资法》规制洗钱。日本政府严厉打击恐怖主义融资、黑社会等地下钱庄，并规定了完善的反洗钱法律法规，重点打击证券地下融资。韩国的反洗钱立法由《犯罪所得法》和《金融交易报告法》两个主要部分构成。

三是逐渐重视互联网和网络平台治理，拓展政企合作，加强技术防范。在实名制方面，以韩国为代表的政府推动模式和以美国为代表的企业推动模式，是全球立法及实践中推行互联网实名制的典型代表。在使用管理方面，欧洲对于互联网企业对用户使用行为管理所施加的义务，采取了“软硬兼施”的制度策略。欧盟2020年颁布《数字服务法》和《数字市场法》，从网络内容治理和互联网经济秩序维持两个出发点加强互联网和网络平台治理，将欧洲数字失衡问题根源直指大型互联网平台的守门人角色，着力规范互联网平台对在线内容的守门人义务。

四是强化企业责任和风险管理，压实企业主体在电信网络诈骗治理方面的义务。美国规定联邦通信委员会应构建与私营实体进行信息共享的机制，鼓励电信运营者共享电信网络诈骗信息。欧盟规定国家监管机构或其他主管当局有权要求电信服务提供商对涉嫌欺诈或滥用的电信号码停止服务。德国规定为治理电信网络诈骗，电信服务提供商可收集和使用用户数据，记录用户所使用的诈骗方法和获得的非法收入信息，并可在规定范围内向国外私人机构提供用户个人数据。葡萄牙规定电信业务经营者在存在欺诈的情况下可以中断服务。日本规定电信运营商有正当理由可拒绝提供电信邮件发送服务。韩国规定可利用政务信息共享等机制建立用户身份核验机制，监管部门在存在电信网络诈骗的情形下可要求电信经营企业采取中断服务措施等。

【条文释义】

本条是关于立法目的和立法根据的规定。本条包含以下几个方面的内容：

第一，制定本法是“为了预防、遏制和惩治电信网络诈骗活动，加强反电信网络诈骗工作”。强调预防是制定本法的重要考虑，本法从电信、金融、互联网和综合措施四个方面进行制度设计，主要体现的都是“防范为先”的重要理念。从实践看，过去在打击电信网络诈骗活动方面做了大量工作，但实践表明光靠打是不行的，需要从电信诈骗犯罪的人员流、信息流、技术流、资金流等环节，以及行业监管、企业平台责任、社会宣传教育防范等各方面齐抓共管，形成制度合力。在强化系统观念、源头治理和综合治理方面还需要进一步加强工作。因此，本法将预防摆在突出位置，立法目的第一个就是“预防”。立法目的强调“遏制”，这是当前迫切的首要目标，是治标的首要目标，同样非常重要。经过各方面共同努力，强力推进打击治理工作，自2021年6月起，单月立案数已连续呈同比下降态势，在发案数连续下降的同时，破案率同比上升，这两方面数据显示出在严打震慑态势下，电信网络诈骗犯罪持续上升势头得到有效遏制，但电信网络诈骗犯罪活动形势依然严峻复杂，在我国整体犯罪特别是重大犯罪案件不断下降的情况下，电信网络诈骗犯罪仍高位运行，因此是否能够“遏制”电信网络诈骗上升势头和高位运行将是制定本法的重要目标和挑战。关于“惩治”方面，惩治或者说打击一直是反电信网络诈骗工作中开展的主要手段和方式，这一点也同样不能放松，防范和打击并重，打防管控多管齐下，多种手段综合治理和系统治理，才能取得反电信网络诈骗的显著成效。“加强反电信网络诈骗工作”也是本法制定的重要考虑。本法通过压实行业主管部门行业监管责任、各企业反诈责任、地方政府属地责任，以及公检法打击职责、有关方面宣传职责，还有技术防范措施等，通过有针对性的制度设计和工作要求，加强反电信网络诈骗工作，取得反电信网络诈骗工作实效。

第二，保护公民和组织的合法权益。主要包括以下方面：（1）电信网络诈骗活动侵害的主要是公民、组织的财产安全，首先是保护公民、组织的合法财产免受诈骗侵害。诈骗分子针对社会公众，特别是一些老年人、学生等实施诈骗，致使一些人的养老钱、上学钱、看病钱被骗遭受重大生活困难，保护人民群众财产安全，守护“钱袋子”是反电信网络诈骗工作的首要和根本目标。（2）除了上述财产权益以外，还应当依照本法和其他有关法律规定，保护公民和组织的个人信息、个人隐私和商业秘密等安全。（3）依照宪法和有关法律规定，保护公民和组织的有关基本权利。本法在立法过程中始终重视统筹发展和安全，在防范限制有关非法活动、压实企业等责任的同时，也注意精准治理，防止对公民、企业正常生活和生产经营活动的不利影响，保障公民的基本权利。如本法对有关涉诈异常的电话卡、银行账户、支付账户、互联网账号等采取有关限制卡、号、账户功能、暂停等措施，收集有关必要个人信息、设备信息等，在采取这些措施时明确规定要限于反诈工作。同时明确规定需要依照国家有关规定采取措施，并建立完善申诉渠道，对异议的及时处理等，这类情况同样体现了本条规定的保护公民和组织合法权益的要求。

第三，维护社会稳定和国家安全。电信网络诈骗与传统“一对一”的诈骗具有很大的不同，犯罪分子针对社会不特定群体，特别是利用老年人、在校学生等特殊群体，大肆实施诈骗，呈现组织化、链条化、精准化、跨境实施等特征，犯罪活动在社会面蔓延，每个人都可能陷于被骗，人民群众防不胜防，严重危害了人民群众切身利益，特别是伤害了社会诚信体系，已经成为社会公害，因此从维护社会稳定角度，从维护我国创造的“两个奇迹”成果角度，都必须坚决打击治理电信网络诈骗活动，维护社会稳定。同时，打击治理电信网络诈骗活动也是维护国家安全的需要，主要体现在：贯彻总体国家安全观，维护国家政治、经济和社会安全。电信网络诈骗活动危害政治安全，特别是跨境实施，大量人员出国盘踞在特定区域，有组织、产业化地实施电信网络诈骗活动，严重损害国家对外形象。电信网络诈骗活动洗钱猖獗，涉及大量资金境外转移，危害国家资金安全等。

第四，立法根据是“根据宪法，制定本法”。根据宪法是指根据宪法精神，实现宪法目的，贯彻实施宪法。一方面是保障宪法规定的保护公民和组织合法财产的重要措施，另一方面也是依据宪法精神，统筹发展和安全、精准进行制度设计。“根据宪法，制定本法”也是法律中将宪法作为立法依据的经典表述。在其他一些法律中，除了依据宪法之外，还对总结实践经验作了规定。如刑法第一条规定，“为了惩罚犯罪，保护人民，根据宪法，结合我国同犯罪作斗争的具体经验及实际情况，制定本法”。实际上，制定本法过程中总结实践经验也是重要方面。本法是在总结实践中好经验好做法的基础上，结合反电信网络诈骗工作的实际情况和需要，推进相关制度建设。

【实践中应注意的问题】

在该条的理解适用中，应当注意以下几个方面的问题：

第一，预防、遏制和惩治电信网络诈骗活动，加强电信网络诈骗工作是一个整体，必须按照综合治理、系统观念的思维推进反电信网络诈骗工作，这也是理解本法篇章结构和制度设计的重要方面。本法在立法过程中，主要是侧重预防、防范性的制度设计，同时也增加了“打”的方面的内容，如关于公检法机关在反电信网络诈骗工作中的惩治职责，对电信网络诈骗分子专门规定治安处罚责任，以及民事责任和纳入信用记录等，这些也可以说

“打击”方面的内容，因此理解本法规定时，难以用单纯的“打”或者“防”来概括，而是综合性的措施。

第二，正确处理本法和刑法、刑事诉讼法等惩治性法律的关系。立法过程中一些意见要求加大对电信网络诈骗活动人员的刑事打击，对此刑法等法律中已经作出了明确规定。为打击治理电信网络诈骗等网络犯罪，刑法作过多次修改。目前，可以适用的罪名包括：诈骗罪、帮助信息网络犯罪活动罪、非法利用信息网络罪、侵犯公民个人信息罪、妨害银行卡管理罪等，其中诈骗罪等最高可判处无期徒刑，总体上能够适应实践需要。因此，本法在刑事责任方面仅作了衔接性规定。同时，也有意见提出，对电信网络诈骗案件办理中的一些证据标准、程序等问题也作出规定，这些在刑事诉讼法等法律中也有相应规定，总体上实践中也能够通过制定司法解释、统一认识等研究解决，因此未在本法中作出规定。

第三，处理好本法与反洗钱法、电信法、网络安全法、个人信息保护法等法律或者拟制定的法律的关系。制定修改电信法、反洗钱法等已经列入十三届全国人大常委会立法规划，有关方面正在推进工作。这些立法都会涉及电信网络诈骗犯罪的某个或者某些环节，但是针对性不强，主要制度角度也不同，如电信法规定的主要是有关电信设备资源、电信企业责任等电信管理制度，对有关金融领域、互联网治理、跨境执法等方面难以覆盖。已经列入有关立法计划的网络犯罪防治法，与本法在角度和侧重点上也会有所不同。反电信网络诈骗专项立法的优势是系统综合、针对性强，立法进程快。

【相关规定】

宪法第十三条、第二十八条；国家安全法第九条；刑法第一条；国家情报法第十一条；反间谍法第一条；反恐怖主义法第一条；反有组织犯罪法第一条；个人信息保护法第一条。

第二条　本法所称电信网络诈骗，是指以非法占有为目的，利用电信网络技术手段，通过远程、非接触等方式，诈骗公私财物的行为。

【条文主旨】本条是关于反电信网络诈骗定义的规定。

【立法宗旨和背景】

（一）起草背景

本法是专门规制电信网络诈骗的法律，因此有必要对电信网络诈骗作出定义，明确范围，从而确定本法适用的对象。表面上看，电信网络诈骗是否定义并不重要，其范围也似可轻易确定，但实际并非如此，科学确定电信网络诈骗定义，需要考虑和处理好以下关系：

一是电信网络诈骗与传统诈骗罪的关系。本法规定是针对电信网络诈骗的治理，而不是针对所有诈骗犯罪。传统的一对一、接触式的诈骗罪，其发案范围、治理的特点和需要与电信网络诈骗具有很大不同，对其打击治理并不需要专门法律作出另外安排，因为无论是法律依据、打击治理环节等都不存在特别问题，与其他传统犯罪如盗窃罪等的治理是一样的。在制度安排和办案方面基本上是一样的。因此，作出定义时需要准确区分与普通诈骗罪的关系，确定有关要素时要体现普通诈骗和电信网络诈骗的区别，合理划定本法规范边界。

二是与其他关联犯罪的区分。电信网络诈骗活动过程中还有其他很多关联犯罪。如电信网络诈骗分子从事电信网络诈骗往往利用非法获取的公民个人信息，进行精准诈骗，其中伴随着侵害公民个人信息犯罪，属于重要的关联犯罪。又如，电信网络诈骗活动通常需要运用各种手法洗钱，达到非法占有诈骗资金目的，因此洗钱犯罪也是重要的关联犯罪；还比如，为电信网络诈骗活动提供各类“黑灰产”支持帮助的行为，也都是重要的关联犯罪。在定义电信网络诈骗时，需要处理好与这些电信网络诈骗伴生的关联犯罪问题。

本条规定电信网络诈骗定义的主要考虑：一是为确定本法调整对象，划定法律调整事项范围，同时明确本法作为规制电信网络诈骗活动的“小切口”专项法律，不涉及其他违法犯罪事项。二是电信网络诈骗的界定是适用本法有关制度措施、施加权利义务和责任的前提。如本法对金融、电信、互联网企业规定了防范监测电信网络诈骗的责任，电信网络诈骗如何定义就直接关系到企业需要防范监测的违法犯罪的范围；又如本法对有关涉电信网络诈骗活动的违法犯罪人员采取限制办卡、限制出境，以及进行惩戒等措施，电信网络诈骗界定的范围不同就会决定上述措施适用的人群范围，因此，对电信网络诈骗作出清晰定义是具有重要意义的。三是本法确定的电信网络诈骗定义对刑法等其他法律的适用也具有重要意义。有关对电信网络诈骗的入罪门槛作了不同于普通诈骗罪的规定，属于电信网络诈骗还是普通诈骗就决定了一些情形下是否构成犯罪追究刑事责任。

从反电信网络诈骗实践看，当前常见的电信网络诈骗手段主要有：贷款、代办信用卡类，刷单返利类，“杀猪盘”类（网络交友赌博投资类诈骗），冒充电商物流客服类，虚假购物、服务类，冒充领导、熟人类，上述6类案件共占全国电信网络诈骗犯罪发案数和损失数的八成以上。受害人最多的电诈犯罪类型为刷单返利类，诈骗金额最多、损失最大的为“杀猪盘”类。在“杀猪盘”类案件中，不少受害人自杀身亡，已成为危害最突出的电信网络诈骗犯罪类型。总结这些常见的电信网络诈骗手法是作出科学定义的基础。

（二）审议中各方面的意见

1. 反电信网络诈骗法草案第二条规定：“本法所称电信网络诈骗，是指以非法占有为目的，利用电话、短信、互联网等电信网络技术手段，通过远程、非接触方式，骗取公私财物的行为。”

在草案一开始的起草阶段并未对电信网络诈骗作出定义，在草案起初征求各方面意见的过程中，有关方面提出，目前实践中一些规范性文件对电信网络诈骗定义有所规定，但并不统一，定义角度也有所不同，作为反电信网络诈骗专门法律，应当对电信网络诈骗进行定义。后经研究，在草案一审稿中对电信网络诈骗作出上述定义。常委会审议和征求意见过程中，各方面的意见主要有：一是关于具体手段列举。有的提出，通过微信进行网络诈骗时有发生，建议增加“微信”；有的提出，“利用电话、短信、互联网等电信网络技术手段”的表述不科学，也不全面，建议修改为“利用电信网络技术手段”。二是将电信网络诈骗相关的帮助行为列入。有的提出，从司法实践看，应当将支持或者帮助他人实施电信网络诈骗活动的行为列入电信网络诈骗范畴，并作为规制对象，建议增加“为他人提供支持和帮助”的表述。有的建议将“可能触犯诈骗罪、侵犯公民个人信息罪、非法获取计算机信息系统数据罪等多种罪名的网络黑灰产行为”列入定义范围。三是关于是否规定针对不特定人实施。有的提出，电信网络诈骗犯罪的对象是不特定的人，“一对一”的诈骗行为即使利用了电信网络手段也应归入普通诈骗，建议定义中增加“不特定”的表述。四是关于是否限定为“非接触式”，有的建议删除“非接触式”表述。有的提出，通过电信网络发生的诈骗行为在物理距离上并不一定为“远程”，也有线下接触场景，建议删除“远程、非接触方式”。五是关于进一步完善描述诈骗方式。有的建议，在“技术手段”后增加“传播虚假信息”，在“非接触方式”后增加“使被害人陷入错误认识”；有的建议修改为“通过虚构事实、非接触方式，骗取、敲诈公私财物的行为”，或者修改为“虚构事实，设置骗局，实施远程、非接触式诈骗，骗取公私财物的行为”。

2. 草案二次审议稿第二条规定：“本法所称电信网络诈骗，是指以非法占有为目的，利用电信网络技术手段，通过远程、非接触方式，诈骗公私财物的行为。”根据各方面的意见，草案二次审议稿对草案一审稿作了以下修改：一是删去了“电话、短信、互联网等”电信网络技术手段的列举，主要是考虑还有其他一些方式，不好一一列举。二是将“骗取”修改为“诈骗”，与刑法诈骗罪的罪名一致。

在审议、征求意见和通过前评估过程中，各方面提出的意见有：一是电信网络诈骗手段具有多样性，并且随着技术手段的发展而变化，实际中可能会出现远程和近端、接触和非接触相结合的诈骗形态，建议在本条后面加上“等”字。二是删除“远程、非接触式”，增加涉众型特征。三是本法对诈骗实施者的处罚没有明确规定，主要是依据刑法，本法中对诈骗行为的定义与刑法的规定有所不同，没有规定数额较大。对诈骗数额较小的如何处罚，建议明确。四是有的提出，在定义中阐述具体的形式更通俗易懂，草案删去了一审稿中“电话、短信、互联网”具体手段的列举，建议保留。五是有的建议增加规定帮助行为，将本条修改为：“本法所称电信网络诈骗，是指以非法占有为目的，利用电话、短信、互联网等电信网络技术手段，通过远程非接触方式骗取公私财物以及为他人实施上述活动提供帮助的行为。”

3. 草案三次审议稿第二条规定：“本法所称电信网络诈骗，是指以非法占有为目的，利用电信网络技术手段，通过远程、非接触等方式，诈骗公私财物的行为。”根据各方面的意见，草案三次审议稿对草案二次审议稿作了以下修改：考虑到电信网络诈骗手段不断变化，可能出现远程和近端、接触和非接触结合等状态，在“远程、非接触方式”前增加“等”字，为实践留有余地。

在审议过程中，有的常委会委员建议在“以非法占有为目的”前增加“面向不特定多数人”的表述，有的常委会委员提出，电信诈骗不一定都是远程、非接触方式，建议将“通过远程、非接触等方式”修改为“通过网络平台，以远程、非接触为主要方式”。考虑到这些意见在此前修改中已作了回应，未再修改。

【条文释义】

本条包含以下几个方面的内容：

第一，电信网络诈骗必须是“以非法占有为目的”“诈骗公私财物”的行为。这体现的是电信网络诈骗中“诈骗”的要素。电信网络诈骗本质上是诈骗的一种，电信网络诈骗犯罪必须符合诈骗犯罪的构成要件。诈骗罪具有完整的构成要件和过程，本条定义中没有规定的其他构成要件也应当按照诈骗罪的构成要件补充完整。刑法中规定了诈骗罪，没有对诈骗定义作出明确规定，法学理论和实践中对于诈骗罪的构成要件和过程一般表述为：“以非法占有为目的—虚构事实或者隐瞒真相—使他人产生错误认识—他人基于错误认识处分财产—行为人取得财产—被害人造成财产损失。”这些要件过程对于电信网络诈骗的构成过程同样适用。因此，本条定义中虽然没有明确规定虚构事实、设置骗局、使他人产生错误认识等条件，但这些条件同样应当具备，要按照诈骗罪的要件予以确认。本条的定义主要是将电信网络诈骗的突出特点规定出来，其他要素还需要结合普通诈骗的其他要件综合认定。“诈骗公私财物”包括骗取公民个人财物，也包括骗取单位财物。

第二，“利用电信网络技术手段”，这是电信网络诈骗在手段方式上区别普通诈骗的一个重要特征，也是称其为“电信网络诈骗”的原因。电信网络技术手段包括电信手段、网络手段或者电信网络手段的结合，实际上电信和网络也存在交叉融合。2000 年国务院制定的电信条例第二条第一款规定，“电信，是指利用有线、无线的电磁系统或者光电系统，传送、发射或者接收语音、文字、数据、图像以及其他任何形式信息的活动”；网络安全法第七十六条第一项规定：“网络，是指由计算机或者其他信息终端及相关设备组成的按照一定的规则和程序对信息进行收集、存储、传输、交换、处理的系统。”本法没有对电信网络及其相互关系、界限和管理职责等作出规定，本法主要是针对电信网络诈骗进行打击治理，不涉及电信网络的范围界定和部门管理职责划分。从实践看，电信网络技术手段通常包括：一是利用发送短信方式；二是利用拨打电话方式；三是利用微信等即时通迅工具；四是利用互联网手段等。实际上单纯利用一种方式的已经比较少，而是综合利用电信网络各类手段。从实践看，电信网络诈骗从过去主要由电话诈骗逐渐发展为以网络端诈骗为主，并逐渐融合。2020 年全年，利用电话实施诈骗案件占全部电信网络诈骗案件的 21%，利用短信实施诈骗占比 8%，利用网络实施诈骗占比 71%。值得注意的是，利用短信和电话独立完成诈骗的案件极少，短信和电话主要是引流作用。如冒充假客服发验证短信、发送诈骗链接、引诱刷单广告等，最终引到网络上利用网络通信进行诈骗；或者是利用电话联系到受害人后，再引流到网址、QQ、微信等社交软件上实施诈骗。另外，本条在定义中并没有对电信网络诈骗的洗钱手段作出描述，实践中电信网络诈骗犯罪除了利用电信网络技术手段进行诈骗以外，在诈骗链条中的资金转移链条中通常会采取利用银行、支付机构、POS 机等系统转移资金，以及利用贸易对冲、虚拟货币等方式洗钱，这些新型洗钱手段也是与电信网络诈骗伴生的重要特征，这一点也是电信网络诈骗区别于普通诈骗的一个重要特征。

第三，“通过远程、非接触等方式”实施诈骗。电信网络诈骗通常是针对不特定人，按照事先设计好的诈骗脚本，利用掌握的一些公民个人信息，采取广撒网方式在线上实施诈骗活动。当然，一开始对象是不确定的，但确定目标后进行诈骗时的对象就是确定的。正是电信网络诈骗的这种涉众型、不特定对象的方式，通常就表现为通过远程、不接触的方式进行诈骗活动，传统诈骗通常是线下方式针对特定人，双方有所接触实施诈骗。之所以强调电信网络诈骗的远程、非接触方式，一方面是考虑此为电信网络诈骗的一个主要特征，实践中也多是这种形态。另一方面对于线下的、接触式的诈骗，可归于普通诈骗，对普通诈骗在案件查办、防范治理等方面并不需要采取本法规定的有关制度、措施，其危害性并不会拓展为广泛的社会危害行为。同时，应当注意的是，对此也不能一概将存在线下接触的诈骗都排除在电信网络诈骗之外，从而不适用本法规定。以电信网络技术手段为主实施诈骗，同时在诈骗过程中也存在线下接触，如“杀猪盘”诈骗中，通过电信网络技术手段诈骗，在建立联系感情过程中见面的，也可适用本法规定。因此，本条在“远程、非接触”后增加了“等”字，对这种多种手段、方式融合的情况，以及随着实践发展可能出现的其他新情况，在立法适用上保留余地。

【实践中应注意的问题】

实践中需要注意的是，对于传统的诈骗不适用本法规定。传统诈骗也可能采取打电话等方式，但主要是基于线下场景，或者熟人之间实施，这类诈骗往往有迹可循，对其治理不需要采取本法规定的金融、电信、互联网等特定防范措施，对普通诈骗人员也不能采取本法规定的有关惩戒、行政处罚，以及限制出境等措施，违反其他法律规定的，依法给予相应处罚。

【典型案例】

“杀猪盘”是近年来出现的一类新型网络诈骗方式，总体上已成为电信网络诈骗犯罪损失最大的案件类型。诈骗分子通过社交软件、婚恋交友平台等方式寻求目标，诈骗分子通过“剧本”和“话术”与锁定人群培养感情、建立“恋爱关系”，随后诱骗其到虚假诈骗平台进行投资理财、博彩等，为建立信任和诱骗被害人投入更多财物，诈骗分子前期通常会给予被害人较高收益的回报，被害人投入较高财物时就已“人财两空”。以下介绍一个典型案例，从中进一步认识电信网络诈骗的定义和特点。

广西南宁“杀猪盘”案。经查，2020 年 12 月，广西南宁的张女士在某婚恋平台软件结识一同龄男子李某。李某每天对张某嘘寒问暖，单身的张某认为两情相悦遇到真爱。仅在相识十几天后，李某提出让张某帮助做理财，并将其网络账户和密码告知张某。此举让张某以为李某真诚靠谱，便帮助李某“理财”，当场看到赚到的钱到账。随后李某邀请张某利用此网络平台赚钱，张某投资 6 万元后很快获利 6000 元并提现。为了更多获利，张某通过网上借贷、向朋友借款等方式共投入100多万元，直至钱款无法提现才发现被骗。公安机关接到报案后，立即展开调查，此时张某投资使用的网络平台已经无法登录。根据此案线索，公安机关辗转北京、河北、福建、贵州等地，共抓获犯罪嫌疑人14人，涉及案件68余起，受害人遍布全国各地，涉案金额达1000余万元。

【相关规定】

刑法第二百六十六条；网络安全法第七十六条；电信条例第二条；《检察机关办理电信网络诈骗案件指引》三（二）。

第三条　打击治理在中华人民共和国境内实施的电信网络诈骗活动或者中华人民共和国公民在境外实施的电信网络诈骗活动，适用本法。

境外的组织、个人针对中华人民共和国境内实施电信网络诈骗活动的，或者为他人针对境内实施电信网络诈骗活动提供产品、服务等帮助的，依照本法有关规定处理和追究责任。

【条文主旨】本条是关于本法适用范围的规定。

【立法宗旨和背景】

（一）起草背景

电信网络诈骗是利用电信网络技术手段实施的新型犯罪，在诈骗行为、资金转移等方面都打破了地域和国家界限。法律的适用范围首先是本国地域范围，同时根据惩治违法犯罪和保护本国公民、组织和国家利益的需要也可采取其他有关管辖原则。当前电信网络诈骗活动的一个显著特征是具有跨境实施的特点。

一是我国公民前往境外实施的案件多。前些年一些专门电信网络诈骗手法集中在国内某些特定地区，随着打击治理工作力度加大，国内无处藏身，电信网络诈骗活动又开始向境外转移，据有关方面统计，境外作案占80%以上，其中又以缅北诈骗最为突出。近来随着对缅北电信网络诈骗打击治理的加强，电信网络诈骗分子又开始向阿联酋、柬埔寨、菲律宾、东欧、“金三角”等其他国家和地区转移。

二是境外电信、网络等服务或者有关境外“黑灰产”为境内电信网络诈骗活动提供支撑的情况。很多电信网络诈骗案件中，电信网络诈骗分子利用境外聊天软件 Telegram（俗称电报或纸飞机）等实施诈骗，境外相关电信、互联网企业对电信网络诈骗监测防范不足、不进行实名制等，有的明知或者纵容他人利用其服务实施电信网络诈骗，还有的在境外提供“黑灰产”支撑。一些企业的境外云服务被大量利用进行电信网络诈骗活动等。

三是电信网络诈骗活动在世界很多国家蔓延，已经逐渐成为国际性的突出犯罪问题。境外针对境内的诈骗也开始出现和增多。

基于上述电信网络诈骗犯罪跨境实施的情况，有必要在本法中对法律适用范围，特别是有关境外适用的情形作出明确规定。这也是贯彻党中央关于完善我国法律域外管辖制度的要求。近年来贯彻落实这一要求，在很多立法中根据法律适用的现实需要都增加规定了有关域外管辖的规定，如证券法、个人信息保护法、数据安全法等法律中都作了规定。上述规定对于加强我国法律体系的域外适用问题，依法严厉惩治跨境犯罪具有重要意义。

（二）审议中各方面的意见

1. 反电信网络诈骗法草案第三条规定：“打击治理中华人民共和国境内的电信网络诈骗活动或者中华人民共和国公民在境外实施的电信网络诈骗活动，适用本法。”“境外的组织、个人针对境内实施电信网络诈骗活动，或者为他人实施电信网络诈骗活动提供产品、服务，损害中华人民共和国国家或者公民利益的，可以依照本法有关规定处理和追究责任。”

在审议、征求意见过程中各方面的意见主要有：一是在第二款损害“公民”利益后增加“、法人和其他组织”，有的建议将“国家或者公民利益”修改为“国家、集体或者公民利益”。二是有的提出，不论在何地对中国境内实施诈骗，都应当依照本法进行处理，建议删除“可以依照本法有关规定处理和追究责任”中的“可以”。三是有的提出，本条规定了“中华人民共和国公民在境外实施的电信网络诈骗活动”，建议增加“境外实施的针对中国公民的电信网络诈骗活动”。四是有的提出，境外电信网络诈骗现在比境内的还要多，建议增加“积极开展打击境外电信网络诈骗活动的工作，加强国际合作，国际上共同打击电信网络诈骗犯罪”。五是建议第一款中增加“及注册地或主要营业地在中华人民共和国境内的单位”。六是建议在“或者”后增加“明知”，修改为“或者明知他人实施电信网络诈骗活动为其提供产品、服务”。七是建议将“损害中华人民共和国国家或者公民利益的”修改为“损害中华人民共和国国家或者公民合法利益的”，或者修改为“国家利益、社会公共利益或者第三人合法权益”。八是建议将“提供产品、服务”修改为“提供产品、服务、资金、技术”，或者在“产品、服务”后增加“等”。

2. 草案二次审议稿第三条规定：“打击治理中华人民共和国境内的电信网络诈骗活动或者中华人民共和国公民在境外实施的电信网络诈骗活动，适用本法。”“境外的组织、个人针对中华人民共和国境内实施电信网络诈骗活动的，或者为他人实施针对境内的电信网络诈骗活动提供产品、服务等帮助的，依照本法有关规定处理和追究责任。”根据各方面的意见，草案二次审议稿对草案作了以下修改：一是将第二款中的“境内”修改为“中华人民共和国境内”，属于表述上的修改。二是删去了第二款中的“损害中华人民共和国国家或者公民利益的”，主要是考虑到，针对境内实施电信网络诈骗活动，或者为他人实施针对境内的电信网络诈骗活动提供产品、服务的，因为已经限定为针对境内实施或者帮助实施，因此必然同时损害了中国国家、公民的利益，不需要再作这一限制，这也与刑法保护管辖的规定相一致。三是删去了“可以”。是否需要对境外发生的针对境内的诈骗适用本法有关管理制度和处罚，根据案件情况和实践具体把握，法律中不必规定“可以”。

审议和征求意见过程中，各方面提出的意见主要是，建议将本条第一款修改为：“打击、治理中华人民共和国境内的电信网络诈骗活动或者中华人民共和国公民以及注册地或主要营业地在中华人民共和国境内的单位在境外实施的电信网络诈骗活动，适用本法。”这一意见的目的是将有关国内企业在国外的分公司等也纳入管辖范围。实际上，对于这类在境外的企业实施或者帮助实施针对境内的电信网络诈骗时依照第二款的规定能够处理，不需要再单独作出规定，因此未采纳这一意见。

3. 草案三次审议稿第三条规定：“打击治理在中华人民共和国境内实施的电信网络诈骗活动或者中华人民共和国公民在境外实施的电信网络诈骗活

动，适用本法。”“境外的组织、个人针对中华人民共和国境内实施电信网络诈骗活动的，或者为他人实施针对境内的电信网络诈骗活动提供产品、服务等帮助的，依照本法有关规定处理和追究责任。”

根据各方面的意见，草案三次审议稿对草案二次审议稿作了以下修改：将“打击治理中华人民共和国境内的电信网络诈骗活动”修改为“打击治理在中华人民共和国境内实施的电信网络诈骗活动”，与第一款第二句话的表述相一致。

在审议过程中，有的建议增加对境外组织和个人针对生活居住在境外的我国公民实施的电信网络诈骗活动进行规制的规定，有的提出，修改第二款表述，前后均表述为“针对境内实施”。

根据常委会委员的审议意见和各方面意见，本条又作了以下修改：将第二款中“为他人实施针对境内的电信网络诈骗活动提供产品、服务等帮助的”修改为“为他人针对境内实施电信网络诈骗活动提供产品、服务等帮助的”，属于表述修改，与本款前一句“境外的组织、个人针对中华人民共和国境内实施电信网络诈骗活动的”表述一致。

【条文释义】

本条共分两款。第一款是本法适用中国境内电信网络诈骗活动，以及适用于中国公民在境外实施电信网络诈骗活动的规定。

本款包含以下几个方面的内容：

第一，打击治理在中华人民共和国境内实施的电信网络诈骗活动。这是本法适用的属地原则，也是法律适用范围的通常界定，即对于本国境内发生的电信网络诈骗活动适用本法规定。本法主要规定的是治理防范方面的内容，也包括一些打击方面的规定，无论是相关打击措施还是治理都适用本法相应规定。这里的实施包括组织、领导、策划和具体实施、参与实施，以及其他帮助实施的行为，全部或者有一部分行为发生在境内，结果或者结果的一部分发生在境内的，都适用本法。根据2016年《最高人民法院、最高人民检察院、公安部关于办理电信网络诈骗等刑事案件适用法律若干问题的意见》规定，“犯罪行为发生地”包括用于电信网络诈骗犯罪的网站服务器所在地，网站建立者、管理者所在地，被侵害的计算机信息系统或其管理者所在地，犯罪嫌疑人、被害人使用的计算机信息系统所在地，诈骗电话、短信息、电子邮件等的拨打地、发送地、到达地、接受地，以及诈骗行为持续发生的实施地、预备地、开始地、途经地、结束地。“犯罪结果发生地”包括被害人被骗时所在地，以及诈骗所得财物的实际取得地、藏匿地、转移地、使用地、销售地等。此外，根据 2021 年《最高人民法院、最高人民检察院、公安部关于办理电信网络诈骗等刑事案件适用法律若干问题的意见（二）》的规定，“犯罪行为发生地或者结果发生地”还包括：用于犯罪活动的手机卡、流量卡、物联网卡的开立地、销售地、转移地、藏匿地；用于犯罪活动的信用卡的开立地、销售地、转移地、藏匿地、使用地以及资金交易对手资金交付和汇出地；用于犯罪活动的银行账户、非银行支付账户的开立地、销售地、使用地以及资金交易对手资金交付和汇出地；用于犯罪活动的即时通讯信息、广告推广信息的发送地、接受地、到达地；用于犯罪活动的“猫池”设备、GOIP 设备、多卡宝等硬件设备的销售地、入网地、藏匿地；用于犯罪活动的互联网账号的销售地、登录地。因此，只要具备上述任何一种情形的，都可认定为在我国境内实施犯罪，对有关人员、行为适用本法进行管理和处罚。

第二，对于中华人民共和国公民在境外实施的电信网络诈骗活动适用本法。当前我国一些地方的人员出境从事诈骗等非法活动的情况较为突出，甚至一些地方存在区域化、有组织化现象，大量本地居民集中前往境外，利用境外监管治理不严和跨境执法难的情况，在境外组织人员、设立窝点，从事电信网络诈骗活动，不少人员滞留境外实施电信网络诈骗活动。因此本条对我国公民在境外实施电信网络诈骗活动适用本法作出专门规定。从实践看，我国公民在境外实施电信网络诈骗活动以针对内地公民为主要情形，也有针对外国公民的情形如取得外国国籍的华人，这种情况也适用本法。对于我国公民实施的电信网络诈骗活动按照属人管辖的原则适用本法，不要求侵害对象必须是内地公民。实践中公安机关部署开展针对境外人员的“断流”行动，劝返境外人员回流，并根据情况依据我国现有法律进行有关处罚。

第二款是关于电信网络诈骗域外管辖的规定。适用域外管辖需要具备以下条件：一是行为主体是境外的组织、个人。二是行为方式是在境外实施电信网络诈骗活动，或者为他人针对境内实施电信网络诈骗活动提供产品、服务等帮助。需要注意的是，本条特意将“为电信网络诈骗活动提供产品、服务等帮助”专门写出来，主要针对的是境外一些电信业务经营者、互联网服务提供者等企业明知或者应当知道他人利用其产品、服务实施电信网络诈骗活动，而仍然为其提供帮助或者便利的行为，如实践中常见的国外一些互联网服务软件疏于监管被国内人员大量用于电信网络诈骗活动。这种情况下，我国执法机关根据案件情况和需要，对于危害特别严重、被电信网络诈骗广泛利用的有关特定境外企业提出整改要求或者作出行政处罚。三是行为对象针对的是境内人员。由于行为主体和行为发生地都在境外，适用本法管辖必须要具备针对境内人员的管辖连接点，如不针对境内人员、不损害我国国家和公民利益的则不适用本法处理。目前来看，外国公民、组织对我境内实施电信网络诈骗的极少，因此，本款将来主要可能适用的情形在于境外企业违反本法规定，造成大量电信网络诈骗，侵害我国国家和公民利益的情况。

此外，从实践看还有两种情况需要注意：一是存在一些境外人员利用我国通信、金融、互联网产品、服务在境外实施电信网络诈骗的情况，如果损害我国企业或者国家利益的，也可适用本法。二是我国境内互联网企业在境外拓展业务或者设立的公司，其不落实有关管理和防范制度规定，造成其产品、服务被大量用于电信网络诈骗时也可依照第二款规定适用本法，但必须是被利用针对境内实施诈骗，损害我国国家或者公民利益，同时予以处罚的前提也必须是明知相关产品、服务被用于电信网络诈骗而放任不管。

“依照本法有关规定处理和追究责任”包括两层含义：一是适用本法有关规定进行管理，如要求企业按照电信治理、金融治理、互联网治理或者综合措施中的有关规定落实反电信网络诈骗职责，又如企业要建立完善电话卡、账号、账户涉诈风险监测识别防范等工作机制。二是适用本法有关行政处罚或者惩戒措施等，如对境外企业违反本法规定，为他人实施电信网络诈骗提供产品、服务的，可以依照本法给予其行政处罚，责令采取有关防范措施，限制或者停止针对国内的有关业务活动等。此外，需要注意的是，处罚为他人实施电信网络诈骗活动提供产品、服务的行为，也应当限于行为人“明知”的情形，对于不知道或者难以完全防范他人利用其产品、服务实施电信网络诈骗活动的，不应追究其责任。“明知”包括确切知道，也包括可以推定的应当知道。

【实践中应注意的问题】

在该条的理解适用中，应当注意以下几个方面的问题：

第一，本条有关域外管辖的规定是在管辖原则上作出备用性质的规定，是否适用需要根据案件情况和维护我国国家利益的需要作出。很多情况下，由于这类行为主体和行为实施地均在境外，当地法律一般也具有管辖权。法律上作出管辖依据规定，为根据情况需要对境外组织、个人进行管理或者处罚时提供备用工具。

第二，本法的管辖原则与刑法属地管辖、属人管辖和保护管辖相衔接，但条件不完全一致。刑法对属人管辖规定了三年以下有期徒刑可以不予追究的情形，在保护管辖上有刑期条件限制，还有“按照犯罪地的法律不受处罚的除外”的限制性规定，本法在适用原则上没有这些限制。主要是考虑，本法的主要制度是防范性管理制度，以及一些行政处罚，为更好防范境外电信网络诈骗活动，在适用上不需要作出进一步限制，从而更好地防范境内外电信网络诈骗活动。

【典型案例】

案例 1：某大学教授被骗千万元案

某大学 54 岁黄姓女教授，遭电话诈骗损失人民币 1800 余万元。侦查发现部分赃款在我国台湾地区提现，诈骗电话的地址也设在台湾。诈骗团伙冒充最高人民检察院领导身份，以台湾常见诈骗幌子“信用卡遭冒用盗刷，要监管账户现金”为由，用电话、微信聊天软件实施诈骗。为规避警方，利用人头电话及大陆流行的通信软件 QQ、Skype、WeChat（微信）为主要联络工具，专骗大陆群众。本案中犯罪分子通过微信通知女教授信用卡遭盗刷，之后转给假刑警，借查询消费记录骗得身份证号码；为继续取得被害人信任，又假冒最高人民检察院领导与女教授通电话，告知被害人涉嫌“洗钱”，须配合资产清查；接着申请微信账号互加好友，通过通信软件让被害人信以为真。女教授在某大学任教多年，不甘为人师表被冤枉，为证明自身清白，四处向亲友借贷筹钱，共分 6 次汇款，直到家人点醒才惊觉上当。

针对某大学教授被骗1800余万元等7起被骗千万元以上的案件开展侦查，发现上述诈骗犯罪窝点均设在西班牙，涉及全国31个省800余起，被骗金额1.2亿余元。短时间内，西班牙成为境外电信诈骗危害最严重的窝点聚集地。为此，公安部组织开展“长城行动”。“长城行动”一案从西班牙引渡225人，重创了台湾电信诈骗犯罪集团的跨国网络，其中押解回国218名台湾籍嫌疑人，创历次从境外押回台湾籍嫌疑人之最。

案例2：“10·18”特大跨境电信网络诈骗案

此案为公安部督办案件，抓获犯罪嫌疑人100余人，冻结涉案资金900余万元。2021年6月16日，该案在成都铁路运输两级法院集中公开宣判。2019年3月至2020年5月20日，“宏盛国际”犯罪集团租用成都某网络科技有限公司的客服软件，在菲律宾马尼拉马卜蒂市（音译）电力大厦组织设立虚假赌博平台，内设“北京28”“加拿大28”等项目，实施电信网络诈骗犯罪。该犯罪集团通过交友软件，设置个人虚假信息资料、虚拟定位，以交朋友“谈感情”等方式物色中国境内被害人，编排“话术”与被害人聊天。取得被害人信任后，以“高额回报”为诱饵，诱骗被害人参与上述虚假赌博平台。先期让被害人少量获利提现，待被害人产生信任后继续诱骗被害人大额充值，之后以信息错误、金额不足、账户被冻结等为由拒绝提现，非法占有被害人钱财。本案国内被害人达1500余名，涉案金额1.05亿元。

【相关规定】

刑法第六条、第七条、第八条；个人信息保护法第三条；数据安全法第二条；《最高人民法院、最高人民检察院、公安部关于办理电信网络诈骗等刑事案件适用法律若干问题的意见》五（一）；《最高人民法院、最高人民检察院、公安部关于办理电信网络诈骗等刑事案件适用法律若干问题的意见（二）》第一条。

第四条　反电信网络诈骗工作坚持以人民为中心，统筹发展和安全；坚持系统观念、法治思维，注重源头治理、综合治理；坚持齐抓共管、群防群治，全面落实打防管控各项措施，加强社会宣传教育防范；坚持精准防治，

保障正常生产经营活动和群众生活便利。

【条文主旨】本条是关于反电信网络诈骗工作基本原则的规定。

【立法宗旨和背景】

（一）起草背景

随着移动通信技术的迅速发展和网络应用软件的社会普及，在促进经济社会发展、方便群众生产生活的同时，也出现了各种新的网络犯罪形态、生态，传统的诈骗犯罪逐步向高科技靠拢、向网络诈骗转变，电信网络诈骗犯罪已成为近年来持续高发多发的新型犯罪，并呈现愈演愈烈的趋势，给社会稳定、人民群众的生产安全带来极大损害。据统计，仅 2020 年，全国电信网络诈骗案件立案已超过 92.7 万起，损失金额高达 353.7 亿元。不仅如此，电信网络诈骗犯罪催生了一系列黑灰产业链，形成一些上下游关联犯罪，电信网络诈骗犯罪活动形势异常严峻。

涉及面广、欺骗性强、无接触、危害严重是电信网络诈骗犯罪的基本特点。犯罪分子利用新型电信网络技术手段，钻管理上的漏洞，通过非法获取个人信息、网络“黑灰产”交易等实施精准诈骗，通过境外实施跨境跨地域诈骗。他们往往用极低的犯罪成本就能骗得盆满钵满，随后利用发达的金融支付系统快速转移赃款，大量涉诈资金被转往境外难以追查，严重影响国家的经济安全、边境安全，严重影响国家形象和“一带一路”倡议实施。

因陷入电信网络诈骗的圈套，很多群众的看病钱、养老钱、上学钱被席卷一空，因骗致贫、因骗返贫现象和受骗后破产、自杀等恶性事件时有发生，严重危害人民群众财产安全，严重影响人民群众安全感、幸福感、获得感。

习近平总书记多次对打击治理电信网络诈骗犯罪作出重要指示批示。2021 年 4 月，习近平总书记作出重要指示强调：“近年来，各地区各部门贯彻党中央决策部署，持续开展电信网络诈骗犯罪打击治理，取得了初步成效。要坚持以人民为中心，统筹发展和安全，强化系统观念、法治思维，注重源头治理、综合治理，坚持齐抓共管、群防群治，全面落实打防管控各项措施和金融、通信、互联网等行业监管主体责任，加强法律制度建设，加强社会宣传教育防范，推进国际执法合作，坚决遏制此类犯罪多发高发态势，为建设更高水平的平安中国、法治中国作出新的更大的贡献。”2021 年 5 月 1 日，习近平总书记又作出重要批示，要求加快立法，坚决遏制电信网络诈骗犯罪多发高发态势。习近平总书记的重要指示批示，从指导思想、基本原则、具体举措、关键环节、制度构建等方面提出明确要求，对电信网络诈骗犯罪规律和实质作了深入全面的精准把握，为我们打击治理电信网络诈骗犯罪指明了方向。

深入学习认真贯彻落实习近平总书记关于打击治理电信网络诈骗犯罪工作的重要指示精神，以高站位、大决心、强力度，持续开展对电信网络诈骗违法犯罪的打击治理。但从实践情况看，反电信网络诈骗工作系统治理、综合治理、源头治理方面的制度措施不够充分，电信网络诈骗在预防治理方面仍有漏洞。一些地区虽经过严打整治，但违法犯罪土壤尚未根除；一些地方基层社会治理比较薄弱，非法从事黑灰产业链问题还十分突出；一些行业治理存在薄弱环节，各方面责任制度尚未建立完善，难以形成协同打击的治理合力。此外，在开展打击治理电信网络诈骗工作过程中，一些部门和地区存在重打击、轻保护的现象，部分具体措施的执行还不够精准，在平衡打击治理犯罪与保障合法生产生活关系方面，做得还不够好。各方面对于加强法律制度建设的需求较为迫切，一些经验做法和政策文件精神需要上升为法律规定，反电信网络诈骗工作的基本原则需要统一明确，为进一步精准有效打击治理电信网络诈骗起到指导作用。

法律原则是一部法律的根本遵循和指导准则，是法律性质、法律内容、法律要求、法律规律等方面的直接反映。反电信网络诈骗工作的基本原则，应当重点把握以下几个方面内容：一是在根本立场上，必须始终坚持以人民为中心，从统筹发展和安全的高度做好反电信网络诈骗工作；二是在基本方法上，要坚持系统观念、法治思维，注重源头治理和综合治理，整体性、系统性推进反电信网络诈骗工作；三是在实施策略上，要求各方面各环节共同发力，打防管控各项措施并举，做好社会宣传教育防范，增强电信网络诈骗治理体系和治理能力现代化；四是在工作要求上，要做到精准防治，在电信网络诈骗治理过程中，要依法保障公民和组织的正常生产生活的便利性，科学合理地持续开展电信网络诈骗打击治理。

（二）审议中各方面的意见

1. 反电信网络诈骗法草案一审稿第四条规定：“反电信网络诈骗工作坚持以人民为中心，统筹发展和安全；坚持系统观念、法治思维，注重源头治理、综合治理；坚持齐抓共管、群防群治，加强社会宣传教育防范，全面落实打防管控各项措施；坚持精准防治，防止对正常生产经营活动、群众生活便利造成不当影响。”

对反电信网络诈骗工作基本原则的确立，经历了一个不断完善的过程。本条在最初起草时，对反电信网络诈骗工作的基本原则分条规定了三项具体原则，即系统观念、源头治理和综合治理、统筹发展与安全。其中系统观念主要规定，反电信网络诈骗工作坚持系统观念，对电信网络诈骗涉及的信息流、技术流、资金流、人员流进行全链条治理、生态系统治理，工作上齐抓共管、群防群治，全面落实打防管控各项措施。源头治理、综合治理主要规定，反电信网络诈骗工作坚持源头治理、综合治理，防范为先，加强预防性制度建设，建立反电信网络诈骗综合防治体系。统筹发展与安全主要规定，反电信网络诈骗工作和有关措施，应当坚持以人民为中心，统筹发展与安全，服务与风险，坚持精准防治、切实有效，防止对企业正常生产经营、群众生产生活便利造成不当影响。

经过讨论修改，最初起草的三条基本原则被总结成一条基本原则并分成了三款，分别为系统原则，源头治理和综合治理原则，以人民为中心、统筹发展和安全原则。其中第一款规定，反电信网络诈骗工作坚持系统观念、法治思维，对电信网络诈骗涉及的信息流、技术流、资金流、人员流等进行全链条治理、生态系统治理；坚持齐抓共管、群防群治，全面落实打防管控各项措施。第二款规定，反电信网络诈骗工作坚持打防并举，注重源头治理、综合治理，加强预防性制度建设，建立电信网络诈骗综合防治体系。第三款规定，反电信网络诈骗工作和有关措施坚持以人民为中心，统筹发展和安全；坚持精准防治、切实有效，防止对正常生产经营活动、群众生产生活便利造成不当影响。并在此基础上进一步简练：反电信网络诈骗工作坚持系统观念、法治思维，注重源头治理、综合治理，对电信网络诈骗涉及的信息流、技术流、资金流、人员流等进行全链条治理、生态系统治理，建立电信网络诈骗综合防治体系；坚持齐抓共管、群防群治，全面落实打防管控各项措施；坚持以人民为中心，统筹发展和安全，实现精准防治，防止对正常生产经营活动、群众生产生活便利造成不当影响。

草案确定的反电信网络诈骗的三项基本原则，得到各部门、各地方及社会公众的广泛认同，通过听取、吸收各方面的意见，基本原则条款的规定形成了一审稿的内容。草案在全国人大常委会会议进行第一次审议中，有的常委会委员对该条提出了进一步的修改建议，提出要增加切实保护正常用户的合法权益方面的内容。将“坚持精准防治，防止对正常生产经营活动、群众生活便利造成不当影响”也作为反电信网络诈骗工作的基本原则。一方面要精准，尽可能提高被限制服务对象的精准度，实行“限制服务”要有严格的审批程序，做到慎重使用限制服务等措施；另一方面要对限制服务对象履行告知义务，确保其合法权益不受侵害，得到救济，尽可能减少相应的损失和负面效应。

2. 草案二次审议稿第四条规定：“反电信网络诈骗工作坚持以人民为中心，统筹发展和安全；坚持系统观念、法治思维，注重源头治理、综合治理；坚持齐抓共管、群防群治，全面落实打防管控各项措施，加强社会宣传教育防范；坚持精准防治，保障正常生产经营活动和群众生活便利。”

根据一审时常委会组成人员的审议意见，进一步听取了各方面意见，形成了草案二次审议稿的内容。草案二次审议稿对本条作了以下修改：一是调整了“全面落实打防管控各项措施，加强社会宣传教育防范”两句的顺序。二是将“防止对正常生产经营活动、群众生活便利造成不当影响”修改为“保障正常生产经营活动和群众生活便利”。

草案二次审议过程中，有的委员建议增加个人信息安全的内容，经讨论整合到第五条第二款关于保护国家秘密、商业秘密和个人隐私、个人信息的规定中。

3. 草案三次审议稿对草案二次审议稿未作修改。

（三）有关国家和地区的规定

加大对网络犯罪的治理，已成为世界各国政府的普遍共识。为进一步防范治理电信网络诈骗，全球主要国家和地区立足本国国情，结合本国电信网络诈骗犯罪特点规律，多措并举，纷纷加强个人信息保护，强化重点人群以及弱势群体管理，持续提升技术防范能力，不断畅通用户举报投诉等工作机制，同步配套宣传引导与警示教育等，遏制电信网络诈骗活动的蔓延。民众既是电信网络诈骗的受害者，更是各国打击电信网络诈骗的重要主体。各国均将发挥民众监督作用、提升民众防诈反诈意识作为电信网络诈骗治理的有效举措。

在畅通社会监督渠道方面，美国成立了网络诈骗投诉中心，用于受理各类网络诈骗投诉，并利用大数据分析和比对技术打击网络诈骗分子。澳大利亚政府设立了专门的举报网站，以受理民众举报诈骗电话等信息；且设立网络犯罪在线举报和欺诈报告平台，通过大数据来研究其分布规律，对公民作出警示。

在提升民众防范能力方面，美国、俄罗斯、英国、新加坡等国家均在其官方网站发布近期常见电信网络诈骗手法，并为用户提供了信息核查验证渠道；在感恩节、圣诞节等特殊节日期间，美国、德国等分别发布了题为“感恩节期间请注意安全、防范电信诈骗”“德国的电话诈骗伎俩”等警示信息，给出经典诈骗案例以及有效预防措施；澳大利亚设立诈骗意识周，开办博客系列活动，展示当前电信网络诈骗新技术以及防范措施，同时编印《诈骗小黑书》，详细介绍了最常见诈骗手法以及防范措施，列出了诈骗的举报投诉方式，并翻译成10种语言供大家参考学习。2018年，英国金融业协会联合金融服务公司、司法机构、电信服务供应商、商业机构、公共机构等发起了“拒绝欺诈倡议”，面向全国消费者和企业用户宣传金融安全知识和防范欺诈要点，帮助大众提高安全意识。

【条文释义】

反电信网络诈骗法是针对当前电信网络诈骗犯罪高发多发这一突出问题进行的专门立法。作为“小快灵”立法，本法坚持了源头治理、系统治理、综合治理，是完善预防性法律制度的重要举措，为司法实践打击治理电信网络诈骗犯罪提供重要的法律依据，体现了立法的人民性、前瞻性。秉持了“小切口立法”以及“急用先行”的原则，立足综合治理、源头治理和依法治理，侧重前端防范，体现了我国打击治理电信网络诈骗从点状打击到溯源治理，从国家主导到社会动员，预防性的制度设计，贯彻的是综合治理和预防治理的思路，改变的是整个网络治理的生态环境。

本条规定了反电信网络诈骗工作的四个方面基本原则。

第一个方面的基本原则是关于反电信网络诈骗工作坚持以人民为中心，统筹发展和安全的规定。

电信网络诈骗是当前人民群众反映突出的一个重要社会安全问题，不少人民群众养老钱、看病钱、上学钱被骗，还有不少资金是从民间借贷、网络借贷平台借贷而来，被骗人民群众面临生活无着落、不能还款受到信用惩戒等严重后果。治理电信网络诈骗，必须要有“零容忍”的态度。针对反电信网络诈骗进行专门立法，将反诈工作从被动处置转化为全面治理，主动出击，体现了以人民为中心的发展理念。

坚持以人民为中心是反电信网络诈骗工作的基本立场，对反电信网络诈骗进行专门立法，根本目的也是依法保障人民的权益。当前，电信网络诈骗犯罪活动猖獗，已成为群众反映强烈的一大痛点问题。坚持以人民为中心，就要不断满足人民对生活、法治、发展、安全等方面日益增长的要求，坚决打击侵犯人民切身利益的电信网络诈骗活动，依法保障人民的人身权、财产权，真正守护好人民群众的钱袋子，使人民群众不断增强获得感、幸福感、安全感，用法治保障人民安居乐业。

“领导干部要胸怀两个大局，一个是中华民族伟大复兴的战略全局，一个是世界百年未有之大变局，这是我们谋划工作的基本出发点。”统筹发展和安全是统筹两个大局的必然要求，反电信网络诈骗工作应当立足在两个大局的高度上，统筹好发展和安全这两件大事。安全是发展的前提，发展是安全的保障。通过立法从国家层面确立反电信网络诈骗工作，系统性地开展预防和治理，维护良好的电信、金融、互联网环境，为社会发展提供良好的安全环境。在国家总体安全观指导下，既要注重内部安全，又要注重外部安全，坚持内部协调与外部合作的打击电信网络诈骗工作机制，以良好的安全环境促进经济社会快速发展。同时，在反电信网络诈骗工作中树立发展是第一要务、发展是安全的保障的理念，以经济社会发展来保安全，为国家安全奠定坚实基础。在开展反电信网络诈骗工作中，要正确处理好打击犯罪与保护经济发展的关系，还要善于通过各方面技术的发展来促进打击网络诈骗的力度和精度，消除影响国家安全的不稳定因素。

第二个方面的基本原则是关于坚持系统观念、法治思维，注重源头治理、综合治理的规定。

反电信网络诈骗工作涉及电信、网络、金融等多环节、多领域，同时涉及公民、电信网络运营商、金融机构以及监管部门等众多主体。所涉及的工作具体包括：网络账号、手机卡等通信治理，银行账户管理、反洗钱等金融治理及提供网站搭建维护、软件技术以及硬件设备产业服务、公民个人信息保护、宣传教育防范等各个方面。对电信网络诈骗应当坚持统筹治理，全链条、生态链式的打击惩处，在反电信网络诈骗立法中明确坚持系统观念、法治思维，注重源头治理、综合治理的基本原则，符合打击治理电信网络诈骗的工作实际需要。

反电信网络诈骗工作中的“系统观念”，是指站在党和国家的全局角度和战略高度，统筹考虑电信网络诈骗预防和治理，这是开展工作的基础性思想和工作方法。要充分认识到反电信网络诈骗工作是一项系统性工作，需要多部门、多环节、多主体共同参与方能完成，需要各方面的配合与互动。反电信网络诈骗工作中的“法治思维”，是指将法治的要求运用于打击电信网络诈骗的各方面，用法治的方式认识、分析、处理工作过程中的各种问题，善于用法律手段协调各种关系。保证打击电信网络诈骗的各项工作都符合法治的要求，在法治的轨道上运行。反电信网络诈骗工作中的“源头治理”，是指将治理电信网络诈骗的工作着力点放到强化源头打击和防范上，打早打小打准，治理关口前移，建立长效的“治本”机制，达到事半功倍的治理效果。反电信网络诈骗工作中的“综合治理”，是指要对电信网络诈骗违法犯罪活动进行全方位多角度的全面治理，需要集中各职能部门、全平台协同发力，依靠人民群众和社会各方面的力量，综合运行政治、经济、法律、行政、教育、文化等各种手段，对电信网络诈骗活动进行全链条的治理。

第三个方面的基本原则是关于坚持齐抓共管、群防群治，全面落实打防管控各项措施，加强社会宣传教育防范的规定。

近年来，电信网络诈骗犯罪案件高发，在刑事犯罪案件中占比越来越大。据统计，在全国刑事案件连续五年下降的情况下，电信网络诈骗犯罪不降反升，严重危害人民群众财产安全，破坏社会诚信体系，损害国家形象。因此，我们必须充分认识当前电信网络诈骗犯罪的严峻形势，夯实金融、电信、市场监管、互联网等有关部门反电信网络诈骗监管、治理的主体责任，坚持各部门齐抓共管，充分依靠基层组织和广大人民，坚持系统性地群防群治策略，开展宣传教育、预警防范，全力落实打防管控各项工作措施，依法坚决打击遏制电信网络诈骗犯罪活动。

在落实反电信网络诈骗工作中坚持“齐抓共管”，就是要进一步健全工作机制，明确各级人民政府及公安、金融、电信、网信、市场监管等有关主管部门的职责义务，同时将电信业务经营者、银行业金融机构、非银行支付机构、互联网服务提供者等纳入电信网络诈骗防控责任体系中，逐步形成紧密配合、通力协作、齐抓共管的工作格局。在反电信网络诈骗工作中坚持“群防群治”，就是坚持“从群众中来，到群众中去”的群众工作路线，在落实相关工作上要充分相信群众、发动群众、依靠群众，保障人民群众积极参与电信网络诈骗治理，让基础群众工作成为预防和治理电信网络诈骗的重要方面。“全面落实打防管控各项措施，加强社会宣传教育防范”是在反电信网络诈骗工作中落实“惩防并举”的必然要求，既要注重打防管控具体措施的落实，又要注重社会宣传教育的防范效果。各有关部门要以高站位、大决心、强力度的政治责任感、使命感，将打防管控各项措施落地落实，形成持续打击的工作合力和紧密合作的打防管控体系。通过法治宣传、以案释法等方式，开展反电信网络诈骗法治教育，将防范宣传责任落实到基层，完善涉电信网络诈骗举报渠道，提升人民群众的防范意识和鉴别能力，形成全民反诈的社会氛围。

第四个方面的基本原则是关于坚持精准防治，保障正常生产经营活动和群众生活便利的规定。

电信网络诈骗涉及区域广、牵扯行业部门多等特点，决定了电信网络诈骗犯罪预防和治理难度上的复杂性，不仅需要多个部门协调配合多管齐下，而且需要运用多种手段多措并举，才能取得防治结合比较好的效果。为了保证打击电信网络诈骗的实效，一些部门和部分地区在运用治理手段和措施时，力度较大、范围较广，对当地正常的生产经营活动和群众的生活便利造成了一些影响。尤其是在运用一些行政手段来打击治理电信网络诈骗的同时，带来了一些不当运行的“后遗症”，如侵犯公民个人信息、擅自增加行政许可的条件等现象。为了规制实践中出现的负面现象，落实以人民为中心的基本立场，增强反电信网络诈骗工作的实效，需要在法律原则中进一步明确打击治理与保障人民正常生产生活的关系。

在反电信网络诈骗工作中坚持“精准防治”，是指在电信网络诈骗治理的各环节中贯彻科学精准的理念，相关职能部门对涉诈关联行为进行精准调查、精准监测，对违法犯罪行为进行精准认定、精准打击，对涉诈风险范围和人群进行精准划分、精准防范，用较小的社会投入换取治理电信网络诈骗最大的效果。在“精准防治”要求基础上，电信网络诈骗活动惩治过程中进一步要求“保障正常生产经营活动和群众生活便利”，是指相关部门在作出具体防治措施的决定时应符合“比例原则”，充分考量该措施对人民群众正常生产生活的影响，将保障正常生产经营活动和群众生活便利是作出具体决定的前提。从而合理地平衡打击治理电信网络诈骗和保障人民群众正常生产生活两个主要方面的关系。

【相关规定】

中共中央办公厅、国务院办公厅《关于加强打击治理电信网络诈骗违法犯罪工作的意见》。

第五条　反电信网络诈骗工作应当依法进行，维护公民和组织的合法权益。

有关部门和单位、个人应当对在反电信网络诈骗工作过程中知悉的国家秘密、商业秘密和个人隐私、个人信息予以保密。

【条文主旨】本条是关于依法反电信网络诈骗，保护国家秘密、商业秘密和个人隐私、个人信息的规定。

【立法宗旨和背景】

（一）起草背景

依法治国，是坚持和发展中国特色社会主义的本质要求和重要保障，是实现国家治理体系和治理能力现代化的基本要求。党的十八大以来，以习近平同志为核心的党中央高度重视法治建设，把全面依法治国纳入“四个全面”战略布局。党的十八届四中全会专题研究全面推进依法治国，作出重大决策。党的十九大把全面依法治国纳入习近平新时代中国特色社会主义思想“八个明确”和新时代坚持和发展中国特色社会主义“十四个坚持”基本方略。2020 年 11 月，党中央召开中央全面依法治国工作会议，提出了习近平法治思想，习近平总书记在会议上强调，要坚持全面推进科学立法、严格执法、公正司法。宪法第五条第一款规定，中华人民共和国实行依法治国，建设社会主义法治国家。国家安全法第七条中规定，维护国家安全，应当遵守宪法和法律，坚持社会主义法治原则。反电信网络诈骗工作作为重要的执法司法工作，应当遵循法治原则，严格依法进行。

宪法的总纲中明确规定国家保护公民和组织合法的权利和利益。刑事诉讼法第二条规定的刑事诉讼法的任务包括“尊重和保障人权，保护公民的人身权利、财产权利、民主权利和其他权利”。这一原则同样也体现在相关法律中，如国家情报法第八条规定，国家情报工作应当依法进行，尊重和保障人权，维护个人和组织的合法权益。反间谍法第五条规定，反间谍工作应当依法进行，尊重和保障人权，保障公民和组织的合法权益。网络安全法第一条明确立法目的是“为了保障网络安全，维护网络空间主权和国家安全、社会公共利益，保护公民、法人和其他组织的合法权益，促进经济社会信息化健康发展”。反有组织犯罪法第五条规定，反有组织犯罪工作应当依法进行，尊重和保障人权，维护公民和组织的合法权益。2009 年以来，我国先后制定了四期《国家人权行动计划》，都提出了执法司法领域尊重和保障人权，维护公民、企业和组织合法权益的具体举措。反电信网络诈骗工作也应当依法进行，既要严厉惩治电信网络诈骗，也要尊重和保障人权，维护公民和组织的合法权益。本法赋予了执法司法机关必要的执法权力，同时就要加强对执法权力的规范制约，防止执法手段的不当使用侵害公民和组织的合法权益。这样，反电信网络诈骗工作才能真正获得人民群众的拥护和支持，得到胜利的保障。

反电信网络诈骗工作，是关系到社会稳定、公共安全和人民群众生命财产安全的一项重要工作，为有效预防和应对电信网络诈骗活动，增强反电信网络诈骗工作能力，采取各种安全防范措施，以及给予执法机关有力的执法手段等都是必要的。比如在电信治理过程中，本法赋予电信业务经营者采取必要的核验措施的规定；在金融治理过程中，本法赋予银行业金融机构、非银行支付机构采取相应的风险管理措施的规定；在互联网治理过程中，本法赋予电信业务经营者、互联网服务提供者采取相关处置措施的规定等。同时，执法机关或者有关部门在履行反电信网络诈骗工作职责、义务过程中不可避免地会接触到一些国家秘密、商业秘密和个人隐私、个人信息。例如，有关部门为反电信网络诈骗工作的需要，根据本法有关规定，在对电信、金融、互联网进行管理、管控和调查过程中，或者在采取技术侦查措施过程中，侦查人员在获取与案件有关的证据和线索时，可能会知悉其他组织、公民的合法商业秘密或者个人隐私、个人信息。因此，对平衡反电信网络诈骗工作手段和保护国家秘密、商业秘密和个人隐私、个人信息作出明确规定是必要的。本条第一款规定反电信网络诈骗工作应当依法进行，其中包含着对国家秘密、商业秘密和个人隐私、个人信息予以保密的内容，不能违反法律关于保密的要求和规定，这也是维护公民和组织合法权益的一种具体表现。本条第二款规定对国家秘密、商业秘密和个人隐私、个人信息予以保密，既是对国家安全、公共安全的保障，也是在反电信网络诈骗工作中贯彻尊重和保障人权，维护公民和组织合法权益的体现，目的是加强规范，防止反电信网络诈骗工作过程中侵害国家、组织和公民的合法权益，维护有关方面利益。

另外需要注意的是，使用本条规定的措施进行侦查获取的有关证据、材料只能用于对电信网络诈骗的侦查、起诉和审判，不得用于其他用途，侦查人员对采取技术侦查措施过程中知悉的国家秘密、商业秘密和个人隐私、个人信息，应当保密；对采取技术侦查措施获取的与案件无关的材料，必须及时销毁。

（二）审议中各方面的意见

1. 在草案的起草阶段和一审阶段，本条的内容没有在草案中进行规定。

2. 草案二次审议稿第五条规定："反电信网络诈骗工作应当依法进行，维护公民和组织的合法权益。""有关部门和单位、个人应当对在反电信网络诈骗工作过程中知悉的国家秘密、商业秘密和个人隐私予以保密。"

本条是在草案一审之后根据各方面的意见增加的。审议中，委员们对如何平衡好打击犯罪与保障人权进行了深入的讨论，经过修改讨论分成了草案二次审议稿的两款内容。二次审议过程中，有的委员建议第二款中增加对"个人信息"予以保密的规定。

3. 草案三次审议稿第五条规定："反电信网络诈骗工作应当依法进行，维护公民和组织的合法权益。""有关部门和单位、个人应当对在反电信网络诈骗工作过程中知悉的国家秘密、商业秘密和个人隐私、个人信息"予以保密。

草案三次审议稿对草案二次审议稿主要增加了"个人信息予以保密"的规定。

【条文释义】

本条共分两款。

第一款是关于依法开展反电信网络诈骗工作总的原则的规定。

本款主要规定了反电信网络诈骗工作两个方面的要求：一是反电信网络诈骗工作应当依法进行。这一规定要求在反电信网络诈骗工作中，应当贯彻党中央全面依法治国的要求，坚持社会主义法治原则。在立法方面，贯彻习近平法治思想和习近平总书记对打击治理电信网络诈骗犯罪活动的重要指示批示精神，制定反电信网络诈骗法，为反电信网络诈骗工作提供有力的法治保障和法律武器，同时将反电信网络诈骗工作纳入法治轨道进行规范，就体现了依法反电信网络诈骗的原则要求。在执法司法方面，各级人民政府、政法机关和其他有关部门都应当严格执行本法、刑法、刑事诉讼法和其他法律法规的规定，依法开展反电信网络诈骗工作。在刑事诉讼的侦查、审查起诉、审判、执行等各环节严格遵循法律规定的程序。在监督管理方面，反电信网络诈骗工作专门机关和各有关部门开展各项反电信网络诈骗工作，应当遵守本法及网络安全法、个人信息保护法等，对反电信网络诈骗规定的电信治理、金融治理、互联网治理、综合治理等措施的要求，依照法定的职责分工，严格依照法律确定的条件和程序，采取各项反电信网络诈骗措施，既不失职，也不越权。

二是反电信网络诈骗工作应当维护公民和组织的合法权益。对这一规定，应当从两个层面去理解。一方面，电信网络诈骗是对社会稳定、公共安全、人民人身财产权利的重大威胁，强化反电信网络诈骗措施，有效防范和惩治电信网络诈骗活动，本身就是国家维护公民和组织合法权益的一个重要方面。同时，执法司法机关、监督管理部门及相应的经营主体，在落实反电信网络诈骗各方主体责任过程中，应当充分维护公民和组织的合法权益，严格履行本法、刑事诉讼法等法律规定的程序要求，严格掌握有关治理措施的审批权限，慎重采取暂停、关闭、禁止相关服务等可能影响人民群众正常生产经营活动和生活便利的处置措施。作出决定时，要遵循“比例原则”，把握法律政策界限，尽量减少治理电信网络诈骗活动对公民生活和企业生产经营活动的不利影响，维护和优化营商环境。要畅通公民和组织对违法不当措施侵犯其合法权益的申诉、救济渠道，违法采取治理措施给公民和组织人身或者财产造成损害的，应当依照国家赔偿法等规定给予赔偿。

另一方面，本法的许多具体规定都体现了维护公民和组织的合法权益的原则。如第十六条、第十八条都明确规定，在采取金融治理措施过程中获取的相关信息不得用于风险防控以外的其他用途；第二十条规定要求建立完善电信网络诈骗涉案资金即时查询、紧急止付、快速冻结、及时解冻和资金返还制度，明确有关条件、程序和救济措施；第三十二条第三款规定，依据本法第十一条、第十二条、第十八条、第二十二条和前款规定，对异常情形采取限制、暂停服务等处置措施的，有关单位、个人可以向作出决定或者采取措施的有关部门、单位提出申诉。有关部门、单位应当建立完善申诉渠道，对提出的申诉及时核查，核查通过的，应当及时解除有关措施。执法司法机关及有权采取相关措施的有关部门和单位应当严格执行这些规定，切实维护公民和组织的合法权益。

第二款是关于保护国家秘密、商业秘密和个人隐私、个人信息的规定。

反电信网络诈骗工作有关部门和单位、个人在履行反电信网络诈骗工作职责、义务过程中有可能涉及、了解有关国家秘密、商业秘密和个人隐私、个人信息。国家秘密一旦被泄露，就会对国家安全和利益造成危害或者威胁；商业秘密被泄露，会给拥有该商业秘密的单位和个人的生产、经营活动带来不利影响，造成经济损失；个人隐私、个人信息的泄露，则侵犯了当事人的合法权利，可能给当事人的名誉造成损害，影响正常生活，对个人带来精神痛苦和心理压力。因此，各有关部门和单位、个人对于在反电信网络诈骗工作中接触、知悉的国家秘密、商业秘密和个人隐私、个人信息，都有法定义务应当予以保密。

规定本条有以下几个方面的考虑：一是从现实情况看，有关部门和单位、个人对于在反电信网络诈骗工作中接触、知悉的国家秘密、商业秘密和个人隐私、个人信息量多面广。二是有关部门和单位、个人对于在反电信网络诈骗工作中接触、知悉的国家秘密、商业秘密和个人隐私、个人信息一般是敏感度较大或者私密程度较高。若有关部门和单位、个人没有强烈的保密意识，导致国家秘密、商业秘密和个人隐私、个人信息被泄露或者公开，有可能造成极大的权益损害，社会后果也是极为严重的。基于此，本条明确规定，有关部门和单位、个人应当对在反电信网络诈骗工作过程中知悉的国家秘密、商业秘密和个人隐私、个人信息予以保密。这就要求，有关部门和单位、个人在反电信网络诈骗工作过程中不仅自己不主动泄露、公开或者非法提供这些信息，还要采取有力的措施确保这些信息不被泄露、公开。

本条规定的“国家秘密”，依照保守国家秘密法的有关规定，是指关系国家安全和利益，依照法定程序确定，在一定时间内只限一定范围的人员知悉的事项。国家秘密包括符合上述规定的下列秘密事项：国家事务重大决策中的秘密事项；国防建设和武装力量活动中的秘密事项；外交和外事活动中的秘密事项以及对外承担保密义务的秘密事项；国民经济和社会发展中的秘密事项；科学技术中的秘密事项；维护国家安全活动和追查刑事犯罪中的秘密事项；其他经国家保密行政管理部门确定的其他秘密事项。政党的秘密事项中符合上述规定的，也属于国家秘密。国家秘密的密级分为绝密、机密、秘密三级。其中，绝密级国家秘密是最重要的国家秘密，泄露会使国家安全和利益遭受特别严重的损害；机密级国家秘密是重要的国家秘密，泄露会使国家安全和利益遭受严重的损害；秘密级国家秘密是一般的国家秘密，泄露会使国家安全和利益遭受损害。根据保守国家秘密法的有关规定，一切国家机关、武装力量、政党、社会团体、企事业单位和公民都有保守国家秘密的义务。反电信网络诈骗工作的有关部门和单位、个人对于履行反电信网络诈骗工作职责、义务过程中知悉的国家秘密当然也应当保密，这是对保守国家秘密法有关内容的重申。

本条规定的“商业秘密”，根据反不正当竞争法第九条的规定，是指不为公众所知悉、能为权利人带来经济利益，具有实用性并经权利人采取保密措施的技术信息和经营信息。技术信息，包括技术配方、技术诀窍、工艺流程等。经营信息，是指采取什么方式进行经营等有关经营的重大决策以及与自己有业务往来的客户的情况等。商业秘密都具有一定的经济价值，必须予以保护，以维护社会主义市场经济秩序。

本条规定的“个人隐私”，是指公民不愿意公开的、与其人身权密切相关的、隐秘的事件或者事实，如个人财产、住址、生育能力、收养子女等。对这些信息应当予以保密，不得非法向外界泄露、传播、扩散，让不该知悉的人知悉。根据民法典第一千零三十二条的规定，自然人享有隐私权。任何组织或者个人不得以刺探、侵扰、泄露、公开等方式侵害他人的隐私权。隐私是自然人的私人生活安宁和不愿为他人知晓的私密空间、私密活动、私密信息。

本条规定的“个人信息”，根据民法典第一千零三十四条的规定，是指以电子或者其他方式记录的能够单独或者与其他信息结合识别特定自然人的各种信息，包括自然人的姓名、出生日期、身份证件号码、生物识别信息、住址、电话号码、电子邮箱、健康信息、行踪信息等。个人信息保护法第四条规定的“个人信息”与民法典的规定是一致的，同时明确个人信息不包括匿名化处理后的信息。在载体形式方面，突出强调以电子方式记录的个人信息，但并未排除以纸质等其他方式记录的个人信息。个人信息具有可识别性，即某一自然人的身份能够直接或者通过相关信息间接识别。个人信息具有相对性，只要已经确定了特定个人的身份，或者具备识别、确定特定个人身份的能力，则与该特定个人有关的各种信息均应作为个人信息予以保护。

个人信息中的私密信息，适用有关隐私权的规定；没有规定的，适用有关个人信息保护的规定。

【实践中应注意的问题】

实践中需要注意的是，依法打击治理电信网络诈骗犯罪，无论是执法活动还是司法活动，都要始终高度重视精准性问题，依法保护公民和组织合法权益，防止由于采取“一刀切”等方式对市场服务、公民生活可能带来的不利影响。既要充分赋予有关部门执法和管理手段、落实企业社会责任，也要防止不必要的，或者成本过大、收益很小的措施，这就需要执法司法过程中统筹发展和安全，加强深入论证，科学合理落实各项措施和制度。

【相关规定】

宪法总纲；刑事诉讼法第二条；国家情报法第八条；反间谍法第五条；网络安全法第一条；反有组织犯罪法第五条、第七十四条；保守国家秘密法第九条、第十条；反不正当竞争法第九条；民法典第一千零三十二条、第一千零三十四条；个人信息保护法第四条。

第六条　国务院建立反电信网络诈骗工作机制，统筹协调打击治理工作。

地方各级人民政府组织领导本行政区域内反电信网络诈骗工作，确定反电信网络诈骗目标任务和工作机制，开展综合治理。

公安机关牵头负责反电信网络诈骗工作，金融、电信、网信、市场监管等有关部门依照职责履行监管主体责任，负责本行业领域反电信网络诈骗工作。

人民法院、人民检察院发挥审判、检察职能作用，依法防范、惩治电信网络诈骗活动。

电信业务经营者、银行业金融机构、非银行支付机构、互联网服务提供者承担风险防控责任，建立反电信网络诈骗内部控制机制和安全责任制度，加强新业务涉诈风险安全评估。

【条文主旨】本条是关于反电信网络诈骗工作各方职责的规定。

【立法宗旨和背景】

（一）起草背景

近些年，电信网络诈骗犯罪日益猖獗，渗透到百姓日常生活，严重破坏人民群众的获得感、幸福感、安全感。但电信网络诈骗与传统“一对一”的诈骗具有很大的不同，犯罪分子利用通信网络等技术手段，钻管理上的漏洞，非法获取个人信息，针对社会不特定群体特别是老年人、在校学生等，大肆实施诈骗，呈现组织化、链条化、精准化、跨境实施等特征。这就要求我们在反电信网络诈骗工作中，进一步完善各方面制度，加强各项工作，形成打击治理电信网络诈骗的强大合力。

习近平总书记强调，打击治理电信网络诈骗犯罪必须强化系统观念，坚持齐抓共管，各方面共同发力。当前，包括电信网络诈骗犯罪在内的网络犯罪生态系统和黑灰产业链条复杂，犯罪活动已经系统化、集成化。犯罪分子充分利用信息网络技术的特点，钻营有关行业管理的弱点，与各类上下游黑灰产业及人员形成了分工合作，实现了跨部门、跨行业、跨地域协作犯罪。在这种情况下，各自为政、单线作战的传统打击思路，难以形成有效合力，不能适应网络犯罪规律特点。只有各部门、各单位、各领域齐抓共管，完善各方面制度，加强各方面工作，特别是在信息共享、快速联动方面完善体制机制，系统集成作战，斩断电信网络诈骗犯罪链条，才能从根本上遏制电信网络诈骗犯罪。这其中包括立法执法司法普法各项工作，包括打防管控各项措施，也包括信息流、资金流、技术流、人员流等各项治理。既要从国家层面由国务院建立起反电信网络诈骗工作机制，统筹协调打击治理工作；又要落实地方各级人民政府在各自行政区域内反电信网络诈骗工作的组织领导责任，确定反电信网络诈骗目标任务和工作机制，开展综合治理。公安机关、金融、电信、网信、市场监管等有关主管部门要切实承担本行业领域反电信网络诈骗工作的监管主体责任；人民法院、人民检察院要充分发挥审判、检察职能作用，依法防范、惩治电信网络诈骗活动；电信业务经营者、银行业金融机构、非银行支付机构、互联网服务提供者要承担风险防控责任，建立反电信网络诈骗内部控制机制和安全责任制度，加强新业务涉诈风险安全评估。

（二）审议中各方面的意见

1. 反电信网络诈骗法草案一审稿第五条规定：“地方各级人民政府对本行政区域内反电信网络诈骗工作负责，确定反电信网络诈骗目标任务和工作机制，组织开展综合治理和防范宣传。”“公安部门组织协调反电信网络诈骗工作，金融、通信、互联网等行业主管部门依照职责负责本行业反电信网络诈骗工作，承担行业监管主体责任。”“电信业务经营者、银行业金融机构和非银行支付机构、互联网服务提供者承担安全主体责任，建立反电信网络诈骗内部风险防控机制和安全责任制度。”

本条在起草阶段，按照反电信网络诈骗工作各参与主体的职责分工等，分多条进行了规定。起草初稿的条款，分别包括部际合作机制、各地方办案协作、各部门协同联动、地方政府主导责任、部门行业监管职责、企业主体责任等内容。经过征求各方面意见和多次讨论修改，在初稿规定的多条基础上，对反电信网络诈骗工作中的各方责任进行了整合提炼，形成了一条三款内容。草案在一次审议过程中，常委会委员及各部门、社会公众等方面提出了一些修改建议，如有的建议，在第二款各行业主管部门中增加“市场监督管理部门”；有的建议，将“通信”主管部门修改为“电信”主管部门。

2. 草案二次审议稿第六条规定：“国务院建立反电信网络诈骗工作机制，统筹协调打击治理工作。”“地方各级人民政府负责本行政区域内反电信网络诈骗工作，确定反电信网络诈骗目标任务和工作机制，组织开展综合治理。”“公安机关组织协调反电信网络诈骗工作，金融、电信、网信、市场监管等有关主管部门承担监管主体责任，依照职责负责本行业领域反电信网络诈骗工作。”“电信业务经营者、银行业金融机构、非银行支付机构、互联网服务提供者承担风险防控责任，建立反电信网络诈骗内部控制机制和安全责任制度，加强新业务涉诈风险安全评估。”

草案在二次审议过程中，常委会委员及各部门、社会公众等方面提出了一些修改建议，如有的建议在本条中明确法院、检察院的司法职能。有的建议，在第二款中“负责本行政区域内反电信网络诈骗工作”后增加规定“组织、指挥、推动、协调反电信网络诈骗工作”。此外，各方面还提出了一些文字表述意见。

3. 草案三次审议稿第六条规定："国务院建立反电信网络诈骗工作机制，统筹协调打击治理工作。""地方各级人民政府组织领导本行政区域内反电信网络诈骗工作，确定反电信网络诈骗目标任务和工作机制，开展综合治理。""公安机关牵头负责反电信网络诈骗工作，金融、电信、网信、市场监管等有关主管部门承担监管主体责任，依照职责负责本行业领域反电信网络诈骗工作。人民法院、人民检察院发挥审判、检察职能作用，依法防范、惩治电信网络诈骗活动。""电信业务经营者、银行业金融机构、非银行支付机构、互联网服务提供者承担风险防控责任，建立反电信网络诈骗内部控制机制和安全责任制度，加强新业务涉诈风险安全评估。"

根据各方面的意见，草案三次审议稿对草案二次审议稿主要增加了一款内容："人民法院、人民检察院发挥审判、检察职能作用，依法防范、惩治电信网络诈骗活动。"

【条文释义】

本条共分五款。

第一款是关于国务院建立反电信网络诈骗工作机制的规定。

国务院建立反电信网络诈骗工作机制，统筹协调打击治理工作。国家高度重视反电信网络诈骗工作，为了使这项工作长期有效进行，有必要从国家层面建立工作机制。近些年电信网络诈骗犯罪形势的严峻性，也说明了反电信网络诈骗工作必须长期持续有效开展。工作机制是一项根据工作实际开展的长期工作方式，从国家层面建立反电信网络诈骗工作机制，是反电信网络诈骗工作的关键一环，也是对电信网络诈骗犯罪持续进行打击的长效保证。反电信网络诈骗工作机制的内容包括：反电信网络诈骗工作参与的主体及其职责，反电信网络诈骗工作的计划及程序，反电信网络诈骗工作中的规则及要求等。反电信网络诈骗工作机制是参与主体共同形成的工作整体，需要贯穿于反电信网络诈骗工作中的各环节、各步骤，需要各有关职能部门相互配合、相互支持，切实担负起相应的职责，才能保持该工作机制持续有效运行。

第二款是关于地方各级人民政府反电信网络诈骗职责的规定。

地方各级人民政府组织领导本行政区域内反电信网络诈骗工作，确定反电信网络诈骗目标任务和工作机制，开展综合治理。地方政府对重点人员和地区的治理，依法落实地方政府责任，是做好反电信网络诈骗工作的关键措施。地方各级人民政府对本行政区域内的反电信网络诈骗工作承担组织领导职责，这种组织领导主要是对地方反电信网络诈骗全局性工作进行组织领导，比如贯彻学习党中央关于反电信网络诈骗工作的精神，组织落实国家关于反电信网络诈骗工作的方针、政策，组织执行反电信网络诈骗区域工作任务，协调指导本行政区域开展反电信网络诈骗的安全防范、应对处置、部门合作、评比考核等。地方各级人民政府按照国务院建立的反电信网络诈骗工作机制的要求，结合地方反电信网络诈骗工作的实际，确定反电信网络诈骗目标任务和工作机制。这里的目标任务，既包括地方政府为反电信网络诈骗制定长期性、综合性的目标计划，也包括短期性、临时性的具体工作任务。地方所确定的反电信网络诈骗工作机制，一方面要与国务院建立的国家层面的反电信网络诈骗工作机制在工作精神上保持一致，确保国家部署的任务得到有效落实。另一方面还要考虑到各地方电信网络诈骗犯罪的实际情况和反电信网络诈骗工作的迫切要求。既做到不违背国家反电信网络诈骗工作精神，又符合地方反电信网络诈骗工作实际，从而使工作机制的建立具有针对性和有效性，发挥工作机制的合力优势。地方政府对电信网络诈骗工作开展综合治理，是指要对电信网络诈骗违法犯罪活动进行全方位多角度的全面治理，需要地方政府集中相关职能部门、平台协同发力，依靠人民群众和社会各方面的力量，综合运行政治、经济、法律、行政、教育、文化等各种手段，对电信网络诈骗活动进行全链条的治理，包括反电信网络诈骗工作中的预防、惩治、宣传等各方面。

第三款是关于公安机关、金融、电信、网信、市场监管等有关主管部门反电信网络诈骗职责的规定。

电信网络诈骗犯罪的防范治理涉及各环节各链条，必须坚持系统观念、法治思维，注重源头治理、综合治理，从金融、通信、互联网、个人信息保护、重点人员防控等方面全面加强防范性制度建设，才能适应和把握好电信网络诈骗产生、发展和治理的规律。近年来，电信网络诈骗犯罪手段花样翻新，执法部门打击的力度很大，但仍难以根本遏制，这说明反电信网络诈骗工作应当更加重视在综合治理、源头防范、堵塞各方面漏洞上加大力度，坚持齐抓共管，进一步夯实各方面责任。各部门、各单位都应当负起自己的责任，共同行动，相向而行，形成齐抓共管的良好局面。公安机关负责打击电信网络诈骗犯罪、组织开展反电信网络诈骗工作，会同工信、金融部门等深入推进“断卡”行动、“断流”行动等。电信主管部门对于通信工具、网络、域名服务等的管理，金融主管部门对于金融账户、反洗钱的管理，互联网主管部门对于个人信息、网络信息、网络治理的管理，公检法部门对于案件的打击等，要抓紧抓实，形成合力。依法落实行业监管部门责任、执法和司法主体责任，是做好反电信网络诈骗工作的关键措施。

公安机关是打击电信网络诈骗犯罪的主导力量，应毫不动摇坚持依法严打方针，严厉打击电信网络诈骗分子，推动地方党委、政府落实属地管控责任，推动行业源头治理，大力开展精准宣传教育、预警防范，全力落实打防管控各项工作措施。对电信网络诈骗犯罪保持严打高压的态势，持续开展大案攻坚，组织集群战役，出重拳、下重手，打击电信网络诈骗及其上下游关联违法犯罪。指导规范执法行为，保护公民和组织的合法权益，协同配合法检机关高效率进行捕、诉、审等司法程序，进一步增强对电信网络诈骗犯罪的惩治力度。

金融主管部门主要指中国人民银行、银保监会等监管部门。金融主管部门要完善电信网络诈骗“资金链”治理体系，包括但不限于以下方面：一是组织出台部门规章、行业规范等，完善账户管理制度，规范支付服务市场秩序。二是推进建设涉案资金查控平台、企业信息联网核查系统等，完善可疑交易拦截机制，积极配合公安机关做好涉案账户的快速查询、紧急止付、快速冻结和资金返还等工作。三是持续加强对银行卡的管理，组织有关清算机构建立跨机构开户数量核验机制和风险信息共享机制，并为客户提供查询名下银行账户、支付账户的便捷渠道等。四是强化金融科技应用，统筹建立跨银行业金融机构、非银行支付机构的反洗钱统一监测系统，会同公安部门完善与电信网络诈骗犯罪资金流转特点相适应的反洗钱可疑交易报告。五是组织金融机构开展多渠道、多角度、多形式的宣传教育活动，普及金融安全和风险防范知识。

工业和信息化部及地方通信管理局作为电信主管部门，应以电话卡、物联网卡以及关联互联网账号等治理为聚焦重点，落实技管结合措施，压实电信企业、互联网企业反电信网络诈骗责任。包括但不限于以下方面：一是有效推进“断卡行动”“打猫行动”等专项活动，依法清理整治涉诈电话卡、物联网卡以及关联互联网账号，对“猫池”设备进行快速打击。二是提高实时预警劝阻能力、监测能力，完善涉诈预警劝阻短信系统，组织电信企业实施“二次实人认证”，主动监测发现涉诈高风险电话卡。三是加强技防体系建设，通过建设信息通信行业反诈大平台，形成涉诈短信、电话号码、域名网址、互联网账号等快速处置能力。

国家和地方网信部门应加强对网站平台的常态化监管，强化网络安全治理的主管责任，为打击治理电信网络诈骗犯罪提供网络安全基础。包括但不限于以下方面：一是整治网上涉诈信息，推动网站平台落实主体责任，健全用户注册、账号管理、信息发布审核、跟帖评论审核、页面生态管理、实时巡查、黑色产业链信息处置等制度，主动开展内容审核，深入清理虚假招聘、博彩网站链接等网上有害信息。二是完善互联网技术和数据资源库，提高反诈预警监测能力，加强涉诈网址封堵与预警劝阻，阻断违法违规信息网上传播途径，对境外诈骗电话进行预警监测。三是做好国家反诈大数据平台、国家反诈中心 App 等建设，对涉诈网址、App 等及时进行收录，为封堵境外域名、IP 地址提供技术支撑，对用户可疑访问进行预警提醒等。

市场监管部门应立足市场监管职能职责，强化市场监管手段，规范网络市场秩序，落实电子商务主体责任，严厉打击各种网络非法生产经营行为。包括但不限于以下方面：一是完善企业登记身份管理实名验证，推进企业登记实名验证系统建设，严厉打击虚假注册违法行为。二是完善网络直播营销规则，出台相关指导意见，明确参与各方的责任与义务、禁止性规定、经营活动规范等。三是规范电子商务主体资格，落实电子商务经营者主体责任、电子商务平台治理义务和协助监管义务等，加强平台违法违规交易行为的查处，维护网络市场经营秩序。四是严厉打击网络传销行为，对聚集式传销重点城市和网络传销重点地区整治力度，重点对涉诈传销违法活动进行打击整治。

第四款是人民法院、人民检察院反电信网络诈骗职责的规定。

法院、检察院应承担审判、检察等司法职能，依法防范、惩治电信网络诈骗犯罪。包括但不限于以下方面：一是配合本法出台相应的司法解释及其他规范性文件，完善司法适用，强化法律支撑，统一司法标准，确保准确、及时、有效地打击电信网络诈骗犯罪。二是加强检察、审判案例指导，对电信网络诈骗犯罪典型案件及时进行总结发布，强化办案证据指引，确保案件办理质效。三是加强数据研判和案件信息统计，对电信网络诈骗犯罪以及关联犯罪案件进行调研分析，梳理司法问题和总结办案经验。四是加强反诈法治宣传，开展预防性治理，通过以案释法、庭审直播等多种宣传形式，增强人民群众的识别意识和防范能力。五是发挥检察建议、司法建议的作用，对网络黑灰产业链条整治、个人信息保护、涉诈重点人群保护等重点问题提出治理建议，推动电信网络诈骗犯罪源头治理、综合治理。此外，人民法院、人民检察院在依法防范、惩治电信网络诈骗犯罪过程中，既要充分发挥审判、检察的司法职能，形成对电信网络诈骗犯罪打击的高压态势；同时也要依法遵循宪法、刑事诉讼法对人民法院、人民检察院的职责定位，在办理电信网络诈骗犯罪案件中与公安机关分工负责，相互配合，互相制约，准确有效地执行法律，让人民群众从每个司法案件中都能感受到公平正义。

第五款是关于电信业务经营者、银行业金融机构、非银行支付机构、互联网服务提供者反电信网络诈骗工作职责，以及加强新业务涉诈风险评估的规定。

电信企业、银行业金融机构、非银行支付机构、互联网企业是反电信网络诈骗工作中不可或缺的重要主体。各企业要统筹发展和安全，在为用户提供服务和实现企业发展时，在构建相关管理制度和设计产品、业务时，应当同时承担起防范违法犯罪的社会责任，加强企业内部风险控制体系建设，防止出现企业平台、服务被大量用于电信网络诈骗犯罪的情况。对本企业本领域发生的电信网络诈骗信息、活动的情况，要采取技术措施等进行识别、监测、拦截、处置工作。互联网企业还应当对买卖个人信息、电话卡、银行卡等网络“黑灰产”加强监测治理等。大量电信网络诈骗活动利用微信、QQ

实施，互联网企业需要切实承担起相应的风险防控责任。

电信业务经营者应切实承担起涉诈风险防控、内部控制、安全制度、风险安全评估等责任。根据本法“电信治理”一章的规定，这些职责主要包括：落实电话用户真实身份信息登记制度。承担对代理商落实电话实名制管理责任，明确代理商实名制登记的责任和有关违约处置措施。对经识别存在异常办卡情形的，加强核查或者拒绝办卡。对监测识别的涉诈异常电话卡用户应当重新进行实名核验，根据风险等级采取有区别的、相应的核验措施；对未按规定核验或者核验未通过的，可以限制、暂停有关电话卡功能。建立物联网卡用户风险评估制度，评估未通过的，不得向其销售物联网卡；严格登记物联网卡用户身份信息，采取有效技术措施限定物联网卡开通功能、使用场景和适用设备。对物联网卡的使用建立监测预警机制。对存在异常使用情形的，应当采取暂停服务、重新核验身份和使用场景或者其他合同约定的处置措施。规范真实主叫号码传送和电信线路出租，对改号电话进行封堵拦截和溯源核查。严格规范国际通信业务出入口局主叫号码传送，真实、准确向用户提示来电号码所属国家或者地区，对网内和网间虚假主叫、不规范主叫进行识别、拦截。及时识别、阻断上述规定的非法设备、软件接入网络，并向公安机关和相关行业主管部门报告。

银行业金融机构和非银行支付机构应当建立起涉诈风险防控机制、可疑交易监测机制、客户尽职调查及信息核验制度等。根据本法“金融治理”一章的规定，这些职责主要包括：建立客户尽职调查制度，依法识别受益所有人，采取相应风险管理措施，防范银行账户、支付账户等被用于电信网络诈骗活动。按照国家有关规定的限制数量，为客户开立银行账户、支付账户，对经识别存在异常开户情形的，加强核查或者拒绝开户。按照国家有关规定提供开户情况和有关风险信息，相关信息不得用于风险防控以外的其他用途。建立开立企业账户异常情形的风险防控机制。对银行账户、支付账户及支付结算服务加强监测，建立完善符合电信网络诈骗活动特征的异常账户和可疑交易监测机制；参与支持反洗钱统一监测系统的建设，完善与电信网络诈骗犯罪资金流转特点相适应的反洗钱可疑交易报告制度。对监测识别的异常账户、可疑交易，根据风险情况，采取核实交易情况、延迟支付结算、重新核验身份、限制或者中止有关业务等必要的防范措施。按照国家有关规定，完整、准确传输直接提供商品或者服务的商户名称、收付款客户名称及账号等交易信息，保证交易信息的真实、完整和支付全流程中的一致性。

互联网服务提供者应当建立起互联网监测防范制度、用户信息核验机制等，对涉诈异常账号、应用程序等采取处置措施等。根据本法“互联网治理”一章的规定，这些职责主要包括：对监测识别的涉诈异常账号应当采取重新核验、限制功能、暂停服务等处置措施；对涉案电话卡、涉诈异常电话卡所关联注册的有关互联网账号进行核验，根据风险情况，采取限期改正、限制功能、暂停使用、关闭账号、禁止重新注册等处置措施。登记并核验应用程序开发运营者的真实身份信息，核验应用程序的功能、用途；加强对分发平台以外途径下载传播的涉诈应用程序重点监测、及时处置。按照国家有关规定，核验域名注册、解析信息和互联网协议地址的真实性、准确性，限制域名跳转次数，记录并留存所提供相应服务的日志信息，支持实现对跳转、解析、转换记录的溯源。建立监测防范制度，对涉诈支持、帮助活动进行监测、拦截和处置。为公安机关办理电信网络诈骗案件依法调取证据提供技术支持和协助，对互联网账号异常使用监测中发现可疑犯罪线索、风险信息等，移送公安、网信、电信等部门。

【实践中应注意的问题】

金融、电信、网信、市场监管等有关主管部门，在履行相应的监管主体责任过程中，应针对不同行业的特点，建立完善不同行业的监管标准，推动行业监管细则进一步落地，使监管更有力、更具针对性。电信业务经营者、银行业金融机构、非银行支付机构、互联网服务提供者，在履行相应的风险防控责任过程中，同样要根据不同行业的经营特点，建立、完善、细化反电信网络诈骗内部控制机制和安全责任制度，进一步落实防范电信网络诈骗风险的具体责任，构建严密的电信网络诈骗风险防控体系。

第七条　有关部门、单位在反电信网络诈骗工作中应当密切协作，实现跨行业、跨地域协同配合、快速联动，加强专业队伍建设，有效打击治理电信网络诈骗活动。

【条文主旨】本条是关于反电信网络诈骗协同联动工作机制的规定。

【立法宗旨和背景】

（一）起草背景

电信网络诈骗犯罪是在电信网络技术先进且发展变化迅速的当今时代滋生、发展蔓延的新型犯罪活动，具有一些不同于传统犯罪的新特点。

一是利用先进的技术手段，犯罪手法不断更新升级。从简单的通过电话、网络即时通迅工具以“话术”设置陷阱、冒充公职人员或特定关系人实施诈骗，到利用短信群发、改变主叫号码、虚拟拨号、自动切换网络地址、拦截接收验证码等先进设备或者技术手段，甚至采用非法侵入、控制计算机信息系统的手段获取个人信息等用于犯罪的信息。互联网、电信、金融等领域的新技术、新设备也成为“双刃剑”，既被用于增进市场活力、改进服务品质、满足人民群众的美好生活需要，也被不法分子用于实施电信网络诈骗犯罪活动，有时候甚至更快地被用于电信网络诈骗活动。行政监管机关、司法办案机关防范电信网络诈骗活动的技术手段在更新升级，电信网络诈骗犯罪集团实施犯罪活动的技术手段也在更新升级，有时候甚至比防范技术更新升级更快，呈现出“道高一尺，魔高一丈”的局面。

二是组织性强、分工细致，且在组织特征上有新特点。电信网络诈骗涉及多个环节、多个领域，这类犯罪活动发展到今天，已经呈现出组织严密、链条长、分工细的特征。电信网络诈骗活动涉及的各个领域、步骤，如编造话术“剧本”，非法获取、出售个人信息，发送诈骗信息，开发、制造可用于实施诈骗活动的设备、软件等，都有专门的人员、团队负责进行。与行政监管机关和司法办案机关对抗的不是一般的犯罪团伙，而是分工明确、智力密集的犯罪和相关黑灰产业链条。但是，与刑法关于共同犯罪、犯罪集团规定的典型特征相对照，这些新兴电信网络犯罪组织又有新的特点。因为信息技术的高度发展，犯罪活动分工高度细化，犯罪活动链条的上下游人员之间往往并没有传统意义上的沟通联系和共同犯意，甚至根本互不相识。这就给适用刑法有关规定对这类犯罪组织进行打击惩治带来新的困难。

三是跨部门、跨行业、跨地域实施犯罪。电信网络诈骗犯罪活动已经系统化、集成化，犯罪分子充分利用信息网络技术的特点，钻营电信、互联网、金融等行业管理的弱点，与各类上下游黑灰产业及人员形成分工合作，实现跨部门、跨行业、跨地域协作犯罪。

面对具有这样新特点的电信网络犯罪活动，如果有关行政执法机关、司法办案机关和电信、互联网、金融等行业的市场主体还是各自为政、单线作战，就难以形成有效合力，不能适应网络犯罪规律特点。只有各部门、各单位、各领域齐抓共管，完善各方面制度，加强各方面工作，特别是在信息共享、快速联动方面完善体制机制，系统集成作战，斩断电信网络诈骗犯罪链条，才能从根本上遏制电信网络诈骗犯罪。

2021 年 4 月，习近平总书记对电信网络诈骗犯罪打击治理工作作出的重要指示强调，要坚持以人民为中心，强化系统观念、法治思维，注重源头治理、综合治理，坚持齐抓共管、群防群治，全面落实打防管控各项措施和金融、通信、互联网等行业监管主体责任。习近平总书记的重要指示，为做好反电信网络诈骗工作中的协调联动配合机制建设提供了根本遵循。

2021 年 12 月，中共中央办公厅、国务院办公厅印发了《关于加强打击治理电信网络诈骗违法犯罪工作的意见》（以下简称《意见》），对加强打击治理电信网络诈骗违法犯罪工作作出安排部署。《意见》要求，要依法严厉打击电信网络诈骗违法犯罪。坚持依法从严惩处，形成打击合力，提升打击效能；坚持全链条纵深打击，依法打击电信网络诈骗以及上下游关联违法犯罪。《意见》强调，各级党委和政府要加强对打击治理电信网络诈骗违法犯罪工作的组织领导，统筹力量资源，建立职责清晰、协同联动、衔接紧密、运转高效的打击治理体系。金融、电信、互联网等行业主管部门要全面落实行业监管主体责任，各地要强化落实属地责任，全面提升打击治理电信网络诈骗违法犯罪的能力水平。《意见》中的这些要求，为做好反电信网络诈骗工作中的协调联动配合机制建设提出了具体举措。

在本法调研起草过程中，有关方面反映，目前的反电信网络诈骗工作中，在各部门、单位之间的协调配合、快速联动机制方面还存在一些问题需要改进。在部门之间，存在信息共享不足、沟通协调不够、应急处置反应不够迅速、行政执法和刑事司法衔接机制不够顺畅等问题。在跨地区案件的办理上，存在管辖协调机制不顺畅，不同地区的办案机关有时争管辖，有时互相推诿；异地办案机关在调查取证、要求市场主体配合方面困难较大等问题。在执法司法机关与电信、互联网、金融等行业市场主体之间，也存在一些市场主体对于监管防范措施落实不到位，对办案机关的协作要求不重视不积极配合，甚至为了经营业绩漠视放任电信网络诈骗活动和相关黑灰产业发展，跨行业配合协调机制缺乏或者运行效率不高等问题。各方面普遍呼吁通过立法强化相关协同配合、快速联动机制，充分发挥各部门、各领域的职能作用，形成共同防范惩治电信网络诈骗活动，与电信网络诈骗犯罪组织和相关黑灰产业链作斗争的强大合力。

同时，反电信网络诈骗工作涉及电信、互联网、金融方面等各专业领域的新发展、新知识，要与不断花样翻新、升级换代的诈骗犯罪手段和黑灰产业链斗争，无论是行政监管、行业风险防控还是案件侦查、审查起诉、审判工作，都需要懂法律、懂技术，敢于斗争、善于斗争的专业反电信网络诈骗人员队伍作为支撑。反电信网络诈骗工作的实践也需要在法律中对相关专业队伍建设作出原则性、指引性规定。

本条贯彻落实习近平总书记重要指示精神和党中央决策部署，在第六条对国务院和地方各级人民政府反电信网络诈骗工作机制，公安机关、有关行业主管机关、司法机关的职责，电信、互联网、金融等行业市场主体的责任作出明确规定的基础上，进一步对有关部门、单位在反电信网络诈骗工作中的协同联动工作机制作出了明确规定，为有关方面共同开展好协同联动工作机制建设和反电信网络专业队伍建设，提供了法律指引和保障。

（二）审议中各方面的意见

1. 反电信网络诈骗法草案第六条规定："国务院建立打击治理电信网络诈骗工作机制，统筹协调打击治理工作。有关部门应当密切配合，实现跨行业、跨地域协同配合、快速联动，有效防范电信网络诈骗活动。"

草案初次审议和随后征求意见过程中，有些常委会组成人员和列席人员建议，将国务院建立打击治理电信网络诈骗工作机制的内容移至前一条部门职责的规定中，本条专门对反电信网络犯罪协同联动工作机制作出规定，突出协同联动工作机制建设的重要性。有的代表建议，在“协同配合、快速联动”前增加“信息共享”。有的专委会组成人员建议，从事前预防能力建设、事中责任督导机制建设、事后反诈骗成效体系建设三个方面进一步明确细化协同联动工作机制，建立跨行业、跨地域、跨部门、跨地区的联防联控工作机制。有的地方和部门建议将“有关部门应当密切配合”修改为“有关部门和企业应当密切配合，建立健全专职人员队伍体系”。有的地方和部门建议将第二款中“有效防范”修改为“有效防范和打击治理电信网络诈骗活动”，或者修改为“有效防范和打击”。

2. 草案二次审议稿第七条规定：“有关部门、单位在反电信网络诈骗工作中应当密切协作，实现跨行业、跨地域协同配合、快速联动，加强专业队伍建设，有效打击治理电信网络诈骗活动。”根据常委会组成人员的意见和地方、部门的意见，草案二次审议稿对本条作了以下修改：一是将关于建立反电信网络诈骗工作机制的有关内容移至前一条关于部门、单位职责规定中作为第一款，本条成为关于反电信网络诈骗协同联动工作机制的专门规定。二是在“有关部门”后增加了“单位”，增加了加强专业队伍建设的内容。三是将“防范”修改为“打击治理”。

在草案二次审议过程中，有的常委会委员建议，在“跨地域协同配合”后增加“数据共享”，以与本法其他条文中“信息共享查询系统”“共享信息”的内容相对应。

（三）有关国家和地区的规定

有关国家重视在反电信网络诈骗工作中建立健全跨部门协调机制。如2018年，英国金融业协会与英国财政部、伦敦市警察局、大都会警察局联合成立专用卡和支付欺诈专案组，专职打击欺诈类犯罪。英国金融业协会通过金融欺诈反欺局和欺诈情报共享系统与警察局、金融从业机制之间建立欺诈情报共享机制，并根据共享情况定期生成可疑活动报告，供监管机构、司法机关、金融从业机构和消费者交流共享来提高英国金融业整体反欺诈水平。

【条文释义】

本条规定的主要内容是建立反电信网络诈骗协同联动工作机制，有效打击治理电信网络诈骗活动。这种协同联动工作机制，是各层级、各地域由行政监管机关、司法办案机关和金融、电信、互联网等行业市场主体共同构成，与电信网络诈骗犯罪活动作斗争的联合工作机制。建设这一工作机制的目的是“打击治理电信网络诈骗活动”，既包括在电信网络诈骗犯罪活动发生后即时发现、及时阻断、迅速查办、依法惩治，也包括在各相关行业领域和全社会加强治理，有效防范新的电信网络诈骗犯罪活动发生。本条对有关部门和单位提出了以下几个方面的要求：

一是有关部门、单位在反电信网络诈骗工作中应当密切协作。这里规定的“有关部门”，是指承担反电信网络诈骗工作的国家机关，包括承担反电信网络诈骗牵头职责的公安机关，承担有关行业行政监督管理职责的金融、电信、网信、市场监管等部门，承担电信网络诈骗犯罪案件检察、审判职责的人民检察院、人民法院等部门，包括中央和地方各层级的相关部门及其分支机构。“单位”，是指国家机关以外的负有反电信网络诈骗犯罪责任的单位，主要是电信、互联网、金融行业的电信业务经营者、银行业金融机构、非银行支付机构、互联网服务提供者等市场主体，既包括国有单位，也包括非国有单位。首先，各部门、单位都要提高政治站位，从贯彻落实党中央决策部署，维护人民群众幸福感、获得感、安全感，积极履行企业社会责任的高度，充分认识共同做好反电信网络诈骗工作的重大意义。各部门、单位都不能只从局部、眼前的角度出发，要积极协作配合、互相补台，而不是各行其是、互相掣肘。其次，国家机关之间要实现密切协作配合。各部门都要在认真履行自身职责的基础上，积极协助配合其他部门的工作。要加强行政执法和刑事司法衔接配合，行政监管机关在监管工作中发现犯罪活动线索的，要按照有关规定及时移送公安机关。公安机关、检察机关、审判机关在办理案件中发现行业监管存在疏漏的，要及时向有关行业监管部门提出改进建议，必要时，可以按照有关规定正式提出司法建议书、检察建议书、公安提示函。公安机关、检察机关、审判机关办理电信网络诈骗犯罪案件，要依法互相配合，就证据标准、取证认证规范等加强沟通，共同提高办案质量。不同地方的有关国家机关也要加强协调配合，在跨地域案件办理上从有利于惩治犯罪、维护被害群众利益的角度确定办案机关，而不是基于局部利益或者工作方便争抢或者推诿。再次，有关单位也要与国家机关和其他单位密切协作配合。有关市场主体要配合国家机关落实各项防范措施，配合国家机关防范、调查电信网络诈骗犯罪工作，对于有关机关依法下达的紧急止付等阻断电信网络诈骗犯罪活动的指令，要及时不折不扣予以落实。在有关工作中不能只从自身发展业绩、回避风险的角度出发，而要积极承担社会责任，主动做好有关工作。

二是有关部门、单位要实现跨行业、跨地域协同配合、快速联动。就是要求有关部门、单位要在各级电信网络诈骗工作机制统筹协调下，打破行业、地域的局限，联合行动，共同发力，以快治快，形成全方位打击治理电信网络诈骗犯罪活动的局面。特别是在处置正在发生、即将发生的电信网络诈骗犯罪活动时，各部门、单位都要做好积极响应、严格落实、守土尽责。

三是有关部门、单位要加强反电信网络诈骗专业队伍建设。要通过学习培训、实战锻炼等多种方式，培养从事反电信网络诈骗工作中宣传教育、技术防范、装备软件开发、案件侦查、审查起诉、审判等各环节的专门人才和专门队伍。建立激励机制，奖励在反电信网络诈骗工作中作出突出贡献的人员。

【实践中应注意的问题】

在本条的理解适用中，需要注意以下几个方面的问题：

第一，有关部门在反电信网络诈骗工作中，要依照本条的规定建立协同联动工作机制，形成打击合力。但公安机关、人民检察院、人民法院办理电信网络诈骗犯罪案件，在互相配合的同时，也要依照宪法和刑事诉讼法的规定互相制约。通过互相制约保证案件办理的质量和司法公正，维护诉讼参与人的合法权益。

第二，有关部门和单位要按照本条规定，积极共享涉及反电信网络诈骗工作的信息资源，同时也要严格执行个人信息保护法的有关规定，特别是有关国家机关要遵守国家机关处理个人信息的特别规定，切实维护公民个人信息安全。

【典型案例】

案例1：义乌市、昆山市建立反电信网络诈骗协同联动工作机制

义乌市党委、政府对反电信网络诈骗工作高度重视。书记、市长亲自部署工作，抽调公检法等职能部门成立反诈工作专班，每月定期召开专题会议，制定责任清单和重点工作任务完成进度清单，对反诈宣传、处置等短板问题进行督办。昆山市委常委会对反电信网络诈骗工作进行专题研究，在市联席办牵头统筹下，以止损控案“百日会战”“百日提质”行动为抓手，全面推进“三防一打”工作策略。

义乌市调整和明确联席会议成员单位及职责任务，扩充成员单位后新增至77个成员单位；建立反诈周报制度，对典型案例和存在制度进行分析，通过建立反诈工作检查通报，挂牌整治等制度，进一步指导和倒逼有关部门和镇街的责任落实；充分调动最优最强反诈人力资源，形成专班，根据人员特长和电信网络诈骗实施的不同环节，分设网络流、资金流研判组、“黑灰产”整治组等。昆山在联席办统筹推动下，充分整合各类资源，55个行业部门参与，88项反诈职责逐一落地，数据共享更为充分、行业监管更加有力、打防衔接更趋紧密；进一步建强反诈专业侦查队和派出所反诈工作室，全面整合数据、手段、技术等资源，实行大兵团集中作战。

案例2：哈尔滨市公安局香坊分局加强反电信网络诈骗专业队伍建设

哈尔滨市公安局香坊分局按照“学为用、练为战”的作战思路，主动应对当前电信网络诈骗犯罪新发展、新变化，组建了一支防范打击电信网络诈骗犯罪的专业队伍，以科技手段和大数据研判为支撑，全力铲窝点、抓金主、打平台、断资金、控人员，坚决遏制电信网络诈骗犯罪多发高发势头，守护老百姓的钱袋子。结合工作实际，确定刑侦、网安以及基层派出所办案民警为重点培训对象，组建专业反诈队伍，通过线上自主“菜单式”学习与线下专题研讨对民警进行全面培训；邀请通信领域专家讲解电信网络通信理论知识及通信公司配合公安机关打击的战法、案例；邀请省、市反诈中心专家对民警进行轮训，通过课题培训、案例分析、总结经验、共享侦查思路和技术理念，助推全警反诈能力水平全面提升。

【相关规定】

刑事诉讼法第七条。

第八条　各级人民政府和有关部门应当加强反电信网络诈骗宣传，普及相关法律和知识，提高公众对各类电信网络诈骗方式的防骗意识和识骗能力。

教育行政、市场监管、民政等有关部门和村民委员会、居民委员会，应当结合电信网络诈骗受害群体的分布等特征，加强对老年人、青少年等群体的宣传教育，增强反电信网络诈骗宣传教育的针对性、精准性，开展反电信网络诈骗宣传教育进学校、进企业、进社区、进农村、进家庭等活动。

各单位应当加强内部防范电信网络诈骗工作，对工作人员开展防范电信网络诈骗教育；个人应当加强电信网络诈骗防范意识。单位、个人应当协助、配合有关部门依照本法规定开展反电信网络诈骗工作。

【条文主旨】本条是关于反电信网络诈骗宣传教育、单位和个人防范的规定。

【立法宗旨和背景】

（一）起草背景

根据本法第二条的规定，电信网络诈骗犯罪本质上是诈骗犯罪，即刑法第二百六十六条规定的诈骗犯罪，属于诈骗这类刑法上常见的侵犯财产类犯罪在电信网络技术高度发达的时代的新表现形式。虽然形式上新，但仍然具有诈骗犯罪的实质特征，即行为人以非法占有为目的，通过虚构事实或者隐瞒真相的欺诈行为，使被害人陷入错误的认识，从而作出处置财产的行为，将财产“自愿”交由行为人支配。诈骗犯罪得逞的关键，是让被害人产生错误认识，落入“陷阱”。被害人产生错误认识的具体原因在不同案件中各不相同，有的是贪图小利，有的是为保护本人或者亲人人身财产安全，有的是因为从事特定活动、面临特定情境而落入骗局。电信网络诈骗作为新形势下的诈骗犯罪，其犯罪手法具有不同于传统犯罪的新特点。一是借助电信、互联网等现代化的传播途径，既实现便捷快速广泛传播，又不和被害人产生直接的接触。二是由专业人员编造话术“剧情”，结合非法获取公民个人信息等违法犯罪活动，欺骗性、迷惑性更强。三是针对老年人、青少年、特定岗位或者特定情境下的人员，有针对性地布设精准骗局。老年人对于电信、互联网等信息化工具不熟悉，青少年缺乏社会经验，他们识别和抵御防范电信网络诈骗的能力相对较弱，更容易落入“陷阱”。这些新的特点，使电信网络诈骗犯罪的“杀伤力”和防范难度比普通诈骗犯罪更大。

从防范诈骗犯罪的角度看，如果被害人防范意识强，识破了行为人的骗局，不产生错误认识，不落入“陷阱”，诈骗犯罪就不能得逞。防范电信网络诈骗这类新型的诈骗犯罪，就需要潜在的被害人具有更强的防范诈骗的意识和识别诈骗的能力。要提高公众的防骗意识和识骗能力，就离不开宣传教育这一重要手段，包括对作为潜在被骗者的社会公众进行的普遍宣传教育，也包括针对老年人、青少年等容易遭受电信网络诈骗的群体进行的有针对性的宣传教育。

2021年4月，习近平总书记对电信网络诈骗犯罪打击治理工作作出的重要指示强调，要坚持以人民为中心，强化系统观念、法治思维，注重源头治理、综合治理，坚持齐抓共管、群防群治，加强社会宣传教育防范。习近平总书记的重要指示，为做好反电信网络诈骗宣传教育工作提出了要求，指明了方向。

2021年12月，中共中央办公厅、国务院办公厅印发了《关于加强打击治理电信网络诈骗违法犯罪工作的意见》（以下简称《意见》），对加强打击治理电信网络诈骗违法犯罪工作作出安排部署。《意见》提出，坚持打防结合、防范为先，强化预警劝阻，加强宣传教育，坚持广泛动员、群防群治，发动群众力量，汇聚群众智慧，坚决遏制电信网络诈骗违法犯罪多发高发态势。《意见》要求，要构建严密防范体系。强化宣传教育，建立全方位、广覆盖的反诈宣传教育体系，开展防范电信网络诈骗违法犯罪知识进社区、进农村、进家庭、进学校、进企业活动，形成全社会反诈的浓厚氛围。《意见》中的这些要求，为做好反电信网络诈骗宣传教育工作提出了具体举措。

从近年来反电信网络诈骗工作的实践情况看，加强宣传教育防范是反电信网络诈骗的重要工作，也是最为有效的防范性措施之一。各地各部门创新方式，广泛开展反电信网络诈骗宣传教育防范，推进反诈宣传进学校、进企业、进社区、进农村、进家庭等活动，营造全社会反诈浓厚氛围，取得了明显成效。在本法调研起草过程中，有关方面普遍提出，总结实践中的好做法好经验，在法律中对反电信网络诈骗宣传教育工作作出原则性、指引性规定。

同时，作为社会组成单元和电信网络诈骗犯罪潜在受害者的单位和个人，也应当积极参与全民反诈的大局，提高自身防范电信网络诈骗的意识，主动配合有关国家机关的反电信网络诈骗工作。

本条贯彻落实习近平总书记重要指示精神和党中央决策部署，总结反电信网络诈骗工作的实践经验，对反电信网络诈骗宣传教育工作作了规定，明确了各级人民政府和有关部门在反电信网络诈骗宣传教育工作中的职责，明确了宣传教育的对象和主要形式。本条还对单位、个人防范电信网络诈骗的责任和义务作了规定。

（二）审议中各方面的意见

1. 反电信网络诈骗法草案一审稿第二十五条规定："地方各级人民政府及其有关部门应当加强反电信网络诈骗宣传，普及法律知识，提高公众对各类电信网络诈骗的鉴别能力和安全防范意识。""村民委员会、居民委员会和教育、民政、市场监管等有关部门，应当结合电信网络诈骗受害群体的分布等特征，有针对性地开展防范电信网络诈骗违法犯罪知识进学校、进企业、进社区、进农村等宣传活动。"

草案初次审议和随后征求意见过程中，有些常委会组成人员建议加强宣传教育和社会防范，提高群众识骗防骗能力；明确宣传舆论主管部门的宣传职责；明确电信企业、互联网企业、金融机构反电信网络诈骗宣传的责任；增加针对老年人、未成年人等重点人群的防范电信网络诈骗宣传教育的规定；明确银行应当张贴、发放反电信网络诈骗宣传材料，明确新闻媒体的宣传责任等。有的地方建议，将第二款中宣传主体修改为"教育、民政、市场监管等有关部门和村民委员会、居民委员会"；增加银行业金融机构、非银行支付机构、电信业务经营者、互联网服务提供者等进行反电信网络诈骗宣传的责任。有的部门建议，增加规定单位和个人应当加强自身安全防范意识，履行基本的审慎义务。

2. 草案二次审议稿第八条规定："地方各级人民政府和有关部门应当加强反电信网络诈骗宣传，普及法律知识，提高公众对各类新型电信网络诈骗方式的识骗能力和防骗意识。""教育行政、市场监管、民政等有关部门和村民委员会、居民委员会，应当结合电信网络诈骗受害群体的分布等特征，有针对性地开展反电信网络诈骗宣传教育防范进学校、进企业、进社区、进农村、进家庭等活动。""单位、个人应当加强电信网络诈骗防范意识，履行基本审慎义务，协助、配合有关部门依照本法规定开展反电信网络诈骗工作。"

根据常委会组成人员和有的地方、部门的意见，草案二次审议稿对本条作了以下修改：一是将本条位置由第五章第二十五条调整到第一章总则第八条，更加突出宣传教育工作在反电信网络诈骗工作全局中的地位。二是增加通过宣传增强公民自身防范意识和防范能力的规定。三是按照职责定位要求，调整有关部门和村民委员会、居民委员会等主体的排序。四是，增加单位、个人加强防范意识，配合有关部门反电信网络诈骗工作的规定。

草案二次审议和征求意见过程中，有的常委会组成人员和部门建议，将"提高公众对各类新型电信网络诈骗方式的识骗能力和防骗意识"修改为"提高公众特别是老年人对各类新型电信网络诈骗方式的识骗能力和防骗意识"；将"识骗能力和防骗意识"修改为"防骗意识和识骗能力"；删除"地方各级人民政府"中的"地方"；对单位、个人履行基本审慎义务的规定做进一步研究。

3. 草案三次审议稿第八条规定："各级人民政府和有关部门应当加强反电信网络诈骗宣传，普及法律知识，提高公众对各类电信网络诈骗方式的防骗意识和识骗能力。""教育行政、市场监管、民政等有关部门和村民委员会、居民委员会，应当结合电信网络诈骗受害群体的分布等特征，加强对老年人、青少年等群体的宣传教育，增强反电信网络诈骗宣传教育的针对性、精准性，开展反电信网络诈骗宣传教育进学校、进企业、进社区、进农村、进家庭等活动。""单位、个人应当加强电信网络诈骗防范意识，协助、配合有关部门依照本法规定开展反电信网络诈骗工作。"

根据各方面的意见，草案三次审议稿对草案二次审议稿作了以下修改：一是将“地方各级人民政府”修改为“各级人民政府”。二是将“识骗能力和防骗意识”修改为“防骗意识和识骗能力”。三是增加加强对老年人、青少年等群体的宣传教育，增强反电信网络诈骗宣传教育的针对性、精准性的规定。四是删除单位、个人“履行基本审慎义务”的规定。

草案三次审议过程中，有的常委会委员建议将第一款中的“普及法律知识”修改为“普及相关法律和知识”；完善扩大教育防范举措的范围，增加相关单位对内部相关人员，特别是有关的工作人员加强宣传教育培训的规定。

（三）有关国家和地区的规定

关于提升民众防范能力。美国、俄罗斯、英国、新加坡等国家均在其官方网站发布近期常见电信网络诈骗手法，并为用户提供了信息核查验证渠道；在感恩节、圣诞节等特殊节日期间，美国、德国等分别发布了题为“感恩节期间请注意安全、防范电信诈骗”“德国的电话诈骗伎俩”等警示信息，给出经典诈骗案例以及有效预防措施；澳大利亚设立诈骗意识周，开办博客系列活动，展示当前电信网络诈骗新技术以及防范措施，同时编印《诈骗小黑书》，详细介绍了最常见诈骗手法以及防范措施，列出了诈骗的举报投诉方式，并翻译成10种语言供大家参考学习。2018年，英国金融业协会联合金融服务公司、司法机构、电信服务供应商、商业机构、公共机构等发起了“拒绝欺诈倡议”，面向全国消费者和企业用户宣传金融安全知识和防范欺诈要点，帮助大众提高安全意识。

关于打击针对老年人的诈骗。美国于1994年制定发布了《打击针对老年人的营销骗局法》，加大了对于老年人的保护。德国于2018年成立了专项调查小组，定向打击针对老年人的电信网络诈骗犯罪；巴伐利亚州警察局开展“老年人告知老年人”项目，招募退休警官为志愿者，定期面向老年人组织各类讲座，分享最新的诈骗案例和防范手段。

【条文释义】

本条共分三款。

第一款是关于人民政府和有关部门开展反电信网络诈骗宣传工作的规

定。本条规定的责任主体是各级人民政府，包括中央人民政府（即国务院）和地方各级人民政府。根据本法第六条的规定，国务院建立反电信网络诈骗工作机制，统筹协调打击治理工作。地方各级人民政府负责本行政区域内反电信网络诈骗工作。反电信网络诈骗宣传工作作为反电信网络诈骗工作的重要基础环节，也是各级人民政府的重要职责。这里规定的“有关部门”，包括人民政府的公安、金融监管、电信、市场监管等部门，也包括人民法院、人民检察院和网信等部门。本条规定的宣传教育工作内容是“加强反电信网络诈骗宣传，普及相关法律和知识，提高公众对各类电信网络诈骗方式的防骗意识和识骗能力”。人民政府和各有关部门都应当根据自身职责，开展多种形式的反电信网络诈骗宣传教育。如公安机关加强对社会面普遍反诈宣传，人民法院、人民检察院加强以案释法，金融、网信、电信等部门在各自监管的行业内加强宣传，并督促本行业市场主体在经营活动中加强宣传。普及相关法律和知识，主要是普及本法和刑法有关惩治和预防电信网络诈骗犯罪的规定，普及常见的各类电信网络诈骗手段和危害。通过普法，警示公众不得参与电信网络诈骗活动，同时提高公众防骗意识和识骗能力。这里规定的“防骗意识”是指在日常生活、工作中对电信网络诈骗犯罪活动的警醒和防范意识。“识骗能力”是指识别并抵制各种形式的电信网络诈骗的能力。

本条第二款是关于有关部门和村民委员会、居民委员会有针对性地开展反电信网络诈骗宣传教育的规定。本条规定的责任主体包括政府特定部门和村民委员会、居民委员会。政府特定部门包括教育行政、市场监管、民政等部门，这些部门都与本款规定的易受电信网络诈骗活动侵害的特定群体有较密切的关系，如教育行政部门与未成年人，民政部门与老年人等。村民委员会、居民委员会是城乡居民自我管理、自我教育、自我服务的基层群众性自治组织。根据村民委员会组织法、城市居民委员会组织法的规定，它们都有协助维护社会治安的职责。本条规定的职责主要有两个方面：一是开展有针对性的精准反电信网络诈骗宣传教育，即根据电信网络诈骗受害群体的年龄、职业、地域分布等特征，指导学校、养老服务机构等主体，加强对老年人、青少年等易受电信网络诈骗侵害的群体的有针对性宣传教育，以精准宣传教育对抗犯罪团伙的精准诈骗，补齐全民反诈的短板弱项。二是开展反电信网络诈骗宣传教育进学校、进企业、进社区、进农村、进家庭等活动。各部门、单位可以结合各类下基层工作，实现反电信网络诈骗宣传全覆盖，营造全社会共同与电信网络诈骗犯罪作斗争的浓烈氛围。

本条第三款是关于单位和个人防范责任的规定。本款规定的“单位”是指一般意义的社会单位，与本法第七条规定的负有特定反电信网络诈骗职责的“单位”不同。本款对单位、个人规定了两方面的防范反电信网络诈骗的责任：一是单位应当加强内部防范电信网络诈骗工作，对工作人员开展防范电信网络诈骗教育；个人应当加强电信网络诈骗防范意识。实践中单位财务人员等成为电信网络诈骗重点对象，造成单位财产损失，本款有针对性地规定，各单位应当加强内部防骗工作，对工作人员开展防骗教育。个人加强反电信网络诈骗防范意识，即在日常生活、工作中随时注意防范和识别电信网络诈骗活动，防止本人和他人落入诈骗“陷阱”，这与本条第一款关于通过宣传教育提高公众“防骗意识”的规定是相照应的。二是协助、配合有关部门依照本法规定开展反电信网络诈骗工作，包括配合有关部门落实电信、互联网、金融等行业的防范措施，也包括配合公安、检察、审判机关的执法办案活动等。

【实践中应注意的问题】

实践中需要注意的是，本条规定的一个核心精神就是要加强反电信网络诈骗宣传教育的针对性、实效性。有关宣传教育工作要有一定的形式，形成一定的声势，但不能搞形式主义，为了宣传而宣传。要在精准宣传上下更多的功夫，通过宣传切实提高公众特别是特定人群抵御电信网络诈骗犯罪的能力。

【典型案例】

昆山市开展反电信网络诈骗宣传教育工作的成功经验：

昆山市宣传防范工作的主要特点和经验是广泛动员，形成全民反诈氛围。打响“全民心防”反诈人民战争，强势铺开市委市政府主导、各板块条线参与、社会各界广泛响应的反诈宣防活动，在专业化反诈团队运营下，目前全市每天有近6000名反诈讲师进社区、进企业、进学校巡回宣讲，配套落实“五必五全”机制（入昆短信必推送、员工入职必考试、影院映前必宣防、大额转账必提醒、辖区发案必倒查；政务窗口全布点、广电传媒全嵌入、市场主体全携手、场所行业全设防、“四无创建”全覆盖）。2021年开展各类宣讲活动万余场，发放各类宣传资料、产品320万份，受众面超500万人次，大型企业树状宣防架构、大中专职校心防创意大赛、区镇核心区一条街宣防阵地、上海轨交昆山站点宣传长廊等特色做法浇筑起意识防线，“全民心防”已深度植入千行万业。同时，将反诈工作作为基层治理的重要内容，列入年度平安考核细则和社会治安防控“鲲鹏计划”。

第二章　电信治理

第九条　电信业务经营者应当依法全面落实电话用户真实身份信息登记制度。

基础电信企业和移动通信转售企业应当承担对代理商落实电话用户实名制管理责任，在协议中明确代理商实名制登记的责任和有关违约处置措施。

【条文主旨】本条是关于电信业务经营者落实电话用户真实身份信息登记制度以及对代理商所承担的管理责任的规定。

【立法宗旨和背景】

（一）起草背景

近年来，随着我国电信业的快速发展，电话用户规模持续扩大。据工业和信息化部发布的《2021 年通信业统计公报》显示，全国电话用户总数已达 18.24 亿户，其中，移动电话用户总数 16.43 亿户，普及率为 116.3 部/百人，固定电话用户总数 1.81 亿户。与此同时，移动互联网流量迅猛增长，流量消费潜力释放。2021 年，全年移动互联网接入流量达 2216 亿 GB，比上年增长 33.9%，移动互联网月户均接入流量（DOU）达到 13.36GB/户。2021 年我国移动互联网用户占移动电话用户的比重为 86.2%。在此大环境下，进一步严格落实电话用户真实身份信息登记制度，保障广大电话用户的基本权益显得尤为重要。

电信网络诈骗通常包含精准信息获取、诈骗脚本编撰、通讯联络沟通、转移犯罪资金等主要实施环节。在通讯联络沟通环节，诈骗分子一般使用电话号码、互联网账号等方式与受害人进行沟通，建立联系，实施诈骗。为此，在电话用户入网环节，严格落实实名登记管理，可从源头上有效防范电信网络诈骗案件的发生。

2013 年，工业和信息化部组织在全国范围正式启动电话用户实名登记工作。全行业经过多年努力，2016 年底，全部电话用户实现了实名登记，近 3 亿多未实名老用户完成了补登记，目前已基本形成了制度完备、手段健全、监管严格的电话用户实名登记管理体系。在实践中，电信业务经营者通常对自有渠道实名制管理较为严格，但社会代理渠道由于规模庞大、自身能力不足，电信业务经营者督促不到位，落实实名制违规的情况时有发生，成为当前电话实名制管理上的薄弱环节，需要在法律层面进一步厘清电信业务经营者、代理商的实名制管理职责和法律义务，确保有法可依、落到实处。本条要求电信业务经营者全面落实电话用户实名登记制度，加强对代理商管理，为防范治理电信网络诈骗奠定坚实基础。

（二）审议中各方面的意见

反电信网络诈骗法草案一审稿第七条规定："基础电信企业和移动通信转售企业应当对代理商落实电话实名制实施监督管理，在协议中明确代理商实名制登记的责任和有关违约处置措施。"在征求意见过程中，有关部门反映因电信企业（包含基础电信企业、移动通信转售企业）和代理商性质上同属于企业，两者之间不适合用"监督管理"的表述。因此，在草案二次审议稿对该条表述作出了修改，将"监督管理"改为了"承担……管理责任"。

（三）有关国家和地区的规定

通过对国外资料的梳理总结，目前国外在电话实名制方面的立法主要有以下内容：一是美国要求提供语音服务（包括 VOIP）的电信运营商应使用用户身份认证框架；二是韩国要求办理电信业务需要使用人真实信息，监管部门应构建身份核验系统；三是日本要求移动语音通信服务运营商应当验证用户身份信息，未按照规定进行真实身份验证的，移动语音通信服务运营商可拒绝提供服务。

同时，为确保用户身份信息真实有效，一些国家还对电信号码资源、电信设备的转让进行了规范。如韩国禁止私下交易电信号码，监管部门要求对私下交易的电话号码采取服务隔离或信息显示限制；日本规定转让终端设备应当在取得移动语音通信运营商同意后进行。

【条文释义】

本条分为两款。第一款是关于电信业务经营者落实电话用户实名登记的有关规定。首先，现行相关法律法规对电话用户真实身份信息登记均予以明确规定。2012 年 12 月 28 日第十一届全国人民代表大会常务委员会第三十次会议通过的《全国人民代表大会常务委员会关于加强网络信息保护的决定》第六条规定，网络服务提供者为用户办理网站接入服务，办理固定电话、移动电话等入网手续，或者为用户提供信息发布服务，应当在与用户签订协议或者确认提供服务时，要求用户提供真实身份信息。2016 年 1 月 1 日起施行的反恐怖主义法第二十一条规定，电信、互联网、金融、住宿、长途客运、机动车租赁等业务经营者、服务提供者，应当对客户身份进行查验。对身份不明或者拒绝身份查验的，不得提供服务。2017 年 6 月 1 日起施行的网络安全法第二十四条规定，网络运营者为用户办理网络接入、域名注册服务，办理固定电话、移动电话等入网手续，或者为用户提供信息发布、即时通讯等服务，在与用户签订协议或者确认提供服务时，应当要求用户提供真实身份信息。用户不提供真实身份信息的，网络运营者不得为其提供相关服务。以上法律法规，明确规定了电话用户真实身份信息登记有关要求，对于未实名或不提供真实身份信息的用户，电信业务经营者不得提供服务。

其次，为贯彻落实相关法律法规要求，工业和信息化部制定出台了部门规章以及系列规范性文件，明确细化电话用户实名登记有关要求，指导督促电信业务经营者建立起管理制度和技术能力体系。2013 年，工业和信息化部出台了《电话用户真实身份信息登记规定》《电信和互联网用户个人信息保护规定》，在规范电话用户真实身份信息登记活动的同时，进一步要求电信业务经营者在提供服务过程中加强用户个人信息保护。2014 年，工业和信息化部、公安部、国家工商总局联合印发《电话“黑卡”治理专项行动工作方案》，在全国范围开展为期一年的电话“黑卡”治理专项行动，有力切断了电话“黑卡”流通渠道和利益链条，严厉打击了利用电话“黑卡”实施违法犯罪的行为。2016 年 11 月 4 日，《工业和信息化部关于进一步防范和打击通讯信息诈骗工作的实施意见》，明确要求加快推进未实名老用户补登记，在 2016 年底前实名率达到 100%。在规定时间内未完成补登记的，一律予以停机。同时对于新入网用户，要严格落实用户身份证件核查责任，采取二代身份证识别设备、联网核验等措施验证用户身份信息，并现场拍摄和留存办理用户照片。通过网络渠道发展新用户时，要采取在线视频实人认证等技术方式核验用户身份信息。2016 年底，经过多年不懈努力，我国全部电话用户实现了实名登记。2018 年，工业和信息化部进一步规范和细化了电话用户实名登记的办理流程和工作要求，指导电信业务经营者规范开展实名登记工作。

关于本款中规定的电话用户真实身份信息登记，是指电信业务经营者为用户办理电话入网手续，在与用户签订协议或者确认提供服务时，如实登记用户真实身份信息的活动。当前，电话用户分为个人用户和单位用户两种类型，具体登记要求如下：第一，个人用户在办理电话（包括移动电话和固定电话）入网手续时，电信业务经营者应要求提供实际使用人的有效证件，并严格遵守人证一致性查验、证件真实性查验、现场拍照留存等步骤；其中，对于办理移动电话卡的用户，电信业务经营者还应对实际使用人进行“一证五卡”查验，即同一用户办理有效使用的移动电话卡达到 5 张的，不得为其开办新的电话卡。第二，单位用户在办理电话入网手续时，电信业务经营者应要求单位用户提供单位有效证件、经办人有效证件、单位授权书并进行查验，如实登记单位信息和经办人信息。对于办理移动电话卡的用户，电信业务经营者还应要求单位用户提供实际使用人的有效身份证件并对证件真实性、“一证五卡”进行查验，通过后方可激活移动电话卡。

本条第二款是关于基础电信企业和移动通信转售企业对代理商的实名登记情况承担管理责任以及采取违约处置措施的规定。主要包括以下三点内容：

第一，关于本款提到的基础电信企业是指从事基础电信业务的企业；移动通信转售企业是指经营移动通信转售业务的企业。为贯彻落实《国务院关于鼓励和引导民间投资健康发展的若干意见》精神，根据《工业和信息化部关于鼓励和引导民间资本进一步进入电信业的实施意见》，2013 年，工业和信息化部决定开展移动通信转售业务试点工作。2018 年，我国移动通信转售业务正式进入商用阶段，根据《工业和信息化部关于移动通信转售业务正式商用的通告》的相关规定，移动通信转售企业应使用独立分配的专用号段发展业务。截至 2022 年 9 月，我国移动通信转售企业共计 39 家，用户规模约 8000 余万，目前在用号段主要包括 170、171、165 等。

第二，关于本款中规定的代理商，是指与电信企业签订代理销售合作协议，通过代理模式销售电信业务的企业。电信企业销售模式通常分为自营模式和代理模式。自营模式是电信企业通过自有渠道销售电话卡、发展电话用户，包括自有实体渠道（如营业厅）和自有网络渠道（如网上营业厅、自有 App 等）；而代理模式是指电信企业自主选择合作的代理商作为其发展电话用户的渠道，并与代理商签订合作协议。从性质上讲，代理商不是独立的电信业务经营主体，其必须以委托其代理的电信业务经营者的名义、业务品牌提供服务或收取通信费用，必须使用委托其代理的电信业务经营者的电信网码号等电信资源，且不能自行改变服务内容和资费标准，不得超出电信业务经营者委托其代理的业务范围提供电信服务。因此，从本质上来说，电信企业是电信服务的最终提供方和电信业务的最终受益方，代理商只是按照民法典中关于代理的相关规定，在电信企业委托的业务范围内对外提供电信服务。电信企业应承担对代理商电话用户实名登记工作的管理责任以及其他法律责任，建立健全相关管理制度，提供相应的技术支撑能力，加强对代理商的监督管理。电信企业应要求代理商使用电信企业提供的电话实名制系统办理入网手续，并严禁代理商在本地留存用户实名登记信息。

第三，本款中提到在协议中明确代理商实名登记的责任和有关违约处置措施，主要包括严格遵守实名制要求、禁止擅自委托下级代理、保护用户个人信息等，对于违约的可以采取取消代理合作、追责处罚、纳入黑名单等措施，情形严重涉及违法的，可依法依规移送司法机关。例如，2014 年工业和信息化部、公安部、国家工商总局联合印发的《电话“黑卡”治理专项行动工作方案》要求，电信业务经营者应严格社会营销渠道的代理条件，建立违法渠道黑名单制度，将电话用户实名登记要求纳入对社会营销渠道的考核奖惩体系，对出现出售非实名电话卡等严重违法行为的社会营销渠道，按协议及时取消代理。2016 年发布的《工业和信息化部关于加强规范管理促进移动通信转售业务健康发展的通知》，要求转售企业加强对实体、网络代理渠道的监督管理，严格代理渠道的准入条件，为代理渠道配发统一标识，禁止签约代理渠道擅自发展下级代理。同年，《工业和信息化部关于进一步防范和打击通讯信息诈骗工作的实施意见》要求各企业建立内部问责机制，对出现不登记、虚假登记、批量开卡、“养卡”等违规行为的代理渠道，一经发现立即取消其代理资格，纳入委托代理渠道黑名单，并从严追究相关基础电信企业省级公司相关部门和负责人责任。

【实践中应注意的问题】

在该条的理解适用中，应当需要注意以下几个方面的问题：

第一，要进一步提高认识，充分认识到电话实名制工作的基础性、重要性和艰巨性，要一以贯之、从严从实从细落实好电话用户真实身份信息登记的各项要求，要时刻保持警醒意识，及时发现和解决实名制工作所面临的新问题和新情况，为预防、遏制和惩治电信网络诈骗活动奠定坚实基础。

第二，要高度重视对代理商的管理。在实践中，对代理商的管理始终是电信企业落实电话实名制工作的薄弱环节。因此，电信企业应按照本条款所规定的责任义务，从制度上、技术上、管理上采取更为严格有效的措施，加大对代理商管理力度，确保能“管得住、管得好”。

第三，要及时对代理协议进行修订。在协议中，电信企业应明确代理商落实电话实名制的责任，细化相关违约处置措施，加强对代理商落实电话实名制的约束管理。

【典型案例】

2019年3月，云南昆明警方接报一起案值30万元的电信网络诈骗案。破获此案后，围绕诈骗嫌疑人使用的虚拟身份和银行账户，昆明警方调查发现诈骗团伙实施诈骗时使用的微信号，均从昆明市某工作室获得。该工作室作为盗号、贩号的中间商，从山东某信息科技有限公司购买了大量手机“黑卡”。该信息科技公司则是某家电信运营商的一级代理商，其主要业务是帮助电信运营商销售各类电话卡。为获取高额回报，该公司与电信运营商内部人员勾结，获取了大量电话卡，并为全国300余个犯罪团伙提供大量电话“黑卡”，用于注册、盗取微信号和从事电信网络诈骗活动，仅2018年就非法提供电话“黑卡”1000万余张。

【相关规定】

《全国人民代表大会常务委员会关于加强网络信息保护的决定》第六条；网络安全法第二十四条；反恐怖主义法第二十一条；《电话用户真实身份信息登记规定》第三条；《关于开展移动通信转售业务试点工作的通告》二。

第十条 办理电话卡不得超出国家有关规定限制的数量。

对经识别存在异常办卡情形的，电信业务经营者有权加强核查或者拒绝办卡。具体识别办法由国务院电信主管部门制定。

国务院电信主管部门组织建立电话用户开卡数量核验机制和风险信息共享机制，并为用户查询名下电话卡信息提供便捷渠道。

【条文主旨】本条是关于办理电话卡数量限制、异常办卡处置以及电话卡开卡数量查询和风险信息共享的有关规定。

【立法宗旨和背景】

（一）起草背景

电话卡是电信业务经营者认证用户身份、提供通信服务的重要硬件载体。用户不仅可以使用电话卡来拨打电话、收发短信，还可以利用移动电话号码注册互联网账号、绑定银行卡实施转账汇款等，已在老百姓生产生活中发挥着日益重要作用。近些年，一些不法分子便想方设法通过一些违规违法手段获取电话卡，实施电信网络诈骗等违法犯罪活动。

前期，一些用户法律意识淡薄、追求短期非法收益，将自己名下的电话卡买卖、出租、出借给他人，最终被用于实施电信网络诈骗等违法犯罪活动，严重损害了人民群众的切身利益。近年来，与非法买卖、出租、出借电话卡等帮助信息网络犯罪案件也上涨较快，目前已成为各类刑事犯罪中起诉人数排名第3的罪名（前两位分别是危险驾驶罪、盗窃罪）。据统计，仅2022年上半年，全国检察机关起诉帮信犯罪6．4万人 。在本法中，通过限制个人办理的电话卡数量，并对囤卡、养卡等异常办卡的用户加强核查或者拒绝办卡，可以从源头上管控电话卡入网风险。

自2016年起，作为电信主管部门，工业和信息化部已出台一系列管理规定，在满足广大用户正常通信需求的前提下，对用户办卡数量进行适当的限制。2016 年印发的《工业和信息化部关于进一步防范和打击通讯信息诈骗工作的实施意见》，明确提出各基础电信企业和移动通信转售企业对同一用户在同一企业全国范围内办理使用的移动电话卡达到 5 张的，不得为其开办新的电话卡。因此，本法将前期好的经验做法上升为法律制度，由电信主管部门组织建立电话用户开卡数量核验机制和风险信息共享机制，减少非法办理电话卡的数量。

另一方面，在实践中，还存在部分涉案电话卡是由诈骗分子冒用他人身份信息办理或者用户本人办理后转租转售给他人进行牟利等情况。前期，电信企业已建立了相应的工作机制和技术手段，对同一用户异地办卡、网络渠道异常办卡、反复开销电话卡等情况加强风险排查，对于问题较为严重的，进一步提高办卡门槛，切实防范电话卡被用于电信网络诈骗等犯罪活动。与此同时，考虑到在电话实名制实施前，确实存在登记不准确等情况，为便于广大人民群众维护自身合法权益，国务院电信主管部门应为用户提供查询名下电话卡信息的便捷渠道，对于用户提出异议的电话卡，电信企业应及时予以处理。

（二）审议中各方面的意见

在草案征求意见稿第八条规定："办理电话卡一般不得超出国家有关规定限制的数量。对经识别存在异常办卡情形的，电信业务经营者有权延长办理期限或者拒绝办卡。国家电信主管部门组织建立电话用户开卡情况信息共享机制和管理平台，并为用户提供查询名下电话卡的便捷渠道。"多位专家学者和有关部门反映：一是"一般"难以界定，非法律语言，建议表述为"有特定事由，或者是法定事由，或者是有关规定允许"；二是"延长办理期限"的表述在实践中容易被滥用，可能出现侵害用户合法权益的情况，建议删除；三是建议工业和信息化部、电信企业会同其他部门、互联网企业建立跨行业电话卡、互联网账号核验机制和风险信息共享机制。

在草案二次审议稿征求意见过程中，该条作出了以下修改：一是删除"一般"，表述为"办理电话卡不得超出国家有关规定限制的数量"；二是将"延长办理期限"修改为"有权加强核查"；三是将"开卡情况信息共享机制和管理平台”表述为“开卡数量核验机制和风险信息共享机制”。

二审稿征求意见过程中，为了保障公民的通信自由，工业和信息部建议在第二款中增加“具体识别办法由国务院电信主管部门制定”，进一步规范有关行为。针对此，终稿作出修改，第二款表述为“对经识别存在异常办卡情形的，电信业务经营者有权加强核查或者拒绝办卡。具体识别办法由国务院电信主管部门制定”。

【条文释义】

本条共分三款。第一款是关于用户办理电话卡数量限制的有关规定。国家现行关于电话卡数量限制的有关规定，最早可见于《工业和信息化部关于贯彻落实〈反恐怖主义法〉等法律规定进一步做好电话用户真实身份信息登记工作的通知》，其要求电信企业要采取措施，从严审核一证多卡用户办理新卡，对同一身份证件在同一基础电信企业省级公司或同一移动通信转售企业已登记了5张及5张以上移动电话卡的用户，在申请办理新入网的移动电话卡时，必须由电信企业自有实体营业厅从严审核身份信息后办理入网手续。可见，在此阶段，国家有关规定尚未完全限制超过5张电话卡用户的新入网要求，仅提出从严审核、实体渠道办理的附加条件。

随后，为进一步防范电信网络诈骗犯罪，保障人民群众合法权益，2016年9月，最高人民法院、最高人民检察院、公安部、工业和信息化部等六部委联合发布《关于防范和打击电信网络诈骗犯罪的通告》，明确要求电信企业应立即开展一证多卡用户的清理，对同一用户在同一家基础电信企业或同一移动转售企业办理有效使用的电话卡达到5张的，该企业不得为其开办新的电话卡。至此，“一证五卡”成为用户在每家电信企业办理新电话卡时的数量上限。工业和信息化部在《关于进一步防范和打击通讯信息诈骗工作的实施意见》等文件中多次重申“一证五卡”的要求。本款从法律层面对用户办理电话卡不得超出国家有关规定限制的数量作出明确限定，具体数量上限由国务院电信主管部门予以规定。

本条第二款是关于电信业务经营者对经识别存在异常办卡情形有权加强核查或者拒绝办卡的规定。按照本款规定，电信业务经营者应当履行两项义务，一是识别出具有异常办卡情形的用户，比如，疑似囤卡、养卡、反复开销卡等行为的用户；二是根据异常办卡的不同情形，分别采取加强核查或者拒绝办卡的处置措施。电信业务经营者作为落实电话实名制的主体，处于防范治理电信网络诈骗工作的“最前线”。电信业务经营者应主动作为，不断提升自身的技术能力和管理水平，创新运用大数据等技术手段，识别用户异常办卡情形，并采取有力措施加强身份核查，对于核验不通过的，可拒绝办卡。为切实保障用户权益，规范识别异常办卡情形，该款明确由国务院电信主管部门负责制定具体识别办法。

本条第三款是关于建立电话用户开卡数量核验机制和风险信息共享机制，以及为用户查询名下电话卡信息提供便捷渠道的规定。主要包括以下两点内容：

第一，建立电话用户开卡数量核验机制和风险信息共享机制。目前，我国有多家基础电信企业和移动通信转售企业，按照现行同一用户在同一电信企业办理使用的移动电话卡不得超过5张的要求，不法分子仍然可以通过多家电信企业办理的方式获取多张电话卡，导致非法买卖、出租、出借电话卡等违法犯罪活动时有发生。根据本款规定，国务院电信主管部门组织建立电话用户开卡数量核验机制，可为电信企业提供开卡数量核查等能力。同时，对于发现存在超“一证五卡”等异常开卡的风险信息，应及时进行共享，组织开展风险排查。

第二，为用户查询名下电话卡信息提供便捷渠道的规定。公安机关在打击治理电信网络诈骗犯罪工作中，经常发现涉案电话卡非用户本人使用，且多数用户并不知情，侵害用户合法权益。2021年9月，工业和信息化部推出了全国移动电话卡“一证通查”服务，用户通过该服务可快速、便捷查询本人名下的移动电话卡数量，对存在异议的号卡可及时进行剥离、更正等，有效挤压了犯罪分子违规获卡的空间。在具体实现上，全国移动电话卡“一证通查”系统打通了93家省级基础电信企业和39家移动通信转售企业相关业务系统和数据资源，用户输入身份信息并通过鉴权后，即可查询本人名下全国范围的移动电话卡数量。此外，工业和信息化部指导电信企业建立了号码明细查询、异议处置等配套服务机制。“一证通查”服务上线后，引发社会各界广泛关注，在群众中掀起了防范不知情办卡、维护自身权益的热潮。

截至 2022 年 10 月，全国移动电话卡“一证通查”查询量已突破 1 亿次。

【实践中应注意的问题】

在该条的理解适用中，应当需要注意以下几个方面的问题：

第一，本条规定的限制用户电话卡开卡数量、异常办卡情形拒绝办理等，主要目的在于打击非法买卖、出租、出借电话卡，为电信网络诈骗活动提供帮助等行为。电信业务经营者在履行相关法律责任时，应严格遵守本法及其他相关法律法规要求，不得减损公民的合法权益。同时，电信业务经营者应建立健全用户救济制度和申诉渠道，确保用户合法权益得以充分保障。

第二，国务院电信主管部门在制定异常办卡识别办法时，要充分考虑到公民合理、正当的通信需求，尤其是在限定开卡数量上限时，要充分保障公民的合法通信权益。此外，在风险信息共享中涉及用户个人权益保障问题，国务院电信主管部门在出台具体办法时，应加强与个人信息保护法、数据安全法等现行法律法规的衔接，做好个人信息保护。

第三，当前工业和信息化部已为用户提供了查询名下电话卡的便捷渠道，社会公众可主动查询名下电话卡数量，维护自身合法权益。同时，电信企业应加大“一证通查”宣传推广力度，实现防范治理电信网络诈骗工作从“事后打击”向“事前防范”的转变。

【典型案例】

2020 年 2 月至 4 月，盘某某伙同王某某、陈某某从被告人彭某某处购得用于诈骗的手机卡 20 余张，由陈某某等人冒充“360 借条”等贷款公司客服人员给需要贷款的被害人拨打电话实施诈骗，共骗取被害人郭某等 6 人 12.7 万余元。

法院经审理认为，被告人彭某某明知他人利用信息网络实施诈骗犯罪，而为其犯罪提供帮助，向他人出售手机卡 20 余张，情节严重，依法构成帮助信息网络犯罪活动罪。综合被告人在犯罪中的作用、诈骗数额或出售手机卡数量及其他量刑情节，法院以帮助信息网络犯罪活动罪判处被告人彭某某有期徒刑二年，并处相应罚金。

【相关规定】

《工业和信息化部关于贯彻落实〈反恐怖主义法〉等法律规定进一步做

好电话用户真实身份信息登记工作的通知》二（二）；《关于进一步防范和打击通讯信息诈骗工作的实施意见》一（三）。

第十一条　电信业务经营者对监测识别的涉诈异常电话卡用户应当重新进行实名核验，根据风险等级采取有区别的、相应的核验措施。对未按规定核验或者核验未通过的，电信业务经营者可以限制、暂停有关电话卡功能。

【条文主旨】本条是关于涉诈异常电话卡重新进行实名核验的规定。

【立法宗旨和背景】

（一）起草背景

为维护网络信息安全，保障电话用户合法权益，2013年，我国正式启动电话用户实名登记工作，经过多年不懈努力，2016年底全部电话用户实现了实名登记。但从公安机关在电信网络诈骗案件中缴获的电话卡来看，尽管电话卡已实名登记，但不法分子通过有偿办卡、倒卡收卡、养卡买卡等多种方式获取已实名电话卡，成为电话“黑卡”的重要来源。同时，由于存在高额利益驱动，囤积买卖已实名电话卡的行为屡禁不止，损害了人民群众切身利益，侵蚀了社会诚信根基，威胁社会治安大局稳定。

针对上述情况，2021年，公安部、工业和信息化部组织开展了“断卡行动2.0”专项工作，指导电信业务经营者充分利用技术手段，主动监测和识别发现涉诈异常电话卡，采取二次实人认证等措施核验用户身份信息，确保用户人证一致。“断卡”行动开展以来，有力斩断了非法买卖电话卡的黑色产业链，取得了显著成效。但事实上，电信业务经营者在监测处置相关涉诈异常电话卡时，极易引发用户投诉，甚至是诉讼纠纷。因此，需要进一步规范涉诈异常电话卡监测识别、实名核验等工作措施，在降低电话卡涉诈安全风险的同时，更好保障用户合法权益。

（二）审议中各方面的意见

1. 反电信网络诈骗法草案第九条规定：“电信业务经营者对监测识别的涉诈高风险电话卡应当重新进行实名核验，根据风险等级采取有区别的、相应的核验措施。对未按规定核验或者核验未通过的，电信业务经营者可以限制、暂停有关电话卡功能。”

在审议过程中，常委会审议提出意见认为当前涉案电话卡“黑灰产”最突出的问题不是不实名登记，而是实名不实人操作，因此建议修改为“电信业务经营者对监测识别的涉诈高风险电话卡应进行实人实操核验”；在地方和部门意见中，工业和信息化部建议增加规定“电信业务经营者应当建立电信入网风险监测和身份核验技术能力”。中国政法大学、浙江大学、中国社会科学院建议将最后一句中的“可以”修改为“应当”；各地方如天津建议在草案第九条、第十九条中明确，对涉诈电话卡、网络账号进行重新核验前，电信业务经营者、互联网服务提供者应当及时、有效地履行告知义务，避免电话卡、网络账号使用人因为不知情而未参与核验；社会公众意见中有的建议，各手机制造商或者通信服务公司应当提供必要说明、服务以限制境外电话的呼入，如果无法限制，至少要提示呼入号码为境外号码或者虚拟号码。

2. 草案二次审议稿第十一条规定：“电信业务经营者对监测识别的涉诈异常电话卡用户应当重新进行实名核验，根据风险等级采取有区别的、相应的核验措施。对未按规定核验或者核验未通过的，电信业务经营者可以限制、暂停有关电话卡功能。”

在审议过程中，常委会审议意见中有委员建议在“暂停有关电话卡功能”后增加规定，“直至按规定完成并通过核验”，并建议增加规定，用户通过什么途径可以恢复有关电话卡功能；中国电信福州分公司提出，实践中存在因紧急情况需要先行限制或者暂停有关电话卡功能后再开展实名核验的情况，建议增加规定“电信业务经营者对监测识别或公安机关、电信主管部门认定的涉诈高风险电话卡有权暂停服务并通知电话卡用户重新进行实名核验”，同时，建议将“监测识别的涉诈异常电话卡”修改为“风险异常电话卡”。最终，根据各方面意见，将“涉诈高风险电话卡”修改为“涉诈异常电话卡”。

【条文释义】

本条主要包含以下三方面内容：

一是关于监测识别涉诈异常电话卡用户的有关规定。电信业务经营者应按照“谁开卡、谁负责”的原则，严格落实电话实名制有关规定，加强涉诈异常电话卡用户的监测发现。在实践中，电信业务经营者要建立健全相关技术能力体系，根据涉诈电话卡用户的使用特征，建立完善风险监测模型，及时发现涉诈异常电话卡，为风险防控和源头治理提供数据支撑。关于风险监测模型，2021 年，工业和信息化部、公安部联合印发的《关于依法清理整治涉诈电话卡、物联网卡以及关联互联网账号的通告》中明确提出，涉诈高风险电话卡包括但不限于“一证多卡”、“睡眠卡”、“静默卡”、境外诈骗高发地卡、频繁触发预警模型等。其中，“一证多卡”是指同一电话用户名下电话卡数量超过限定数量；“睡眠卡、静默卡”是指电话卡处于开通状态，但长期无语音、短信、流量话单，疑似存在囤卡、养卡等行为；境外诈骗高发地卡是指在境外诈骗高发区域使用的电话卡；频繁触发预警模型电话卡是指频繁触发电信业务经营者相关监测模型的电话卡。

二是关于根据风险等级采取有区别的、相应的核验措施的规定。为切实保障用户合法的通信权益，对不同风险等级的电话卡，应采取不同的核验措施。对于风险较高的电话卡，如公安机关通报的、被诈骗分子用于实施犯罪的电话卡，可依法采取关停等处置措施，切实防范后续作案风险；对于风险较低的电话卡，可视情采取身份核验、实人认证等措施，对于核验通过的，保证电话卡各项通信功能正常。在对电话卡用户进行二次实人认证时，电信业务经营者应采取“先通知、后核验”的方式，给用户预留一定的时间，并根据用户的风险等级，采取有区别的、相应的核验措施。在核验方式上，对于风险等级较低的，电信业务经营者可通过灵活、快速的线上方式进行二次实人认证；对于风险等级较高、多次触发监测预警模型的，电信业务经营者可采取较为严格的认证方式。此外，根据《关于依法清理整治涉诈电话卡、物联网卡以及关联互联网账号的通告》内容，用户通过电信企业营业厅认证的，电信企业应要求用户现场签署涉诈风险告知书；采用线上方式认证的，电信企业应要求用户阅读勾选涉诈风险告知书等方式，提醒用户涉诈安全风险。

三是关于限制、暂停有关电话卡功能的规定。电信业务经营者在落实此项规定时，要慎之又慎。符合此规定的情况主要包括两类：一类是未通过实名认证的高风险电话卡；另一类是未按要求开展实名认证的高风险电话卡。电信业务经营者可视情采取限制或暂停电话卡功能的处置措施，如可先单停，降低危害，再视情予以双停，并为老年人等特殊群体提供相应的救济措施。

【实践中应注意的问题】

实践中需要注意以下三点：

一是随着电信网络诈骗形势和诈骗手法的不断变化，电信业务经营者建立的涉诈异常电话卡监测模型不应一成不变，而是应根据涉诈电话卡的使用特征，不断更新和完善监测模型，与时俱进提升风险防范能力。

二是电信业务经营者在落实涉诈异常电话卡处置时，要高度关注用户通信权益保护。在二次实人认证过程中，严格按照有关程序规定，履行告知义务，保障用户知情权，为用户二次实人认证预留充足的时间。

三是电信业务经营者应为用户建立快速复机绿色通道。在“断卡”工作中难免会“误伤”到部分电话用户，电信业务经营者应建立完善工作机制，提供快速复机的绿色通道，及时回应用户合理诉求。

【典型案例】

2021年6月，某手机用户发现其名下手机号码被限制呼出功能，到基础运营商营业厅要求恢复，运营商要求其签署相关承诺书，用户拒绝签署。经法院审理认为，某运营商应当严格按照文件要求，先对某手机用户进行停机提醒，在用户24小时内未进行二次核验后，方能暂停部分功能措施，而非直接通过短信通知其已被暂停上述功能。短信通知发出24小时后，手机用户若未按照要求核验，运营商停机行为才符合文件规定。

【相关规定】

《全国人民代表大会常务委员会关于加强网络信息保护的决定》第六条；反恐怖主义法第二十一条；网络安全法第二十四条；刑事诉讼法第一百一十条；《最高人民法院、最高人民检察院、公安部关于办理电信网络诈骗等刑事案件适用法律若干问题的意见》第三条；《电话用户真实身份信息登记规定》第三条；《工业和信息化部、公安部关于依法清理整治涉诈电话卡、物联网卡以及关联互联网账号的通告》第四条。

第十二条　电信业务经营者建立物联网卡用户风险评估制度，评估未通过的，不得向其销售物联网卡；严格登记物联网卡用户身份信息；采取有效技术措施限定物联网卡开通功能、使用场景和适用设备。

单位用户从电信业务经营者购买物联网卡再将载有物联网卡的设备销售给其他用户的，应当核验和登记用户身份信息，并将销量、存量及用户实名信息传送给号码归属的电信业务经营者。

电信业务经营者对物联网卡的使用建立监测预警机制。对存在异常使用情形的，应当采取暂停服务、重新核验身份和使用场景或者其他合同约定的处置措施。

【条文主旨】本条是关于物联网卡安全管理制度的有关规定。

【立法宗旨和背景】

（一）起草背景

物联网卡是指被用于物联网设备中，基于移动通信网络实现人、机、物连接的电话卡。随着5G网络大规模商用部署和移动互联网蓬勃发展，物联网业务呈现爆发式增长。根据全球移动通信系统协会（GSMA）的预测，2025年全球物联网终端连接数量将达到250亿个，其中消费物联网终端连接数量达到110亿，工业物联网终端连接数量将达到140亿，占全球连接的一半以上。截至2022年8月底，我国移动物联网连接数量已达16.98亿户，同比增加超过20%，远超移动电话用户的增速。物联网卡作为物联网用户接入网络的重要媒介，当前已被广泛应用于智能交通、可穿戴设备、智能农业、智能家居、智能安防、智慧物流、远程医疗、能源监测等行业，对推动万物互联、促进数字经济发展发挥了积极作用。

相较于传统移动电话卡，物联网卡具有单次售卡量大、销售链条长、多数难以对应到实际使用人等特点。首先，在销售方式上，物联网卡一般采用批量售卡模式，单个合同销售量较大，一旦管控不严，会带来较大的安全风险。其次，从销售模式看，物联网卡销售与移动电话卡销售完全不同，一般包括B2B（Business to Business）和B2B2C（Business to Business to Consumer）两种模式。其中B2B模式是指电信业务经营者直接将物联网卡销售给最终使用单位；B2B2C模式是指电信业务经营者先将物联网卡销售给物联网终端厂商或物联网产品集成商等单位用户，然后由单位用户将物联网卡集成于其设备或产品中，再销售给最终的使用单位或个人，如智能穿戴设备等。无论是 B2B 模式还是 B2B2C 模式，均涉及到中间销售环节的单位用户，这种多链条销售模式导致单纯依靠电信业务经营者很难追踪到最终实际使用人。最后，从使用场景上来看，物联网卡多为物与物、物与人通信使用，主要用途为实现终端联网功能，包括终端数据传输、远程控制等，所需功能相对单一。

考虑到物联网卡发展迅猛、规模庞大，且已有不法分子在难以买到非实名电话卡的情况下，便想方设法购买物联网卡用于实施电信网络诈骗，亟须在法律层面对物联网卡入网管理、实名登记等工作予以规定明确。同时，由于物联网卡与移动电话卡在销售方式、使用场景、开通功能等方面存在明显不同，需要创新工作思路，统筹好发展和安全，在确保安全管理的同时，促进物联网业务的健康有序发展。

（二）审议中各方面的意见

1. 反电信网络诈骗法草案第十条规定：“电信业务经营者建立物联网卡用户风险评估制度，评估未通过的，不得向其销售物联网卡；严格登记物联网卡用户身份信息，采取有效技术措施限定物联网卡开通功能、使用场景和适用设备。单位用户从电信业务经营者购买物联网卡再销售给其他用户的，应当核验和登记购卡用户身份信息，并将销量、存量及用户实名信息传送给号码归属的基础电信企业。电信业务经营者对物联网卡的使用建立监测预警机制。对存在异常使用情形的，应当采取暂停服务、重新核验身份和使用场景或者其他合同约定的处置措施。”

在审议过程中，常委会审议意见认为应将本条第三款第二句修改为“对存在异常使用情形的，应当主动采取暂停服务、重新核验是否实人实操和使用场景或者其他合同约定的处置措施”；在地方和部门意见中，有的建议增加第二款对应的法律责任；有的建议删除第二款“并将销量、存量及用户实名信息传送给号码归属的基础电信企业”；有的建议在第二款“核验和登记购卡用户身份信息”后增加“登记物联网卡使用用途，并备案电信业务经营者”，增加对单位用户登记再出售信息的倒查制度和“二道贩子”对下级销售的信息登记责任规定；有的建议将“电信业务经营者建立物联网卡用户风险评估制度”修改为“电信业务经营者应当建立并实行物联网卡用户风险评估制度”，与草案第三十二条涉及的物联网管理法律责任条款相衔接。

2. 草案二次审议稿第十二条规定：“电信业务经营者建立物联网卡用户风险评估制度，评估未通过的，不得向其销售物联网卡；严格登记物联网卡用户身份信息；采取有效技术措施限定物联网卡开通功能、使用场景和适用设备。单位用户从电信业务经营者购买物联网卡再将载有物联网卡的设备销售给其他用户的，应当核验和登记用户身份信息，并将销量、存量及用户实名信息传送给号码归属的电信业务经营者。电信业务经营者对物联网卡的使用建立监测预警机制。对存在异常使用情形的，应当采取暂停服务、重新核验身份和使用场景或者其他合同约定的处置措施。”

在审议过程中，有关部门提出物联网卡不能再直接转售，销售的只是载有物联网卡的设备；工业和信息化部提出，因其他移动通信转售企业也可销售物联网卡，建议将“基础电信企业”修改为“电信业务经营者”。最终，根据各方面的意见，草案二次审议稿对草案作了以下修改：一是将“单位用户从电信业务经营者购买物联网卡再销售给其他用户的”修改为“单位用户从电信业务经营者购买物联网卡再将载有物联网卡的设备销售给其他用户的”，二是将“将销量、存量及用户实名信息传送给号码归属的基础电信企业”修改为“将销量、存量及用户实名信息传送给号码归属的电信业务经营者”。

【条文释义】

本条共分三款，明确了物联网卡售前风险评估、售时登记管理和售后使用监测等方面规定，并规定了物联网卡搭载销售的有关要求。

第一款是关于电信业务经营者落实物联网卡售前风险评估、功能管控、实名登记的有关要求。主要包括以下三个方面内容：

第一，关于电信业务经营者建立物联网卡用户风险评估制度的规定。由于物联网卡具有批量售卡的特点，一旦管控不严，容易大量流入公众市场，被不法分子获取用来进行诈骗活动。因此，电信业务经营者在销售物联网卡时，需要从物联网卡使用场景和开通功能的合理性、管理手段的有效性等方面综合考虑，建立物联网卡用户风险评估制度，把好物联网卡销售关。2020年，工业和信息化部明确要求电信业务经营者要建立物联网用户风险评估制度，在向行业用户销售物联网卡时，要综合考虑单位信用、使用场景、申请功能、购卡数量、安全管理能力等因素，严格评估用户安全风险，评估通过后方可向其发售物联网卡。电信业务经营者应根据物联网用户的风险评估结果综合判定是否向其售卡，对于通过风险评估的用户，电信业务经营者方可向其销售符合规定的物联网卡，对于风险评估未通过的，不得向其售卡。

第二，关于电信业务经营者登记用户身份信息的规定。电信业务经营者应按照有关要求，根据物联网卡的销售模式和安全风险高低，分类开展实名登记工作，对于难以对应到实际使用人且风险可控的物联网卡，可登记责任单位、责任人信息和经办人信息；对于风险较大的物联网卡，应严格登记实际使用人后，方可为其激活。

第三，关于电信业务经营者加强物联网卡功能管控的规定。电信业务经营者在销售物联网卡时，应根据合同约定采取有效措施限定物联网卡的开通功能、使用场景和适用设备，防止物联网卡被违规挪用、滥用。电信业务经营者可采取的管理措施包括但不限于定向访问限制、限额管控、黑名单限制等。定向访问限制是指仅允许物联网卡访问与其业务相关的资源；限额管控是指严格限定物联网卡业务使用量；黑名单限制是指限定物联网卡只访问其必要的互联网应用。对于位置相对固定的物联网场景，电信业务经营者还应严格限定物联网卡的使用区域。从使用设备上，电信业务经营者应采取机卡绑定、贴片卡等措施来防止物联网卡被违规挪用。

第二款是关于物联网卡搭载销售的有关规定。主要包括三点内容：

一是明确了适用的范围。物联网卡搭载销售是指单位用户从电信业务经营者购买物联网卡再将载有物联网卡的设备销售给其他用户的销售模式，即B2B2C 销售模式。

二是明确了单位用户的责任义务。在 B2B2C 销售模式下，单位用户从电信业务经营者购买了物联网卡后装载于物联网设备进行销售，由其承担物联网卡实名登记的责任，负责核验和登记最终用户的真实身份信息。而电信业务经营者在销售物联网卡时，如实登记单位用户的身份信息。例如，针对车联网卡销售登记，2021 年 9 月，《工业和信息化部关于加强车联网卡实名登记管理的通知》明确要求道路机动车辆生产企业负责所生产、销售车辆中所载车联网卡的实名登记工作。

第三，规定了具体实施流程。单位用户在对购买载有物联网卡设备的用户完成身份信息登记核验后，应及时将销量、存量及用户实名信息传送给号码归属的电信业务经营者，由电信业务经营者根据实名登记情况为物联网卡开通所需功能。至此，单位用户与电信业务经营者合力完成物联网卡实名登记工作，确保物联网卡有效管理。

第三款是关于电信业务经营者落实物联网卡事后监测的规定。主要包括两方面内容：

一是建立物联网卡监测预警机制。由于物联网卡多为物用，多数难以登记到实际使用人，因此一旦被违规使用很难实现物联网卡的有效溯源，安全风险极大，因此迫切需要建立物联网卡事后监测预警机制，及时发现、预警、处置违规使用行为，防患于未然。前期，工业和信息化部已组织电信业务经营者建立相关工作机制，加强物联网卡使用监测，重点对机卡分离、超范围使用等高风险物联网卡，不断提升监测预警能力；发现违规或违约使用的物联网卡后，应依照有关法律规定和合同约定及时采取处置措施。

二是对存在异常使用情形的处置措施。本款要求对于发现存在异常使用情形的物联网卡，电信业务经营者可采取暂停服务、重新核验等处置措施。其中，核验措施包括核实物联网卡登记使用者身份信息、物联网卡的使用场景是否为合同约定的使用场景；处置措施包括依法依规暂停物联网卡功能，或者按照合同条款予以处置。

【实践中应注意的问题】

实践中需要注意以下三点：

第一，电信业务经营者在销售物联网卡时，要加强对单位用户的合同约束，明确物联网卡安全管理责任和合规使用要求，督促单位用户落实实名登记责任。对于存在违约使用、被用于违法犯罪活动等情况的物联网卡，电信业务经营者可按协议条款采取暂停功能、审慎合作等措施。

第二，单位用户在落实实名登记责任过程中，要建立完善企业内部个人信息保护制度，采取技术措施和其他必要措施，加强个人实名信息保护，确保收集的个人信息安全，防止信息泄露、毁损、丢失以及违规使用。对于违反相关法律规定的企业，将依法追究其法律责任。

第三，电信业务经营者在对异常使用的物联网卡进行处置时，应先对物联网卡使用场景进行充分核实，对于确属违规使用且不影响重大公共利益等行业应用的物联网卡再进行处置，避免对社会生产、人身安全等造成重大影响。

【典型案例】

2017 年，周某从闲鱼上获悉并从事物联网卡销售兼职，2019 年 5 月开始全职从事物联网卡销售。周某明知在线销售物联网卡系违规行为，以及销售无需实名的物联网卡可能被他人用于违法犯罪活动，仍然通过添加 QQ 群、微信群的方式在群内进行宣传推广，让有需求的人如刘某、肖某、陈某添加其微信向其销售无需实名的物联网卡，后期以上物联网卡被刘某、肖某、陈某等人均用于上网实施网络诈骗犯罪活动。公诉机关认为，被告人周某在明知他人可能利用其销售的无需实名的物联网卡用于网络犯罪前提下，仍然多次出售给多人，为他人实施网络犯罪活动提供帮助，其行为触犯了刑法第二百八十七条之二第一款的规定，应当以帮助信息网络犯罪活动罪追究其刑事责任。通过湖南省衡阳市蒸湘区人民法院审理认为，被告人违反依照刑法第二百八十七条之二第一款、第六十七条第三款、第四十五条、第四十七条、第五十二条、第五十三条第一款、第六十四条，《最高人民法院、最高人民检察院关于办理非法利用信息网络、帮助信息网络犯罪活动等刑事案件适用法律若干问题的解释》第十二条，刑事诉讼法第十五条之规定，明知他人利用信息网络实施犯罪，为其犯罪提供技术支持，情节严重，其行为已构成帮助信息网络犯罪活动罪。

【相关规定】

刑法第四十五条、第四十七条、第五十二条、第五十三条第一款、第六十四条、第六十七条第三款、第二百八十七条、第二百八十七条之二第一款；刑事诉讼法第十五条；反恐怖主义法第二十一条；《最高人民法院、最高人民检察院关于办理非法利用信息网络、帮助信息网络犯罪活动等刑事案件适用法律若干问题的解释》第十二条；《全国人民代表大会常务委员会关于加强网络信息保护的决定》第六条；《工业和信息化部关于进一步防范和打击通讯信息诈骗工作的实施意见》第四条。

第十三条　电信业务经营者应当规范真实主叫号码传送和电信线路出租，对改号电话进行封堵拦截和溯源核查。

电信业务经营者应当严格规范国际通信业务出入口局主叫号码传送，真实、准确向用户提示来电号码所属国家或者地区，对网内和网间虚假主叫、不规范主叫进行识别、拦截。

【条文主旨】本条是关于改号电话、虚假主叫防治的规定。

【立法宗旨和背景】

（一）起草背景

改号电话、虚假主叫以及主叫号码传送、显示不规范等常常被不法分子所利用，实施电信网络诈骗等各类违法犯罪活动，而用户本身对来电号码的真实性难以有效甄别。2015 年，网络改号电话诈骗成为当时最为常见的诈骗手法之一，诈骗分子利用改号软件，对原有号码进行更改，显示犯罪分子预设的号码实施诈骗，具有极强的隐蔽性。改号电话诈骗类型主要有冒充公检法、银行客服、购物平台客服实施欺诈，让人防不胜防，其中冒充公检法机关的诈骗最为典型，这类电信网络诈骗案以“法院传票、信息泄露、涉及洗钱”为由，使用改号软件伪装成政法机关办公电话，冒充警察、检察官、法官实施诈骗，不仅给受害人带来财产损失，还严重影响了政府公信力。据公安机关统计，2016 年发生的电信网络诈骗案中，使用网络改号电话作案的占比较高。2016 年，工业和信息化部组织信息通信行业对网络改号等开展了专项整治行动，要求电信业务经营者从严加强对语音专线、“400”等重点电信业务规范管理，全面实施语音专线主叫鉴权，加大网内和网间虚假主叫发现与拦截力度，累计关停违规语音专线超过 6.1 万条、“400”号码 76 万个，组织互联网企业下架改号软件和产品超过 2000 余个。专项行动后，涉诈固定电话、“400”号码数量出现断崖式下降，改号电话诈骗得到了根本治理。

近年来，随着国内打击治理电信网络诈骗违法犯罪的力度不断加大，诈骗分子和窝点加速向境外（包括菲律宾、柬埔寨、越南、缅甸等东南亚国家）转移，致使来自境外的诈骗电话数量居高不下，且多数号码在境外已将主叫号码进行了改号，用户极易上当受骗。境外作案已占案件总量的80%以上。为有效应对治理境外来源的诈骗电话，工业和信息化部前期组织基础电信企业采取了一系列措施：一方面，在企业与相关国家电信运营商签订国际漫游合作协议时，要求对方对主叫号码进行真实传送；另一方面，采取技术防范措施，对境外虚假主叫、不规范主叫进行拦截，并利用短信、闪信等方式对境外来话进行了主动提醒，有力的防范了境外诈骗电话。仅2022年第三季度，基础电信企业在国际口有效拦截诈骗电话1亿余次。但随着电信网络技术的不断发展，境外虚假主叫的监测识别难度不断加大，技术对抗日趋激烈，境外来源诈骗电话治理面临着较大的压力，电信业务经营者需要持续提升技术防范能力。从防范治理的实践看，亟须将前期信息通信行业在线路资源管理，虚假主叫、不规范主叫治理，跨境电话整治等方面的经验作法，进一步法律制度化，并赋予电信业务经营者开展封堵拦截和溯源核查等处置权利，将有利于从根本上解决电话号码真实传送和显示这一源头治理的核心问题，有利于更好应对当前面临的新形势和新问题，使得在攻防对抗中取得主动。

（二）审议中各方面的意见

1. 反电信网络诈骗法草案第十一条规定：“电信业务经营者应当规范真实主叫号码传送和电信线路出租，对改号电话进行封堵拦截和溯源核查。电信业务经营者应当严格规范国际通信业务出入口局主叫号码传送，对网内和网间虚假主叫及不规范主叫进行识别、拦截。”

在审议和征求意见的过程中，相关部门和单位提出以下意见：针对第一款内容，有的单位建议在“电信业务经营者”后，增加法律责任主体“互联网服务提供者”；建议将“电信业务经营者”修改为“基础电信业务经营者”。有的地方建议将第一款中的“改号电话”修改为“未经批准的改号电话”。针对第二款内容，有的部门建议增加真实、准确向用户提示来电号码所属国家。有的地方建议在第二款最后增加“及时向公安机关和相关行业主管部门提供虚假及不规范主叫信号范围”，还建议进一步明确第二款中“规范”含义。有的地方建议修改为“电信业务经营者应当规范真实主叫号码传送和电信线路出租，对监测识别到的未经批准的改号电话号码进行封堵，并配合有关部门进行溯源核查。电信业务经营者应当严格规范国际通信业务出入口局主叫号码传送，按照主管部门的要求，有权采取技术措施对网内和网间虚假主叫及不规范主叫进行识别、拦截”。还有的地方考虑到目前电信业务经营者不能完全通过技术手段识别网间虚假主叫号码，建议将第二款修改为“电信业务经营者应当严格规范主叫号码传送，对不规范主叫和虚假主叫进行识别、拦截”。有的部门建议增加地区，主要是防范港澳诈骗来电，对港澳来电作出标示。

2. 反电信网络诈骗法草案二次审议稿第十三条规定：“电信业务经营者应当规范真实主叫号码传送和电信线路出租，对改号电话进行封堵拦截和溯源核查。电信业务经营者应当严格规范国际通信业务出入口局主叫号码传送，真实、准确向用户提示来电号码所属国家或者地区，对网内和网间虚假主叫、不规范主叫进行识别、拦截。”

根据各方面的意见，草案二次审议稿对草案作了以下修改：在第二款增加“真实、准确向用户提示来电号码所属国家或者地区”。

在反电信网络诈骗法草案二次审议阶段，针对草案第十三条，征求相关部门和单位的意见。有的单位建议将第一款的“改号电话”、第二款的“虚假主叫、不规范主叫”修改为“非法改号电话”、“虚假、不规范等非法主叫”。

3. 反电信网络诈骗法草案三次审议稿第十三条规定：“电信业务经营者应当规范真实主叫号码传送和电信线路出租，对改号电话进行封堵拦截和溯源核查。电信业务经营者应当严格规范国际通信业务出入口局主叫号码传送，真实、准确向用户提示来电号码所属国家或者地区，对网内和网间虚假主叫、不规范主叫进行识别、拦截。”

草案三次审议稿内容相比二次审议稿未作修改。

4. 反电信网络诈骗法草案终稿第十三条相比三次审议稿未作修改。

（三）有关国家和地区的规定

美国《通信法》（1992 年修订本）要求语音服务提供商建立验证主叫方呼叫真实性的程序，以采取措施确保准确识别主叫方。之后，美国为治理非法使用虚假来电显示信息以及电话诈骗，于 2010 年颁布实施了《主叫身份真实法》，规定故意利用“改号”服务侵害他人合法权益属于非法，须承担相应法律责任，对违法者每次违法行为最高处以 10000 美元的罚款，或对持续违规者每天的违法行为处以 30000 美元罚款。2019 年 8 月初，美国联邦通信委员会又批准了一项禁止欺诈性短信及国际自动语音电话的新规则，明确允许追踪、监控、惩处身处境外的欺诈性短信及国际自动语音电话背后的操控者，进一步弥补了《主叫身份真实法》的有关漏洞。《美国联邦法典注释》（USCA）第 47 篇第 1002 条（a）（4）也规定，在不引起用户注意的情况下，以对任何用户的电信服务干扰最小的方式加以保护，推进有授权的通信拦截和访问来电识别信息。此外，特朗普时期还签署了《机器人电话滥用犯罪执法威慑法案》（简称 TRACED 法案），电信业务经营者可以在未获得用户同意的情况下自行拦截骚扰电话，同时赋予政府部门更多的执法权力，对于违法机构，监管机构可以对每一宗骚扰电话开出一万美元的罚款。

欧洲议会和理事会 2002 年第 58 号 EC（欧共体）《关于电子通信部门处理个人数据和保护隐私的指令》第 8 条规定，凡提供主叫号码识别显示以及在呼叫建立之前显示该主叫号码的，该业务提供商必须使用简单的手段向被叫用户提供拒绝来话呼叫的可能性，且电信业务经营者需要将这些可能性告知公众。

英国《电信法》规定，未经用户同意，不得单方面向用户进行电话推广，英国用户可以通过电信局登记电话优先服务（TPS）来电意愿，用户可选择不接收未经请求的电话销售，同时，英国的电话网络企业也已经与英国通信管理部门达成协议，如果海外向英国呼入的网络电话试图显示为本土呼出的号码，系统将自动拦截这些电话。

德国 2004 年《电信法》规定，电信服务提供商应当提供呼叫号码显示服务，被呼叫方可以拒听未显示号码的呼叫。德国联邦刑事犯罪调查局联合其他单位成立了专门机构，用技术手段加强涉诈电话的甄别，以对诈骗行为进行前期拦截。

澳大利亚政府于2019年底宣布了一项打击电话诈骗的新计划，将在整个通信行业试行三项措施，包括设立黑名单阻断伪装成权威机构的诈骗电话、识别并屏蔽那些诱骗回拨以收取高昂费用的诈骗电话，以及定位实施诈骗的海外电话。

韩国2019年《电信事业法》详细规定了禁止虚假短信消息、主叫号码显示、禁止虚假呼叫等保证主叫身份真实性的相关要求。

【条文释义】

本条是对改号电话、虚假主叫防治的规定。

本条共分两款。第一款规定了电信业务经营者在规范真实主叫号码传送和电信线路出租、对改号电话进行封堵拦截和溯源核查方面的管理责任。本款规定可以从以下几个方面理解：

第一，电信业务经营者应当规范真实主叫号码传送。确保主叫号码真实传送是防范治理改号电话的工作基础。主叫号码传送是指发送、接收和呈现随呼叫一起发送的主叫号码信息（参考ITU－T E.164）的功能，被叫用户终端设备应能够显示传送的主叫号码［参考ITU－T E.157（06/2021）建议书］。前期，信息通信行业已经制定发布了主叫号码传送的一系列行业标准和管理规定，要求电信业务经营者无论在个人语音业务，还是语音专线、集团客户业务等场景下，务必按照相关行业标准和业务规则，真实、准确地传送主叫号码，加强主叫号码的鉴权，从源头上确保号码信息的准确无误。

第二，电信业务经营者应当规范电信线路出租。本条中电信线路是指语音专线或中继线等网络接入资源，主要用于将用户的语音平台连接至电话网。2016年，最高人民法院、最高人民检察院、公安部、工业和信息化部等六部委联合发布了《关于防范和打击电信网络诈骗犯罪的通告》，明确要求基础电信企业全面实施语音专线规范清理和主叫鉴权，清理规范一号通、商务总机、“400”等电话业务。此外，电信条例、《电信业务经营许可管理办法》也明确规定，不得违规转租所获得的电信服务或者电信资源。因此，相关电信业务经营者应建立健全语音专线和中继线的相关管理制度和技术能力，加强对用户资质审查和合同约束，明确违规使用、转租转售的违约责任。

第三，电信业务经营者应当对改号电话进行封堵拦截和溯源核查。本款中的改号电话是指主叫用户或服务商（SP）利用技术手段将真实的主叫号码改成其他号码，并通过语音专线或中继线接入电信业务经营者电话网的呼叫。电信业务经营者可依据六部委《关于防范和打击电信网络诈骗犯罪的通告》等文件要求，从电话呼出侧对未按规范进行主叫鉴权的呼叫一律拦截，对传送非业务合同约定的主叫号码的语音专线一律关停；并按照行业主管部门的要求，配合对改号电话开展追溯核查，从而为确定呼叫发起方以及责任追究提供相关证据。此外，电信业务经营者应按照13部门《关于推进综合整治骚扰电话专项行动的工作方案》相关要求，留存不少于30日的相关信令数据，以满足改号电话溯源核查的需要。

第二款规定电信业务经营者对境外虚假主叫、不规范主叫的治理责任。包括规范跨境主叫号码传送，做好境外来电的用户提醒，开展虚假主叫、不规范主叫识别和拦截。可以从以下几个方面理解：

第一，电信业务经营者应当严格规范国际通信业务出入口局主叫号码的传送。国际通信业务出入口局是指境内电信业务经营者的通信网络与境外电信业务经营者的通信网络之间的业务转接点，主要用于实现双方业务的互联互通和数据交换。国际主叫方号码传送是指跨境的主叫方号码传送或漫游到境内的境外主叫方号码传送，以便呼叫的接收方可以正确识别主叫方号码。电信业务经营者可参照《网间主叫号码的传送》（YD/T1157－2001）及其补充件等规范性文件对国际来话中国际标识码和主叫号码的格式要求，规范国际来话或国际漫入用户、国际漫出用户、国际局标识码、卫星电话业务等号码的传送。

第二，电信业务经营者应当真实、准确向用户提示来电号码所属国家或者地区。电信网络诈骗是可防性犯罪，事后打击不如事先防范。当用户接到境外来源电话时，通过短信、闪信、手机App等技术手段对用户进行风险提醒，是一种非常有效的预防措施。前期，《工业和信息化部关于进一步做好防范打击通讯信息诈骗相关工作的通知》《工业和信息化部关于进一步防范和打击通讯信息诈骗工作的实施意见》等文件中，已明确提出基础电信企业应对境外来电的移动接听用户进行提醒，提示用户该电话来自境外。本款在前期相关规定的基础上，增加了要真实准确向被叫用户提示来电号码所属国家或者地区。目前，各国电话号码是按照 ITU－T E. 157、ITU－T E. 164 建议书等相关规范，区分国家和地区进行分配；而电话号码是基于国际 E. 157 号码格式进行设置，即每个主叫号码应包括国家代码（CC）、国内目的地代码（NDC）和用户号码（SN）。电信业务经营者可通过来电显示、短信/闪信提醒等方式，落实本条款要求。对于确实无法匹配到准确国家或地区的号码，电信业务经营者应如实向用户提醒号码来源为境外，并说明来源国家/地区未知。第三，电信业务经营者应当对网内网间虚假主叫、不规范主叫识别、拦截。虚假主叫是指利用非法技术手段在呼叫中将主叫号码隐藏或修改为未启用号码等非真实用户号码或伪装成他人号码的呼叫；不规范主叫是指主叫号码违反《网间主叫号码的传送》（YD/T1157－2001）以及补充件等规范要求的呼叫行为。如境外电话进入我国通信网络时，主叫号码前国际长途字冠“00”（部分手机终端将“00”翻译为“＋”）在传输过程中丢失，使用户难以通过主叫号码判断该电话来自境外。网内呼叫是指主叫号码和被叫号码属于同一家电信业务经营者的通话行为，网间呼叫是指主叫号码和被叫号码分别属于不同电信业务运营者的通话行为。ITU－T E. 157（06/2021）建议书明确提出，通信的最终接收者有权拒绝未提供呼叫发起方完整号码或信令的通信。2018 年，工业和信息化部办公厅印发网间不规范主叫号码判定相关细则，规定了固定网、移动网、物联网等典型业务场景中不规范号码判定和处置要求。前期，基础电信企业建成了网内和网间不良呼叫号码监测处置系统，初步具备对境外来源诈骗电话研判处置能力。基础电信企业应进一步运用大数据、人工智能等新技术提升发现处置能力，加大对不规范国际来话、伪造公检法、客服电话等虚假主叫号码、不符合行业标准的违规呼叫和号码的发现、识别和拦截，切实有效对境外来源的诈骗电话进行阻断。

【实践中应注意的问题】

在该条的理解适用中，应当注意以下几方面的问题：

第一，切实保障用户合法权益。电信业务经营者应当畅通投诉渠道，建立投诉处理机制，公布有效、便捷的联系方式，及时受理并处置用户相关投诉。

第二，基础电信企业采用来电提醒、短信/闪信提醒等方式向用户提示来电号码所属国家或者地区，应为用户取消服务提供便捷的渠道。

第三，对于改号电话、虚假主叫的防范治理，基础电信企业应建立网间数据共享机制，完善风控模型，提升跨境治理能力，准确识别境内外虚假主叫、不规范主叫，确保电信网络运行安全和通信数据安全。

【典型案例】

2018年以来，被告人刘某、张某某等39人受境外诈骗团伙招募，分批前往印度尼西亚从事电信网络诈骗活动。该团伙租用巴厘省当地一所别墅作为犯罪窝点，针对中国公民实施诈骗。该团伙层级分明、管理严密、分工明确，通过内部划分“电脑手”“一线”“二线”“三线”等诈骗小组，分工扮演不同角色，凭借环环相扣的“剧情”和成套话术层层引诱实施诈骗。“电脑手”小组负责非法获取中国公民个人信息，选定目标受害人。“一线”小组成员通过网络改号软件，将电话号码设置为被害人当地公安机关电话号码，冒充被害人当地公安机关的警官，谎称被害人的银行卡涉嫌其他地区公安机关正在办理的案件，获取被害人信任后，提出让被害人到所谓“案发地”公安局配合调查等要求，同时将电话转至“二线”小组成员处。“二线”小组成员通过网络改号软件，将电话号码设置为“案发地”司法机关的电话号码，冒充该地公安局警官、检察院检察官，告知被害人涉嫌犯罪，并利用假“通缉令”等文书让被害人进一步陷入骗局中，同时将电话转至“三线”小组成员处。“三线”小组成员继续冒充“案发地”司法机关工作人员，诱使被害人以转账、存现方式将资金转入诈骗团伙谎称的“安全账户”内。经查，该团伙累计诈骗56名被害人，诈骗金额达442万余元。

法院认为，刘某、张某某等39名被告人，以非法占有为目的，利用拨打网络电话等电信技术手段对不特定多数人实施诈骗，数额特别巨大，均已构成诈骗罪，其在境外参加电信网络诈骗犯罪团伙，冒充司法机关工作人员实施诈骗，酌情从重处罚。综合各被告人在犯罪团伙中的地位、作用，以诈骗罪分别判处被告人刘某、张某某等39人十年六个月至四年不等的有期徒刑，并处二十万元至五万元不等的罚金，责令被告人退赔被害人经济损失。

【相关规定】

电信条例第二十九条；《电信业务经营许可管理办法》第二十条、第二十四条；《工业和信息化部关于进一步防范和打击通讯信息诈骗工作的实施意见》第二条、第三条、第四条；《工业和信息化部关于进一步做好防范打击通讯信息诈骗相关工作的通知》二（二）；《最高人民法院、最高人民检察院、公安部、工业和信息化部、中国人民银行、中国银行业监督管理委员会关于防范和打击电信网络诈骗犯罪的通告》第四条；《YD/T1157－2001网间主叫号码的传送》。

第十四条　任何单位和个人不得非法制造、买卖、提供或者使用下列设备、软件：

（一）电话卡批量插入设备；

（二）具有改变主叫号码、虚拟拨号、互联网电话违规接入公用电信网络等功能的设备、软件；

（三）批量账号、网络地址自动切换系统，批量接收提供短信验证、语音验证的平台；

（四）其他用于实施电信网络诈骗等违法犯罪的设备、软件。

电信业务经营者、互联网服务提供者应当采取技术措施，及时识别、阻断前款规定的非法设备、软件接入网络，并向公安机关和相关行业主管部门报告。

【条文主旨】本条是关于打击治理被用于实施电信网络诈骗等违法犯罪的设备、软件的规定。

【立法宗旨和背景】

（一）起草背景

电信网络诈骗是基于电信网、互联网的发展普及而出现的新型犯罪形式，其区别于传统诈骗犯罪的重要特征之一就是犯罪手段的高技术性。由于诈骗目标范围广泛，且诈骗过程非接触式，因此，诈骗团伙往往需要借助各种网络设备和软件来实施诈骗活动。

在上述需求的催生下，大量用于电信网络诈骗的网络“黑灰产”工具层出不穷，并随着信息技术的进步不断升级更新，成为电信网络诈骗犯罪的技术支撑。这些“黑灰产”工具主要可分为两类，一类为硬件设备，如“猫池”设备、GOIP 设备、伪基站等；另一类为互联网软件，如用于窃取他人账号的撞库软件、群发信息软件、用于批量注册互联网账号的接码平台、改号软件、声音模拟器、批量下单工具、秒拨 IP 等。非法设备、软件等“黑灰产”工具，为犯罪分子实施诈骗活动提供了低成本、便捷高效的手段，提升了诈骗活动的精准率和成功率，扩大了电信网络诈骗的影响和危害，极大助长了电信网络诈骗的蔓延态势。

近年来，有关部门已重点关注并着手治理涉诈非法设备、软件。在法律层面，网络安全法中明确“不得提供专门用于从事侵入网络、干扰网络正常功能及防护措施、窃取网络数据等危害网络安全活动的程序、工具”，其更多侧重侵入网络、非法窃取数据等方面。

考虑到前期相关法律法规中，并未对制造、买卖、提供或者使用涉及电信网络诈骗的设备和软件的行为进行认定和禁止，不利于从源头上斩断涉诈网络黑灰产业链条，因此，亟须在本法中进一步明确相关要求，以实现对涉诈非法设备、软件的依法治理、源头治理。

（二）审议中各方面的意见

1. 反电信网络诈骗法草案第十二条规定：“任何单位和个人不得非法制造、销售、提供或者使用可以实现下列功能的设备、软件：（一）移动电话卡批量插入设备；（二）改变主叫号码、虚拟拨号、互联网电话违规接入公用电信网络等功能的软件或者设备；（三）批量账号、网络地址自动切换系统；（四）其他专门或者主要用于实施电信网络诈骗等违法犯罪的设备、软件。电信业务经营者、互联网服务提供者应当采取技术措施，及时识别、阻断前款规定的非法设备、软件接入网络，并向公安机关和相关行业主管部门报告。”

在审议和征求意见过程中，有的委员建议删除第一款第一项“移动电话卡批量插入设备”中的“移动”。有的代表建议进一步明确第一款第二项中软件或设备接入公用电信网络是用于“实现通信骚扰（电话、短信）”。有的委员建议删除第一款第四项中“专门或者主要”的表述，因为本款已经明确规定“任何单位和个人不得非法制造、销售、提供或者使用可以实现下列功能的设备、软件”，是禁止行为，“专门或者主要”不应成为前置条件。有的委员建议第二款中采取技术反制措施的主体增加“电信主管部门”，并将“及时识别、阻断前款规定的非法设备”修改为“即时识别、阻断前款规定的非法设备”，对非法设备软件接入网络，应该第一时间阻断，防止人民群众上当受骗。有的单位建议增加一款规定，“相关主管部门应当制定并完善非法软件硬件的清单，供企业监测、拦截和处置”，或者在第二款“电信业务经营者、互联网服务提供者应当采取技术措施”的规定中增加“在公安机关和相关行业主管部门的指导下”的条件限定。有的单位建议第二款“并向公安机关和相关主管部门报告”增加“及时”的表述，还有的单位建议删除“公安机关”的表述。在社会公开征求意见阶段，有公众提出，建议公安机关建立非法制造、销售、提供或者使用不法设备、软件的公众举报平台。

2. 草案二次审议稿第十四条规定：“任何单位和个人不得非法制造、销售、提供或者使用下列设备、软件：（一）电话卡批量插入设备；（二）具有改变主叫号码、虚拟拨号、互联网电话违规接入公用电信网络等功能的设备、软件；（三）批量账号、网络地址自动切换系统，批量接收提供短信验证、语音验证的平台；（四）其他专门或者主要用于实施电信网络诈骗等违法犯罪的设备、软件。电信业务经营者、互联网服务提供者应当采取技术措施，及时识别、阻断前款规定的非法设备、软件接入网络，并向公安机关和相关行业主管部门报告。”

根据各方面的意见，草案二次审议稿对草案作了以下修改：一是调整本条的表述方式，将第一款中“可以实现下列功能的设备、软件”修改为“下列设备、软件”，将第一款第二项“改变主叫号码、虚拟拨号、互联网电话违规接入公用电信网络等功能的软件或者设备”修改为“具有改变主叫号码、虚拟拨号、互联网电话违规接入公用电信网络等功能的设备、软件。二是删除第一款第一项的“移动”，修改为“电话卡批量插入设备”。三是在第一款第三项中增加“批量接收提供短信验证、语音验证的平台”。

在审议和征求意见过程中，有的委员、部门考虑到一些设备软件有一定正常用途，不宜一概将其归于非法设备之列，建议增加一款规定或在第一款中增设主管部门加强监管方面的规定，加强对制造、销售、提供上述设备、软件的监管，严格市场准入，规范日常运营，确保这些设备用到实处，防止被滥用、违法使用。有的委员建议增加一款规定，“禁止任何单位、个人开发、提供、贩卖相关仿真虚拟实境”，避免电信网络诈骗分子利用“虚拟实境”技术搭建相应场景冒充国家机构工作人员、企业员工等。有的委员建议将第一款中的“销售”修改为“买卖”。有的企业提出，所列设备和软件比较含糊，建议进一步澄清，比如明确市场上现有的双卡双待或多卡通讯设备获得合法许可的不属于“电话卡批量插入设备”，明确行业内常见的隐私保护通话服务不落入“具有改变主叫号码、虚拟拨号的软件”；建议将第二款中“非法设备”的表述修改为“实施电信网络诈骗的设备”。

3. 草案定稿第十四条规定：“任何单位和个人不得非法制造、买卖、提供或者使用下列设备、软件：（一）电话卡批量插入设备；（二）具有改变主叫号码、虚拟拨号、互联网电话违规接入公用电信网络等功能的设备、软件；（三）批量账号、网络地址自动切换系统，批量接收提供短信验证、语音验证的平台；（四）其他用于实施电信网络诈骗等违法犯罪的设备、软件。电信业务经营者、互联网服务提供者应当采取技术措施，及时识别、阻断前款规定的非法设备、软件接入网络，并向公安机关和相关行业主管部门报告。”

根据各方面的意见，草案定稿对二审稿作了以下修改：一是将第一款中“销售”修改为“买卖”；二是删除第一款第四项中“专门或者主要”的表述，修改为“其他用于实施电信网络诈骗等违法犯罪的设备、软件”。

（三）有关国家和地区的规定

网络安全问题已成为全球性问题，为了有效打击网络犯罪、保护信息安全，多个国家制定或修订相关法案，将为网络犯罪提供工具列为犯罪行为。欧洲理事会《关于网络犯罪的公约》第 6 条规定了滥用设备罪，无论是生产、销售、采购还是持有，只要是为非法侵入计算机系统、非法拦截计算机数据、非法干扰计算机数据和系统等犯罪而故意实施的与特定计算机设备

（包括计算机程序）相关的行为，都被认定为独立的犯罪。《美国联邦法典》第18篇第1029条（a）规定了滥用设备罪，行为人如果明知并有意欺诈持有15台或者更多欺骗性或者未授权的存取装置，或者明知并使用、生产、交易、控制或者保管、支配硬件、软件设备且行为人已知该设备被插入或者修改与通讯设备相关的识别信息，以致该通信设备可以被非法授权获取通信服务的，最高可处15年监禁；第1030条（a）（6）还规定了提供密码类设备罪，包括出于欺诈意图向他人提供或者以其他方式处置密码及类似信息，或者为了向他人移交或者以其他方式处置而取得前述密码及类似信息的控制行为。

【条文释义】

本条共分两款。

第一款是对任何单位和个人不得非法制造、买卖、提供、使用设备、软件范围作出规定，包含以下几方面内容：

第一，列举涉诈非法设备、软件的范围。

1. 电话卡批量插入设备是指可以同时管理大规模的电话手机卡的工具，支持远程控制、卡机分离等功能，通过配套的软件可以实现同时接收、发送短信，拨打电话的功能，较为典型如GOIP、“猫池”等设备。犯罪分子利用此类设备，可以群呼诈骗电话、群发诈骗短信，批量注册实施诈骗的互联网账号。

2. 具有改变主叫号码、虚拟拨号、互联网电话违规接入公用电信网络等功能的设备、软件，是指能够随意更改电话号码、虚拟出不存在的电话号码、违规通过互联网电话拨打传统电话的工具。犯罪分子利用改号设备、软件能够伪装成任何号码，极大地增加了诈骗电话的欺骗性；虚拟拨号及互联网电话违规接入公用电信网络的设备、软件极大降低了诈骗电话的成本，更使得主叫的真实号码无法查找，增加了溯源打击的难度。

3. 批量账号、网络地址自动转换系统是指能够快速自动切换账号和IP地址的软件，典型的工具如“秒拨IP”等。此类软件可为诈骗分子提供大量的互联网账号、IP地址资源，在实施诈骗活动中，可不断变换账号或IP地址，有效规避相关风控模型和技术手段，成为诈骗分子躲避追查、封堵的利器。

4. 批量接收提供短信验证、语音验证的平台，即接码平台，是指可批量接收短信或语音验证码服务的网络平台。不法分子利用此类平台能够轻易地、大批量注册各类互联网账号，提供给诈骗活动使用。

5. 其他用于实施电信网络诈骗等违法犯罪的设备、软件，为兜底条款。

第二，明确非法制造、买卖、提供、使用本款所规定的设备、软件均属违法行为。

本款所规定的设备、软件，目前主要被犯罪分子用于实施电信网络诈骗，成为重要的犯罪工具。本款旨在对这类设备进行打击治理，将设备、软件的制造、买卖、提供、使用的全生命周期均纳入了管理范围。本款涉及的违法行为可分为两类：一是非法制造、买卖、提供相关设备、软件，是为电信网络诈骗的实施提供工具和条件；二是使用相关设备、软件参与实施电信网络诈骗的行为。

1. 非法制造、买卖、提供本款所规定的设备、软件的，虽然可能并未直接参与诈骗活动，但与最终诈骗结果的产生有着密不可分的关系。相关法律、法规针对此类预备、帮助犯罪的行为已有相应的规定可供参照：刑法第二十七条规定了“任何个人和组织不得提供专门用于从事侵入网络、干扰网络正常功能及防护措施、窃取网络数据等危害网络安全活动的程序、工具”。2016 年 12 月，《最高人民法院、最高人民检察院、公安部关于办理电信网络诈骗等刑事案件适用法律若干问题的意见》中，将明知他人实施电信网络诈骗犯罪，提供技术支持和工具的行为列为共同犯罪，如提供“伪基站”设备或相关服务的；提供改号软件、通话线路等技术服务时，发现主叫号码被修改为国内党政机关、司法机关、公共服务部门号码，或者境外用户改为境内号码，仍提供服务等。参照上述法律法规，本款明确对非法制造、买卖、提供电信网络诈骗相关“黑灰产”工具的行为作出了禁止规定。

2. 非法使用本款所规定的设备、软件的行为，干扰了正常的网络秩序，参与实施了电信网络诈骗等犯罪活动，对网络安全造成直接威胁。针对用户网络行为的合法性要求，网络安全法第四十六条规定“任何个人和组织应当对其使用网络的行为负责，不得设立用于实施诈骗，传授犯罪方法，制作或者销售违禁物品、管制物品等违法犯罪活动的网站、通讯群组，不得利用网络发布涉及实施诈骗，制作或者销售违禁物品、管制物品以及其他违法犯罪活动的信息”。参照现行的相关法律法规，本款明确任何单位和个人不得使用相关设备。

第二款是规定电信业务经营者、互联网服务提供者在防范治理涉诈非法设备、软件方面的义务。

本条第一款规定的设备、软件既涉及电信业务经营者提供的业务，也涉及互联网服务经营者提供的业务，因此对电信业务经营者和互联网服务提供者两类特定主体在防范治理涉诈非法设备、软件方面的义务作出了规定，包括以下两方面：

1. 监测识别义务，即在本条款所规定的相关设备、软件接入网络、使用业务时，电信业务经营者、互联网服务提供者应采取技术措施，及时发现并识别这类设备、软件。针对电信业务经营者、互联网服务提供者在监测义务方面的规定，在很多法律、法规中均有涉及，如网络安全法第二十一条规定了网络运营者应对网络运行状态、网络安全事件进行监测、记录；2017年工业和信息化部发布的《公共互联网网络安全威胁监测与处置办法》第五条要求相关单位应当加强网络安全威胁监测与处置工作，不断提高网络安全威胁监测与处置的及时性、准确性和有效性；同样在2017年发布的《电信业务经营许可管理办法》第二十六条也规定了电信业务经营者在违法信息监测处置、网络安全监测预警、突发事件应急处置等方面的义务。本条规定针对电信业务经营者、互联网服务提供者在涉诈非法设备、软件监测方面的义务作了进一步的明确，督促上述两类责任主体建立健全相关监测机制，建设完善相关风险识别技术能力，创新运用各类新技术和新手段，主动查找和发现接入本企业网络、使用本企业业务的非法设备、软件。

2. 发现后的处置和报告义务，即发现本条所规定的相关设备、软件接入网络后，应当及时采取关停号卡、暂停服务、封堵拦截等技术措施，阻断涉诈非法设备、软件的相关业务。电信业务经营者、互联网服务提供者对涉诈非法设备、软件予以及时处置，能够快速切断其犯罪过程，防止危害的进一步扩大。现有的相关法律、法规也对网络服务提供者在网络违法犯罪的处置方面作出了规定：网络安全法第四十八条规定电子信息发送服务提供者和应用软件下载服务提供者发现用户发送的电子信息、提供的应用软件含有恶意程序或法律、行政法规禁止发布或者传输的信息时，应当停止提供服务，采取消除等处置措施，保存有关记录，并向有关主管部门报告；电信条例第六十一条要求电信业务经营者在发现其网络中传输的信息存在违法犯罪情况时，应立即停止传输，保存有关记录，并向国家有关机关报告。可见，针对各类网络犯罪，电信业务经营者、互联网服务提供者负有阻断、消除、记录、报告等义务，是网络犯罪打击的重要举措。此外，对于发现和处置的设备、软件，企业应第一时间向公安机关、电信主管部门等负责反诈的部门进行报告。

【实践中应注意的问题】

实践中应当注意以下问题：一是本条第一款一项“电话卡批量插入设备”是指大规模管理电话手机卡的设备，市场上现有的双卡双待手机不属于此类设备。二是本条对于制造、买卖、提供、使用行为的犯罪认定是基于相关设备、软件的“非法”用途。针对特定场景、合法用途的设备，如提供合法服务的云中继等中间号业务软件等，应由有关部门建立相关工作机制，对特定设备、软件进行认定和报备后，可合法合规正常使用。

【典型案例】

2020年，没有固定职业的刘某偶然在QQ群里看到有卖虚拟手机卡的信息，便干起了买卖手机卡的生意。在此过程中，刘某认识了一位叫“老黑”（在逃）的买家，“老黑”问他想不想多挣点钱，得到肯定回复后，“老黑”给刘某寄来了猫池、网关、逆变器、电池等设备，要求其将买来的实名制注册手机卡插到这些设备上。刘某将上述设备放置于自己的私家车中，开车在邹平、章丘等地为境外违法犯罪团伙提供拨打电话业务。“老黑”每天给刘某1000元佣金。据悉，境外犯罪团伙通过刘某提供的电话号码，对岑某等21名被害人实施诈骗，诈骗金额共计91万余元。

邹平市检察院审查此案后，以帮助信息网络犯罪活动罪对刘某提起公诉，并提起刑事附带民事公益诉讼，请求法院判令刘某于判决生效之日起十日内在国家级媒体上向社会公众发布赔礼道歉声明，并按照其非法获利金额赔偿4万元。经法院对刘某涉嫌帮助信息网络犯罪活动罪一案开庭审理，刘某当庭认罪悔罪，并对刑事附带民事公益诉讼请求无异议。

【相关规定】

刑法第二十七条；网络安全法第四十六条；《关于办理电信网络诈骗等刑事案件适用法律若干问题的意见》四（三）；《最高人民法院、最高人民检察院、公安部关于办理电信网络诈骗等刑事案件适用法律若干问题的意见（二）》第一条第六款、第二条；电信条例第五十三条至第五十五条、第五十八条、第七十五条。

第三章　金融治理

第十五条　银行业金融机构、非银行支付机构为客户开立银行账户、支付账户及提供支付结算服务，和与客户业务关系存续期间，应当建立客户尽职调查制度，依法识别受益所有人，采取相应风险管理措施，防范银行账户、支付账户等被用于电信网络诈骗活动。

【条文主旨】本条是关于反电信网络诈骗金融业务客户尽职调查方面的规定。

【立法宗旨和背景】

（一）起草背景

2006 年我国颁布反洗钱法，首次明确金融机构在与客户建立业务关系和提供相关服务时，应当履行客户身份识别义务，了解客户身份，防范洗钱活动。客户尽职调查、可疑交易报告、客户身份资料和交易信息保存是反洗钱国际标准和各国反洗钱立法确认的洗钱预防措施的三项基本制度。其中客户尽职调查制度处于基础地位。反电信网络诈骗法结合客户尽职调查在打击治理电信网络诈骗中的重要性，在“金融治理”这一章的第一条重申并强调客户尽职调查义务。这既是对反洗钱法中将客户尽职调查作为反洗钱核心基础工作的呼应，也体现了客户尽职调查在金融行业打击治理电信网络诈骗中所发挥的举足轻重的作用。

从公安机关通报和金融领域主动发现的涉电信网络诈骗的情况来看，客户尽职调查是银行业金融机构、非银行支付机构发现电信网络诈骗非法资金转移的首要手段。在开户环节，客户尽职调查能够帮助银行业金融机构、非银行支付机构识别出不法分子假名、匿名开户情况，识别出不法分子非自身正常经济金融活动需要的开户情况，有效堵截开户后出售、出租、出借账户用于转移电信网络诈骗犯罪资金的行为。在提供支付结算服务和与客户业务关系存续期间，客户尽职调查能够帮助银行业金融机构、非银行支付机构识别出超出客户正常经济金融活动所需的涉诈可疑交易，为进一步采取拦截涉诈资金措施提供前提条件。通过客户尽职调查而形成的客户画像，能够为银行业金融机构、非银行支付机构识别、监测、跟踪、分析、判断涉诈可疑交易提供必要参考，保障监测分析过程的合理性，提高风险排查结果的准确性。在实践中，一些单位和个人不完全理解银行业金融机构和非银行支付机构采取的客户尽职调查措施。一些银行业金融机构和非银行支付机构为了降低合规成本或者减少客户投诉，不认真履行客户尽职调查义务，给不法分子转移电信网络诈骗资金提供了可乘之机。为此，反电信网络诈骗法在反洗钱法基础上，在第八条就相关单位和个人配合开展客户尽职调查工作提出了要求，规定“单位、个人应当协助、配合有关部门依照本法规定开展反电信网络诈骗工作”，并在“金融治理”章节开篇第一条重申并强调银行业金融机构和非银行支付机构应当履行客户尽职调查义务。

此外，反电信网络诈骗法吸收借鉴了反洗钱法出台之后相关制度规定以及实践中行之有效的方法，从法律层面赋予银行业金融机构和非银行支付机构针对不同风险等级的客户采取相应风险管理措施的权利以及相应的法律义务。这是反电信网络诈骗法对反洗钱法的不断完善。

（二）审议中各方面的意见

1. 反电信网络诈骗法草案第十三条规定：“银行业金融机构、非银行支付机构为客户开立银行账户、支付账户，应当建立客户尽职调查制度，识别并核实客户身份，了解开户目的和风险状况，采取相应风险管理措施，防止银行账户、支付账户被用于电信网络诈骗活动。”“与客户业务关系存续期间，银行业金融机构、非银行支付机构应当持续关注并审查客户状况及交易情况，了解客户利用账户洗钱的风险，根据风险状况及时采取相应的尽职调查和风险管理措施，依法识别受益所有人。”

在起草阶段、审议和征求意见过程中，有的单位建议前瞻考虑“数字钱包”等新型资金转移渠道问题，或将金融治理范围从“银行账户和支付账户”拓展到“银行账户、支付账户、钱包等支付工具及提供支付服务”，全链条治理“资金链”；有的单位提出将“防止”改为“防范”；有的单位建议进一步明确尽职调查制度应遵循的具体审查原则，合理界定银行责任范围；有的单位建议，在第一款中增加规定，单位和个人应配合银行业金融机构开展尽职调查的义务，并对提供信息的真实性、准确性负责，明确在单位和个人不配合尽职调查的情况下，银行业金融机构有权拒绝提供开户服务或开立限制类账户。

2. 草案二次审议稿第十五条规定："银行业金融机构、非银行支付机构为客户开立银行账户、支付账户等支付工具及提供支付服务，和与客户业务关系存续期间，应当建立客户尽职调查制度，依法识别受益所有人，采取相应风险管理措施，防范银行账户、支付账户等被用于电信网络诈骗活动。"

根据各方面的意见，草案二次审议稿对草案作了以下修改：一是删除"识别并核实客户身份，了解开户目的和风险状况""与客户业务关系存续期间，银行业金融机构、非银行支付机构应当持续关注并审查客户状况及交易情况，了解客户利用账户洗钱的风险，根据风险状况及时采取相应的尽职调查和风险管理措施"。二是在银行账户、支付账户后增加"等支付工具及提供支付服务，和与客户业务关需存续期间"。由此，本条由两款合并为一款，关于任何单位和个人配合开展尽职调查的意见，在第一章"总则"中予以采纳。

在审议、征求意见、通过前评估过程中，有的单位建议在"与客户业务关系存续期间"前增加"数字钱包及提供支付结算服务"；有的委员建议增加规定"金融机构应当及时针对电信网络诈骗案件的新型诈骗模式和特点定期向客户发送短信提醒服务"；有的委员建议增加规定"银行开户的时候应该通过公安系统核对用户的身份信息"。

3. 草案三次审议稿第十五条规定："银行业金融机构、非银行支付机构为客户开立银行账户、支付账户等支付工具及提供支付结算服务，和与客户业务关系存续期间，应当建立客户尽职调查制度，依法识别受益所有人，采取相应风险管理措施，防范银行账户、支付账户等被用于电信网络诈骗活动。"

根据各方面的意见，草案三次审议稿对草案二次审议稿的修改体现在将

"支付服务"修改为"支付结算服务"，通过公安系统核对等意见在其他章节中统筹体现。

（三）有关国家和地区的规定

目前，一些国际组织与国家关于客户尽职调查以及受益所有人识别，都有相近的要求。在国际组织方面，金融行动特别工作组（FATF）《打击洗钱、恐怖融资与扩散融资的国际标准：FATF 建议》规定，金融机构不应设立匿名账户或明显以假名开立的账户；金融机构在与客户建立业务关系、进行超过规定金额的一次性交易、客户涉嫌洗钱或恐怖融资，或者怀疑先前所获客户身份资料的真实性或完整性等情形下，应根据风险状况采取相应的客户尽职调查措施，识别和核实客户及受益所有人身份，获取其他相关信息。巴塞尔银行监管委员会在《有效银行监管的核心原则》指出，银行应该有足够政策、做法和程序，以"了解你的客户"。美国《银行保密法》《洗钱控制法》《阿农齐奥怀利反洗钱法》《爱国者法案》，都将客户尽职调查制度放于核心位置。英国《反洗钱条例》等也对客户尽职调查进行了重点规定，要求金融机构需识别客户及受益所有人并核实其身份，理解客户与金融机构建立关系的目的及预期的性质，描绘客户与金融机构间业务关系的风险。

【条文释义】

本条共一款，主要包括客户尽职调查、依法识别受益所有人、采取相应风险管理措施等内容。具体可以从以下三方面来理解：

第一，关于客户尽职调查。

客户尽职调查，是指银行业金融机构和非银行支付机构在与客户建立业务关系或与其进行交易时，采取有效措施确认客户身份的过程，覆盖从业务关系建立到业务关系存续的整个期间，包括核对客户及其受益所有人身份，以及了解客户的职业情况、经营背景、交易目的、交易性质及资金来源等。现行法律法规对客户尽职调查已有明确要求，如 2007 年出台的《金融机构客户身份识别和客户身份资料及交易记录保存管理办法》。

在开立账户时，银行业金融机构和非银行支付机构应当有序开展客户尽职调查，通过来源可靠、独立的证明材料、数据或者信息核实客户身份，了解客户开户用途，判断客户是否出于自身正常生产生活需要开户，识别出为了买卖账户或者租借账户给他人用于转移电信网络诈骗资金而开户的行为，建立电信网络诈骗防范的第一道关卡。其中，对于初步研判涉诈风险较高的情形，应进一步了解客户的资金来源和用途，并根据风险状况采取强化的尽职调查措施；对于客户为法人或者非法人组织的，还应识别并采取合理措施核实客户的受益所有人。在具体实践中，银行业金融机构、非银行支付机构尽职调查方式有多种，如通过公安、市场监督管理等部门或者其他政府公开渠道获取的信息，通过外国政府机构、国际组织等官方认证的信息，回访客户，实地查访，以及客户补充提供的社保缴纳证明等信息。

在为客户提供网上银行、手机银行、ATM、数字人民币等支付结算服务的过程中，银行业金融机构和非银行支付机构如果发现客户的行为或交易与其身份不匹配，存在疑似转移电信网络诈骗资金的行为的，应采取与客户风险等级相匹配的强化尽职调查措施，以确认为客户提供的各类服务和交易符合对客户身份背景、业务需求、风险状况以及对其资金来源和用途等方面的认识。

反之，银行业金融机构和非银行支付机构如果确认客户的行为或交易与其身份匹配，且交易风险降低，则可以在法规允许的范围内简化尽职调查。对已采取简化尽职调查措施的客户、业务关系或者交易，银行业金融机构、非银行支付机构应当定期审查其风险状况，根据风险高低动态调整所提供的支付结算服务。

第二，关于依法识别受益所有人。

按照FATF《打击洗钱、恐怖融资与扩散融资的国际标准：FATF建议》的解释，受益所有人指最终拥有或控制客户的自然人，以及某项交易的被代理人（自然人），还包括那些对法人或法律安排享有最终控制权、收益权的人。

《金融机构客户尽职调查和客户身份资料及交易记录保存管理办法》明确要求，银行业金融机构、非银行支付机构在开展客户尽职调查时，对于客户为法人或非法人组织的，应当识别并核实客户身份，了解客户业务性质、所有权和控制权结构，识别并采取合理措施核实客户的受益所有人，即通过以下方式最终拥有或者实际控制法人或非法人组织的一个或多个自然人：直接或间接拥有法人或者非法人组织25%（含）以上股权或合伙权益的自然人；单独或者联合对法人或者非法人组织进行实际控制的自然人；直接或者间接享有法人或者非法人组织25%（含）以上收益权的自然人。银行业金融机构、非银行支付机构综合使用上述三种方式识别并核实客户的受益所有人，当使用上述方式均无法识别受益所有人时，识别法人或者非法人组织的高级管理人员。当然在有效管理洗钱和恐怖融资风险的情况下，对于难以中断的正常交易，银行业金融机构、非银行支付机构可以在建立业务关系后尽快完成客户及其受益所有人的身份核实工作。未完成客户及其受益所有人身份核实工作前为客户办理业务的，银行业金融机构、非银行支付机构应当采取适当的风险管理措施。

第三，关于采取相应风险管理措施。

银行业金融机构和非银行支付机构在客户尽职调查中，对识别的异常账户和可疑交易及时采取风险管理措施，有利于及时堵截涉诈资金。《中国人民银行关于加强支付结算管理防范电信网络新型违法犯罪有关事项的通知》等明确银行业金融机构和非银行支付机构对于异常开户和可疑交易可以采取加强审核、暂停非柜面业务、关联排查其他账户等措施。《金融机构客户尽职调查和客户身份资料及交易记录保存管理办法》也明确银行业金融机构和非银行支付机构对客户有关行为或者交易出现异常的，采取对客户的交易方式、交易规模、交易频率等实施合理限制，如客户风险超出金融机构的风险管理能力的，可以拒绝交易或者终止已经建立的业务关系。反电信网络诈骗法基于实践中好的经验做法，吸收了上述政策制度的相关精神，在本条提出明确要求银行业金融机构和非银行支付机构“采取相应风险管理措施”。

在具体实践中，银行业金融机构、非银行支付机构如发现客户开立账户或办理支付结算存在涉诈风险情形的，通常采取与风险状况相匹配的一种或多种措施。一方面，强化客户尽职调查要求，进一步核实客户开户目的、资金来源和用途等，实地查访了解客户的经济状况或经营状况加强对客户及其交易的监测分析，提高对客户及其受益所有人信息审查和更新的频率，提高客户业务办理的审核层级等。另一方面，对银行账户和支付账户采取分类分级管理，针对不同客户及其风险特征设定账户功能，审慎与客户约定非柜面交易限额，充分利用分级机制设立涉诈资金防护网，使账户功能与客户正常资金结算需求相匹配，既能满足单位和个人的正常经济金融活动需要，又能有效防范不法分子利用账户大额和频繁转移电信网络诈骗资金。对于其中涉电信网络诈骗的高风险异常开户和可疑交易，银行业金融机构、非银行支付机构应当依法将有关线索移送公安机关。

【实践中应注意的问题】

在该条的理解适用中，应当注意以下两方面的问题：

（一）把握好风险防控与优化服务的平衡

支付服务连通千家万户，与人民群众生产生活息息相关。党中央、国务院多次强调要扎实做好“六稳”“六保”工作，优化和落实助企纾困、就业支持等政策。因此，既要确保多层次的现代化支付体系有力支持国内国际经济双循环，又要防控金融系统被不法分子用于转移电信网络诈骗资金，对金融行业平衡好支付便利化服务和风险防控提出了更高要求。在打击治理电信网络诈骗过程中，金融行业需要按照便利度不减、风险防控力度不减，优化服务要加强、风险管理要加强的“两个不减，两个加强”原则，在防控风险的同时，满足人民群众的正常支付结算需求。

反电信网络诈骗法明确要求反电信网络诈骗工作坚持以人民为中心，统筹发展和安全，坚持精准防控，保障正常生产经营活动和群众生活便利。因此，银行业金融机构和非银行支付机构在反诈过程中要始终坚持“风险为本”原则，尽可能减少风险防控对正常经济金融活动的干扰，尤其是针对金融服务需求简单的小微企业和流动就业群体，充分使用简化客户身份识别、简易开户等服务，把握好风险防控和金融服务的关系，坚决不能简单采取“一刀切”的大面积、大范围风险防控措施。《金融机构客户尽职调查和客户身份资料及交易记录保存管理办法》第七条也明确规定“金融机构应当根据风险状况差异化确定客户尽职调查措施的程度和具体方式，不应采取与风险状况明显不符的尽职调查措施，把握好防范风险与优化服务的平衡”。

与此同时，打击治理电信网络诈骗事关人民群众的切身利益和财产安全。单位和个人在办理账户开立等支付结算业务过程中，应当主动配合开展客户尽职调查，不仅有利于全社会形成反诈合力，也能让不愿意、不配合、有意规避客户尽职调查的诈骗分子在金融领域无处遁形。

（二）充分理解客户尽职调查与“减证便民”的关系

党中央、国务院高度重视政府部门办事过程的“减证便民”工作。银行业金融机构和非银行支付机构虽然不是政府部门，但也应当比照落实“减证便民”的有关要求。

反洗钱法、反电信网络诈骗法对银行业金融机构和非银行支付机构履行客户尽职调查义务提出了法律要求。当前履行客户身份识别最重要的渠道之一是由单位和个人向银行业金融机构和非银行支付机构提供能够证明身份、资金来源和用途的证明文件，常见公司营业执照、个人有效身份证件，以及公司章程、水电煤气使用情况、社保缴纳情况、手机号码入网证明、工作证明等。但过于烦琐的证明文件可能对单位和个人带来不便。因此，银行业金融机构、非银行支付机构在客户尽职调查时应遵循“最小、必要”原则，规范和约束自身信息采集行为，不应强制或“一刀切”要求客户提供辅助身份证明材料。要充分利用数据共享机制，通过优化办理程序、精简办事材料，让“数据多跑路、群众少提交材料”。对于资金转账额度小、风险较低的客户，要用足用好简化客户尽职调查和简易开户措施，减轻客户不必要的负担。人民银行分支机构、银保监会派出机构也应当积极推动银行业金融机构、非银行支付机构在安全合理的前提下实现数据核验，为金融行业识别客户身份提供便利渠道。

【典型案例】

2021年8月11日，一名男子来到沈阳某银行网点柜台，要求办理一张Ⅰ类银行卡。银行工作人员按照尽职调查要求规定，对办理Ⅰ类银行卡客户的开卡用途进行常规询问。该男子自称为某家物流公司的员工，平时开大货车跑运输，此次办理银行卡的用途是为了获得加油优惠，并随即出示了一张该单位出具的“证明”，但银行工作人员在核实过程中发现该证明文件虚假。据此，银行工作人员建议为其办理Ⅱ类银行卡。得知不能办理转账、交易额度高的Ⅰ类银行卡，男子立即与工作人员发生争执，甚至对工作人员恐吓、威胁。银行工作人员认为男子行为可疑后报警。该男子在民警到场调解时当面摔坏自己的手机。由于该男子行为激烈，引起了民警的怀疑，遂被带回派出所调查。

民警核查发现，该男子名下多张银行卡均涉及电信网络诈骗案件，且其故意摔坏的手机，正是从事非法“跑分”活动的作案手机。在证据面前，该男子最终承认了自己的犯罪事实，并交代了另一名同伙。

【相关规定】

反洗钱法第十六条、第十七条、第十八条、第十九条；《金融机构客户身份识别和客户身份资料及交易记录保存管理办法》第七条、第十条、第十七条、第十八条、第十九条、第二十条、第二十二条、第二十三条；《人民币银行结算账户管理办法》第十七条、第十八条、第十九条、第二十条、第二十一条、第二十二条、第二十四条、第二十八条；《支付机构反洗钱和反恐怖融资管理办法》第二章；《中国人民银行关于进一步做好受益所有人身份识别工作有关问题的通知》第一条、第二条、第三条、第四条、第五条、第六条；《银行卡收单业务管理办法》第七条、第八条、第九条、第十九条、第二十条、第二十一条、第二十九条、第三十四条；《条码支付业务规范（试行)》第二十二条、第二十三条、第二十四条、第二十八条、第三十六条、第三十七条、第三十八条、第四十三条；《非银行支付机构网络支付业务管理办法》第六条；《中国人民银行关于加强支付结算管理防范电信网络新型违法犯罪有关事项的通知》第一条、第二条、第三条、第四条、第五条；《中国人民银行关于进一步加强支付结算管理防范电信网络新型违法犯罪有关事项的通知》第一条、第二条、第三条、第四条；《中国人民银行关于规范代收业务的通知》第三条。

第十六条　开立银行账户、支付账户不得超出国家有关规定限制的数量。

对经识别存在异常开户情形的，银行业金融机构、非银行支付机构有权

加强核查或者拒绝开户。

中国人民银行、国务院银行业监督管理机构组织有关清算机构建立跨机构开户数量核验机制和风险信息共享机制，并为客户提供查询名下银行账户、支付账户的便捷渠道。银行业金融机构、非银行支付机构应当按照国家有关规定提供开户情况和有关风险信息。相关信息不得用于反电信网络诈骗以外的其他用途。

【条文主旨】本条是关于开户数量和开户风险管理的具体规定。

【立法宗旨和背景】

（一）起草背景

银行账户和支付账户作为我国支付结算体系的重要组成部分，是单位及个人获取金融服务的基础。近年来，人民银行、银保监会等金融管理部门积极落实“放管服”改革要求，推动账户服务利企便民，指导各家银行业金融机构、非银行支付机构稳步推进账户分类分级管理和简易开户服务，账户普及率、开户便利度不断提升，人民群众对账户服务的满意度和获得感明显提升。目前，我国个人银行账户拥有率95%以上，基本实现了“家家有银行账户，人人享支付服务”。

与此同时，一些不法分子利用便捷的账户服务，自行或雇用他人大量开立银行账户和支付账户，或非法高价租借、收购其他个人和单位的闲置账户，用以转移电信网络诈骗资金，形成了一条买卖银行账户和支付账户的黑色产业链。最高人民检察院发布的《检察机关打击治理电信网络诈骗及关联犯罪典型案例》中，“施某凌等18人妨害信用卡管理案”涉案银行卡套件多达5万余套。2020年，国务院打击治理电信网络新型违法犯罪工作部际联席会议决定开展“断卡”行动，由公安部会同最高法、最高检、工业和信息化部、人民银行等，在全国范围内打击、整治、治理、惩戒开办贩卖银行卡（含银行账户和支付账户）、电话卡违法犯罪团伙，摧毁收贩卡网络，切断“两卡”输送通道。

从公安机关打击治理实践看，银行账户和支付账户开立环节的风险防控是金融行业电信网络诈骗“资金链”治理工作链条中的重要一环。针对上述情形，一方面，人民银行、银保监会先后出台系列制度，规范开户业务管理，建立账户分类分级管理体系，限制单位和个人超出实际需求、非正常大量开户的情形。既兼顾了支付的安全性和便捷性，优化单位和个人对账户的有效管理，又构筑起了金融业反诈安全防线。另一方面，银行业金融机构和非银行支付机构在办理开户业务过程中，严格履行客户尽职调查义务，了解客户开户用途等要素，识别账户非正常使用的风险。反电信网络诈骗法赋予了银行业金融机构和非银行支付机构对异常开户行为加强核实或拒绝开户的权利，为阻截异常开户行为提供法律支撑。

（二）审议中各方面的意见

1. 反电信网络诈骗法草案第十四条规定："开立银行账户、支付账户一般不得超出国家有关规定限制的数量。对经识别存在异常开户情形的，银行业金融机构、非银行支付机构有权延长办理期限或者拒绝开户。""中国人民银行、国务院银行业监督管理机构会同有关部门建立跨机构开户核验机制和风险共享机制。"

在起草阶段、审议、征求意见过程中，有的部门提出要完善金融账户有关基础管理制度，对办理金融账户的数量和异常办卡、开户情形进行限制，防范开立企业账户风险；有的部门建议增加"钱包"的数量限制；有的建议增加"国家金融主管部门组织建立银行账户开户情况信息共享机制和管理平台，并为用户提供查询名下银行账户的便捷渠道"的要求；有的部门及企业建议增加银行、非银行支付机构接入跨机构开户核验机制、风险共享平台，履行个人信息报送、核验等义务的法律依据。

2. 草案二次审议稿第十六条规定："开立银行账户、支付账户不得超出国家有关规定限制的数量。""对经识别存在异常开户情形的，银行业金融机构、非银行支付机构有权加强核查或者拒绝开户。""中国人民银行、国务院银行业监督管理机构组织有关清算机构建立跨机构开户数量核验机制和风险信息共享机制，并为客户提供查询名下银行账户、支付账户的便捷渠道。银行业金融机构、非银行支付机构应当按照国家有关规定提供开户情况和有关风险信息。相关信息不得用于风险防控以外的其他用途。"

根据各方面的意见，草案二次审议稿对草案作出如下修改：一是删去“一般”；二是将第一款调整为两款；三是将“延长办理期限”修改为“加强核查”；四是增加查询便利的规定；五是修改为“组织有关清算机构建立”；六是进一步明确为开户“数量”情况的核验；七是增加银行业金融机构和非银行支付机构应当按照国家有关规定提供信息的规定，并明确仅用于风险防控。

3. 草案三次审议稿第十六条规定：“开立银行账户、支付账户不得超出国家有关规定限制的数量。”“对经识别存在异常开户情形的，银行业金融机构、非银行支付机构有权加强核查或者拒绝开户。”“中国人民银行、国务院银行业监督管理机构组织有关清算机构建立跨机构开户数量核验机制和风险信息共享机制，并为客户提供查询名下银行账户、支付账户的便捷渠道。银行业金融机构、非银行支付机构应当按照国家有关规定提供开户情况和有关风险信息。相关信息不得用于反电信网络诈骗以外的其他用途。”根据各方面的意见，草案三次审议稿对草案二次审议稿作出如下修改：将“不得用于风险防控以外的其他用途”修改为“不得用于反电信网络诈骗以外的其他用途”。

（三）有关国家和地区的规定

美国依据《银行保密法》《爱国者法案》等对银行账户和支付账户使用人执行严格的客户身份识别，如果填写的信息不通过不予开户。德国《反洗钱法》规定个人在银行开户时，要实名登记并接受严格的身份检验。能否顺利开户取决于德国信用保障机构 SCHUFA 的信用数据。印度国家支付公司开发统一支付接口 UPI，为个人客户提供查询和绑定本人名下银行账户服务。

【条文释义】

本条共分为三款。

第一款是关于银行账户和支付账户开立数量受到一定限制的规定。具体可从以下三个方面理解：

第一，国家有关规定已对开立银行账户、支付账户的数量作出限制。针对公安机关通报的部分个人大量开立银行账户和支付账户用于转移电信网络诈骗资金的行为，人民银行、银保监会出台相关规定，明确开户数量要求。《中国人民银行关于加强支付结算管理防范电信网络新型违法犯罪有关事项的通知》规定同一个人在同一家银行只能开立一个Ⅰ类户，在同一家支付机构只能开立一个Ⅲ类账户。《中国人民银行关于改进个人银行账户分类管理有关事项的通知》规定同一银行法人为同一个人开立Ⅱ类户、Ⅲ类户的数量原则上分别不得超过5个。《中国银监会关于银行业打击治理电信网络新型违法犯罪有关工作事项的通知》规定同一客户在同一商业银行开立借记卡原则上不得超过4张。

第二，金融管理部门对开户数量作出的限制，充分考虑个人正常经济往来的需求，避免“一刀切”执行。对于个人因生产生活需要确需开立账户的，银行业金融机构和非银行支付机构履行尽职调查后应予以满足，但需要个人配合银行业金融机构和非银行支付机构说明开户用途。同时，个人也应重视名下账户管理，定期梳理和评估账户持有情况，及时清理不需要使用的“僵尸账户”“睡眠账户”，保障自身资金安全。

第三，随着人民群众金融活动的日益丰富，以及打击治理电信网络诈骗犯罪的形势发展需要，开户数量的规定将根据实际需要不断丰富和完善，统筹平衡好银行账户风险防控和优化服务。

第二款是关于异常开户情形处置的规定。具体可以从以下三个方面来理解：

第一，银行业金融机构、非银行支付机构有权对异常开户情形加强核查或者拒绝开户。在开户时履行客户尽职调查义务、对异常开户情形加强核查或拒绝开户，是银行业金融机构和非银行支付机构防范银行账户和支付账户被用于转移电信网络诈骗资金的一道重要防线。

在打击治理电信网络诈骗犯罪的实践中，金融机构通过履行客户尽职调查义务，发现了大量可疑的开户情形，堵截了大量不法分子以买卖账户为目的的开户行为，并协助公安机关抓获贩卖银行账户和支付账户的“卡头”“卡贩”，成功避免了人民群众财产损失。为此，本款强调银行业金融机构和非银行支付机构在开户环节要认真核查，对发现异常的，有权加强核查或者拒绝开户。《金融机构客户尽职调查和客户身份资料及交易记录保存管理办法》也明确“针对具有不同洗钱或者恐怖融资风险特征的客户、业务关系或者交易，采取相应的尽职调查措施”“针对洗钱或者恐怖融资风险较高的情形，金融机构应当采取相应的强化尽职调查措施，必要时应当拒绝建立业务关系或者办理业务，或者终止已经建立的业务关系”。

第二，银行业金融机构、非银行支付机构应结合打击治理实践综合识别异常开户风险。在实际操作中，银行业金融机构和非银行支付机构根据公安机关通报的涉案账户返溯异常开户情形，常见的异常开户情形主要包括以下几种：不配合客户身份识别、有组织同时或分批开户、开户理由不合理、开立业务与客户身份不相符、有明显理由怀疑客户开立账户存在开卡倒卖或从事违法犯罪活动等。出现上述异常开户情形后，银行业金融机构和非银行支付机构将综合考虑客户特征、开户用途、资金来源以及公安机关提供的有关线索等，决定是否加强核查或者拒绝开户。银行业金融机构和非银行支付机构通常采取以下一种或者多种的强化核查措施：一是获取业务关系、交易目的和性质、资金来源和用途的相关信息，必要时，要求客户提供证明材料并予以核实；二是通过实地查访等方式了解客户的经济状况或者经营状况；三是与客户建立、维持业务关系，或者为客户办理业务，需要进一步审批复核。需要说明的是，随着电信网络诈骗打击治理“攻防对抗”升级，不法分子作案手法更加多变，异常开户行为识别难度加大，开户机构可结合打击治理实践，按照“风险为本”“审慎均衡”原则确定异常情形，金融管理部门也可根据公安部门、司法机关的通报及时总结补充异常开户情形特征。

在此过程中，一方面，正常开立账户的单位和个人需要积极配合银行业金融机构和非银行支付机构提供有关信息。另一方面，银行业金融机构和非银行支付机构应当及时向客户说明有关情况，不断加强跨部门数据在客户尽职调查中的应用，让数据共享和科技应用成为为群众“减负”的新手段，提升客户金融服务体验。对于较难判断的情形，有条件的地区，可以及时向当地公安机关的反诈中心移送有关线索，与公安机关共同研判。

第三款是关于开户风险管理和信息查询的规定。

根据公安机关通报，一些不法分子难以在同一家银行业金融机构或非银行支付机构大量开户，通常会变化作案手法，如有组织地在不同银行业金融机构、非银行支付机构流窜开户。因此，建立全方位、广覆盖的开户数量核验机制和风险信息共享机制，及时发现不法分子跨机构、跨区域流窜开户行为，能够提升银行业金融机构和非银行支付机构涉诈资金风险防控精准性，挤压非法买卖账户和银行卡的空间。本法规定中国人民银行、国务院银行业监督管理机构组织有关清算机构建立跨机构开户数量核验机制和风险信息共享机制，为银行业金融机构、非银行支付机构开户时识别客户风险提供重要参考，为及时发现同一单位和个人在多家机构大量非正常开户提供了信息支撑，达到有效拦截流窜开户的目的。

目前，中国银联云闪付“一键查卡”服务已经作出了有益的探索，可向人民群众提供快速、便捷查询名下跨机构银行卡信息的服务，成为打击治理电信网络诈骗的一大“利器”。个人可利用该功能查询名下持有账户情况，及时清理不再使用的“睡眠账户”、及时发现并终止“冒名开户”情形，既能培养良好的理财习惯，又能保障自身资金及信息安全。

【实践中应注意的问题】

在该条的理解适用中，应当注意以下两方面的问题：

（一）不简单将开户数量多等作为异常开户情形，拒绝开户应审慎并建立相应复核机制

账户是单位和个人的“金融户口本”，不能开立账户对单位和个人的经济金融生活将产生较大的影响。单位和个人开立银行账户和支付账户的数量过多，确实存在被用于转移电信网络诈骗资金的可能，但银行业金融机构和非银行支付机构不能“因噎废食”，一定要综合单位和个人的特征、账户用途等评判开户风险，一些大量开户的情形可能属于正常行为。例如，一些个体工商户将个人银行结算账户作为经营资金的收款账户，可能会在多家银行开立多个账户；一些个人由于在多地学习、工作、生活，也可能会在不同地方的银行业金融机构开立大量账户；一些个人由于没有及时注销长期不用的“睡眠账户”，也会导致历史累计的银行账户数量较多等。

针对这些看似异常实则正常的特殊情形，银行业金融机构和非银行支付

机构不能简单以开户人名下账户绝对数量多而认定其异常，更不能仅以开户数量多为由“一刀切”式拒绝开户，而应按照“风险为本”原则，结合客户尽职调查情况、开户风险信息，从时间维度、地区跨度、场景可信度等综合识别风险，根据不同情形采取以风险为基础的差异化核查手段。对于经跨机构核验机制查询到的开户数量结果，只能作为识别异常开户情形的参考之一，而不是绝对标准。

拒绝开户是银行业金融机构和非银行支付机构最严格的风险防控措施之一，需要审慎采用，有条件的机构可以将拒绝开户案例征求地方公安机关反诈中心意见。银行业金融机构和非银行支付机构应当按照《中国人民银行关于做好小微企业银行账户优化服务和风险防控工作的指导意见》《中国人民银行关于做好流动就业群体等个人银行账户服务工作的指导意见》等规定，建立完善拒绝开户复核机制，约束开户条件设置不合理、随意拒绝开户等不当行为。

（二）收集的有关信息不得用于反电信网络诈骗以外的其他用途

2021 年以来，我国陆续颁布数据安全法、个人信息保护法等法律法规，对数据管理特别是个人信息保护提出严格要求，织紧我国数据安全领域法律体系的“规矩网”。如，数据安全法明确“国家机关为履行法定职责的需要收集、使用数据，应当在其履行法定职责的范围内依照法律、行政法规规定的条件和程序进行”；个人信息保护法规定“收集个人信息，应当限于实现处理目的的最小范围，不得过度收集个人信息”。这些规定都充分彰显了数据保护的重要性和紧迫性，也将保护单位和个人敏感信息提到了新的高度。

2006 年颁布的反洗钱法为依法保护相关单位和个人的信息安全，对银行业金融机构、非银行支付机构、反洗钱监督管理职责部门、司法机关因履行反洗钱职责而获取的客户身份资料和交易信息予以了严格规定。该法第五条明确规定“对依法履行反洗钱职责或者义务获得客户身份资料和交易信息，应当予以保密；非依法律规定，不得向任何单位和个人提供。反洗钱行政主管部门和其他依法负有反洗钱监督管理职责的部门、机构履行反洗钱职责获得的客户身份资料和交易信息，只能用于反洗钱行政调查。司法机关依照本法获得客户身份资料和交易信息，只能用于反洗钱刑事诉讼”。

在加强数据保护日益重要的背景下，反电信网络诈骗法针对打击电信网络诈骗犯罪这一领域信息安全，进一步强调数据信息的安全保护。重点强调“银行业金融机构、非银行支付机构应当按照国家有关规定提供开户情况和有关风险信息。相关信息不得用于反电信网络诈骗以外的其他用途”。这一规定充分体现了法律对保护个人隐私和单位商业秘密的高度重视，确保相关部门因反电信网络诈骗工作而获取的数据专门用于反电信网络诈骗行政调查和刑事诉讼工作，严防数据用于其他用途出现有意或者无意泄露。

与此同时，为解决人民群众查询账户信息的诉求，本条款在对收集的反电信网络诈骗数据予以严格保护的同时，对向客户提供查询名下银行账户、支付账户的便捷渠道作出规定。特别需要说明的是，清算机构遵照“最少、必要”原则收集信息，向个人提供查询名下账户信息的服务主要是向客户提供开户线索，客户可依据线索到具体的开户机构进一步查询明细情况。

【典型案例】

2022年某日，某公安机关接到辖区某银行报告，1名外地人员在该银行网点办理开立银行卡业务时行为可疑，疑似从事电信网络诈骗及相关违法犯罪活动。

经查，办卡人员黄某等4名年轻人乘飞机从A省抵达B省后，到B省某银行网点开立银行卡从事电信网络诈骗转账、“跑分”业务。银行网点人员在开展尽职调查时发现客户答复身份信息和开卡用途时前后不一致，拟进一步核实身份时客户自行离开。当日，该客户又到该银行另一网点开立银行卡，网点人员询问时客户刚开始利用答复话术回答流畅，当网点人员进一步询问相关信息时，客户又无法回答，后匆匆离开。网点人员通过调阅监控录像发现该客户与多人同行，形迹可疑，存在有组织分批次开户嫌疑。

该银行网点迅速向当地公安机关反诈中心报告，并向其他网点通报情况。当地公安机关反诈中心研判认为该客户从事电信网络诈骗犯罪的嫌疑较大，向当地各银行网点通报警情。次日上午，犯罪嫌疑人到另一银行网点准备办理开卡业务时，该网点人员识别存在风险后，立即向公安机关报警。公安机关出警到达银行网点，当场抓获黄某并将周边等待的其他3名同伙抓获，扣押作案银行卡13张。黄某等4人对办理银行卡从事电信网络诈骗转账、“跑分”的犯罪事实供认不讳。

【相关规定】

个人信息保护法第十条、第二十八条、第二十九条、第三十条、第三十二条；商业银行法第二十九条、第四十八条；反洗钱法第十六条；《个人存款账户实名制规定》第七条、第八条；《人民币银行结算账户管理办法》第四条、第九条；《中国人民银行、公安部关于切实做好联网核查公民身份信息有关工作的通知》第三条；《商业银行信用卡业务监督管理办法》第四十条、第四十一条、第四十二条、第四十三条；《非银行支付机构网络支付业务管理办法》第六条；《中国人民银行关于改进个人银行账户服务加强账户管理的通知》第一条；《中国银监会关于银行业打击治理电信网络新型违法犯罪有关工作事项的通知》第三条；《中国人民银行关于加强支付结算管理防范电信网络新型违法犯罪有关事项的通知》第一条、第五条、第六条、第十四条；《中国人民银行关于加强开户管理及可疑交易报告后续控制措施的通知》第一条；《企业银行结算账户管理办法》第三条、第五条、第十二条；《中国人民银行关于进一步加强支付结算管理防范电信网络新型违法犯罪有关事项的通知》第三条、第十二条；《中国人民银行关于做好流动就业群体等个人银行账户服务工作的指导意见》第三条。

第十七条　银行业金融机构、非银行支付机构应当建立开立企业账户异常情形的风险防控机制。金融、电信、市场监管、税务等有关部门建立开立企业账户相关信息共享查询系统，提供联网核查服务。

市场主体登记机关应当依法对企业实名登记履行身份信息核验职责；依照规定对登记事项进行监督检查，对可能存在虚假登记、涉诈异常的企业重点监督检查，依法撤销登记的，依照前款的规定及时共享信息；为银行业金融机构、非银行支付机构进行客户尽职调查和依法识别受益所有人提供便利。

【条文主旨】本条是关于开立企业账户风险防控和企业登记信息核验的规定。

【立法宗旨和背景】

（一）起草背景

企业账户因转账额度高、企业身份更易使人信服等因素，易被犯罪分子利用。公安机关侦破的电信网络诈骗案件中，不法分子冒充公司老板骗财务、实施刷卡诈骗、贷款类诈骗、投资类诈骗等诈骗时，为了让受害人更加相信骗局的真实性，倾向使用企业账户转移涉案资金，尤其是针对公司财务人员的电信网络诈骗多使用企业账户实施诈骗。例如，一起针对某公司财务人员的电信网络诈骗案件中，不法分子以“合作项目保证金”的名义要求财务人员转账到指定的企业账户，最终骗走435万元。2020年，公安机关部署开展“长城2号”打击跨境电信网络诈骗专项行动，针对不法分子利用企业账户转移涉诈资金较为突出的情况，对买卖企业账户行为实施重点打击。“长城2号”专项行动启动半年内，全国破获电信网络诈骗案件10.1万起，抓获犯罪嫌疑人9.2万名，有力铲除涉诈相关企业账户黑灰产业。

在实践中，我国的商事制度改革持续推进，有效激发市场主体活力，“证照分离”“一网通办”等改革举措为企业松绑减负，“一址多照”“一照多址”等有力措施促进了众创空间、创客工厂等新产业、新业态、新模式蓬勃发展。但与此同时，一些不法分子利用企业注册的便利条件，利用新注册企业开立企业银行账户转移电信网络诈骗资金。因此，加强企业注册管理及后续的开户管理，对于打击治理电信网络诈骗十分重要。

一方面，对市场主体登记事项的监督检查须持续加强，对利用新业态实施诈骗的行为要坚决打击。金融、电信、市场监管、税务等有关主管部门应当强化涉企数据共享，鼓励银行业金融机构、非银行支付机构通过权威渠道获取的信息核实客户身份，提高银行业金融机构、非银行支付机构识别涉诈异常企业的风险防控的能力，让“数据多跑路，企业少跑腿”，切实优化营商环境。另一方面，优化营商环境对于激发市场主体活力、实现新旧动能转换、提升区域综合竞争力有重要意义，因此要大力支持企业的发展，尤其是新业态初创小微企业的发展，保障企业享受便捷的支付服务。

（二）审议中各方面的意见

1. 反电信网络诈骗法草案第十五条规定：银行业金融机构、非银行支付机构应当建立开立企业账户异常情形的风险防控机制。金融、通信、市场监管、税务等有关主管部门建立开立企业账户相关信息共享查询系统，提供联网核查服务。市场监管部门应对企业实名登记履行身份核验职责，依照规定对登记事项进行监督检查，为银行业金融机构、非银行支付机构进行客户尽职调查提供便利。

在审议过程中，有的部门建议将第一款中的“金融、通信、市场监管、税务等有关主管部门建立开立企业账户相关信息共享查询系统”修改为“金融、电信、市场监管、税务等有关主管部门组织建立开立个人账户、企业账户，办理电信入网等相关信息共享查询系统”。有的部门建议在第二款中增加“及时发现和注销空壳公司等虚假经营企业的商事登记，并及时将相关信息共享给银行业金融机构、非银行支付机构”的内容。有的部门建议将第二款中“身份核验职责”修改为“身份信息核验职责”。

2. 反电信网络诈骗法草案二审稿第十七条规定：银行业金融机构、非银行支付机构应当建立开立企业账户异常情形的风险防控机制。金融、电信、市场监管、税务等有关主管部门建立开立企业账户相关信息共享查询系统，提供联网核查服务。市场监管部门应当对企业实名登记履行身份信息核验职责；依照规定对登记事项进行监督检查，对可能存在虚假登记、涉诈异常的企业重点监督检查，依法撤销登记的，依照前款的规定及时共享信息；为银行业金融机构、非银行支付机构进行客户尽职调查和依法识别受益所有人提供便利。

根据各方面意见，草案二审稿作了以下修改：一是将第一款主管“通信”部门，修改为“电信”；二是将“身份核验”修改为“身份信息核验”；三是在第二款中增加了“对可能虚假登记、涉诈异常企业的重点监督检查，依法撤销登记的，依照前款的规定及时共享信息”和“依法识别受益所有人提供便利”的表述。

在审议、征求意见和通过前评估过程中，有的委员建议，在第一款中增加规定“建立电话卡银行卡的实名信息交叉核验工作机制”。另有的委员提出，由于有的省份开展了行政审批改革实践，省级层面是由市场监管部门承担登记职能，市县级层面是由行政审批部门承担登记职能，因此建议将第二款中的“市场监管部门”修改为“登记机关”或修改为“承担市场主体登记工作的部门”。

3. 草案三次审议稿第十七条规定：银行业金融机构、非银行支付机构应当建立开立企业账户异常情形的风险防控机制。金融、电信、市场监管、税务等有关主管部门建立开立企业账户相关信息共享查询系统，提供联网核查服务。市场主体登记机关应当依法对企业实名登记履行身份信息核验职责；依照规定对登记事项进行监督检查，对可能存在虚假登记、涉诈异常的企业重点监督检查，依法撤销登记的，依照前款的规定及时共享信息；为银行业金融机构、非银行支付机构进行客户尽职调查和依法识别受益所有人提供便利。

综合各方意见，草案三审稿作了以下修改：将第二款中“市场监管部门”，修改为“市场主体登记机关”，信息交叉核验建议在“综合治理”章节予以体现。

（三）有关国家和地区的规定

在企业账户开立风险防控方面，目前世界各国和地区主要参考反洗钱金融行动特别工作组（FATF）发布的《打击洗钱、恐怖融资与扩散融资的国际标准：FATF 建议》第 10 项，即金融机构应在与客户建立业务关系时采取客户尽职调查措施，如金融机构无法按规定尽职调查，则不应开立账户、建立业务关系或进行交易。

联网核查系统建立方面，在企业开户阶段，国际上的通用做法是建议金融机构使用政府机构数据来证实提供材料的真实性。FATF 发布的《打击洗钱、恐怖融资与扩散融资的国际标准：FATF 建议的释义》在对第 10 项建议的释义中进一步明确，对法人和法律安排的尽职调查所需的相关身份数据可以从公共的登记注册部门、客户或其他可靠来源获得。

【条文释义】

本条分为两款。

第一款规定银行业金融机构、非银行支付机构应当建立企业账户异常情形风险防控机制，金融、电信、市场监管、税务等有关主管部门建立开立企业账户相关信息共享查询系统，提供联网核查服务。具体可以从以下两个方面理解：

首先，关于建立开立企业账户异常情形的风险防控机制。企业是市场主体最活跃的组成部分。开立企业账户是企业参与社会经济活动的基础和前提，也是银行业金融机构、非银行支付机构与客户建立业务关系的主要形式之一。银行业金融机构、非银行支付机构为企业客户开立企业账户时，履行客户尽职调查义务，建立对虚假登记、涉诈异常企业的风险防控机制，是防范开立企业账户被用于转移电信网络诈骗资金的重要防线。

实践中，银行业金融机构通过向客户询问交易目的、实地查访或查看有关证明等方式，发现了大量虚假注册、经营地址虚假等可疑情形。公安机关移送的涉案企业账户也几乎存在上述情形。常见的异常情形主要包括以下几种：（1）法定代表人无法说清企业经营情况；（2）企业提出超出正常合理需要的大额转账资金需求；（3）企业注册地址不存在或者经营环境与企业所描述的经营情况不匹配；（4）企业法定代表人等人员不配合客户身份识别；（5）法定代表人开户时由他人陪同且存在非本人开户需要等可疑情形；（6）多家企业名称、注册地址、开户时间等存在高度相似情形等。

出现上述异常情形后，银行业金融机构、非银行支付机构通常采取以下一种或者多种强化尽职调查措施，包括获取开户目的、资金来源和用途的相关信息，必要时，要求客户提供证明材料并予以核实，或者通过实地查访等方式了解客户的经济状况或者经营状况等。

需要说明的是，为防范开立的企业账户用于转移电信网络诈骗资金，银行业金融机构、非银行支付机构在为企业开立账户过程中，可能会需要企业配合提供相关证明材料或实地查访等，综合判断企业开户风险。在此过程中，银行业金融机构、非银行支付机构应当向客户做好解释说明，畅通客户咨询渠道，及时为正常客户办理企业开户，避免对正常企业生产经营造成不利影响。对于较难判断的情形，有条件的地区，银行业金融机构、非银行支付机构应当及时向当地公安机关反诈中心移送有关线索，会同公安机关共同研判。

其次，关于建立开立企业账户相关信息共享查询系统。近年来，中央和地方政府积极探索数字政府建设，充分利用政府部门的公共数据资源，倡导政务数据整合共享，有效解决政府部门间“信息孤岛”和“数据烟囱”问题，推动多部门业务“一网通办”、政务数据“一网通享”，为政务服务、社会治理等工作提供了重要支撑。在此背景下，人民银行会同工业和信息化部、国家税务总局、国家市场监督管理总局等四部门于2019年建成企业信息联网核查系统，实现政府部门涉企信息共享，为接入机构提供了有效、可靠的涉企信息核查服务。银行业金融机构、非银行支付机构可以通过企业信息联网核查系统核实企业登记注册、纳税状态、法定代表人手机号码等信息，在提升客户身份识别能力的同时，也减少了对企业客户辅助身份证明材料的要求，提高业务办理效率，优化企业开户体验。

第二款是关于市场主体登记机关履行身份信息核验职责及开展监督检查的规定。商事制度改革以来，市场主体登记更加高效便捷，登记成本大幅降低，创新创业活力得到有效释放，新产业、新业态、新模式蓬勃发展。但也出现一些不法分子利用注册企业的便利性，通过虚假、冒名等方式骗取企业登记后参与电信网络诈骗等违法犯罪，造成恶劣社会影响。

针对公安机关通报的利用虚假注册企业账户转移电信网络诈骗资金的行为，市场主体登记机关对市场主体实名登记、监督检查作出规定，对其实行形式审查和“双随机”监督检查。例如，市场主体登记管理条例规定市场主体需实名登记，并配合登记机关核验其身份信息；登记机关应当对市场主体申请材料进行形式审查，并采取随机抽取检查对象、随机选派执法检查人员的方式，对市场主体登记事项进行监督检查。市场主体登记管理条例实施细则明确对因提交虚假材料或采取其他欺诈手段隐瞒重要事实取得市场主体登记等部分情节严重情形予以吊销营业执照、作出撤销登记决定的，以及按规定列入严重违法失信名单的企业，市场主体登记机关应通过国家企业信用信息公示系统向社会公示相关企业信息。

本款进一步要求市场主体登记机关应当对企业实名登记履行身份信息核验职责，同时扩大登记机关共享信息范围，将依法撤销登记信息纳入其中，为银行业金融机构、非银行支付机构识别客户风险提供重要参考，为及时发现虚假注册企业非正常开户提供了重要支撑。

【实践中应注意的问题】

在该条的理解适用中，应当注意增强账户风险防范意识，优化账户服务，把握好防范风险与优化服务的平衡。

企业账户是企业享受金融服务、参与经济金融活动的基础，不能开户对企业的经济金融活动将产生较大的影响。优化企业账户服务，提高市场主体开户服务质效，有助于优化营商环境，增强市场主体生机活力。因此，银行业金融机构、非银行支付机构在防范企业开户风险过程中，要把握好防范风险与优化服务的平衡。

在“大众创业、万众创新”浪潮下，涌现出大量“一址多照、一照多址”、商务秘书公司、电商集群注册等方便企业注册的新业态、新模式。一些新业态、新模式企业可能与公安机关通报的涉电信网络诈骗企业特征相似，但银行业金融机构、非银行支付机构不能将新业态、新模式的企业都看作是涉诈企业，而应当综合企业的特征、账户用途等识别风险，根据风险状况差异化确定客户尽职调查措施的程度和具体方式。

银行业金融机构、非银行支付机构应当落实好《中国人民银行关于做好小微企业银行账户优化服务和风险防控工作的指导意见》，全面推行小微企业简易开户服务，简化辅助证明材料，并加强后台数据核实，合理设置与客户身份核实程度、账户风险等级相匹配的账户功能。后续，应当建立跟踪服务机制，根据客户需求补充核实客户身份后升级账户功能。特别是银行业金融机构、非银行支付机构应当建立拒绝开户的复核机制，审慎采取拒绝开户措施。有条件的银行业金融机构、非银行支付机构，对拒绝开户的可征求地方公安机关反诈中心的意见。

【典型案例】

案例1：某日，某贸易公司法定代表人王某持企业营业执照、本人身份证到某银行网点开户。该公司为新注册企业，尚未开展生产经营。开户时，银行工作人员核实王某开户意愿、开户用途及开户材料后，未发现异常。但在开户过程中，王某主动提出开立手机银行、网上银行等非柜面业务，并要求开通较大的非柜面业务转账额度。银行工作人员根据该企业的经营状况，建议先开通非柜面业务，后续根据实际需求再行调整额度，但王某强烈不满。此外，银行工作人员还发现王某随身携带多家企业营业执照等开户资料。针对该异常情况，银行网点工作人员立即向上级行反映，并同时上报当地反诈中心。经查，该涉案嫌疑人为贩卡团伙成员，涉及多起电信网络诈骗案件，警方抓获该团伙时搜缴了多套企业营业执照。

案例2：某日，某公司因涉嫌电信网络诈骗被公安机关紧急止付，止付金额达200万元。次日，开户银行对该公司上门核实时发现公司办公地址已无办事人员，且周边人员均表示未听说过该公司。进一步倒查发现，该公司在开立账户时提供了规定的账户资料，但曾以疫情期间减少柜面接触为由要求提高非柜面转账限额。后续银行在回访中发现，该公司账户开户后实际使用人非法定代表人，该公司的营业执照、公章、结算卡及网银证书等均交付代理记账公司保管，公司法定代表人对公司账户所发生的交易不知情。警方初步判定上述行为涉及虚假注册企业并开立企业账户后交由他人实施电信诈骗。

【相关规定】

反洗钱法第十六条、第十八条；市场主体登记管理条例第七条、第十五条、第三十八条、第四十条；《人民币银行结算账户管理办法》第二十六条、第二十八条；《企业银行结算账户管理办法》第五条、第八条、第十二条；《非银行支付机构网络支付业务管理办法》第六条；《中国人民银行关于加强支付结算管理防范电信网络新型违法犯罪有关事项的通知》一（五）、一（六）；《中国人民银行关于进一步加强支付结算管理防范电信网络新型违法犯罪有关事项的通知》二（三）；《中国人民银行关于做好小微企业银行账户优化服务和风险防控工作的指导意见》三（十）；《中国人民银行关于加强开户管理及可疑交易报告后续控制措施的通知》第一条；《中国人民银行关于进一步做好受益所有人身份识别工作有关问题的通知》第二条、第六条。

第十八条　银行业金融机构、非银行支付机构应当对银行账户、支付账户及支付结算服务加强监测，建立完善符合电信网络诈骗活动特征的异常账户和可疑交易监测机制。

中国人民银行统筹建立跨银行业金融机构、非银行支付机构的反洗钱统一监测系统，会同国务院公安部门完善与电信网络诈骗犯罪资金流转特点相适应的反洗钱可疑交易报告制度。

对监测识别的异常账户和可疑交易，银行业金融机构、非银行支付机构应当根据风险情况，采取核实交易情况、重新核验身份、延迟支付结算、限制或者中止有关业务等必要的防范措施。

银行业金融机构、非银行支付机构依照第一款规定开展异常账户和可疑交易监测时，可以收集异常客户互联网协议地址、网卡地址、支付受理终端信息等必要的交易信息、设备位置信息。上述信息未经客户授权，不得用于反电信网络诈骗以外的其他用途。

【条文主旨】本条是关于监测识别处置涉诈异常账户和可疑交易的规定。

【立法宗旨和背景】

（一）起草背景

由于电信网络诈骗犯罪分子的目的是获取非法收益，“资金链”治理成为反电信网络诈骗的重要一环。银行业金融机构、非银行支付机构在履行尽职调查、强化开户审核的“事前”风险防控基础上，对银行账户、支付账户、数字人民币钱包及支付结算服务等加强风险监测并采取适当风险防控措施，是“资金链”治理“事中”风险防控的重要措施。

从公安机关通报的电信网络诈骗案件来看，不法分子为了尽快转移赃款、逃避公安机关追查，往往需要快速转移资金，想方设法尽快变现，资金转移通常呈现出“快速”“频繁”“大额”等特征。银行业金融机构、非银行支付机构对这些可疑特征进行梳理总结，运用大数据、云计算等技术构建分析模型，针对性开展可疑交易监测、识别，可以有效协助公安机关发现和甄别与电信网络诈骗活动有关的可疑交易线索。在监测识别到涉诈的异常账户和可疑交易后，银行业金融机构、非银行支付机构结合客户尽职调查结果或者公安机关线索等，综合分析相关交易是否属于客户的正常金融行为，并根据风险程度采取不同的管控措施，防范和阻断诈骗行为的发生或延续。

我国反洗钱法明确金融机构执行大额交易和可疑交易报告制度，实际上已经对金融机构监测识别异常交易作出了明确规定。2016 年印发的《中国人民银行关于加强支付结算管理防范电信网络新型违法犯罪有关事项的通知》提出“银行和支付机构应当加强对银行账户和支付账户的监测，建立和完善可疑交易监测模型，账户及资金划转具有集中转入分散转出等可疑交易特征的，应当列入可疑交易。对于列入可疑交易的账户，银行和支付机构应当与相关单位或者个人核实交易情况；经核实后银行和支付机构仍然认定账户可疑的，银行应当暂停账户非柜面业务，支付机构应当暂停账户所有业务，并按照规定报送可疑交易报告或者重点可疑交易报告；涉嫌违法犯罪的，应当及时向当地公安机关报告”。相关措施取得良好效果。仅 2021 年，人民银行、外汇管理部门向公安机关移送涉诈可疑账户 430 万户、新建监测模型 1.3 万个，拒绝涉诈交易 1.3 亿笔，银行业金融机构向公安机关推送涉诈受骗资金交易预警信息 242.8 万条，有效避免了大量群众向涉诈账户转账。反电信网络诈骗法在已有法律制度基础上，吸收《中国人民银行关于加强支付结算管理防范电信网络新型违法犯罪有关事项的通知》相关条款，进一步明确要求银行业金融机构、非银行支付机构建立“风险监测—及时处理—有效反馈”的异常账户和可疑交易监测机制，将这一做法提升到了法律层面，为银行业金融机构、非银行支付机构有效监测处置异常账户和可疑交易提供法律支撑。

（二）审议中各方面的意见

1. 反电信网络诈骗法草案第十六条规定：银行业金融机构、非银行支付机构应当对银行账户、支付账户的使用加强监测，建立完善涉电信网络诈骗特征的异常账户监测模型；中国人民银行统筹建立跨银行业金融机构和非银行支付机构的反洗钱统一交易监测系统，会同国务院公安部门完善与电信网络诈骗犯罪资金流转特点相适应的反洗钱可疑交易报告制度。对监测识别的异常账户、可疑交易，银行业金融机构、非银行支付机构应当根据风险情况，采取核实交易情况、延迟支付结算、重新核验身份、限制或者中止有关业务等必要的防范措施。

在审议和征求意见过程中，有的部门建议在第一款“支付账户”后增加“钱包等支付工具及支付服务”；有的部门建议增加“基于监测模型使用和风险防控，依法收集有关交易信息、设备位置信息”的规定；有的部门建议将“中止”修改为“终止”；有的公众建议增加“因打击治理电信网络诈骗等风险防控、风险共享之必要，银行业金融机构、非银行支付机构及其他相关组织或个人可收集、使用交易主体、交易位置等信息”的规定。根据上述各方面的意见，对草案作了相应的修改完善。

2. 草案二次审议稿将其调整为第十八条规定：银行业金融机构、非银行支付机构应当对银行账户、支付账户等支付工具及支付服务加强监测，建立完善涉电信网络诈骗特征的异常账户监测模型；中国人民银行统筹建立跨银行业金融机构、非银行支付机构的反洗钱统一监测系统，会同国务院公安部门完善与电信网络诈骗犯罪资金流转特点相适应的反洗钱可疑交易报告制度。对监测识别的异常账户、可疑交易，银行业金融机构、非银行支付机构应当根据风险情况，采取核实交易情况、延迟支付结算、重新核验身份、限制或者终止有关业务等必要的防范措施。银行业金融机构、非银行支付机构依照第一款规定开展异常账户和可疑交易监测时，可以依法收集异常客户互联网协议地址、网卡地址、支付受理终端信息等必要的交易信息、设备位置信息。上述信息未经客户授权，不得用于风险防控以外的其他用途。

根据各方面的意见，草案二次审议稿对草案作了以下修改：一是增加对支付工具和支付服务的异常监测，完善资金链；二是考虑到与反洗钱法相衔接，将“交易监测系统”修改为“监测系统”；三是为与个人信息保护法、数据安全法等法律相衔接，增加第三款规定。

在审议、征求意见、通过前评估过程中，有的部门建议将第二款“限制或者终止有关业务”中的“终止”修改为“暂停”；有的部门建议将第三款中的“可以依法收集异常客户……支付受理终端信息等必要的交易信息、设备位置信息”修改为“可以收集处理客户……支付受理终端信息、生物识别信息等必要的交易信息、设备位置信息”。

3. 草案三次审议稿第十八条规定：银行业金融机构、非银行支付机构应当对银行账户、支付账户及支付结算服务加强监测，建立完善符合电信网络诈骗活动特征的异常账户和可疑交易监测机制。中国人民银行统筹建立跨银行业金融机构、非银行支付机构的反洗钱统一监测系统，会同国务院公安部门完善与电信网络诈骗犯罪资金流转特点相适应的反洗钱可疑交易报告制度。对监测识别的异常账户和可疑交易，银行业金融机构、非银行支付机构应当根据风险情况，采取核实交易情况、重新核验身份、延迟支付结算、限制或者中止有关业务等必要的防范措施。银行业金融机构、非银行支付机构依照第一款规定开展异常账户和可疑交易监测时，可以收集异常客户互联网协议地址、网卡地址、支付受理终端信息等必要的交易信息、设备位置信息。上述信息未经客户授权，不得用于反电信网络诈骗以外的其他用途。

根据各方面的意见，草案三次审议稿对草案二次审议稿作了以下修改：一是与《支付结算办法》保持一致，将第一款的“支付服务”修改为“支付结算服务”；二是为提升监测精准度，将“监测模型”修改为“监测机制”，提升监测、识别和拦截准确性；三是遵循“风险为本”和“审慎均衡”原则，根据对客户影响程度，按照惩戒效果由轻到重采取防范措施，将“延迟支付结算、重新核验身份”调整为“重新核验身份、延迟支付结算”；四是为与金融监管部门有关规定保持一致，将“限制或者终止有关业务”修改为“限制或者中止有关业务”；五是将第三款中的“可以依法收集异常客户……支付受理终端信息等必要的交易信息、设备位置信息”修改为“可以收集异常客户……支付受理终端信息等必要的交易信息、设备位置信息”。

（三）有关国家和地区的规定

FATF发布的《打击洗钱、恐怖融资与扩散融资的国际标准：FATF建议》中建议10明确，金融机构怀疑先前所获客户身份资料的真实性或完整性，如果金融机构无法遵循可采取的客户尽职调查措施（已根据风险为本的方法对措施进行了适当调整），则不应开立账户、建立业务关系或进行交易；或者应当终止业务关系；并考虑提交有关客户的可疑交易报告。建议20明确，如果金融机构怀疑或有合理理由怀疑资金为犯罪收益，或与恐怖融资有关，金融机构应当依据法律要求，立即向金融情报中心报告。

美国《银行保密法》制定了金融机构和特定非金融行业和职业的反洗钱和反恐怖融资标准，要求银行及其他金融机构承担交易报告及保存等义务。《爱国者法案》赋予金融机构在反恐目标下更为严格的客户识别、业务禁止、情报收集等义务。

英国《2002年犯罪收益法令》要求受监管机构在发现可疑交易或行为时必须上报可疑行为报告，包含普通可疑行为报告和待批复可疑行为报告。其中待批复可疑行为报告指在发现交易行为可疑时，中断交易，上传可疑行为报告，待得到相关部门同意或拒绝的通知后继续交易或拒绝交易。《2007年反洗钱条例》明确了金融服务机构必须承担监控和禁止与洗钱活动有关交易的义务。

【条文释义】

本条共分为四款。

第一款是关于银行业金融机构、非银行支付机构建立完善符合电信网络诈骗活动特征的异常账户和可疑交易监测机制的规定。本款可以从以下两个方面来理解：

首先，关于电信网络诈骗活动特征。从公安机关通报的电信网络诈骗案件来看，电信网络诈骗资金交易环节复杂、交易层级较多且手法不断翻新，一般都可分为收款、转移、变现三个环节，全链路隐蔽性较强。在收款环节，诈骗分子主要通过购买、租借他人开立的银行账户、支付账户接收诈骗资金；在转移环节，账户层层嵌套，资金多方划转，诈骗分子为躲避公安机关止付、冻结措施，往往快速转移涉案资金，资金转移方式包括境内洗钱团伙转移、“跑分”平台拆分交易转移、虚拟货币交易转移等；在变现环节，不法分子通过雇佣人员境内外取现、虚构交易刷卡变现、利用地下钱庄变现等方式，实现诈骗资金变现。

在上述涉电信网络诈骗资金交易过程中，一个突出的共同特点是账户资金的变动与客户正常的经济金融活动不匹配，常见的有大额资金转入转出、大额存取现、短时间高频交易、账户长期不动后突然频繁使用、交易对手突然增多、支付时间或者地点突然变化，以及频繁开销户、频繁补卡换卡等。针对这些异常情形，银行业金融机构和非银行支付机构需要建立异常账户和可疑交易监测机制。

其次，关于异常账户和可疑交易监测机制。实践中，一方面，银行业金融机构、非银行支付机构在为客户办理业务过程中，通过开展客户尽职调查，识别异常开户和可疑交易，同时劝阻受骗群众向诈骗分子转款。另一方面，银行业金融机构、非银行支付机构结合公安机关通报的涉诈异常账户和可疑交易特征，形成数据监测模型，监测识别被用于转移电信网络诈骗资金的账户和交易。此外，银行业金融机构和非银行支付机构将发现的高风险可疑线索移送公安机关，并根据公安机关摸排情况持续动态调整监测识别方法，完善监测机制。经持续改进，目前银行业金融机构、非银行支付机构识别拦截资金能力明显提升，监测、拦截精准性持续提升，对公安机关侦破案件发挥了积极作用。

第二款是关于建立反洗钱统一监测系统、完善可疑交易报告制度的规定。本款可以从以下两个方面理解：

首先，关于反洗钱统一监测系统。中国反洗钱监测分析中心的反洗钱监测分析二代系统自建设运行以来不断完善，目前覆盖金融业、支付业各类机构，实现数据接收、收集管理、分析移送、分支行业务管理、国际协查信息传输和反洗钱信息查询等功能，监测分析智能化水平不断提升。本款明确人民银行会同公安部完善与电信网络诈骗犯罪资金流转特征相适应的反洗钱可疑交易报告制度，将涉诈资金交易纳入反洗钱统一监测系统管理，提升反洗钱统一监测系统的监测效能。

其次，关于完善与电信网络诈骗犯罪资金流转特点相适应的反洗钱可疑交易报告制度。可疑交易报告制度是有关反洗钱国际标准和各国反洗钱法律都有规定的防范洗钱活动的核心措施。实际操作中，银行业金融机构、非银行支付机构在利用技术手段筛选出异常账户及可疑交易后，按照规定审查交易背景、交易目的、交易性质、资金来源等。如果有合理理由的疑点，则可将其作为可疑交易报告的内容。《金融机构大额交易和可疑交易报告管理办法》要求金融机构及时报告其识别出的可疑交易。

切实履行可疑交易报告义务的前提，是有效、及时地识别和发现可疑交易。由于金融交易的复杂性、客户需求的多样性，以及违法犯罪分子经常改变洗钱手法，金融机构完全凭借主观判断识别可疑交易存在一定难度。为此，许多国家的反洗钱监管部门和行业自律组织都通过发布指引或指导文件的形式，列举了若干常见可疑交易的判断标准或关注标准供金融机构参考。中国人民银行通过发布《金融机构大额交易和可疑交易报告管理办法》《金融机构洗钱和恐怖融资风险评估及客户分类管理指引》等，明确了可疑交易特征。《中国人民银行关于加强支付结算管理防范电信网络新型违法犯罪有关事项的通知》也列举了 9 类可疑开户、14 类可疑转账交易、2 类可疑取现交易的报告标准，这些制度对促进金融机构履行可疑交易报告义务发挥了积极作用。

公安机关在侦办案件过程中，掌握涉诈资金转移的第一手资料和情况，人民银行会同公安机关基于风险为本原则，针对电信网络诈骗犯罪资金不同于一般的正常交易的特征和疑点，促进银行业金融机构、非银行支付机构履行可疑交易报告义务。

第三款是关于对识别的异常账户和可疑交易采取必要防范措施的规定。具体可以从以下两个方面理解：

第一，本款赋予银行业金融机构、非银行支付机构依法主动对识别的异常账户和可疑交易采取防范措施的权利。实践中，电信网络诈骗资金具有快速转移的特征，银行业金融机构、非银行支付机构对监测识别出的异常账户和可疑交易依法及时采取必要防范措施，有利于协助公安机关防范和阻断诈骗资金转移的发生或延续。

银行业金融机构、非银行支付机构通过人工或者数据模型识别出异常的账户和交易后，结合客户尽职调查结果，以及公安机关提供的涉诈风险线索，综合对风险程度进行判断。对存在风险的业务，视不同情形采取核实交易情况、重新核验身份、延迟支付结算、限制或者中止业务等措施对账户资金实施保护。这样做的目的，一是对与客户历史交易习惯不同的资金转移是否为客户本人操作予以核实，防范账户被他人操控用于转移涉诈资金。二是对客户非正常范围的资金交易进行核实，确认相关交易是否具有合理背景，是否帮助他人转移诈骗资金或者正在被不法分子诈骗。三是对确认高度可疑的涉诈资金采取延迟结算、暂停非柜面业务或者中止业务等措施，为公安机关查明情况后对相关资金采取止付、冻结等保护措施争取时间，以免资金转移，造成受骗群众损失。

第二，银行业金融机构、非银行支付机构在采取防范措施时，应统筹发展和安全，充分考虑了保护单位和个人的合法权益。本款特别明确“必要的防范措施”，防止因过度防控而对单位和个人的正常经济金融活动产生较多不利影响。核实交易情况、重新核验身份、延迟支付结算、限制或者中止业务这几种不同的管控措施，体现了对不同风险采取的不同策略，从轻到重，从缓到急。由于不同单位和个人的资金交易特征存在差别，银行业金融机构、非银行支付机构采取的防范措施需要按照“风险为本”原则，“因客户而异、因情形而异”，在控制风险的前提下采取对客户影响最小的措施。即便是相同风险情形也不一定采取相同的措施，所采取的措施可以是其中的一项或多项，并非要全部采取。例如，同样一笔大额资金交易，对于大中型企业而言可能是正常业务，但对于一家刚成立不久的小微企业就可能是异常资金变动。

银行业金融机构、非银行支付机构不能为了防范风险而不加区别地采取所有措施，也不能为了减少客户投诉而对高风险交易采取较为简单的防控措施，要平衡好风险防控与优化服务的关系，做到既防控风险又优化服务，在防控风险的同时为人民群众提供便捷的支付服务，避免“一刀切”影响单位和个人的正常业务办理。

第四款是关于收集必要的交易信息、设备位置信息与用途的规定。

保护客户信息安全是各国法律的一般要求，我国数据安全法、个人信息保护法等也对单位和个人的信息保护作出了明确规定。2021 年，国家互联网信息办公室、工业和信息化部、公安部、国家市场监督管理总局联合印发《常见类型移动互联网应用程序必要个人信息范围规定》，明确了常见类型移动互联网应用程序可收集的必要个人信息范围。

打击治理电信网络诈骗犯罪实践证明，银行业金融机构、非银行支付机构采集必要的客户交易时使用的互联网协议地址、网卡地址、支付受理终端信息等交易信息、设备位置信息，对有效监测识别异常账户、可疑交易发挥重要作用。电信网络诈骗不法分子利用买卖或者租借的账户转移赃款，或者操作受害人手机银行、网上银行盗取资金，表现为“实名不实人”。银行业金融机构、非银行支付机构、清算机构通过交易位置信息、设备位置信息等判断账户确实本人使用，是当前“资金链”治理的有效手段。为此，反电信网络诈骗法特别对银行业金融机构、非银行支付机构采集这些信息作出了明确授权，银行业金融机构、非银行支付机构开展异常账户和可疑交易监测时，可以收集异常客户互联网协议地址、网卡地址、支付受理终端信息等必要的交易位置信息、设备位置信息。

为统筹做好客户信息保护和反电信网络诈骗工作，反电信网络诈骗法也要求银行业金融机构、非银行支付机构加强对所收集的上述信息的保护，未经客户同意，上述信息能且仅能用于反电信网络诈骗用途，不得用于其他用途。

【实践中应注意的问题】

在该条的理解适用中，应当注意以下问题：

（一）坚持问题导向，持续动态调整涉诈异常账户和可疑交易监测模型

随着金融行业“资金链”治理工作的深入推进，不法分子的作案手法在不断升级演变，资金隐匿性、涉众性明显增强，银行业金融机构、非银行支付机构需要不断地更新监测识别方法才能更好地发现涉诈交易。一方面，从公安机关通报情况来看，不法分子从原先的简单将诈骗资金在不同账户之间转账，逐渐演变为将资金伪造成正常企业的经营活动资金、个人消费缴费

等，想方设法将涉诈资金转移隐匿于正常经济活动中，增大银行业金融机构、非银行支付机构的识别难度。从转移工具看，资金转移工具从传统的以借记卡为主，逐步拓展至信用卡、二维码、数字钱包等多种工具。从交易背景看，出现利用外贸交易、公用事业费用充值、慈善捐赠、购买话费、购买游戏币等新模式。从资金通道看，出现利用虚拟货币、地下钱庄等非正规金融体系的情况。从操作人员看，从原有的买断他人账户向租用他人账户转变，表现为由账户出租人操作转账并配合应对银行业金融机构和非银行支付机构的客户尽职调查和交易问询等。

另一方面，社会经济的日益繁荣伴随着超大规模的资金交易，从海量的正常资金交易中监测识别出涉电信网络诈骗资金具有较大的难度。银行业金融机构、非银行支付机构对涉诈异常账户和可疑交易的识别主要依赖于系统监测，基于已发生的电信网络诈骗犯罪案件，对涉案账户的资金转移特征开展大数据分析、归纳总结经验。监测的门槛设置过高，达不到识别涉诈账户和交易的目的。监测的门槛设置过低，容易将大量正常的资金交易纳入监测范围，可能对单位和个人的正常生产生活造成不便。

因此，银行业金融机构和非银行支付机构需要持续提高精准防控水平，根据公安机关提供的涉案资金特征不断更新迭代监测模型，与不法分子进行攻防对抗。同时，银行业金融机构和非银行支付机构也要及时将发现的涉诈信息移送公安机关，通过信息交互验证，不断提升涉诈交易的监测识别精准度。

（二）畅通申诉渠道，保障客户正当合法权益

银行业金融机构、非银行支付机构对涉诈异常账户和可疑交易的监测识别是一个动态发展的过程，具有探索性、经验性、滞后性、不确定性，无法确保识别和阻断每一笔被骗资金。在法律授权和银行业金融机构、非银行支付机构合理资源投入的范围内，对采取客户尽职调查、账户和交易监测措施后仍未发现涉诈账户、交易的，不能苛责机构及其工作人员或要求赔偿、惩处。

特别是随着不法分子将诈骗资金隐匿在正常交易当中后，识别难度越发增大，仅仅单靠诈骗犯罪的“资金链”，而没有“人员链”“技术链”“信

息链”等信息综合判断，难以发现涉诈交易。因此，银行业金融机构、非银行支付机构识别出的涉诈账户和交易，除公安机关确认的外，只能是高风险概率事件，而不能直接确定为涉诈。银行业金融机构、非银行支付机构需要结合客户特征、交易方式、交易规模、交易频率和公安机关提供的风险线索等综合判断。

实践中，银行业金融机构、非银行支付机构阻断涉诈“资金链”的工作，离不开单位和个人的积极支持、理解和配合。银行业金融机构、非银行支付机构如判断客户的账户或者交易确有涉诈风险，需要采取必要防范措施后，除公安机关确认涉诈的外，要按照“渠道畅通，有误必纠”原则向客户提供便捷的申诉渠道。一是依法履行告知义务。通过短信、电话等方式主动告知处置原因、救济渠道及需要提交的资料等事项，解释说明有关情况。二是向客户提供申诉途径和方式，并请客户协助核验身份或者提供有关信息，为客户提供账户解控申诉办理渠道。三是建立健全风险防范措施异议申诉处理机制，及时响应客户异议申诉，提供异地跨网点等解控渠道，对符合解除管控条件的，及时予以解除，对不符合解控条件的，做好客户解释说明工作。四是不断调整完善风险模型，提升监测识别精准度，减少“误伤”，避免影响客户正常需求。

对于公安机关明确要求采取管控措施的账户或者交易，客户对管控措施提出异议的，银行业金融机构、非银行支付机构应当向客户告知公安机关的联系方式（法律另行规定除外）。如须银行业金融机构、非银行支付机构配合解除管控的，应根据公安机关解除管控指令及时解控账户。

特别说明的是，需要社会公众理解银行业金融机构、非银行支付机构为保护群众合法财产、履行法律义务所采取的必要管控措施，积极配合客户身份核验和交易核实工作，也需要新闻媒体协助做好宣传引导工作，共同帮助机构优化监测模型和服务水平，不断扎牢涉诈资金的防护网。

【典型案例】

某日，客户翟某某在某银行网点开立个人银行结算账户。据了解，翟某某为自由职业者，主要从事网游相关工作，无固定收入。一周后，该银行个人账户可疑监测模型监测到该账户共发生异常交易496笔，累计金额22余万元，与客户职业、收入特征明显不符，主要包括：资金交易规模大，与客户从事网游相关工作正常资金进出额度不符；资金分散转入、集中转出，汇往多个地区且汇款人看似无关联；资金快进快出，资金过渡明显。经分析，该客户的资金交易特征与公安机关通报的电信网络诈骗资金转移特征高度相似，银行立即对该客户名下账户采取暂停非柜面交易管控措施，并向公安机关报告线索。

经公安人员摸排，确定翟某某为“跑分”窝点提供非法支付结算服务，其在不法分子搭建的“跑分平台”上获取跑分任务，利用本人银行卡协助犯罪分子转移诈骗资金，获取佣金。公安机关将翟某某抓获，并陆续抓获该团伙其他成员，累计查获银行卡32张，手机卡2张，手机2部，电子令牌1枚，印章1枚。经查，翟某某通过出租银行卡转移涉诈资金方式非法获利人民币6000元。当地人民法院对被告人翟某某等人以帮助信息网络犯罪活动罪作出一审判决，判处翟某某有期徒刑十个月，缓刑一年，并处罚金人民币2000元，没收违法所得。

【相关规定】

民法典第一千零三十五条；反洗钱法第三条、第五条、第六条、第八条、第十条、第十一条、第二十条、第二十一条；数据安全法第三十二条；网络安全法第二十二条、第四十一条、第四十二条；个人信息保护法第十三条；《中国人民银行关于印发〈金融机构洗钱和恐怖融资风险评估及客户分类管理指引〉的通知》第四章；《中国人民银行关于加强支付结算管理防范电信网络新型违法犯罪有关事项的通知》第五条、第六条、第十二条、第十六条、第十七条；《中国人民银行关于加强开户管理及可疑交易报告后续控制措施的通知》第二条；《中国人民银行关于进一步加强支付结算管理防范电信网络新型违法犯罪有关事项的通知》第十四、十五条。

第十九条　银行业金融机构、非银行支付机构应当按照国家有关规定，完整、准确传输直接提供商品或者服务的商户名称、收付款客户名称及账号等交易信息，保证交易信息的真实、完整和支付全流程中的一致性。

【条文主旨】本条是关于支付结算服务主体在交易信息传输方面职责的规定。

【立法宗旨和背景】

（一）起草背景

我国支付服务市场发展迅速、创新活跃，支付服务呈现多元化、智能化、线下和线上融合发展趋势，为各类实体和网络商户的支付服务提供有力保障。便捷高效的支付结算服务背后是发达的支付清算网络。

高效便捷的支付网络也被犯罪分子利用转移诈骗等犯罪资金。从公安机关打击治理实践看，当前电信网络诈骗团伙为掩饰、隐瞒犯罪所得资金的来源和性质，利用各类交易平台，层层嵌套，将交易链条复杂化，并将犯罪资金隐匿在大量的正常合法交易中，企图规避公安机关对犯罪资金的追查。针对上述情形，人民银行在陆续出台的各项业务管理制度中，明确要求银行业金融机构和非银行支付机构应规范、完整、准确传输交易信息，保证交易信息的真实、完整和支付全流程中的一致性。反电信网络诈骗法结合打击治理电信网络诈骗的实践需要，将交易信息“透传”的监管要求上升为法律规定，不仅有助于银行业金融机构、非银行支付机构进一步提升风险监测能力，也有助于公安机关开展资金追溯、阻断涉诈资金转移。

（二）审议中各方面的意见

1. 反电信网络诈骗法草案一审稿件中并未涉及此条款内容。

在起草阶段、审议和征求意见过程中，有的部门建议增加关于银行业金融机构与非银行支付机构之间实现支付指令关键信息传输的内容，主要针对当前非银行支付机构未向银行业金融机构传输完整、真实的商户名称等交易信息，导致公安机关难以开展资金追溯工作，诈骗分子大量利用银行账户与支付账户之间转账交易逃避公安机关追查。

2. 草案二次审议稿第十九条规定：银行业金融机构、非银行支付机构应当按照国家有关规定，完整、准确传输直接提供商品或者服务的商户名称、收付款客户名称及账号等交易信息，保证交易信息的真实、完整和支付全流程中的一致性。

二次审议稿吸纳了一审相关建议，增加了有关交易信息透传的条款内容。在审议过程中，有的部门建议删除“支付全流程中的一致性。”有的机构建议将“保证交易信息的真实、完整和支付全流程中的一致性”修改为“保证交易信息的完整性、一致性和不可抵赖性”。

3. 草案三次审议稿第十九条规定：银行业金融机构、非银行支付机构应当按照国家有关规定，完整、准确传输直接提供商品或者服务的商户名称、收付款客户名称及账号等交易信息，保证交易信息的真实、完整和支付全流程中的一致性。综合各方面意见，依据现行监管规定及实践经验，草案三次审议稿未对草案二次审议稿作出修改。

（三）有关国家和地区的规定

1.《欧盟支付服务指令Ⅱ》第46条“发起付款指令后付款人和收款人的信息”规定，如果支付指令是通过支付启动服务提供者启动的，支付启动服务提供者应在启动后立即向付款人和（如适用）收款人提供或提供所有下列数据：（1）与付款人的账户服务支付服务提供商确认成功发起支付订单；（2）使付款人和收款人能够识别支付交易的参考信息，并在适当情况下使收款人能够识别付款人，以及随支付交易转移的任何信息；（3）支付交易的金额；（4）在适用的情况下，支付给支付启动服务提供商的交易费用金额，以及在适用情况下此类费用的明细。

2. 欧盟2015年847号法规规定了资金转账中有关付款人和收款人的信息相关规则，以帮助预防、发现和调查洗钱和恐怖主义融资。其中第二章第4条规定了在资金转账中必须提供如下信息：（1）付款人的付款服务提供商需要保证转账付款同时附带付款人的以下信息：A. 付款人姓名；B. 付款人的付款账号；C. 付款人地址，或个人证件号码，或银行客户号码，或出生日期和出生地。（2）付款人的付款服务提供商需保证转账付款同时附带收款人的以下信息：A. 收款人姓名；B. 收款人的收款账号。

该法规在欧盟地区于2017年6月26日落地实施。付款服务提供商通过将上述信息作为付款业务硬性要求需要付款客户提供相关信息，汇款中转机构和收款机构通过系统或人工筛查确保相关信息完整。

【条文释义】

本条是关于交易信息透传的规定，具体可以从两方面来理解：

第一，关于交易信息传输内容。支付交易信息是买卖双方权利义务的数据体现，是实现货币资金转移的基础。实践中，支付服务机构不断应用新技术、创新支付方式，满足了小额、高频、便捷等复杂场景的支付需求，形成不同场景、不同支付方式下支付交易信息内容的差异。诈骗分子利用支付交易便捷性和业务场景复杂性，通过购买银行卡、账户、支付接口等，进行交易拆分，延长交易链条，隐匿交易踪迹，给支付服务机构风险监测带来困难，影响公安机关案件侦办效率。

人民银行现行监管制度对于交易信息传输内容作出规定，在银行卡收单、网络支付、条码支付等具体的业务管理制度中均提出明确要求。在实践中，银行业金融机构、非银行支付机构应当以维护人民群众合法权益为出发点和落脚点，统筹安全与效率，结合业务类型和交易场景，完整、准确传输交易信息，尤其是直接提供商品或者服务的商户名称（包括电子商务平台等交易平台名称）、收付款客户名称及账号等关键信息，要通过交易信息串联起商品或者服务交易的各个环节，为公安机关追溯资金提供支撑。

第二，关于交易信息传输质量。电子商务法第五十三条规定，电子支付服务提供者应当确保电子支付指令的完整性、一致性、可跟踪稽核和不可篡改。人民银行监管制度也对交易信息传输质量提出了具体要求，确保银行业金融机构和非银行支付机构在传输交易时，传输必要信息要素，保证交易信息的“真实性”“完整性”、以及支付全流程中的“一致性”。其中，“一致性”是指收付款方完成资金转移所对应同一笔交易的整个支付流程中各个节点、各个环节中的交易信息数据应保持一致，以便于还原交易链条。

实践中，银行业金融机构、非银行支付机构要按照清算机构制定的成员机构交易信息传输规则，在发起支付交易时完整、准确向交易对手方传输直接提供商品或者服务的商户名称（包括电子商务平台等交易平台名称）、收付款客户名称及账号等交易信息，保证交易信息的真实、完整和支付全流程中的一致性。清算机构应按照有关规定完善成员机构交易信息传输规则，加强对成员机构交易信息传输的管理。落实该项要求，有助于银行业金融机构、非银行支付机构、清算机构为公安机关追溯资金提供积极帮助，并据此提升自身风险监测识别能力。

【实践中应注意的问题】

在该条的理解适用中，应当注意以下两方面的问题：

（一）关于商户名称、收付款客户名称及账号

“直接提供商品或者服务的商户”包括实体商户和电子商务平台内经营者，实体商户即通过实体经营场所提供商品或服务的商户，电子商务平台内经营者则是通过电子商务平台销售商品或者提供服务的电子商务经营者。在具体实践中，部分交易信息在传输过程中被简化、省略或替代。因此，银行业金融机构、非银行支付机构通过清算机构完整、准确向交易对手方实时传输直接提供商品或者服务的商户信息。清算机构作为支付链条中的重要一环，应当通过明确跨机构交易信息报文规范等方式，要求银行业金融机构、非银行支付机构有效履行本法规定支付交易信息传输相关义务。

本条款中“收付款客户名称及账号”指银行业金融机构、非银行支付机构在为客户提供收付款方资金转移时，客户所有的账户名称和编码。在交易信息中真实反映收付款人的名称及账号，既是银行业金融机构、非银行支付机构履行反洗钱义务的基本要求，也是防范诈骗分子隐匿交易踪迹的重要措施。银行业金融机构、非银行支付机构应正确认识真实填写收付款客户名称及账号对维护金融安全、防范电信诈骗、保护人民群众“钱袋子”的重要作用，通过清算机构完整、准确向交易对手实时传输收付款客户名称及账号。对存在漏报、错报、伪造交易信息等行为的成员机构，清算机构可采取必要风险防范措施。

（二）注重保护个人信息

承载了交易信息的对账单是个人信息的重要组成部分，具有证明持卡人的交易关系的效力。因此，银行业金融机构、非银行支付机构以完整、准确传输交易信息为基础展示支付交易信息时，应当落实个人信息保护法关于保障交易知情权、保障个人信息安全等要求，既做到“客户看得懂、账目对得上”，也应对付款人姓名、身份证件号码、账号（卡号）等敏感信息在安全可靠的情况下进行展示，在打印小票等情形下可以脱敏处理后展示。当然，如果消费者需要了解每笔支付交易的完整信息，可以向银行业金融机构、非银行支付机构提出申请，通过银行业金融机构、非银行支付机构线下网点、

网上银行、手机银行获悉完整的交易信息，以维护自身合法权益。

【相关规定】

反洗钱法第三条；电子商务法第九条、第三十一条、第五十三条、第五十五条；个人信息保护法第二十八条；《非银行支付机构客户备付金存管办法》第二十九条；《银行卡收单业务管理办法》第二十五条；《中国人民银行关于加强银行卡业务管理的通知》第三条；《非银行支付机构网络支付业务管理办法》第十四条；《中国人民银行关于加强支付结算管理防范电信网络新型违法犯罪有关事项的通知》第十五条；《中国人民银行关于信用卡业务有关事项的通知》第五条；《中国人民银行关于规范支付创新业务的通知》第五条；《中国人民银行关于印发〈条码支付业务规范（试行）〉通知》第二十条；《中国人民银行关于进一步加强支付结算管理防范电信网络新型违法犯罪有关事项的通知》第十七条；《中国人民银行关于规范代收业务的通知》第三条；《中国人民银行关于加强支付受理终端及相关业务管理的通知》第三条。

第二十条　国务院公安部门会同有关部门建立完善电信网络诈骗涉案资金即时查询、紧急止付、快速冻结、及时解冻和资金返还制度，明确有关条件、程序和救济措施。

公安机关依法决定采取上述措施的，银行业金融机构、非银行支付机构应当予以配合。

【条文主旨】本条是关于涉诈资金即时查询、紧急止付、快速冻结、及时解冻和资金返还制度。

【立法宗旨和背景】

（一）起草背景

现实中，许多犯罪活动都是以非法获取资金为主要目的，犯罪分子通过各种手段转移涉案资金，开展形式多样的洗钱活动。公安机关开展涉案资金的查控，在打击各类犯罪活动中发挥着重要作用。建立完善电信网络诈骗涉案资金查控和返还机制，是打击电信网络诈骗犯罪的一项重要工作。

由于电信网络诈骗是利用电信网络技术手段，通过远程、非接触等方式骗取单位和个人资金，资金流转存在“快速”的特点，因而快速查控涉诈资金对打击犯罪起着关键作用。特别是2016年公安部会同人民银行等部门建立了“紧急止付”机制，公安机关可对相关账户采取48小时的只收不付措施，挽回大量人民群众损失。反电信网络诈骗法将这一行之有效的举措上升为法律，为公安机关侦办电信网络诈骗案件、最大限度追赃挽损提供了重要法律支撑。

电信网络诈骗犯罪中，受害人对打击犯罪的重要诉求之一就是返还受骗资金。2016年，原银监会会同公安部联合印发《电信网络新型违法犯罪案件冻结资金返还若干规定》，明确了返还工作原则、职责、返还条件、程序和方法以及被害人的义务。目前，公安机关运用该机制，对权属明确的被害人财产作出资金返还决定，银行业金融机构根据公安机关决定协助实施返还，维护了公民、法人和其他组织的合法财产权益。反电信网络诈骗法将该做法以立法形式明确，有利于切实维护人民群众的财产权益，减少电信网络诈骗犯罪案件中被害人的财产损失，确保依法返还被害人资金。

此外，从公安机关打击治理电信网络诈骗情况和司法实践来看，当前被止付冻结的一些涉案账户中，可能存在既有涉案资金，也有其他正常生产生活资金的情况，对相关账户（或数字钱包）进行冻结可能会对个人或单位正常使用账户造成一定影响。公安机关在电信网络诈骗涉案资金处置工作中，建立及时解冻机制并提供相关救济措施，既是保障人民群众合法财产权益的必要举措，也是公安机关资金查控工作顺利开展的重要保障。

（二）审议中各方面的意见

1. 反电信网络诈骗法草案初审稿第十七条规定：国务院公安部门会同有关部门建立完善电信网络诈骗涉案资金紧急止付、快速冻结和资金返还制度，明确有关条件、程序和救济措施。紧急止付、快速冻结、资金返还由公安机关决定，银行业金融机构、非银行支付机构应当予以配合。

在初审过程中，有的部门建议，增加“即时查询”和涉案账户长期冻结不明资金的处置措施；有的委员和地方建议，增加“及时解冻”。

2. 草案二次审议稿第二十条规定：国务院公安部门会同有关部门建立完善电信网络诈骗资金即时查询、紧急止付、快速冻结、及时解冻和资金返还制度，明确有关条件、程序和救济措施。紧急止付、快速冻结、资金返还由公安机关决定，银行业金融机构、非银行支付机构应当予以配合。根据各方面的意见，草案二次审议稿对草案作了以下修改，即增加了“即时查询”和“及时解冻”内容。

在审议、征求意见、通过前评估过程中，有的委员提出建议研究增加“人民法院”作为资金返还决定主体；有的部门建议，将本条中“国务院公安部门会同有关部门”修改为“司法机关会同有关部门”；有的非银行支付机构建议，明确申诉流程、证据标准和救济时间，降低对企业经营的影响。

3. 草案三审稿在第二十条规定：国务院公安部门会同有关部门建立完善电信网络诈骗涉案资金即时查询、紧急止付、快速冻结、及时解冻和资金返还制度，明确有关条件、程序和救济措施。公安机关依法决定采取上述措施的，银行业金融机构、非银行支付机构应当予以配合。

草案三次审议稿对草案二次审议稿的修改体现在将“紧急止付、快速冻结、资金返还由公安机关决定”修改为“公安机关依法决定采取上述措施的”。

（三）有关国家和地区的规定

1. 日本于2007年和2008年相继出台《从用于犯罪的存款账户资金中支付损害赔偿金法案》《关于从用于犯罪的存款账户资金中支付损害赔偿金法案的执行令》《关于从用于犯罪的存款账户资金中支付损害赔偿金法案的实施规定》，明确规定了将因电信网络诈骗等犯罪行为转移到金融机构账户中的诈骗资金向受害人进行返还的程序，旨在帮助诈骗受害人在未采取诉讼程序的情况下获得被骗资金返还。

2. 新加坡：一是建立涉诈账户快速冻结机制。2020年，新加坡警察局反诈中心、新加坡金融管理局以及金融机构合作启动FRONTIER项目。通过受害人报案，或者警方在侦察中发现可疑交易，可在一天内迅速冻结涉诈银行账户。二是安排银行工作人员入驻新加坡警察局反诈中心，协助快速冻结账户和追回资金。

【条文释义】

本条共分为两款。第一款是关于国务院公安部门会同有关部门建立完善电信网络诈骗涉案资金即时查询、紧急止付、快速冻结、及时解冻和资金返还制度的规定。具体可以从以下三个方面理解：

第一，关于查询、冻结和解冻。查询、冻结涉案资金是公安机关办理电信网络诈骗犯罪案件的重要处置措施。刑事诉讼法中规定“公安机关根据侦查犯罪的需要，可以依照规定查询、冻结犯罪嫌疑人的存款、汇款、债券、股票、基金份额等财产。有关单位和个人应当配合。”《最高人民法院、最高人民检察院、公安部等关于印发〈公安机关办理刑事案件适用查封、冻结措施有关规定〉的通知》中规定“根据侦查犯罪的需要，公安机关可以依法冻结涉案的存款、汇款、证券交易结算资金、期货保证金等资金，债券、股票、基金份额和国务院依法认定的其他证券，以及股权、保单权益和其他投资权益等财产”。《公安机关办理刑事案件程序规定》（2020 修正）中规定“公安机关根据侦查犯罪的需要，可以依照规定查询、冻结犯罪嫌疑人的存款、汇款、证券交易结算资金、期货保证金等资金，债券、股票、基金份额和其他证券，以及股权、保单权益和其他投资权益等财产，并可以要求有关单位和个人配合”。通过涉案信息查询，公安机关对电信网络诈骗案件的“资金链”进行追溯，也可能发现新的犯罪线索；通过冻结，公安机关阻断犯罪资金转移。查询和冻结操作也为后续犯罪案件的调查取证、侦查起诉和判决执行打下基础。公安机关查明冻结资金确与案件无关的，按照规定程序及时解除冻结措施，恢复相关资金使用。

第二，关于紧急止付。公安机关在侦办电信网络诈骗案件时，可以依法依规对涉案资金采取紧急止付措施。由于犯罪分子资金转移非常迅速，有的形成专业化的洗钱团伙，企图快速将犯罪资金转移到境外，逃避公安机关追查，对涉案资金采取“紧急止付”成为挽回诈骗损失的重要举措。

本条款就是对公安机关采取“紧急止付”措施的立法授权。实践中，一是被害人在遇到电信网络诈骗后及时报警，公安民警核实情况后，启动紧急止付程序，有效提升对涉案账户处置的时效性。二是紧急止付依照有关规定程序行使。2016 年，中国人民银行、工业和信息化部、公安部、原工商总局联合印发《关于建立电信网络新型违法犯罪涉案账户紧急止付和快速冻结机制的通知》，明确设定紧急止付期限和次数。目前该期限为 48 小时，在这 48 小时期间，公安机关可以进一步进行线索核查，发现犯罪事实的，应当按照刑事诉讼法的规定立案侦查，并采取冻结措施；止付期满后公安机关需要确定下一步措施，即解除紧急止付，或是立案进而采取正式的冻结措施。三是明确紧急止付只限定于公安机关侦办电信网络诈骗犯罪涉及的账户。

第三，关于公安机关的资金返还措施。本款明确公安机关建立资金返还机制，为公安机关对电信网络诈骗涉案资金返还提供重要法律支撑，也是对涉案资金司法处置的辅助和补充。实践中，公安机关以转账时间、金额等关键信息为标记，核查资金走向，经查冻结资金确属被害人的合法财产，按规定开展资金返还工作。

2016 年，原银监会联合公安部相继发布《关于印发电信网络新型违法犯罪案件冻结资金返还若干规定的通知》和《关于印发电信网络新型违法犯罪案件冻结资金返还若干规定实施细则的通知》，为依法、及时、便捷返还冻结资金提供了操作依据。

本条第二款是关于公安机关依法决定采取上述措施的，银行业金融机构、非银行支付机构应当予以配合的规定。

实践中，银行业金融机构、非银行支付机构在协助公安机关办理电信网络诈骗案件时，应及时按照公安机关的指令依法依规操作。《关于建立电信网络新型违法犯罪涉案账户紧急止付和快速冻结机制的通知》等文件也要求，人民银行、公安机关、电信主管部门、工商行政管理部门和银行、支付机构应建立高效运转的紧急止付和快速冻结工作机制，推动紧急止付和快速冻结顺利实施，最大限度挽回社会公众的财产损失。

【实践中应注意的问题】

（一）防止止付冻结操作“误伤”

实践中，由于公安机关侦破电信网络诈骗案件中采取的紧急止付、快速冻结等措施，在封堵涉案资金的同时，存在“误伤”个别账户或资金的可能，给社会其他正常金融活动带来一定影响。2013 年公安部会同相关部门印发的《公安机关办理刑事案件使用查封、冻结措施有关规定》规定“金融机构存款准备金和备付金”等十四类账户或款项，公安机关不得冻结。针对电信网络诈骗涉案资金处置，公安机关专门建立了“白名单制度”，明确了不得被止付、冻结的账户或资金，并根据实际进行动态调整。

（二）完善救济渠道和措施

有关单位或个人的银行账户、支付账户、数字钱包被公安机关采取止付、冻结等管控措施后，可以向公安机关提出申诉，主张自己账户或资金的合法权益。公安机关应当建立完善救济机制，提供便利人民群众的申诉渠道，及时受理单位或个人的申诉，依法依规进行调查核实和采取处置措施，并向申诉人及时反馈。此外，对于经甄别核查确属涉案账户和涉案资金的，相关开户人员或洗钱人员到开户银行、支付机构恶意滋事，或通过其他手段恶意干扰银行和支付机构正常经营的，公安机关应当快速处置，维护银行和支付机构正常经营秩序，防止引发恶意炒作，对构成违法犯罪行为的，应当依法予以打击。

【典型案例】

某日，某市反诈中心接到警情：犯罪嫌疑人通过某聊天软件冒充某机械有限公司老板，指示该公司财务人员杨某向指定企业账户转账，杨某未经核实，便向犯罪嫌疑人指定账户转账 89 万元，随即发现被骗遂报警。反诈中心接警后，立即开展紧急止付，收款账户的开户银行按照公安机关的操作指令，对被诈骗资金 89 万元及时全额止付，避免了被犯罪嫌疑人转走。

【相关规定】

民法典第二百零七条；刑事诉讼法第一百四十四条；商业银行法第二十九条、第三十条；反有组织犯罪法第四十四条；《中国银监会、最高人民检察院、公安部、国家安全部关于印发〈银行业金融机构协助人民检察院公安机关国家安全机关查询冻结工作规定〉的通知》第三条、第四条、第五条、第十五条、第十九条、第二十七条；《中国人民银行、工业和信息化部、公安部、工商总局关于建立电信网络新型违法犯罪涉案账户紧急止付和快速冻结机制的通知》；《中国银监会、公安部关于印发〈电信网络新型违法犯罪案件冻结资金返还若干规定〉的通知》；《中国银监会办公厅、公安部办公厅关于印发〈电信网络新型违法犯罪案件冻结资金返还若干规定实施细则〉的通知》；《最高人民法院、最高人民检察院、公安部等关于印发〈公安机关办理刑事案件适用查封、冻结措施有关规定〉的通知》第二条、第三条、第二十三条、第二十五条、第二十六条、第二十七条、第三十条;《公安机关办理刑事案件程序规定》(2020修正)第二百三十七条、第二百三十八条、第二百三十九条、第二百四十条、第二百四十一条、第二百四十二条、第二百四十三条、第二百四十七条。

第四章　互联网治理

第二十一条　电信业务经营者、互联网服务提供者为用户提供下列服务，在与用户签订协议或者确认提供服务时，应当依法要求用户提供真实身份信息，用户不提供真实身份信息的，不得提供服务：

（一）提供互联网接入服务；

（二）提供网络代理等网络地址转换服务；

（三）提供互联网域名注册、服务器托管、空间租用、云服务、内容分发服务；

（四）提供信息、软件发布服务，或者提供即时通讯、网络交易、网络游戏、网络直播发布、广告推广服务。

【条文主旨】本条是关于网络实名制的规定。

【立法宗旨和背景】

（一）起草背景

随着我国网络基础设施全面建成，我国互联网用户数量大幅增加，中国互联网络信息中心（CNNIC）发布的第49次《中国互联网络发展状况统计报告》显示，截至2021年12月，我国网民规模达10.32亿，互联网普及率达73.0%。然而，互联网本身具有的匿名性、虚拟性、非同步性等特征，在助力其自身蓬勃发展的同时，也使其更容易被诈骗分子利用。近几年，互联网领域电信网络诈骗犯罪行为呈现多发高发态势。中国司法大数据研究院数据显示，2017年至2021年，全国各级人民法院一审审结网络诈骗类案件高达10.30万件。

互联网实名制是治理互联网领域电信网络诈骗犯罪的有效手段之一。互联网的匿名性导致诈骗分子可以通过互联网以极低成本租赁、注册网络资源，大量发布、传播不实信息，轻易进行诈骗引流与实施。而互联网实名制通过身份登记、认证等手段达到网络虚拟主体和现实主体的对应，对诈骗分子构成一种威慑力，有利于遏制诈骗分子言论、阻断不良信息传播、规范网络秩序、净化互联网环境，进而达到推进网络空间健康发展、维护用户人身及财产安全的最终目的。

在具体实施层面，则需要依据电信网络诈骗犯罪突出特点进行针对性互联网实名制管理。近年来电信网络诈骗犯罪链条化特点越发突出，诈骗团伙底层人员将涉诈资源接入互联网，中层人员获取网站域名、网络地址、云上存储空间等各类互联网资源，上层人员进行涉诈信息、软件的发布及引流，进而实施诈骗，整体呈现产业化分布、集团化运作、精细化分工等有组织犯罪特征。针对单一一点的管理措施无法形成对互联网领域电信网络诈骗的全面防范和有效治理，亟须针对电信网络诈骗的关键环节，从电信业务、互联网服务两方面出发，围绕网络接入、资源获取、信息分发、内容提供等多个维度，制定体系化互联网实名制要求，实现互联网领域电信网络诈骗的全链条监管与治理。

目前，国内已有一些法律条款对互联网实名制作出规定，如反恐怖主义法第二十一条要求电信、互联网等业务经营者、服务提供者应当对客户身份进行查验，网络安全法第二十四条明确网络运营者在与用户签订协议或者确认提供服务时，应当要求用户提供真实身份信息。但是，现有法律规定总体上较为宽泛，对电信网络诈骗关键环节的针对性不强，主体责任不够明确，亟待通过相关法律明确各部门、单位责任，细化互联网领域重点业务的实名制要求，强化电信网络诈骗协同综治、源头治理。

本条以互联网领域电信网络诈骗防范治理为出发点，承接反恐怖主义法、网络安全法互联网实名制相关规定，从底层接入到上层应用，从资源获取到信息服务，从用户端到云端，按照电信网络服务的链条环节，针对电信网络诈骗关键节点的用户信息登记进行专门立法，旨在从源头解决电信网络诈骗犯罪防范难、治理难、溯源难等问题，维护人民群众切身利益。

（二）审议中各方面的意见

1. 反电信网络诈骗法草案第十八条规定：“互联网服务提供者在与用户签订协议或者确认提供服务时，应当依法要求用户提供真实身份信息，用户不提供真实身份信息的，不得提供下列相关服务：（一）提供互联网接入服务；（二）提供虚拟专用网络、网络代理等网络地址转换服务；（三）提供互联网域名注册、主机托管、空间租用、云服务、内容分发服务；（四）提供信息、应用和软件发布服务，或者提供即时通信、网络支付、网络交易、网络游戏、网络直播、广告推广服务。”

在审议和征求意见过程中，有的部门对责任主体提出建议，建议增加电信业务经营者。有些部门、单位和常委会组成人员针对真实身份信息提出建议，建议明确“真实身份信息”范围，限制真实身份信息使用者，并增加例外条款。有些部门、单位和常委会组成人员针对条款范围提出建议，建议增加“互联网账号注册”，将“网络直播”修改为“网络直播发布”，将“即时通信”修改为“即时通讯”，删除“服务器托管”“空间租用”“内容分发服务”“网络支付”，并增加兜底规定。有的部门、单位、企业针对身份核验提出建议，建议有关部门提供实名认证数据源比对接口，建议增加基于手机号码进行网络实名认证的核验验证要求，建议针对核验方式增加“核验动态人脸识别信息”等要求。

2. 草案二次审议稿第二十一条规定：“电信业务经营者、互联网服务提供者在与用户签订协议或者确认提供服务时，应当依法要求用户提供真实身份信息，用户不提供真实身份信息的，不得提供下列服务：（一）提供互联网接入服务；（二）提供虚拟专用网络、网络代理等网络地址转换服务；（三）提供互联网域名注册、服务器托管、空间租用、云服务、内容分发服务；（四）提供信息、应用和软件发布服务，或者提供即时通讯、网络交易、网络游戏、网络直播发布、广告推广服务。”

根据各方面的意见，草案二次审议稿对草案作了以下修改：一是增加“电信业务经营者”。考虑到本条第一项、第三项涉及电信业务，本条修改旨在进一步明确责任主体。二是第三项中的“主机托管”修改为“服务器托管”，与刑法第二百八十七条之二的相关表述保持一致。三是第三项中的“网络直播”修改为“网络直播发布”，与《网络直播营销管理办法（试行）》第八条的相关表述保持一致。四是第四项中的“即时通信”修改为“即时通讯”，与民法典、网络安全法等法律中的相关表述保持一致。五是删去网络支付，相关要求已经包含在本法第十五条金融业务尽职调查要求中。

在二次审议稿征求意见和通过前评估过程中，有的企业针对责任主体提出建议，建议在制定条款时考虑到中小企业实际情况。有的企业针对真实身份信息提出二次建议，建议明确“真实身份信息”范围。有的部门和常委会组成人员针对条款范围提出建议，建议删除第二项中的“虚拟专用网络”，将“网络直播发布”修改回为“网络直播”，并二次建议增加兜底规定。有的部门针对验证手段与方式提出建议，建议在电话卡实名制基础上，进一步提升验证手段与方式。

3. 在终稿中，根据各部门和常委会组成人员的审议意见，本条又作了以下修改：一是删去第二款中“虚拟专用网络”一词。二是删去“提供信息、应用和软件发布服务”中“应用”一词。

（三）有关国家和地区的规定

目前互联网实名制已在韩国、日本、美国等多国以不同形式进行了一定的应用和推广。

韩国是全球率先普及互联网的国家之一，也是第一个强制实行互联网实名制的国家。2005 年，发生在网络论坛的一系列网络暴力事件，使韩国政府开始尝试推行互联网实名制，并据此修改了《促进信息化基本法》《信息通信基本保护法》，为互联网实名制提供法律依据。2007 年，互联网实名制正式在社会范围内实施，韩国 35 家主要网站均要求用户使用真实姓名和身份证号码注册登录。2011 年 8 月，韩国政府鉴于网民个人信息被大量偷窃和泄露，决定分阶段废除网络实名制。

在日本，政府目前虽然没有实行互联网实名制，但对于网上各种有害信息并没有放任不管。针对“2ch”（2 频道）等网络论坛出现的一系列网络诉讼案，日本 2002 年开始实施《提供商责任限制法》，规定若网页或 BBS 上传播的信息对他人造成了侵害，被侵害者有权要求网络服务提供者公开信息发布者的名称、住址、电子邮件地址及相关 IP 地址。此后，“2ch”开始保存包括发帖者 IP 地址在内的各种信息，并随时配合警方的互联网诉讼调查。

美国尚无制度层面的网络实名要求，但作为大型国际性互联网企业的集中地，Facebook、LinkedIn 等美国众多互联网巨头通过用户协议等方式推行各自平台上的网络账号实名制政策。Facebook 网站是美国较早推行账号实名制的社交网络平台，它要求用户账号姓名应该与身份证上的姓名或身份证件列表中文件上的姓名保持一致。LinkedIn 网站是美国具有全球影响力的求职平台，该平台现行用户协议第 2.1 条服务资格要求“您只能拥有一个领英账号，并且使用实名”，以及第 8.1 条要求“在职业档案中使用真实姓名”。

【条文释义】

本条可以从互联网实名制的一般规定、真实身份信息的界定、互联网实名服务的范围三个方面进行理解。其中，“互联网实名制的一般规定”将对现有法律、行政法规、部门规章中各项有关电信业务、互联网服务的实名制要求进行介绍，“真实身份信息的界定”将对用户真实身份信息进行讨论归纳，“互联网实名服务的范围”将对本条款中提到的各项重点服务分别进行介绍。

第一，互联网实名制的一般规定。

1. 现有法律中的互联网实名制规定。在现有关于互联网实名制的法律中，一般要求用户实名登记、用户实名注册作为互联网服务提供的前置条件，如果用户无法提供身份信息，或提供的是虚假的身份信息，则企业不应为用户提供有关服务。2012 年《全国人民代表大会常务委员会关于加强网络信息保护的决定》提出针对网站接入服务和信息发布服务的实名制要求，要求企业在“与用户签订协议或者确认提供服务时，要求用户提供真实身份信息”。2015 年反恐怖主义法从维护国家安全、公共安全和人民生命财产安全角度出发，提出“电信、互联网等业务经营者、服务提供者，应当对客户身份进行查验。对身份不明或者拒绝身份查验的，不得提供服务”，强调了用户身份查验的必要性。2016 年网络安全法在《全国人民代表大会常务委员会关于加强网络信息保护的决定》要求的基础上，进一步增加了对域名注册、即时通讯用户的实名登记要求，并配套了相应的处罚措施。此外，2020 年修订的未成年人保护法也对未成年人进行网络游戏或网络直播发布提出真实身份信息认证的要求，其中第七十五条明确“网络游戏服务提供者应当要求未成年人以真实身份信息注册并登录网络游戏”，第七十六条明确“网络直播服务提供者不得为未满十六周岁的未成年人提供网络直播发布者账号注册服务；为年满十六周岁的未成年人提供网络直播发布者账号注册服务时，应当对其身份信息进行认证，并征得其父母或者其他监护人同意”。在这一系列法律规定下，在提供网站接入、信息发布、域名注册、即时通讯、网络游戏、网络直播等服务前，依法要求用户提供真实身份信息已成为了相关企业所必须要履行的一项义务。

2. 有关行政法规中的互联网实名制规定。2000 年《互联网信息服务管理办法》将互联网信息服务分为经营性和非经营性两类，其中，经营性互联网信息服务实行许可制度，即任何企业如拟通过互联网向上网用户有偿提供信息或者网页制作等服务活动，需要首先向省、自治区、直辖市电信管理机构或者国务院信息产业主管部门申请办理互联网信息服务增值电信业务经营许可证；非经营性互联网信息服务实行备案制度，即任何企业如拟通过互联网向上网用户无偿提供具有公开性、共享性信息的服务活动，均须向省、自治区、直辖市电信管理机构或者国务院信息产业主管部门办理备案手续，办理备案时，应当提交主办单位和网站负责人的基本情况。

3. 有关部门规章和规范性文件中的互联网实名制规定。基于国家法律和行政法规，针对网络接入、域名注册、资源租用、信息服务等具体互联网服务，工业和信息化部、国家互联网信息办公室等多部门已发布多项部门规章和规范性文件，将各项实名制规定细化落实。

在网站接入服务方面，2017 年工业和信息化部发布的《电信业务经营许可管理办法》规定了相关服务提供者应当要求用户提供真实身份信息并予以查验。

在互联网资源服务方面，2005 年原信息产业部发布的《互联网 IP 地址备案管理办法》中，明确国家对 IP 地址的使用实行备案管理，并规定各级 IP 地址分配机构在分配 IP 地址时，应当收集其所分配的用户基本信息并同步进行报备；2017 年工业和信息化部发布的《互联网域名管理办法》规定了相关服务提供者应要求办理人提供真实、准确、完整的身份信息，并对其真实性、完整性进行核验。

在信息服务方面，国家互联网信息办公室先后发布了《互联网用户账号名称管理规定》《互联网用户公众账号信息服务管理规定》《互联网用户账号信息管理规定》，对互联网用户账号作出统一规定，确立了“后台实名、前台自愿”的普遍原则，要求用户通过真实身份信息认证后方可注册账号。此外，除《非经营性互联网信息服务备案管理办法》针对信息发布服务进行了规定外，2014 年国家互联网信息办公室发布的《即时通信工具公众信息服务发展管理暂行规定》、2016 年国家互联网信息办公室发布的《互联网直播服务管理规定》、国家工商行政管理总局发布的《互联网广告管理暂行办法》和工业和信息化部发布的《移动智能终端应用软件预置和分发管理暂行规定》、2019 年国家新闻出版署发布的《关于防止未成年人沉迷网络游戏的通知》、2021 年国家市场监督管理总局发布的《网络交易监督管理办法》分别对即时通讯、网络直播发布、广告推广、软件发布、网络游戏、网络交易服务进行了详细规定，要求服务提供者登记核实用户真实身份信息。

第二，真实身份信息的界定。

虽然“真实身份信息”一词早在 2012 年的《全国人民代表大会常务委员会关于加强网络信息保护的决定》中便已被提及，但国内现有法律并未对真实身份信息范围作出明确规定。在各项行政法规、部门规章、规范性文件中，对真实身份信息范围也未有统一规定。例如，工业和信息化部在 2013 年发布的《电话用户真实身份信息登记规定》中，认为真实身份信息包括居民身份证、临时居民身份证或者户口簿等有效证件上所记载的姓名（名称）、号码、住址信息等。国家互联网信息办公室在 2016 年发布的《移动互联网应用程序信息服务管理规定》中，认为真实身份信息包括移动电话号码、身份证件号码或者统一社会信用代码等。

按照目前电信业务经营者、互联网服务提供者对于网络实名认证的实际操作，真实身份信息可分为直接身份信息和间接身份信息。其中，直接身份信息指能够直接识别自然人或组织机构的各种信息，包括但不限于姓名、出生日期、身份证件号码、统一社会信用代码、地址等信息；间接身份信息指基于其他实名认证系统识别自然人或组织机构的各种信息，包括但不限于手机号码、银行卡等信息。相较直接身份信息，间接身份信息是基于其他实名认证系统中的用户真实身份信息实现互联网实名制，因此需要与其他系统进行交叉核验，避免诈骗分子通过突破其他实名认证系统，或通过利用系统间信息不同步的漏洞，突破互联网实名制，进而实施诈骗。

第三，互联网实名服务的范围。

1. 互联网接入服务：根据《电信业务分类目录（2015 年版）》中对“B14 互联网接入服务业务”的定义，本条第一项中“互联网接入服务”是指利用接入服务器和相应的软硬件资源建立业务节点，并利用公用通信基础设施将业务节点与互联网骨干网相连接，为各类用户提供接入互联网的服务。用户可以利用公用通信网或其他接入手段连接到其业务节点，并通过该节点接入互联网，包括为信息服务业务经营者提供接入互联网的服务（如网站专线接入）和为普通上网用户提供接入互联网的服务（如楼宇、小区宽带接入）。

诈骗分子在本地制作涉诈网站、App 等涉诈资源后，均需要通过办理网站接入服务或宽带接入服务，使得诈骗资源变为可访问的状态。本条结合网络安全法、《电信业务经营许可管理办法》相关规定，对互联网接入服务实名制提出要求。

2. 互联网资源服务：互联网资源服务包括第二项中的网络地址转换服务和第三项中的互联网域名注册服务、服务器托管服务、空间租用服务、云服务、内容分发服务。

网络地址转换服务。第二项中网络地址指的是互联网协议地址（以下简称 IP 地址），即互联网上每台设备唯一的地址，它使得网络互联成为可能。“网络地址转换服务”指通过代理服务器代替互联网用户发送、接收数据信息，以掩盖用户真实 IP 地址的一项服务。

互联网域名注册服务。由于 IP 地址难以被记忆且无法传达地址性质，因此人们使用互联网域名使得网站访问更加方便快捷，并通过网域名称系统（Domain Name System，简称 DNS）来将域名和 IP 地址相互映射。由于互联网域名资源相对有限且不可重复，互联网域名需要在域名注册服务机构等专门机构进行申请、注册，本条第三项中提到的“互联网域名注册服务”可参照《互联网域名管理办法》，指受理用户域名注册申请并直接或间接完成域名在顶级域名数据库中注册的一项服务。

服务器托管服务、空间租用服务、云服务。第三项中“服务器托管服务”“空间租用服务”“云服务”均属于互联网数据中心所提供的服务范畴，按照《电信业务分类目录（2015 年版）》中对“B11 互联网数据中心业务”的定义，“服务器托管服务”指利用相应的机房设施，以外包出租的方式为用户的服务器等互联网或其他网络相关设备提供放置、代理维护、系统配置及管理的服务；“空间租用服务”指利用相应的机房设施，提供数据库系统或服务器等设备的出租及其存储空间的出租、通信线路和出口带宽的代理租用和其他应用的服务；“云服务”相关的互联网资源协作服务指利用架设在数据中心之上的设备和资源，通过互联网或其他网络以随时获取、按需使用、随时扩展、协作共享等方式，为用户提供数据存储、互联网应用开发环境、互联网应用部署和运行管理等服务。

内容分发服务。第三项中“内容分发服务”指利用分布在不同区域的节点服务器群组成流量分配管理网络平台，为用户提供内容的分散存储和高速缓存，并根据网络动态流量和负载状况，将内容分发到快速、稳定的缓存服务器上，提高用户内容的访问响应速度和服务的可用性服务，属于《电信业务分类目录（2015 年版）》的“B12 内容分发网络业务”。

或是出于隐蔽其真实位置信息以躲避事后溯源的目的，或是出于提升资源访问质量和响应速度的目的，诈骗分子大多会选择使用以上服务获得更多互联网资源以实施诈骗。本条结合网络安全法、《非经营性互联网信息服务备案管理办法》、《互联网 IP 地址备案管理办法》和《互联网域名管理办法》等相关规定，对网络地址转换服务、互联网域名注册服务、服务器托管服务、空间租用服务、云服务、内容分发服务实名制提出要求。

3. 信息服务：第四项中的信息、软件发布服务和即时通讯、网络交易、网络游戏、网络直播发布、广告推广等服务均为信息服务，诈骗分子一般通过此类信息服务对涉诈资源进行分发或引流。

本条结合《即时通信工具公众信息服务发展管理暂行规定》《互联网直播服务管理规定》《互联网广告管理暂行办法》《移动智能终端应用软件预置和分发管理暂行规定》《关于防止未成年人沉迷网络游戏的通知》《网络交易监督管理办法》等相关规定，对信息、软件的分发服务和即时通讯、网络交易、网络游戏、网络直播发布、广告推广等垂直应用服务实名制提出要求。

【实践中应注意的问题】

在实践中有以下两点问题需要注意：

一是建立网络真实身份交叉核验机制。针对身份证号等直接实名信息，电信业务经营者、互联网服务提供者可通过活体认证等方式直接进行核验；针对手机号码、银行卡等间接实名信息，须进一步核验用户手机号码、银行卡实名信息与申请互联网服务用户的身份信息是否一致，避免出现违法犯罪分子突破电话卡、银行卡实名制，进而突破互联网实名制的问题。

二是注重个人信息保护。电信业务经营者和互联网服务提供者在处理个人信息时，应严格按照个人信息保护法规定，遵循合法性原则、目的明确与限制原则、正当程序原则和最小必要原则等四大原则性规制，建立完善个人信息保护制度，加强个人信息保护能力，避免用户个人信息被不法分子轻易盗用。

【典型案例】

案例1：2019年6月，北京警方工作中发现北京奇客创想科技股份有限公司旗下的7k7k应用分发平台有130款App开发者信息不完整，违反了网络安全法第二十四条之规定。警方依据网络安全法第六十一条给予该公司责令限期整改的行政处罚。

案例2：2019年1月，北京警方工作中发现北京千秋大业信息科技有限公司存在未按要求留存接入用户真实身份信息的情况，经核查，该公司于2018年因未按要求留存用户真实信息已被公安机关给予行政警告并责令限期改正。因其逾期未改，警方依据《计算机信息网络国际联网安全保护管理办法》第二十一条之规定给予该公司罚款9000元、公司主管人员罚款3000元的行政处罚。

【相关规定】

《全国人民代表大会常务委员会关于加强网络信息保护的决定》第六条；网络安全法第二十四条、第六十一条；反恐怖主义法第二十一条；未成年人保护法第七十五条、第七十六条；《电信业务经营许可管理办法》第二十四条；《互联网域名管理办法》第三十条；《互联网信息服务管理办法》第四条；《即时通信工具公众信息服务发展管理暂行规定》第六条；《互联网用户账号名称管理规定》第五条；《移动互联网应用程序信息服务管理规定》第七条；《互联网论坛社区服务管理规定》第八条；《互联网直播服务管理规定》第十二条；《关于防止未成年人沉迷网络游戏的通知》第一条；《互联网广告管理暂行办法》第十二条、第十五条；《网络交易监督管理办法》第二十四条。

第二十二条　互联网服务提供者对监测识别的涉诈异常账号应当重新核验，根据国家有关规定采取限制功能、暂停服务等处置措施。

互联网服务提供者应当根据公安机关、电信主管部门要求，对涉案电话卡、涉诈异常电话卡所关联注册的有关互联网账号进行核验，根据风险情况，采取限期改正、限制功能、暂停使用、关闭账号、禁止重新注册等处置措施。

【条文主旨】本条是关于互联网服务提供者对涉诈异常互联网账号及涉案电话卡、涉诈异常电话卡所关联注册的互联网账号进行监测、核验、处置的规定。

【立法宗旨和背景】

（一）起草背景

随着社会信息化进程加快，我国刑事犯罪呈现出向互联网蔓延的趋势，电信网络诈骗违法犯罪活动向互联网领域发展蔓延的势态也进一步加剧。特别是2020年以来，受疫情影响，经济下行和就业压力增大，给网络贷款、刷单、虚假购物、“杀猪盘”等诈骗创造了条件和机会，加剧了电信网络诈骗案件高发态势。在电信网络诈骗活动实施过程中，互联网账号在引流、通信、支付等全流程各环节被不法分子大量利用，因此，涉诈互联网账号治理是电信网络诈骗治理工作中不可忽视的一环。然而，涉诈互联网账号治理面临着很多问题。一方面，大量互联网账号存在被租赁、买卖等问题，导致其被不法分子利用进行电信网络诈骗，在事后追查时难以追踪到涉诈互联网账号的实际使用人，大大增加了溯源的难度。另一方面，互联网服务提供者与电信业务经营者掌握的涉诈数据并未实现互联互通，存在涉诈电话卡已被核查处置，但是其关联注册的互联网账号仍然活跃等问题，导致涉诈高风险互联网账号被不法分子大量利用。因此，有必要将互联网服务提供者对涉诈异常互联网账号、涉案电话卡及涉诈异常电话卡所关联注册互联网账号的治理义务形成相关法律，强化互联网账号管理和涉诈异常互联网账号治理，实现源头治理、防患未然的目标。

（二）审议中各方面的意见

1. 反电信网络诈骗法草案第十九条规定："互联网服务提供者对监测识别的异常账号应当采取重新核验、限制功能、暂停服务等处置措施。""互联网服务提供者应当根据公安机关、电信主管部门要求，对涉案电话卡、涉诈高风险电话卡所关联注册的有关互联网账号采取关停等处置措施。"

在起草阶段、审议和征求意见过程中，有的部门、企业和社会公众提出，草案对涉诈异常互联网账号的处置措施仅列举了关停措施，建议根据实际风险情况采取多种类、分层次的分级处置措施。有的企业建议对第一款中监测识别的对象限定在"涉诈"异常账号，而非全部异常账号。有的人大代表建议将第一款中的"重新核验"明确为"实人实操核验"以应对互联网账号实名不实人等问题。有的企业提出"涉诈高风险电话卡"中的高风险认定标准不够明确，建议删除第二款中的"涉诈高风险电话卡"。有的部门建议在"关停等处置措施"前增加"重新核验身份信息"。有的部门建议增加条款，对"非实名及违规办理的电话卡、涉诈用户身份信息所关联注册的互联网账号"也采取本条第二款措施。还有部门和企业建议增加规定以明确对用户造成误伤的相应补救申诉机制。

2. 草案二次审议稿第二十二条规定："互联网服务提供者对监测识别的涉诈异常账号应当采取重新核验、限制功能、暂停服务等处置措施。""互联网服务提供者应当根据公安机关、电信主管部门要求，对涉案电话卡、涉诈异常电话卡所关联注册的有关互联网账号进行核验，根据风险情况，采取限期改正、限制功能、暂停使用、关闭账号、禁止重新注册等处置措施。"

根据各方面的意见，草案二次审议稿对草案作了以下修改：一是将"异常账号"修改为"涉诈异常账号"，进一步明确本条款适用范围。二是将

“涉诈高风险电话卡”修改为“涉诈异常电话卡”，与第十一条等前述条款表述一致。三是将“采取关停等处置措施”修改为“进行核验，根据风险情况，采取限期改正、限制功能、暂停使用、关闭账号、禁止重新注册等处置措施”。一方面，参照工业和信息化部、公安部2021年6月发布的《关于依法清理整治涉诈电话卡、物联网卡以及关联互联网账号的通告》第五条规定，要求互联网服务提供者对涉案电话卡、涉诈异常电话卡所关联注册的有关互联网账号进行核验，而不是直接关停，进一步提升处置精准性，降低误处置风险；另一方面，要求互联网服务提供者根据风险情况分级采取处置措施，并对互联网账号处置措施加以具体化。

在审议、征求意见过程中，有的常委、企业建议明确对用户产生误伤等情况的补救申诉机制，对被限制功能、暂停服务的通过什么途径可以予以恢复作出明确规定。有的企业建议明确涉诈异常账号的判断标准。有的部门建议本条的规制对象增加“电信业务经营者”。还有的部门建议将第二款“进行核验”修改为“进行重新登录、实名核验”。

3. 草案三次审议稿第二十二条规定：“互联网服务提供者对监测识别的涉诈异常账号应当重新核验，根据国家有关规定采取限制功能、暂停服务等处置措施。”“互联网服务提供者应当根据公安机关、电信主管部门要求，对涉案电话卡、涉诈异常电话卡所关联注册的有关互联网账号进行核验，根据风险情况，采取限期改正、限制功能、暂停使用、关闭账号、禁止重新注册等处置措施。”根据各方面的意见，本条又作了以下修改：将第一款中“采取重新核验、限制功能、暂停服务等处置措施”修改为“应当重新核验，根据国家有关规定采取限制功能、暂停服务等处置措施”。

（三）有关国家和地区的规定

欧洲理事会于2022年10月通过了《数字服务法》（the Digital Services Act，DSA），从网络内容治理和互联网经济秩序维持两个方面规制互联网市场，赋予互联网企业强制性义务。《数字服务法》规范了互联网平台对在线内容的审查义务和对互联网账号的管理义务，在内容治理方面要求互联网平台在方便用户的基础上建立删除非法内容和及时通知用户的机制，并要求建立内部投诉处理系统；在互联网账号管理方面，规定对经常提供明显违法内容的服务对象，互联网平台应在合理的期限内，经事先警告后暂停向其提供服务。

与欧盟逐渐规范互联网内容审查和账号管理的措施不同，美国仍声称坚持较为绝对的言论自由主义，因此在有关互联网用户管理的讨论上偏向于自由化。1996 年美国《通信法》第 230 条规定：“任何交互式计算机服务的提供商或者用户不应被视为另一信息内容提供商提供的任何信息的发布者和发言人”。该规定概括性地免除了互联网平台对用户行为及其发布的信息内容应承担的管理职责，包括刑事、知识产权、通信隐私以及其他法律上的违规风险。但伴随互联网平台算法的兴起，近年来主张废除第 230 条以使互联网平台承担更多责任的呼声日渐高涨。2020 年 9 月，美国司法部向国会提议制定限制大型互联网公司部分豁免权的立法，司法部认为通过取消互联网公司在某些情况下的豁免将有助于促使它们制定出对公众健康更为友好的政策。

【条文释义】

本条共分两款。第一款是关于建立涉诈异常账号监测、核验、处置制度的规定，本款包含以下几个方面的内容：

第一，涉诈异常账号的监测识别。互联网服务提供者为用户提供账号注册、登录等互联网账号相关服务的，应对涉诈异常账号进行监测识别。其中，涉诈异常账号是指账号或账号所有人疑似存在以损害公共利益或谋取不正当利益为目的的涉诈异常行为，如仿冒机关单位和领导、发布涉诈引流信息、频繁发生异常通信、引导用户贷款赌博等。监测识别的涉诈异常账号应包含多个来源。一方面，互联网服务提供者应具备主动监测识别能力，通过建立相关风控模型等方式主动监测发现涉诈异常账号；另一方面，互联网服务提供者也应对公安机关或电信主管部门通报、用户举报等渠道获取的涉诈异常账号建立监测、识别、检测等相关机制。

第二，涉诈异常账号的核验处置。本款要求互联网服务提供者具备对涉诈异常互联网账号的核验能力，能够对涉诈异常账号进行核验，并对涉诈异常账号采取限制功能、暂停服务等处置措施。涉诈异常账号的核验方式应包含但不限于短信验证码核验、真实身份信息核验、二次实人认证核验等。在具体实施层面，互联网服务提供者应规范开展处置工作，针对公安机关、电信主管部门通报的涉诈高风险互联网账号，按照《关于依法清理整治涉诈电话卡、物联网卡以及关联互联网账号的通告》等规范性文件要求进行核验；针对其他互联网账号信息，按照《互联网用户账号信息管理规定》等规范性文件要求对用户注册时提交的和使用中拟变更的账号信息等进行核验。

第二款是对涉案电话卡、涉诈异常电话卡所关联注册的互联网账号的核验处置规定，本款规定可以从以下几个方面理解：

第一，账号范围限定为涉诈电话卡关联注册的互联网账号。本款的互联网账号范围明确为涉案电话卡、涉诈异常电话卡所关联注册的有关互联网账号，特指由电话卡关联注册的互联网账号，采用其他方式，如邮箱、即时通信账号等注册的互联网账号不在本款的限定范围内。其中电话卡关联注册指其互联网账号是使用电话卡完成注册或与电话卡进行关联的，即用户可以使用电话卡作为账号信息，以填写密码或收取验证码等方式进行登录。

第二，涉诈电话卡关联注册的互联网账号核验原则。本款要求互联网服务提供者对涉案电话卡、涉诈异常电话卡所关联注册的互联网账号进行核验，避免出现涉案电话卡或涉诈异常电话卡已被处置但其关联注册的互联网账号仍被不法分子使用等问题。在具体实施层面，互联网服务提供者应建立互联网账号核验的管理机制和技术手段，应按照国家有关规定，通过真实身份信息一致性比对等技术手段对公安机关、电信主管部门明确的涉案电话卡、涉诈异常电话卡所关联注册的互联网账号进行核验。针对本法第二十一条或其他规范性文件中要求的应提供真实身份信息的互联网账号，互联网服务提供者应对涉案电话卡、涉诈异常电话卡所关联注册的互联网账号登记的真实身份信息与关联注册电话卡的真实身份信息进行比对，比对不通过的应引导用户更新关联电话卡或更新实名信息；针对涉案电话卡、涉诈异常电话卡所关联注册的互联网账号未要求提供真实身份信息的，应对互联网账号使用人信息与关联注册电话卡的实名信息进行比对，以避免电话卡登记信息与互联网账号使用人不一致等问题。

第三，涉诈电话卡关联注册的涉诈互联网账号应分级处置。本款要求互联网服务提供者依据账号风险情况，分级采取处置措施，其中处置措施包括但不限于限期改正、限制功能、暂停使用、关闭账号、禁止重新注册等。互联网账号在电信网络诈骗活动各个环节中经常被利用，相关风控模型很难做到完全精准，如果不管客观条件，一律采取简单化“一刀切”的处置措施，不仅会使本条款落地执行的效果打折扣，还会给用户生活带来负面影响。因此互联网服务提供者应针对不同涉诈风险程度的涉诈互联网账号精准施策，采取不同程度的处置措施。

【实践中应注意的问题】

在该条的实践过程中，应当注意以下几个方面的问题：

第一，避免“一刀切”的处置措施。针对本条要求的根据风险情况，对涉诈异常互联网账号采取限期改正、限制功能、暂停使用、关闭账号、禁止重新注册等处置措施，目前没有详细的规章制度规定风险情况和处置措施间的具体对应关系。互联网服务提供者企业内部应建立分级分类管理及处置的相关制度，同时提升技术能力，结合涉诈异常互联网账号特征完善风险监测模型，提高涉诈异常互联网账号识别精准性，对涉诈异常互联网账号根据其涉诈风险情况及时进行处置。

第二，明确救济渠道。在反诈骗、防诈骗中也要有保护正常用户权益的意识。互联网服务提供者要对限制服务对象履行告知义务，因在实际操作过程中，可能出现电话卡销号后二次售卖等情况，涉案电话卡、涉诈异常电话卡所关联注册的互联网账号可能存在被误处置的问题，对于可能存在的“误伤”用户的情形，互联网服务提供者应为用户提供便捷高效的投诉申诉渠道，及时受理用户投诉，对经公安机关、电信主管部门认定确不涉诈的，应立即采取取消关停等措施，保障用户合法权益。

第三，强化个人信息保护。个人信息泄露是电信网络诈骗的推手，互联网服务提供者在对涉诈异常互联网账号或涉案电话卡、涉诈异常电话卡所关联注册的互联网账号进行监测、识别、核验时，应通过引入加密技术、分类分级管理等方式对获取的个人信息进行处理，加强工作中涉及的数据安全和个人信息保护工作，确保安全可控。

【典型案例】

谭某某、张某等非法利用信息网络案。2016 年 12 月，为获取非法利益，被告人谭某某、张某共同商定，利用注册的公司开展在网络上从事为他人发送“刷单获取佣金”的诈骗信息业务。张某主要负责购买“阿里旺旺”账号、软件、租赁电脑服务器等；秦某某主要负责招揽、联系有发送诈骗信息需求的上家、接收上家支付的费用及带领其他人利用互联网发送诈骗信息。三被告在明知不存在刷单事实，系上家用于诈骗的情况下，仍然帮助其在互联网中发布诈骗引流信息，每一人添加上述信息里的QQ号，谭某某、张某从上家处获取30元至70元报酬。被害人王某某、洪某在添加谭某某、张某等人组织发送的诈骗信息中的QQ号后，分别被骗31000元和30049元。

法院在本案中认定，被告人谭某某、张某、秦某某以非法获利为目的，通过信息网络发送刷单诈骗信息，其行为本质上属于诈骗犯罪预备，构成非法利用信息网络罪。虽然本案中尚无证据证实已有诈骗行为人归案并受到刑事追究，但已有多位受害者出现，不影响非法利用信息网络罪的成立。谭某某、张某、秦某某共同实施故意犯罪，系共同犯罪。在共同犯罪中，谭某某、张某起主要作用，均系主犯；秦某某起次要作用，属从犯，依法予以从轻处罚。江苏省沭阳县人民法院一审判决、宿迁市中级人民法院二审判决，以非法利用信息网络罪判处被告人张某有期徒刑二年一个月，并处罚金人民币10万元；被告人谭某某有期徒刑一年十个月，并处罚金人民币8万元；被告人秦某某有期徒刑一年四个月，并处罚金人民币3万元。

本案明确行为人明知上家的“刷单广告”是从事诈骗的行为，仍以非法获利为目的，为其犯罪提供广告推广帮助，情节严重的，构成非法利用信息网络罪。本案判决细化了新类型网络犯罪的认定标准，有力打击了非法利用网络信息的犯罪活动。

【相关规定】

《关于依法清理整治涉诈电话卡、物联网卡以及关联互联网账号的通告》第五条；《互联网用户账号信息管理规定》第七条、第八条、第十条、第十四条、第十五条。

第二十三条　设立移动互联网应用程序应当按照国家有关规定向电信主管部门办理许可或者备案手续。

为应用程序提供封装、分发服务的，应当登记并核验应用程序开发运营者的真实身份信息，核验应用程序的功能、用途。

公安、电信、网信等部门和电信业务经营者、互联网服务提供者应当加强对分发平台以外途径下载传播的涉诈应用程序重点监测、及时处置。

【条文主旨】本条是关于对移动互联网应用程序管理和治理的规定。

【立法宗旨和背景】

（一）起草背景

随着移动互联网信息技术的快速发展，我国移动互联网应用程序（App）在网数量和用户规模持续扩大，在为用户提供便利的同时，也被不法分子利用，成为电信网络诈骗犯罪实施的主要渠道。据不完全统计，目前约有70%的电信网络诈骗案件通过App实施。究其原因，主要包括以下几个方面：一是对诈骗App的追踪溯源难度较大。由于目前尚未针对App建立形成完善的备案许可管理机制，对网络上传播的各类App的相关信息登记不全、不准，导致在诈骗治理实践中公安机关往往难以对涉诈App背后的诈骗分子进行精准追踪溯源和打击，降低了不法分子犯罪成本，增大了对App相关诈骗案件打击治理难度。二是诈骗App开发、传播门槛较低。通过部分App封装、分发平台，不法分子可以在不提供真实身份信息的情况下，获得App封装开发、安卓/IOS分发渠道、打包签名等一条龙式服务，从而能够高效批量开发、传播各类诈骗App。三是通过正规分发平台以外途径下载传播的涉诈App泛滥。目前国内正规的安卓应用市场和苹果官方应用商城对App的审核上架具有较严格的审查制度，因此诈骗等非法App往往会绕过手机应用商店等正规分发渠道，通过链接、二维码、社交工具等方式进行分发推广，给人民群众财产安全与合法权益带来重要威胁。为解决上述问题，提升对涉诈App的治理力度，有必要在法律层面对App备案许可管理、开发运营者真实身份信息核验登记、App用途功能核验、涉诈App监测处置等作出明确规定，从而为公安、电信、网信等部门以及电信业务经营者、互联网服务提供者开展涉诈App治理工作提供法律依据。

（二）审议中各方面的意见

1. 反电信网络诈骗法草案第二十条规定："网信、工信、公安等部门应当建立健全移动互联网应用程序备案机制。为应用程序提供封装、分发服务的，应当登记并核验应用程序开发运营者的真实身份信息，核验应用程序的功能、用途，支持实现对封装、分发的全程溯源。网信、工信、公安等部门和电信业务经营者、互联网服务提供者应当加强对分发平台以外途径下载传播的涉诈应用程序重点监测、及时处置。”

在起草阶段、审议和征求意见过程中，一是针对本条第一款，有的委员、部门提出普通百姓不易理解“网信、工信部门”的表述，建议对“网信、工信、公安等部门”使用全称，将“工信”表述为“电信”；有的部门提出，目前对App的管理区分种类分别实行备案和许可管理，建议将第一款修改为“设立移动互联网应用程序，应当依法向电信主管部门办理电信许可或者备案手续”；还有的企业提出为保证监管规则的统一性，提高监管效率，加强行业规范，建议将第一款中“移动互联网应用程序备案机制”修改为“移动互联网应用程序统一备案机制”。二是针对本条第二款，有的委员、部门及企业提出需要斟酌“全程溯源”的可行性，建议删除第二款中的“支持实现对封装、分发的全程溯源”；有的人大代表提出，当前涉诈“黑灰产”最突出的问题是实名不实人操作，建议将第二款修改为“为应用程序提供封装、分发服务的，应当登记并核验应用程序开发运营者的真实身份信息，严格落实实人实操核验机制，核验应用程序的功能”；有的企业提出“封装”含义不明确，建议将第二款修改为：“为应用程序提供分发服务的，应当登记并核验应用程序开发运营者或委托分发者的真实身份信息，核验应用程序的功能、用途”。针对本条第三款，有的部门提出对涉诈App进行监测处置属于相关企业应当履行的义务，建议删除第三款中“网信、工信、公安等部门的监测处置义务，并将“互联网服务提供者”修改为“互联网信息服务提供者”；有的企业建议，互联网服务提供者概念泛化，实践中除特定的应用程序分发平台外，其他平台均难以实现涉诈应用程序的监测和处置，建议删除第三款“互联网服务提供者”。

2. 草案二次审议稿第二十三条规定：“设立移动互联网应用程序应当按照国家有关规定向电信主管部门办理许可或者备案手续。为应用程序提供封装、分发服务的，应当登记并核验应用程序开发运营者的真实身份信息，核验应用程序的功能、用途。公安、电信、网信等部门和电信业务经营者、互联网服务提供者应当加强对分发平台以外途径下载传播的涉诈应用程序重点监测、及时处置。”根据各方面的意见，草案二次审议稿作了以下修改：一是将“网信、工信、公安等部门应当建立健全移动互联网应用程序备案机制”修改为“向电信主管部门办理许可或者备案手续”。二是删除关于为应用程序提供封装、分发服务的应当支持实现对封装、分发全程溯源的规定。三是将“工信”部门修改为“电信”部门，表述进行了统一。

在审议和征求意见过程中，一是针对本条第一款，有的部门建议将“备案”修改为“核准”，明确“互联网应用程序”包含各类微信小程序、公众号等；二是针对本条第二款，有的部门建议在“核验应用程序的功能、用途”后增加“和存在的安全风险”；有的企业建议删除“封装”，将“核验应用程序的功能、用途”修改为“对上架的应用程序实施分类管理”，此外有的企业建议对不同行业主体进行分类，明确不同类别主体履行真实身份核验义务的标准和边界，避免措施过度或与行业不适，从而影响行业发展。

3. 草案三次审议稿第二十三条规定：“设立移动互联网应用程序应当按照国家有关规定向电信主管部门办理许可或者备案手续。为应用程序提供封装、分发服务的，应当登记并核验应用程序开发运营者的真实身份信息，核验应用程序的功能、用途。公安、电信、网信等部门和电信业务经营者、互联网服务提供者应当加强对分发平台以外途径下载传播的涉诈应用程序重点监测、及时处置。”从本条制定过程来看，在草案二审稿第二十三条形成后，本条的三次审议稿在内容上与二审稿基本一致，仅作主体顺序上的个别调整。将“电信、网信、公安等部门和电信业务经营者、互联网服务提供者应当加强对分发平台以外途径下载传播的涉诈应用程序重点监测、及时处置”修改为“公安、电信、网信等部门和电信业务经营者、互联网服务提供者应当加强对分发平台以外途径下载传播的涉诈应用程序重点监测、及时处置”。

4. 草案终稿第二十三条相比三次审议稿未作修改。

（三）有关国家和地区的规定

在 App 治理方面，2019 年 2 月，英国政府联合银行业界、消费者群体等多方力量，发布了《授权推送付款（App）诈骗自律守则》，规定银行金融机构若未能达到相关要求而导致客户遭受 App 诈骗，则须对客户损失进行赔偿。目前共有包括巴克莱银行、劳埃德银行、汇丰银行、Metro 银行、苏格兰皇家银行在内的 8 家机构已签署加入。

【条文释义】

本条共分三款。第一款是关于移动互联网应用程序（App）办理许可或者备案手续的规定。本款规定可以从以下两个方面的理解：

一是设立移动互联网应用程序应当办理许可或者备案手续。移动互联网应用程序是指运行在移动智能终端上向用户提供信息服务的应用软件，根据《互联网信息服务管理办法》规定，从事互联网信息服务，分为经营性和非经营性两类，对经营性互联网信息服务实行许可制度，对非经营性互联网信息服务实行备案制度。App 作为互联网信息服务的一种形式，其运营主体应按照要求履行许可或备案手续。

二是负责受理移动互联网应用程序许可或备案手续的部门为电信主管部门。根据《互联网信息服务管理办法》规定，从事经营性和非经营性互联网信息服务，应当向省、自治区、直辖市电信管理机构或者国务院信息产业主管部门申请办理互联网信息服务增值电信业务经营许可证和备案手续。

第二款是对应用程序封装、分发服务提出的 App 开发运营者真实身份信息登记核验、App 功能用途核验方面的规定。本款规定可以从以下两个方面理解：

本款规定的职责主体是"提供应用程序封装、分发服务的"电信业务经营者、互联网服务提供者。应用程序封装服务是指提供将源代码、网站网址等转换生成应用程序安装文件等服务的行为；应用程序分发服务是指通过互联网提供应用程序发布、下载、动态加载等服务的活动，包括但不限于应用商店、快应用中心、互联网小程序平台、浏览器插件平台等类型。例如，提供应用程序发布、下载服务的应用商店 App、网站、短视频平台等，提供小程序、快应用动态加载服务的移动智能终端及 App 等均属于应用程序分发范畴。

本款规定的职责内容是"登记并核验应用程序开发运营者的真实身份信

息，核验应用程序的功能、用途。”

一是对应用程序开发运营者真实身份信息的核验登记。

在法律层面，近年来反恐怖主义法、网络安全法等法律法规相继出台，对电信业务经营者、互联网服务提供者登记核验用户真实身份信息作出相应规定。其中反恐怖主义法第二十一条规定“电信、互联网、金融、住宿、长途客运、机动车租赁等业务经营者、服务提供者，应当对客户身份进行查验。对身份不明或者拒绝身份查验的，不得提供服务”；网络安全法第二十四条规定“网络运营者为用户办理网络接入、域名注册服务，办理固定电话、移动电话等入网手续，或者为用户提供信息发布、即时通讯等服务，在与用户签订协议或者确认提供服务时，应当要求用户提供真实身份信息。用户不提供真实身份信息的，网络运营者不得为其提供相关服务”。

在部门规章方面，国家有关部门也逐步制定出台登记核验用户真实身份的专门规定。工业和信息化部、国家互联网信息办公室等部门依据职责印发相关文件，要求从事应用商店等移动应用分发平台服务的互联网信息服务提供者应登记应用软件提供者、运营者、开发者的真实身份、联系方式等信息；应用程序分发平台应当采取复合验证等措施，对申请上架的应用程序提供者进行基于移动电话号码、身份证件号码或者统一社会信用代码等多种方式相结合的真实身份信息认证。

依据上述法律及规定，结合电信网络诈骗治理工作实际，本款可以从以下两个方面理解：第一，对于“身份信息”应以法定用户身份证件为基础，辅以移动电话号码等多种类型数据来确保登记的全面性和有效性。第二，要对开发运营者所登记身份信息的真实性进行核验，包括可采用与国家权威数据库联网比对，核验移动电话号码的实名信息等方式，避免不法分子冒名登记。

二是要核验应用程序的功能和用途。应用程序封装、分发服务提供者应建立健全应用程序相关核验机制，按照网络安全法、《互联网信息服务管理办法》等相关法律法规要求，采用人工审核、技术检测等严格审核应用程序的功能与用途确保所服务的应用程序合法合规。

第三款针对非分发平台途径下载传播 App 的监测处置管理作出规定。本款规定可以从以下两个方面理解：

首先，本款规定的职责主体是“公安、电信、网信等部门和电信业务经营者、互联网服务提供者”。一是公安、电信、网信等部门应组织协调本行业力量，充分发挥职能作用，开展涉诈 App 的监测与处置；二是电信业务经营者、互联网服务提供者均应对自身平台或业务中存在或传播的涉诈 App 开展监测与处置，相关职责主体范围包括但不限于应用程序封装分发、移动智能终端生产制造、互联网数据中心、内容分发网络、互联网接入、在线数据处理与交易处理、信息服务等电信业务经营者及互联网服务提供者等。

其次，本款规定的职责内容是“应当加强对分发平台以外途径下载传播的涉诈应用程序重点监测、及时处置。”

一是明确本款规定的适用范围是“分发平台以外途径下载传播的涉诈应用程序”。一般情况下，通过正规应用商店上架分发的应用程序已经过严格审核，涉诈风险较低。诈骗分子往往通过即时通讯平台、社交群组、二维码等非分发平台渠道或形式传播的涉诈应用程序，诱导用户下载使用，因此将分发平台以外途径下载传播的涉诈应用程序作为监测和处置的重点。

二是明确本款规定的实施方式是“重点监测、及时处置”。其中“重点监测”是指各职责主体应具备涉诈应用程序监测技术能力，并重点针对通过即时通讯、信息搜索等分发平台以外途径下载传播的应用程序开展监测，能够发现涉诈应用程序。“及时处置”则须从以下两方面理解：第一，是对处置时间的要求。由于诈骗 App 生存周期较短，往往在诈骗成功后“主动”失活，如不“及时”处置难以有效遏制诈骗案件的发生。第二，是对处置方式的理解。各职责主体应充分发挥自身能力，采取合适的方式对涉诈应用程序开展处置工作，如对经公安、电信、网信等有关部门认定或存在明显违法行为的涉诈应用程序，各职责主体应通过清理涉诈信息、下架应用程序、封堵下载链接、安装环节提示提醒等方式予以处置。

【实践中应注意的问题】

在该条的实践过程中，应当需要注意以下两个方面的问题：

第一，注重个人信息保护。本条规定了各部门、应用程序封装或分发服务提供者在 App 备案许可，开发运营者真实身份信息登记核验等方面的内容，在实践工作中应高度关注对公民个人信息以及隐私权的保护。一是信息收集环节应遵循最小化原则，收集的个人信息应当限于实现处理目的的最小范围；二是信息传输和存储环节应采用必要的加密手段，对个人信息在传输过程中和存储体内进行保护以防止泄漏。

第二，畅通用户救济渠道。本条规定了公安、电信、网信等部门和电信业务经营者、互联网服务提供者应当加强对分发平台以外途径下载传播的涉诈应用程序重点监测、及时处置。一方面，对于实践工作中可能存在的“误伤”用户情形，各责任主体应坚持精准防治理念，畅通申诉渠道，及时受理用户投诉，对确认为误处置的，应立即取消相应处置措施，保障用户合法权益，确保不会对正常生产经营活动、群众生活便利造成明显不当影响。

【典型案例】

四川省某市无业情侣胡某、杨某某涉虚假投资理财电信网络诈骗。以胡某、杨某某为首的团伙以投资理财为噱头，诱导群众在其请人制作的“盛大合约”App 上进行充值，实施诈骗。“盛大合约”App 是一款可以实现自动投资交易和手动控制投资交易的虚假投资理财 App。

该犯罪团伙成员超过二十人，每个人分工明确，互不干扰。有的人通过在互联网发布引流信息等方式诱导受害人在其 App 中充值以进行“投资理财”，有的人假扮真实体验者以降低受害人的防备意识，有的人负责在平台后台操作涨跌。此种分工合作的模式在成功规避参与人员权限问题的同时，也大大降低了团伙头目被曝光的风险。

受害人在“盛大合约”App 上需要缴纳仓位费，购买平台仓位后自行充值下单购买某种虚拟货币，通过判断所投资虚拟货币的涨跌来盈利。为降低受害人的防备心，犯罪团伙通过“拆东墙补西墙”的方式，将后期加入的受害人充值的钱返一部分至前期受害人，并允许其进行少量提现，以此来打消投资者的疑虑，让投资人加大筹码继续“投资”。在受害人深信不疑并大量“投资”后，通过后台控制涨跌的方式，骗取钱财。其涉案金额达 1700 余万元，受害者遍布四川、云南、贵州、山东、河南、江西等地。

公安民警于 2021 年 6 月底在四川省将胡某和杨某某 2 人依法逮捕并成

功拓展线索，将从犯杨某、敖某某等6人，制作“盛大合约”App公司相关负责人杨某某、朱某某2人等若干涉案人员共计24人全部捉拿归案。目前，相关人员已被依法移送起诉，案件仍在进一步审理中。

【相关规定】

网络安全法第二十二条、第四十八条；反恐怖主义法第二十一条；个人信息保护法第六条；《移动互联网应用程序信息服务管理规定》第二条、第七条、第二十条；《互联网信息服务管理办法》第三条、第四条、第七条、第八条；《移动智能终端应用软件预置和分发管理暂行规定》第八条、第十条；《移动互联网应用商店网络安全责任指南》第五条；《进一步落实网站备案信息真实性核验工作方案（试行）》中核验内容、核查规程等相关规定。

第二十四条　提供域名解析、域名跳转、网址链接转换服务的，应当按照国家有关规定，核验域名注册、解析信息和互联网协议地址的真实性、准确性，规范域名跳转，记录并留存所提供相应服务的日志信息，支持实现对解析、跳转、转换记录的溯源。

【条文主旨】本条是关于域名解析、域名跳转和网址链接转换服务提供者职责的规定。

【立法宗旨和背景】

（一）起草背景

域名和域名服务系统已经成为当今全球互联网最核心最重要的基础设施之一。互联网上的各类业务应用，绝大部分都以域名作为访问入口。目前有大量域名被不法分子利用以发布涉诈信息实施电信网络诈骗，同时部分不法分子还借助域名解析跳转、网址链接转换等技术手段或其组合方式对涉诈域名隐藏，导致事后追查时难以追踪到发布涉诈信息的实际域名，大大增加了倒查溯源和打击治理的难度。

伴随着互联网在我国的发展，国家有关部门也在不断加强对我国域名体系的管理。1997年，原国务院信息化工作领导小组办公室发布《中国互联网络域名注册暂行管理办法》，首次确立了我国域名的体系和管理体制，并提出“申请人的名称要与印章、有关证明文件一致”“申请人应当保证其申请文件内容的真实性”。2000 年，国务院发布《互联网信息服务管理办法》，规定国家对经营性互联网信息服务实行许可制度，对非经营性互联网信息服务实行备案制度，未取得许可或未履行备案手续的，不得从事互联网信息服务，并对互联网信息服务提供者和互联网接入服务提供者提出了日志留存的要求。2004 年，原信息产业部发布《中国互联网络域名管理办法》，对我国域名管理体制进行了调整，将域名注册管理职责与域名注册服务职责进行了分离，并规定域名注册申请者应当提交真实、准确、完整的域名注册信息。2006 年，原信息产业部发布《关于网站 ICP 备案管理工作中有关问题处理意见和管理要求的通知》，要求域名跳转服务提供者要及时报备 URL 转发服务器的 IP 地址等情况。2009 年，针对包括网络诈骗、淫秽色情信息、违法经营等在内的各类互联网违法犯罪活动日益猖獗的情况，中央外宣办、全国“扫黄打非”办、工业和信息化部等九部委联合开展深入整治互联网和手机媒体淫秽色情及低俗信息专项行动，工业和信息化部发布《工业和信息化部关于进一步深入整治手机淫秽色情专项行动工作方案》，要求域名注册管理和服务机构要完善管理措施，明确网站未备案的域名不予解析（含跳转）、域名转让并提供他人使用的必须重新注册等要求，防止违规网站利用变换域名等手段逃避监管。2015 年，《电信业务分类目录（2015 年版）》发布，将互联网域名递归解析服务纳入增值电信业务管理。

2017 年，为依法推进“放管服”改革、贯彻落实中央关于加强互联网基础资源管理要求、促进域名行业健康有序发展，工业和信息化部发布《互联网域名管理办法》。其中，规定了域名注册服务机构应当要求域名注册申请者提供域名持有者真实、准确、完整的身份信息等域名注册信息，域名注册管理机构和域名注册服务机构应具有进行真实身份信息核验的能力；同时，对域名解析和跳转也作出了相关规定。同年，工业和信息化部发布《工业和信息化部关于规范互联网信息服务使用域名的通知》，要求域名注册管理机构、域名注册服务机构应当进一步加强域名真实身份信息注册管理，不得为未提供真实身份信息的域名提供解析服务。

但是，目前的规章制度中，一是在提供域名解析服务时，只要求对域名注册信息进行核验，没有要求对解析信息和IP地址的真实性、准确性进行核验；二是针对域名解析服务，虽然有日志留存的要求，但是没有明确要求应支持溯源。从近年来电信网络诈骗案例来看，域名解析、域名跳转、网址链接转换等环节容易被诈骗分子利用，因此亟须通过法律法规明确相关主体责任，强化源头治理。

（二）审议中各方面的意见

1. 反电信网络诈骗法草案第二十一条规定："提供域名解析、域名跳转、网址链接转换服务的，应当核验域名注册、解析信息和互联网协议地址的真实性、准确性，记录并留存所提供相应服务的日志信息，支持实现对跳转、解析、转换记录的溯源。"

在起草阶段、审议和征求意见过程中，有的部门建议增加按照国务院电信主管部门要求的表述，以及增加限制域名跳转次数措施的规定，并调整至第二章。有的地方建议增加规定："应用程序、互联网服务提供者应当对广告推广内容进行核查，异常广告应当采取重新核验，暂停服务等处置措施。"有的地方建议增加"提供代理服务器，应当核验网络接入身份真实性"的内容。有的地方和部门建议明确日志信息留存的期限，如不少于六个月，与网络安全法保持一致。有的建议明确"核验域名注册、解析信息和互联网协议地址真实性、准确性"的职责主体以及"真实性和准确性"的判断标准。有的社会公众建议增加对涉诈域名注册人或注册机构进行重点监测、及时处置的规定。

2. 草案二次审议稿第二十四条规定："提供域名解析、域名跳转、网址链接转换服务的，应当按照国家有关规定，核验域名注册、解析信息和互联网协议地址的真实性、准确性，限制域名跳转次数，记录并留存所提供相应服务的日志信息，支持实现对跳转、解析、转换记录的溯源。"根据各方面的意见，草案二次审议稿对草案作了以下修改：一是在"应当"后增加"按照国家有关规定"，根据部门规章进行域名等管理；二是增加"限制域名跳转次数"的规定。

在审议过程中，有的部门建议在本条中增加一款或者新增一条规定，即"互联网服务提供者应当以显著方式，标注发布信息的用户账号的互联网协议（IP）地址归属地信息。境内互联网协议（IP）地址归属地信息标注所属省、自治区、直辖市，境外互联网协议（IP）地址归属地信息标注所属国家或者地区。”有的企业建议增加域名解析、域名跳转的法律定义。有的企业提出，“域名跳转”所指向的业务形态不明，容易引起执行误解，且限制域名跳转次数，有可能会使得部分业务模式无法正常开展，同时无法通过跳转次数来划分正常业务和违法业务，无法实现反诈的目的，建议删除“限制域名跳转次数”。有的企业建议增加一款规定：“国家网络基础资源的运行管理和服务机构应当按照国家有关规定，限制域名跳转次数。”有的企业建议在该条增加日志保存时间限度的规定。

3. 根据各方面的意见，草案三次审议稿将“限制域名跳转次数”修改为“规范域名跳转”。

（三）有关国家和地区的规定

互联网名称与数字地址分配机构（ICANN）负责在全球范围内对互联网唯一标识符系统及其安全稳定的运营进行协调，包括互联网协议（IP）地址的空间分配、协议标识符的指派、通用顶级域名（gTLD）以及国家和地区顶级域名（ccTLD）系统的管理、以及根服务器系统的管理。

总体来看，各国在域名注册方面普遍遵守互联网名称与数字地址分配机构要求。在ccTLD方面，各个国家会对本国的国家和地区顶级域名有要求，例如有些国家和地区只对本国和本地区的公民开放注册。

【条文释义】

本条规定可以从以下几方面理解：

第一，责任主体。本条规定的责任主体为“提供域名解析、域名跳转、网址链接转换服务的”电信业务经营者、互联网服务提供者，即包含三类责任主体：一是域名解析服务提供者。按照《电信业务分类目录（2015年版）》《互联网域名管理办法》，“域名解析服务”包括权威解析服务和递归解析服务两类。权威解析是指为根域名、顶级域名和其他各级域名提供域名解析的服务；递归解析是指通过查询本地缓存或权威解析服务系统实现域名和IP地址对应关系的服务。提供域名解析服务的电信业务经营者、互联网服务提供者即为域名解析服务提供者。二是域名跳转服务提供者。根据《互联网域名管理办法》，“域名跳转”指“对某一域名的访问跳转至该域名绑定或者指向的其他域名、IP 地址或者网络信息服务等”。结合域名跳转的两种主要实现方式，域名跳转服务提供者实际包括两类主体。第一类主体是提供将某一域名解析至该域名绑定或指向的其他域名、IP 地址的服务提供者，即包括但不限于通过 A 记录、AAAA 记录、CNAME 记录、DNAME 记录等 DNS 资源记录实现域名指向跳转的电信业务经营者、互联网服务提供者；第二类主体是提供将某一域名的访问跳转至其他网络信息服务的服务提供者，即提供域名、网址转发服务的电信业务经营者、互联网服务提供者。三是网址链接转换服务提供者。网址链接转换服务提供者指提供公共网址链接相关编译、转换、压缩等服务的电信业务经营者、互联网服务提供者。

第二，责任内容。本条规定涉及的责任内容有四个方面：其一，真实信息核验。本条要求上述责任主体按照国家有关规定，核验域名注册、解析信息和 IP 地址的真实性、准确性。对于提供域名权威解析服务的，按照网络安全法、《互联网信息服务管理办法》、《互联网域名管理办法》和《工业和信息化部关于规范互联网信息服务使用域名的通知》，在提供域名解析服务前应要求用户提供真实的身份信息、真实且准确的解析信息和 IP 地址；对于域名跳转、网址链接转换服务提供者，在提供服务前应核验域名注册信息的真实性、准确性。其二，规范域名跳转。本条要求相关服务提供者应按照国家有关规定，通过管理、技术等手段对域名跳转中涉及的绑定、指向进行规范。依照《互联网域名管理办法》，不得为存在涉诈风险的域名提供跳转服务。其三，日志信息留存。本条要求相关服务提供者记录并留存所提供相应服务的日志信息。依照网络安全法、《互联网信息服务管理办法》和《互联网域名管理办法》等规定，应当留存相关日志不少于六个月，留存的日志信息应包括域名解析（或跳转、转换）日志、维护日志和变更记录等。其四，可溯源。本条要求相关服务提供者应支持国家有关部门依法开展的解析（或跳转、转换）记录溯源工作，本条也是对前述真实信息核验、日志信息留存执行质量的要求。

【实践中应注意的问题】

在该条的理解适用中，应当需要注意以下几个方面的问题：

第一，明确执行标准及要求。为了各责任主体能够切实落实本条规定的要求，相关主管部门应通过制定标准等方式明确各项内容的执行规范，包括域名注册、解析信息和 IP 地址的核验规范，真实性、准确性界定规范，域名跳转相关规范，日志信息留存相关规范，跳转、解析、转换记录溯源相关规范等。相关标准及要求在兼顾各类责任主体的基础上，也应具备可操作性。

第二，加强统筹联动。本条规定相关责任主体众多，不同责任主体应承担的责任不同，后续行业主管部门应出台相关配套管理规定，加强跨机构统筹联动，通过管理、技术等手段，使本法在行业监管工作中进一步落地。

【典型案例】

2018 年 4 月 12 日，一男子谎称被害人农某网上购买的物品有质量问题，可帮其办理退款，骗取农某人民币 4165 元。2018 年 4 月 24 日，"淘宝客服"电话谎称被害人彭某购买的衣服有问题，可以申请退款人民币 114 元。彭某信以为真，按对方的方式进行操作，将通过互联网平台借款的人民币 9880 元转账到对方提供的银行账户。2018 年 3 月 26 日起，被告人何某帮助钓鱼网站制作"防红跳转"逃避检测，并从中获利。被害人农某、彭某所登录的钓鱼网站，是何某处理的"防红跳转"域名之一。一审法院认为被告人何某明知他人实施电信网络诈骗而提供帮助，数额较大，其行为已构成诈骗罪，判处有期徒刑一年六个月，并处罚人民币 3000 元。

为防止涉诈网站域名被封堵，诈骗分子常常使用"防红跳转"作为诈骗网站的"伪装"。"防红跳转"是网址链接转换服务的一种，可以生成大量防红短链接与原始涉诈网站进行映射，当互联网用户点开防红链接时，实际是跳转到了诈骗网站，而屏蔽单一防红链接无法真正意义上实现对涉诈网站的封堵，且诈骗受害人报案时往往仅能提供防红链接，无法提供涉诈网站真实地址，直接导致涉诈网站的处置难、溯源难等问题。因此网址链接转换服务提供者须记录并留存网址链接转换服务日志信息，协助有关部门对涉诈网站的追踪溯源。

【相关规定】

网络安全法第二十一条、第二十四条；《中国互联网络域名注册暂行管理办法》；《互联网信息服务管理办法》；《中国互联网络域名管理办法》；《关于网站ICP备案管理工作中有关问题处理意见和管理要求的通知》；《工业和信息化部关于进一步深入整治手机淫秽色情专项行动工作方案》；《电信业务分类目录（2015年版）》B26－1条；《互联网域名管理办法》第十一条、十二条、第三十条、第三十六条、第三十七条、第三十八条、第四十条、第五十条、第五十一条；《工业和信息化部关于规范互联网信息服务使用域名的通知》第四条。

第二十五条 任何单位和个人不得为他人实施电信网络诈骗活动提供下列支持或者帮助：

（一）出售、提供个人信息；

（二）帮助他人通过虚拟货币交易等方式洗钱；

（三）其他为电信网络诈骗活动提供支持或者帮助的行为。

电信业务经营者、互联网服务提供者应当依照国家有关规定，履行合理注意义务，对利用下列业务从事涉诈支持、帮助活动进行监测识别和处置：

（一）提供互联网接入、服务器托管、网络存储、通讯传输、线路出租、域名解析等网络资源服务；

（二）提供信息发布或者搜索、广告推广、引流推广等网络推广服务；

（三）提供应用程序、网站等网络技术、产品的制作、维护服务；

（四）提供支付结算服务。

【条文主旨】本条是关于涉及电信网络诈骗的网络黑灰产业治理的规定。

【立法宗旨和背景】

（一）起草背景

随着网络信息技术的发展，网络黑灰产业不断滋生蔓延，为电信网络诈骗提供各类资源和技术支撑，极大地降低了电信网络诈骗等网络犯罪的成本和技术门槛，成为网络犯罪滋生的土壤。涉及电信网络诈骗的网络“黑灰产”主要指利用网络技术和网络资源，为电信网络诈骗犯罪活动提供信息、技术、工具、资源等帮助，并从中非法谋求经济利益的犯罪产业。

当前，电信网络诈骗中的黑灰产业犯罪具有专业化、链条式的特点，可分为上、中、下游产业链：上游负责提供实施诈骗的资源，主要包括收集和贩卖个人信息、手机黑卡等产业；中游负责提供诈骗手段的技术支撑，包括本法第十四条所列的涉诈“黑灰产”工具，以及仿冒网站、仿冒 App 等技术服务；下游负责将诈骗的违法所得快速转移变现，包括“跑分平台”、虚假交易等形式。可见，涉诈网络黑灰产业链已成为电信网络诈骗的重要帮凶，打击治理该产业链是进一步落实电信网络诈骗源头治理、全链条打击的重点工作，对维护社会秩序和网络环境意义重大。

在打击治理涉诈网络“黑灰产”的法律制度方面，近年来出台的多项法律修正案和专门性法律法规作出针对性规定：刑法修正案（九）中针对电信网络诈骗等信息网络犯罪，增设了帮助信息网络犯罪活动罪，在传统诈骗罪名之外，从帮助、预备、相关企业责任等各环节、各阶段单独定罪处罚；网络安全法明确禁止为他人提供专门用于危害网络安全活动的程序、工具，数据安全法、个人信息保护法对个人信息数据的保护提出了规定，这些法律法规的出台，也从不同角度为涉诈“黑灰产”的治理提供了法律依据。考虑到网络黑灰产业链条长、分工细化、更新快等特点，现有法律规定总体上较为分散，针对涉诈网络“黑灰产”的认定范围和相关责任不够明确、针对性不强，不利于实施；本法第十四条对涉诈“黑灰产”工具的非法制造、买卖、提供或者使用作出了禁止规定，但未涉及黑灰产业链上游和下游的涉诈帮助、支持活动，难以形成对电信网络诈骗的全链条打击，因此亟待通过相关法律法规进一步界定涉诈网络“黑灰产”的范围和标准，明确相关企业责任，强化涉诈网络“黑灰产”的协同综治、源头治理。

（二）审议中各方面的意见

1. 反电信网络诈骗法草案第二十二条规定：“任何单位和个人不得明知他人实施电信网络诈骗，为其提供以下支持或者帮助：（一）出售、提供个人信息；（二）提供互联网接入、服务器托管、网络存储、通讯传输、线路出租、域名解析等网络资源服务；（三）提供内容分发、广告推广、引流推广、搜索引擎等网络推广服务；（四）提供应用程序、网站等网络技术、产品的制作、维护服务；（五）提供支付结算服务，或者帮助他人通过虚拟货币交易等方式洗钱；（六）其他为电信网络诈骗提供各类支持或者帮助的行为。互联网服务提供者应当建立监测防范制度，对前款规定的涉诈产业进行监测、拦截和处置。”

在审议和征求意见过程中，有的委员、部门和单位建议，删除第一款“明知他人实施电信网络诈骗”中“明知”的表述，出售个人信息和虚拟货币交易两项行为均属于非法活动，无论是否明知他人实施电信网络诈骗，都是不得实施的。有的委员建议将第一款第一项修改为“出售、提供企业、个人信息”，将企业信息也列入保护范围。有的部门建议在第一款中增加一项，“电话卡、物联网卡、电信线路、短信端口等电信网络资源以及互联网账号违规交易”。有的单位建议，将第二款中的“涉诈产业”明确为“涉诈行为（或活动）”。有的单位建议增加一款规定，要求互联网服务提供者应当就其提供的网络推广服务开展尽职调查，并根据风险状况及时采取相应的措施。有的企业提出考虑到互联网服务提供者在采集涉诈线索能力、识别风险能力和监测防范机制方面的差异，以及“涉诈产业”判定标准模糊、涉诈行为检测数据源不足等因素，建议将第二款“建立监测防范制度”改为鼓励性义务。有的企业提出第二款中所列出的“搜索引擎”属于一种技术手段而非独立的网络推广服务，建议删除。

2. 草案二次审议稿第二十五条规定：“任何单位和个人不得为他人实施电信网络诈骗提供下列支持或者帮助：（一）出售、提供个人信息；（二）提供互联网接入、服务器托管、网络存储、通讯传输、线路出租、域名解析等网络资源服务；（三）提供信息发布或者搜索、广告推广、引流推广等网络推广服务；（四）提供应用程序、网站等网络技术、产品的制作、维护服务；（五）提供支付结算服务，或者帮助他人通过虚拟货币交易等方式洗钱；（六）其他为电信网络诈骗提供各类支持或者帮助的行为。互联网服务提供者应当建立监测防范制度，对前款规定的涉诈支持、帮助活动进行监测、拦截和处置。”

根据各方面的意见，草案二次审议稿对草案作了以下修改：一是删除第一款中的“明知”，修改为“任何单位和个人不得为他人实施电信网络诈骗提供下列支持或者帮助”。二是将第一款第三项的“提供内容分发、广告推广、引流推广、搜索引擎等网络推广服务”表述修改为“提供信息发布或者搜索、广告推广、引流推广等网络推广服务”。三是将第二款中“涉诈产业”的表述修改为“涉诈支持、帮助活动”。

在审议和征求意见过程中，有的委员提出支持和帮助诈骗中有主观故意的和非主观故意之别，在处罚上应有区别。有的部门建议删除其中“通讯传输、线路出租”等表述，或者将其纳入电信治理章节。有的部门建议将第二款修改为“互联网服务提供者应当建立监测防范制度，对前款规定的涉诈支持、帮助活动进行监测、拦截和处置。涉及境外针对境内实施电信网络诈骗信息、活动的，应当报告国家网信部门采取技术措施和其他必要措施进行阻断。”有的企业提出对“出售、提供个人信息”行为的监测、拦截和处置可能涉及用户的聊天记录、资金往来等信息，企业不应主动监测，建议删除或赋予平台一定的豁免，即用户存在过错或用户与第三方通过非公开渠道沟通（如私信）的，平台不承担责任。

3. 草案三次审议稿第二十五条规定：“任何单位和个人不得为他人实施电信网络诈骗活动提供下列支持或者帮助：（一）出售、提供个人信息；（二）提供互联网接入、服务器托管、网络存储、通讯传输、线路出租、域名解析等网络资源服务；（三）提供信息发布或者搜索、广告推广、引流推广等网络推广服务；（四）提供应用程序、网站等网络技术、产品的制作、维护服务；（五）提供支付结算服务，或者帮助他人通过虚拟货币交易等方式洗钱；（六）其他知道或者应当知道他人从事电信网络诈骗活动为其提供支持或者帮助的行为。电信业务经营者、互联网服务提供者应当建立监测防范制度，依照国家有关规定对前款规定的涉诈支持、帮助活动进行监测识别和处置。”

根据各方面的意见，草案三审稿对二审稿作了以下修改：一是将第一款第六项“其他为电信网络诈骗提供各类支持或者帮助的行为”的表述修改为“其他知道或者应当知道他人从事电信网络诈骗活动为其提供支持或者帮助的行为”，强调支持或帮助行为的主观故意性。二是第二款中的规制对象增加“电信业务经营者”，一方面考虑本条涉及的“互联网接入、服务器托管、通讯传输、线路出租的业务是由电信业务经营者提供”；另一方面修改后与本章其他条文规定的行为主体保持一致。三是将第二款中“对前款规定的涉诈支持、帮助活动进行监测、拦截和处置”的表述修改为“依照国家有关规定对前款规定的涉诈支持、帮助活动进行监测识别和处置”，强调对涉诈支持、帮助活动的监测识别和处置必须依法依规进行。

在审议和征求意见过程中，有的委员提出“不得为他人实施电信网络诈骗活动提供有关支持和帮助”的行为中，有些与正常经营和业务活动有交叉，建议进一步明确法律界限。

4. 草案终稿第二十五条规定：任何单位和个人不得为他人实施电信网络诈骗活动提供下列支持或者帮助：（一）出售、提供个人信息；（二）帮助他人通过虚拟货币交易等方式洗钱；（三）其他为电信网络诈骗活动提供支持或者帮助的行为。电信业务经营者、互联网服务提供者应当依照国家有关规定，履行合理注意义务，对利用下列业务从事涉诈支持、帮助活动进行监测识别和处置：（一）提供互联网接入、服务器托管、网络存储、通讯传输、线路出租、域名解析等网络资源服务；（二）提供信息发布或者搜索、广告推广、引流推广等网络推广服务；（三）提供应用程序、网站等网络技术、产品的制作、维护服务；（四）提供支付结算服务。

根据各方面的意见，草案终稿对三审稿作了以下修改：一是第一款中所列的行为仅保留“出售、提供个人信息；帮助他人通过虚拟货币交易等方式洗钱；其他为电信网络诈骗活动提供支持或者帮助的行为”三项。二是将第二款中电信业务经营者、互联网服务提供者应当“建立监测防范制度，依照国家有关规定对前款规定的涉诈支持、帮助活动进行监测识别和处置”修改为“依照国家有关规定，履行合理注意义务，对利用下列业务从事涉诈支持、帮助活动进行监测识别和处置”，并将三审稿第一款中的“提供互联网接入、服务器托管、网络存储、通讯传输、线路出租、域名解析等网络资源服务；提供信息发布或者搜索、广告推广、引流推广等网络推广服务；提供应用程序、网站等网络技术、产品的制作、维护服务；提供支付结算服务”四项列入第二款，作为需要开展监测识别和处置的业务范围规定。

（三）有关国家和地区的规定

网络“黑灰产”依托于互联网发展，表现为跨区域、跨时空甚至跨国界。欧洲理事会2002年11月签署《网络犯罪公约》，截至2022年2月，该公约在全球范围内共有66个缔约国，除欧盟成员国以外，还包括美国、日本、加拿大、南非等非欧盟成员国，该公约要求缔约国将一切制造、出售、使用、进口、发布或其他获取用于网络犯罪（包括非法访问、非法侦听、数据干扰、系统干涉和设备滥用等）的设备的行为入罪，其中的典型行为就是钓鱼网站以及出于犯罪目的个人信息盗窃。

一些国家颁布了针对网络“黑灰产”治理的法律法规。如英国的立法机构在1990年颁布了《计算机滥用法案》，并在2007年和2015年两次进行了重大修订，是英国规制网络犯罪最为重要的法律依据，现行有效的《计算机滥用法案》除了规定“未经授权的侵入”“未经授权侵入并故意实施进一步犯罪行为”“故意或过失造成损害未经授权的行为”“造成严重损害或造成严重损害危险的未经授权的行为”四类犯罪外，还将“制作、提供或获得物品以用于本法规定的犯罪行为”独立列为犯罪行为。

【条文释义】

（一）名词解释

1. 通讯传输、线路出租

“通讯传输”与“线路出租”属于《电信业务分类目录（2015年版）》“A基础电信业务”，是指提供公共网络基础设施、公共数据传送和基本话音通信服务的业务。

2. 网络存储

“网络存储”属于《电信业务分类目录（2015年版）》“B11互联网数据中心业务”范畴，是指提供数据库系统或服务器等设备的出租及其存储空间的出租服务。

3. 信息发布或者搜索、广告推广、引流推广

“信息发布或者搜索”属于《电信业务分类目录（2015年版）》“B25信息服务业务”，信息服务业务是指通过信息采集、开发、处理和信息平台的建设，通过公用通信网或互联网向用户提供信息服务的业务。“信息发布”是指建立信息平台，为其他单位或个人用户发布文本、图片、音视频、应用软件等信息提供平台的服务。“信息搜索”是指通过公用通信网或互联

网，采取信息收集与检索、数据组织与存储、分类索引、整理排序等方式，为用户提供网页信息、文本、图片、音视频等信息检索查询服务。“广告推广”、“引流推广”是指根据单位或个人用户需要向用户指定的终端、电子邮箱等递送、分发文本、图片、音视频、应用软件等信息，实现推广信息的递送。

4. 互联网接入、服务器托管、域名解析的名词解释参见第二十一条、第二十四条的条文释义。

（二）条文释义

本条共分两款。

第一款是针对涉诈“黑灰产”提供行为的禁止性规范，规范的主体包括任何单位和个人，禁止的内容是为他人实施电信网络诈骗活动提供“黑灰产”等支持或帮助，并对常见的支持帮助活动作出了列举规定，包括：

第一，出售、提供个人信息。

大数据时代，基于数据信息的分析预测已融入生活中的各领域，用户的个人信息成为了重要的资源，给个人信息的保护带来了严峻的考验。在涉诈黑灰产业链上游，犯罪分子非法收集、处理和交易个人信息，供下游用于实施精准诈骗，个人信息类“黑灰产”已成为大多数电信网络诈骗犯罪的源头性资源。

网络安全法第七十六条指出：“个人信息，是指以电子或者其他方式记录的能够单独或者与其他信息结合识别自然人个人身份的各种信息，包括但不限于自然人的姓名、出生日期、身份证件号码、个人生物识别信息、住址、电话号码等。”民法典设立了专门章节对个人信息保护进行规定：“第一千零三十四条 自然人的个人信息受法律保护。个人信息是以电子或者其他方式记录的能够单独或者与其他信息结合识别特定自然人的各种信息，包括自然人的姓名、出生日期、身份证件号码、生物识别信息、住址、电话号码、电子邮箱、健康信息、行踪信息等。”个人信息保护法对受保护的个人信息作出了更为明确和具体化的规定：“个人信息是以电子或者其他方式记录的与已识别或者可识别的自然人有关的各种信息，不包括匿名化处理后的信息。”这个定义明确“匿名化处理后的信息”不属于个人信息的排除性规定。

出售、提供个人信息侵犯了公民的个人信息权，包括刑法在内的多部法律法规中，明确了出售、提供个人信息的行为属于违法犯罪行为。2009 年 2 月 28 日公布实施的刑法修正案（七）首次明确规定了非法获取公民个人信息罪和出售、非法提供公民个人信息罪（第二百五十三条之一），2015 年 11 月 1 日施行的刑法修正案（九）将两罪整合为“侵犯公民个人信息罪”（第二百五十三条之一），对违反国家规定向他人出售或者提供公民个人信息、窃取或以其他方式获取公民个人信息的犯罪行为，明确了刑事处罚规定。网络安全法第四十四条规定：“任何个人和组织不得窃取或者以其他非法方式获取个人信息，不得非法出售或者非法向他人提供个人信息。”个人信息保护法第十条规定：“任何组织、个人不得非法收集、使用、加工、传输他人个人信息，不得非法买卖、提供或者公开他人个人信息；不得从事危害国家安全、公共利益的个人信息处理活动。”

本条所述“个人信息”沿用网络安全法、民法典及个人信息保护法等相关法律中对个人信息的定义，是以电子或者其他方式记录的与已识别或者可识别的自然人有关的各种信息，不包括匿名化处理后的信息，具体包括但不限于姓名、出生日期、身份证件号码、住址、电话号码、账号密码、位置轨迹等信息。

第二，帮助他人通过虚拟货币交易等方式洗钱。

2020 年 10 月，国务院打击治理电信网络新型违法犯罪工作部际联席会议部署在全国范围内开展“断卡”行动以来，集中清理了大量犯罪分子非法囤积的电话卡、银行卡，犯罪分子利用银行卡取现的传统洗钱渠道被大幅挤压。因此犯罪分子不断升级洗钱方式，利用虚拟货币成为转移犯罪资金的重要手段，主要涉及虚拟货币“跑分”、代买虚拟货币等通过虚拟货币交易方式洗钱的具体活动。针对此类活动的性质，应从两方面分析：

首先，虚拟货币不能作为货币在市场上流通使用。2021 年，中国人民银行、中央网信办、最高人民法院、最高人民检察院、工业和信息化部、公安部、市场监管总局、银保监会、证监会、外汇局等十部门联合发布的《关于进一步防范和处置虚拟货币交易炒作风险的通知》明确了虚拟货币及相关业务的性质："虚拟货币不具有与法定货币等同的法律地位，不具有法偿性，不应且不能作为货币在市场上流通使用"、"虚拟货币相关业务活动属于非法金融活动"；同时提出要"依法严厉打击虚拟货币相关业务活动中的非法经营、金融诈骗等犯罪活动，利用虚拟货币实施的洗钱、赌博等犯罪活动和以虚拟货币为噱头的非法集资、传销等犯罪活动"。

其次，洗钱是通过一定的手段将违法或犯罪所得合法化的行为，刑法第一百九十一条明确将掩饰、隐瞒犯罪所得及其收益的来源和性质的行为列为犯罪，并对相应的惩处作出了规定。反有组织犯罪法第四十八条也明确了"监察机关、公安机关、人民检察院发现与有组织犯罪相关的洗钱以及掩饰、隐瞒犯罪所得、犯罪所得收益等犯罪的，应当依法查处"。

可见，利用虚拟货币洗钱的行为本身即是非法行为，无论是否用于实施诈骗，帮助他人通过虚拟货币交易的方式洗钱均属于违法犯罪，任何单位和个人均不得从事此类活动。

第三，其他为电信网络诈骗活动提供支持或者帮助的行为，指所有本条未列举的、或者目前无法预测的涉诈支持、帮助活动。

第二款是针对电信业务经营者和互联网服务提供者两类特定主体在涉诈"黑灰产"治理中的义务的规定，要求依照国家有关规定，履行合理的注意义务，在相关的业务服务中监测识别和处置涉诈支持、帮助活动。

第一，对需要监测识别和处置的业务范围作出列举规定，可以分为两类业务：一类是网络服务，包括网络资源服务、网络推广服务和支付结算服务；另一类是工具、产品的开发与维护服务。

（1）电信网络诈骗等网络犯罪的实施对各种网络服务的依赖性极高，例如诈骗网站的建设、诈骗信息的发布、诈骗资金的支付结算都离不开网络服务的支撑，因此涉诈黑灰网络服务的治理对于防范治理电信网络诈骗具有关键性的作用。刑法修正案（九）增设了第二百八十七条之二帮助信息网络犯罪活动罪，将"明知他人利用信息网络实施犯罪，为其犯罪提供互联网接入、服务器托管、网络存储、通讯传输等技术支持，或者提供广告推广、支付结算等帮助"的行为规定为独立的犯罪。网络安全法第二十七条也明确了："任何个人和组织明知他人从事危害网络安全的活动的，不得为其提供技术支持、广告推广、支付结算等帮助。”民法典第一千一百九十七条也对网络服务提供者的责任作出了规定：“网络服务提供者知道或者应当知道网络用户利用其网络服务侵害他人民事权益，未采取必要措施的，与该网络用户承担连带责任。”前述业务本身属于合法服务，在进行涉诈“黑灰产”认定时，关键在于对其目的和用途的区分，即业务是否是提供给他人用于实施电信网络诈骗活动。

（2）为电信网络诈骗提供恶意应用程序、钓鱼网站等“黑灰产”工具制作、维护服务的行为，为犯罪分子提供了实施电信网络诈骗直接手段，大大降低了其犯罪成本，助长了电信网络诈骗的高发多发态势，属于刑法第二十二条“为了犯罪，准备工具、制造条件的，是犯罪预备”的规定范畴。2016 年 12 月《最高人民法院、最高人民检察院、公安部发布办理电信网络诈骗等刑事案件适用法律若干问题的意见》中，就将明知他人实施电信网络诈骗犯罪，提供技术支持和工具的行为列为共同犯罪，如制作、销售、提供“木马”程序和“钓鱼软件”等恶意程序的；提供“伪基站”设备或相关服务的；提供改号软件、通话线路等技术服务时，发现主叫号码被修改为国内党政机关、司法机关、公共服务部门号码，或者境外用户改为境内号码，仍提供服务等。尽管提供应用程序、网站等产品的技术开发和支持维护是合法的服务行为，但为他人实施电信网络诈骗而提供前述服务则是违法行为。

第二，是明确电信业务经营者、互联网服务提供者对涉诈支持、帮助活动具有监测处置义务的规定。

为规范网络秩序、维护网络安全，有关法律、行政法规中针对网络服务提供者规定了必要的网络安全管理义务。刑法修正案（九）增设了拒不履行信息网络安全管理义务罪，以促使网络服务提供者建立相应的制度、采取必要的措施，保障网络安全和网络服务业的健康有序发展。网络安全法第二十一条规定了网络运营者应对网络运行状态、网络安全事件进行监测、记录；第四十七条规定了网络运营者对其用户发布的信息的监测和处置义务：“网络运营者应当加强对其用户发布的信息的管理，发现法律、行政法规禁止发布或者传输的信息的，应当立即停止传输该信息，采取消除等处置措施，防止信息扩散，保存有关记录，并向有关主管部门报告。”

本条对电信业务经营者和互联网服务提供者两类特定主体在涉诈“黑灰产”治理中的义务进行了规定，包括以下几方面：

（1）业务及资源的安全风险评估义务

电信业务经营者、互联网服务提供者应重视风险预防，履行合理的注意义务，定期对其经营的业务开展涉诈风险评估，及时发现风险，并提前采取相应的应对措施，避免相关业务被不法分子用于从事涉诈支持、帮助活动。

（2）涉诈“黑灰产”的监测识别义务

电信业务经营者、互联网服务提供者应当落实主体责任，建立健全信息审核、风险评估、监测巡查、应急处置及个人信息保护等监测防范制度；设置必要的监测环节，通过发布内容审核、平台资源巡查、异常流量监测等方式，主动查找以发现涉诈支持、帮助活动。

（3）涉诈“黑灰产”的处置义务

电信业务经营者、互联网服务提供者发现其平台内的涉诈支持、帮助活动时，应当按照国家有关规定采取限制功能、暂停服务、拦截封堵、预警提醒等技术措施。

【实践中应注意的问题】

实践中需要注意的是，对于第二款中正常的电信和互联网业务，电信业务经营者和互联网服务提供者要高度重视涉诈风险防范工作，充分尽到注意义务，采取相关措施避免被用于电信网络诈骗活动。在对涉诈“黑灰产”进行监测识别和处置中，应强调依照国家有关规定依法执行，同时注意保护公民、法人和其他组织依法合法使用网络的权利，保障网络信息依法有序自由流动。

【典型案例】

案例1：蔡某某等人为电信网络诈骗洗钱案

2020年12月初至2021年1月底，蔡某某团伙在明知上线提供的资金为网络犯罪资金的情况下，与境外上线诈骗团伙和境内下线洗钱团伙勾连，层层代理发展下线，底层洗钱团伙通过本地网络兼职平台网罗供卡人，并指使供卡人携带个人银行卡和手机在指定地点（工作室或者宾馆）注册火币App等虚拟货币交易平台账号，再在虚拟货币交易平台购买“USDT”泰达币为电信诈骗团伙洗钱。

案件破获后，巢湖市公安局立足现有证据深挖扩线侦查发现：蔡某某团伙多地发展下线洗钱团伙，另外据嫌疑人供述其上线境外诈骗团伙同时在全国各地发展多个洗钱团伙，都是购买USDT的方式洗钱。根据已抓获的犯罪嫌疑人涉案卡交易明细，串并案件1654起，涉案资金1.44亿元，梳理出涉案供卡人471名。

案例2：云南楚雄涉电诈“黑灰产”案

2020年9月，云南省楚雄州公安局在研判中发现一个以楚雄姚安籍人员梅某为主的“杀猪盘”电诈团伙。通过对梅某团伙的深挖彻查，发现背后隐藏着一批涉及全国28个省区市的贩卖微信、QQ、手机卡的“黑灰产”犯罪网络。专案组先后在河南、江西、山东、新疆、四川等地打掉11个贩卖“两卡”“两号”窝点，缴获电脑37台、手机254部、手机卡21万张，查获用于诈骗的微信号、QQ号357个。经公安机关初步查明，该团伙共贩卖手机卡117万张，微信号、QQ号51万个，非法获利500余万元。

【相关规定】

民法典第一千一百九十七条；刑法第二百八十六条之一、第二百八十七条之二；网络安全法第二十七条、第四十七条；《关于办理电信网络诈骗等刑事案件适用法律若干问题的意见》四（三）。

第二十六条　公安机关办理电信网络诈骗案件依法调取证据的，互联网服务提供者应当及时提供技术支持和协助。

互联网服务提供者依照本法规定对有关涉诈信息、活动进行监测时，发现涉诈违法犯罪线索、风险信息的，应当依照国家有关规定，根据涉诈风险类型、程度情况移送公安、金融、电信、网信等部门。有关部门应当建立完善反馈机制，将相关情况及时告知移送单位。

【条文主旨】本条是关于互联网服务提供者依法协助办案、移送涉诈犯罪线索和风险信息等义务的规定。

【立法宗旨和背景】

（一）起草背景

在我国现行法律体系框架下，公安机关获取证据材料主要通过两类方式进行：一类是自行收集，另一类是向他人调取。在网络信息技术与社会高度融合的背景下，公安机关调取证据所需的电子数据多为互联网服务提供者控制或占有，尤其是在电信网络诈骗案件调查取证的过程中，通过互联网服务提供者间接获取相关证据材料是主要渠道之一，因此公安机关向互联网服务提供者调取证据成为一项普遍而重要的侦查措施。然而，近些年来向互联网服务提供者调取证据材料、个人信息开始引发诸多争议，刑事执法机关与互联网服务提供者就可以获取哪些证据、获取多少证据、通过何种方式获取这些证据、获取证据以后如何处理等问题产生了直接冲突，以至于在实务中频频出现取证难，取证不及时、取证不全面等问题。因此，需要通过法律规定互联网服务提供者的配合调查取证义务，保障电信网络诈骗案件证据来源，协助解决公安机关取证难问题；同时，需要形成互联网服务提供者与公安机关协同有效的涉诈信息上报、处理、反馈机制，主动、及时地对涉诈犯罪线索和风险信息作出能动反应，减少诈骗案件发生。

（二）审议中各方面的意见

1. 反电信网络诈骗法草案第二十三条规定："司法机关办理电信网络诈骗案件依法调取证据的，互联网服务提供者应当及时提供数据查询、证据调取等支持。互联网服务提供者在依照本法规定对互联网账号异常使用监测、涉诈产业监测、涉诈信息、活动监测中发现的可疑犯罪线索、风险信息等，应当依照规定移送公安、网信、工信等部门。"

在审议过程中，有的委员、部门、企业建议将第一款中的"提供数据查询、证据调取等支持"修改为"提供技术支持和协助"，与国家安全法第七十七条、网络安全法第二十八条等相关立法表述一致，防止被过度解读，这也符合国际提法，比如欧盟的《通用数据保护条例》规定；也有委员建议将第二款中的"异常使用监测、涉诈产业监测"修改为"异常使用监测，涉诈产业监测"，将"工信"表述为"电信"。有的地方及各部门发表意见称，建议将第一款中的"司法机关"修改为"公安机关"；还有单位建议，增加审查反馈机制，要求“相关监管部门接受企业移送的可疑线索和相关信息后应当及时审查，及时将审查结果反馈给移送企业”。有互联网企业则认为，所有监测的异常信息均移送，将是海量的，增加企业负担和主管部门负担，建议对其中情节严重、风险程度高的涉诈信息才移送。

此外，还有单位和个人提出诸多建议，比如，单位和个人在公安机关调查相关案件时应予以配合，如因自身未尽到审慎义务或拒不配合办案机关而造成资金损失或损失扩大的，须视过错承担相应责任；又如，建议除互联网企业，其他企业和个人同样有配合调取证据的义务等。

2. 草案二次审议稿第二十六条规定：“公安机关办理电信网络诈骗案件依法调取证据的，互联网服务提供者应当及时提供技术支持和协助。互联网服务提供者在依照本法规定对互联网账号异常使用监测、涉诈支持、帮助活动监测和其他涉诈信息、活动监测中发现的可疑犯罪线索、风险信息等，应当依照规定，根据涉诈风险程度情况移送公安、网信、电信等部门。”根据各方面的意见，草案二次审议稿对草案作了以下修改：一是将第一款中的“司法机关”修改为“公安机关”；二是将第一款中的“提供数据查询、证据调取等支持”修改为“提供技术支持和协助”，与网络安全法等表述一致；三是将“涉诈产业监测、涉诈信息、活动监测”修改为“涉诈支持、帮助活动监测和其他涉诈信息、活动监测”；四是增加“根据涉诈风险程度情况”；五是将“工信”表述为“电信”部门。

在二审稿审议过程中，有委员、企业建议将“可疑犯罪线索、风险信息等”修改为“可疑犯罪线索等信息”，避免“风险信息”含义不清。也有的单位提出，建议增加一个主管部门负责或制定统一的报送规则；还有的建议明确规定互联网服务提供者提供支持时需要履行的程序性要求，规定企业有配合执法机关预防、治理电信诈骗义务的内容，具体配合方式以行政命令的形式加以规定和约束等。此外，也有互联网企业建议明确“有效落实机制”的客观衡量标准，以便各企业更好地评估、完善反诈内控机制，同时加强各互联网平台之间合作，共享“黑灰产”数据等。

3. 根据常委会组成人员的审议意见，最终本条又作了以下修改：一是删除了“互联网账号异常使用监测、涉诈支持、帮助活动监测和其他涉诈信息、活动监测”，归拢监测活动内容，统一为“有关涉诈信息、活动”；二是在“可疑犯罪线索、风险信息”之前增加了“涉诈”二字；三是在“涉诈风险程度”之前增添了“涉诈风险类型”；四是在公安、电信、网信等信息移送部门之外增加了“金融”部门；五是增加了“有关部门应当建立完善反馈机制，将相关情况及时告知移送单位”的规定。

（三）有关国家和地区的规定

通过立法确立互联网服务提供者为有关执法机关维护网络安全和侦查犯罪的活动提供技术和协助的义务，是维护国家安全、网络安全、保护人民和惩治犯罪所必需的，从世界各国立法实践来看，很多国家都在法律法规中明确了互联网服务提供者对执法部门工作负有支持、协助的义务。例如，澳大利亚 2018 年出台了《电信和其他法律修正（协助和访问）法案》，建立起执法部门、情报机关与私营机构之间的技术协助和信息共享机制。根据该法规定，澳大利亚执法和情报部门有三种途径要求私营部门提供技术协助，包括自愿性的“技术协助申请”（TAR）、强制性的“技术协助通知”（TAN）和强制性的“技术能力通知”（TCN）。英国议会 2021 年在上议院对《电信（安全）法案》进行了二读，临近正式出台，该法案明确要求英国公共电子通讯网络及服务运营商采取措施识别并减轻正在发生或潜在的安全风险，及时向英政府有关部门报告并向有关用户和公众通报相关情况。

在国际领域，以欧盟为代表的国际组织率先制定企业协助义务规定，比如 1995 年《关于合法拦截电子通讯的决议》规定，执法机关可以要求互联网服务提供者提供技术接口，确保被拦截的信息可以传输至执法监控设备。又如，欧盟委员会以 2017 年 9 月《关于处理网上非法内容的沟通》为基础，在 2018 年 3 月发布了《关于有效打击网上非法内容措施的建议》，要求在线平台与执法部门合作，要求平台在“有证据表明存在严重刑事犯罪或者怀疑非法内容对生命或者安全构成威胁”时，平台应及时通知执法部门。2001 年布达佩斯《网络犯罪公约》也规定，互联网服务提供者应基于其现有的技术能力，配合、协助主管机关收集或复制境内即时通信数据以及涉及严重犯罪的相关即时内容数据。

【条文释义】

本条共分两款。第一款是关于互联网服务提供者依法协助公安机关办案的规定。

本条包含以下两个方面的内容：

第一，基于打击电信网络诈骗犯罪的目的，公安机关主动向互联网服务提供者调取电信网络诈骗案件的相关证据，是发挥公安侦查权、查清犯罪事实的重要环节。无论是基于国家安全法还是刑事诉讼法，公安机关均有权向有关组织或个人收集信息或调取证据。例如，根据国家安全法第五十二条规定，公安机关有权依法搜集涉及国家安全的情报信息；与之相似地，我国刑事诉讼法第五十四条第一款被视作是调取证据的法律依据，公安机关有权向有关单位和个人收集、调取证据，有关单位和个人负有如实提供证据的义务。一方面要求公安机关了解案情并要求与案件有关的组织提供证据或协助调查；另一方面也规定了调取相对人如实提供证据的义务。数据安全法第三十五条也规定了公安机关因依法维护国家安全或者侦查犯罪的需要调取数据，经过严格的批准手续，依法进行，有关组织、个人予以配合。2019 年最高人民检察院《人民检察院刑事诉讼规则》第一百六十九条允许侦查人员在立案前的调查核实阶段调取证据材料；2020 年公安部《公安机关办理刑事案件程序规定》第一百七十四条也允许公安机关在初查过程中调取证据资料。此外，2016 年，最高人民法院、最高人民检察院、公安部发布的《刑事案件收集提取和审查判断电子数据若干问题的规定》第十三条单独规定了调取电子数据的措施，2019 年公安部《公安机关办理刑事案件电子数据取证规则》更将办案机关向互联网服务提供者调取证据明确列为收集、提取电子数据的五种措施之一。可见，公安机关向互联网服务提供者调取证据系法律及各法规、司法解释加以肯定的正当权力，如果互联网服务提供者知晓与案件有关的材料，顺理成章地负有如实提供证据的义务。一方面，该权力源于技术便宜性，即相较于公安机关而言，互联网服务提供者在证据控制和处理能力方面有显著优势；另一方面也源自规则便宜性，即通过互联网服务提供者调取证据可以规避其他取证方式中可能面临的法律障碍。

第二，当公安机关向互联网服务提供者要求调取证据时，其应当积极配合，担负提供应有技术支持和协助的义务。我国有关法律对提供技术支持和协助的范围、措施等作了规定。根据国家安全法、网络安全法、反恐怖主义法、反有组织犯罪法、刑事诉讼法的规定，任何公民和组织对有关机关维护国家安全和侦查犯罪的活动都有提供支持和协助的义务。比如，国家安全法第七十七条规定，公民和组织应当如实提供所知悉的涉及危害国家安全活动的证据，为国家安全工作提供便利条件和协助，并向公安机关提供必要的支持和协助。网络安全法第二十八条也明确要求网络运营者为公安机关依法维护国家安全和侦查犯罪的活动提供技术支持和协助。反恐怖主义法第十八条还规定，互联网服务提供者应当为公安机关、国家安全机关依法进行防范、调查恐怖活动提供技术接口和解密等技术支持和协助。2017 年国家互联网信息办公室《互联网信息内容管理行政执法程序规定》第十八条也明确强调，向有关单位、个人收集、调取证据的，被调查对象或者有关人员应当协助、配合调查，及时提供依法应当保存的互联网信息服务提供者发布的信息、用户发布的信息、日志信息等相关材料，不得阻挠、干扰案件的调查。2017 年《互联网域名管理办法》第四十条也强调域名注册管理机构、域名注册服务机构应当配合国家有关部门依法开展的检查工作。反电信网络诈骗法规定互联网服务提供者的配合调查取证义务，正是与国家安全法、网络安全法、刑事诉讼法等法律相衔接的，公安机关行使此项权力，必须严格遵守规定的权限和程序。

第二款是关于互联网服务提供者日常监测防范、通报线索信息等协助执法义务的规定。在电信网络诈骗犯罪治理过程中，互联网服务提供者担负涉诈信息存储、监测、报告等协助执法义务，从法条文观之，该义务群主要可类型化为三类：

第一，涉诈信息、活动收集留存义务。互联网企业收集留存涉诈犯罪线索、风险信息，是后续展开监测排查、移送报告工作的必要前提。涉诈信息、活动收集留存义务要求互联网服务提供者在日常反诈监测的过程中合理收集、存储用户信息，网络服务提供者自己发现涉诈违法违规信息后，在向有关机关进行报告的同时，主动保存相关记录。该义务的法律渊源较为普遍，典型如网络安全法第二十一条就要求留存网络日志六个月。又如反有组织犯罪法第十六条、网络安全法第四十七条、《防范和处置非法集资条例》第十条，均规定了发现涉嫌违法犯罪信息时，互联网运营者应承担的“保存有关记录”的义务。还有许多文件如 2011 年《互联网信息服务管理办法》第十四条、2016 年《互联网直播服务管理规定》第十六条、2017 年《互联网域名管理办法》第二十四条、2017 年《互联网群组信息服务管理规定》第十条等，均要求留存日志、保留记录等。

第二，涉诈信息、活动监测义务。本款明确了互联网服务提供者负有涉诈信息、活动监测义务，有必要对涉诈信息、活动进行日常监测。此前，已有诸多法规、规章等法律文件对互联网服务提供者的监测能力提出要求。比如，2016 年《互联网信息搜索服务管理规定》第六条、2017 年《互联网论坛社区服务管理规定》第五条、《互联网跟帖评论服务管理规定》第五条等规范性文件均明确了互联网服务提供者应当承担审核管理、实时巡查、应急处置等信息安全管理制度等信息安全管理义务，及时发现和处置违法信息，并要求其为有关部门依法履行职责提供必要的技术支持。本法与上述法律法规一脉相承，特别强调针对与电信网络诈骗案件有关的涉诈信息和活动进行监测，进一步明确了互联网服务提供者监测发现义务的审查范围。

第三，涉诈违法犯罪线索、风险信息移送报告义务。本款要求互联网服务提供者将监测中发现的涉诈违法犯罪线索及风险信息，按照其涉诈风险类型及程度情况，主动移送有关部门，并明确了接收监测报告的四大部门，即公安、金融、电信、网信部门。其一，就违法信息报告的义务而言，以《全国人民代表大会常务委员会关于加强网络信息保护的决定》第五条为开端，网络安全法第二十二条、第二十五条、第二十七条、第四十七条，数据安全法第二十九条，民法典第一千零三十八条，个人信息保护法第五十七条等，均规定了凡是在监测处置过程中发现违法犯罪信息、安全缺陷漏洞，网络服务提供者均应当采取补救、处置措施并及时向主管部门报告。此外，诸多规范性文件如《互联网信息搜索服务管理规定》第八条、《互联网论坛社区服务管理规定》第七条等也明确深化了及时上报的规定。其二，在此须注意涉诈犯罪线索和风险信息的分类及报送，已涉嫌电信网络诈骗犯罪案件（即涉案）并纳入嫌疑人犯罪行为指向范围的，系涉诈犯罪线索，互联网服务提供者须及时向公安机关报送；尚未涉案但具有涉诈风险的，根据其内容类别和风险程度，分别及时向网信、电信、金融主管部门报送。其三，就风险类型、程度的分层分级分类而言，数据安全法第二十二条明确要求国家建立集中统一、高效权威的数据安全风险评估、报告、信息共享、监测预警机制，第三十条也要求重要数据的处理者按照规定对数据处理活动定期开展风险评估并向有关主管部门报送风险评估报告。虽然目前尚未制定详尽的涉诈风险评估标准、规定，但就其他领域如网络安全等，已经制定了相对类型化、精细化的风险监测、通报法规规章，有助于日后针对互联网涉诈信息风险评估的具体内容、相关部门和企业的义务出台相关配套法规，细化、补充互联网涉诈风险评估的具体规则和标准。互联网服务提供者须结合行业相关互联网涉诈风险评估标准及规则，完善风险信息分级分类机制，履行好违法犯罪线索、风险信息移送报告义务。

第四，有关主管部门也负有建立涉诈犯罪线索、风险信息反馈机制的职责，应当及时向移送单位报告进展情况。建立此种反馈机制有利于形成涉诈线索层层锁定、风险信息不断排查的高效工作模式，营造信息双向流通的良好反诈工作环境，切实改进有关部门与互联网服务提供者之间沟通阻塞的现实问题，推动防范治理电信网络诈骗工作进一步走实向深。

【实践中应注意的问题】

在该条的理解适用中需要注意的是，正确处理公安机关调取涉诈犯罪证据与互联网服务提供者保护用户个人信息的关系。赋予互联网服务提供者配合调查取证、监测移送报告等协助执法义务并不等于放弃信息主体对该信息所承载的个人权益，更不意味着公安机关可以绕过相应的权益保障机制而直接向互联网服务提供者予取予求。换言之，在强调互联网服务提供者及个人社会责任的同时，不得滥用调查取证权从而侵害互联网服务提供者及用户的合法利益。因此，公安机关调查取证并非任意妄为，而应当坚持比例原则，在其职权范围之内遵守程序性的审查机制和批准手续，切忌无限制滥用证据调取职权，为协助执法单位施加过重或不当负担。

【相关规定】

《全国人民代表大会常务委员会关于加强网络信息保护的决定》第五

条；国家安全法第五十二条、第七十七条；刑事诉讼法第五十四条；数据安全法第二十二条、第二十九条、第三十条、第三十五条；网络安全法第二十一条、第二十二条、第二十五条、第二十七条、第二十八条、第四十七条；反恐怖主义法第十八条；反有组织犯罪法第十六条；民法典第一千零三十八条；个人信息保护法第五十七条；《互联网信息内容管理行政执法程序规定》第十八条；《互联网信息搜索服务管理规定》第八条；《互联网域名管理办法》第二十四条、第四十条；《防范和处置非法集资条例》第十条；《互联网信息服务管理办法》第十四条；《互联网直播服务管理规定》第十六条；《互联网论坛社区服务管理规定》第七条；《互联网群组信息服务管理规定》第十条；《人民检察院刑事诉讼规则》第一百六十九条；《公安机关办理刑事案件程序规定》第一百七十四条；《互联网信息搜索服务管理规定》第六条；《互联网论坛社区服务管理规定》第五条；《互联网跟帖评论服务管理规定》第五条；《刑事案件收集提取和审查判断电子数据若干问题的规定》第十三条。

第五章　综合措施

第二十七条　公安机关应当建立完善打击治理电信网络诈骗工作机制，加强专门队伍和专业技术建设，各警种、各地公安机关应当密切配合，依法有效惩处电信网络诈骗活动。

公安机关接到电信网络诈骗活动的报案或者发现电信网络诈骗活动，应当依照《中华人民共和国刑事诉讼法》的规定立案侦查。

【条文主旨】本条是关于公安机关内部建立完善工作机制、加强队伍和技术建设，协调配合，依法立案侦查的规定。

【立法宗旨和背景】

草案的一次审议稿及二次审议稿均没有规定公安机关内部打击治理电信网络诈骗的工作机制建设、专门队伍建设、专业技术建设以及内部合力建设，仅在第七条规定了各有关部门、单位在打击治理电信网络诈骗工作中，应当加强专业队伍建设。但在实践调研中发现，随着全球信息化的快速发展，犯罪结构发生了重大变化，传统犯罪持续下降，以电信网络诈骗为代表的新型网络犯罪已成为主流犯罪，成为公安机关面临的严峻挑战，仅仅由公安机关或者公安机关的某一警种，无法完成打击治理电信网络诈骗犯罪的工作。电信网络诈骗等新型犯罪案件多发高发，越来越呈现出专业化、产业化、集团化和国际化特征，其借助于新兴的通信技术、互联网技术及便捷的金融服务，打击治理工作难度越来越大。本法第六条第三款授权公安机关牵头负责反电信网络诈骗工作，金融、电信、网信、市场监管等有关部门依照职责履行监管主体责任，负责本行业领域反电信网络诈骗工作。又在本法第十四条、第二十条、第二十六条规定了公安机关与相关部门合作加强电信治理、金融治理和互联网治理的职责。基于打击治理电信网络犯罪工作的难度及反电信网络诈骗工作的职责，公安机关内部应当进一步完善打击治理电信网络诈骗犯罪的工作机制，加强专门队伍和专业技术建设，依据打击治理的需要完善内部协作机制。

电信网络诈骗案件是诈骗团伙对非特定区域、非特定人群，采取远程、非物理接触的方式实施的犯罪。依据现行法律对传统诈骗犯罪制定的立案标准，将会出现诈骗团伙实施的犯罪因个案达不到立案标准，而无法追究刑事责任的情况。如发生在某辖区内的单笔诈骗金额达不到诈骗案件个案的立案标准，或出现多起电信网络诈骗而又无法确定是否为同一诈骗团伙所为，单独从特定的区域来看构不成刑事案件。事实上，从诈骗团伙作为主体所实施电信网络诈骗总体行为来看，无论从累计金额，还是实施诈骗行为拨打电话或者发送短信的次数，均可能已构成刑事犯罪。如果因个案按照传统的办案要求达不到立案标准，案件信息就不会录入办案信息平台，就会出现跨地区案件不能够串并案，部分案件难以进入诉讼程序，出现部分犯罪得不到依法惩治，被害人权益难以保障的现象。针对电信网络诈骗犯罪的特殊性，为了有效避免此类问题的出现，有必要修改立案前公安机关对涉案账户查处的职权以及立案后对相关案件线索查证的职责，如本法第二十条增加了紧急止付措施，本条第二款规定了公安机关接到电信网络诈骗活动的报案或者发现电信网络诈骗活动，应当依法立案侦查。

【条文释义】

本条共分两款。第一款规定公安机关应当健全完善反电信网络诈骗的工作机制，加强专门队伍、专业技术建设，抓好公安机关内部合力。第二款规定公安机关接到电信网络诈骗的报案或工作中发现案件，应当依法立案侦查。

本条第一款包含以下四个方面的内容：

第一，公安机关应当建立完善打击治理电信网络诈骗工作机制。本法共强调了三个工作机制的建立：一是第六条第一款规定的国务院反电信网络诈骗工作机制；二是第六条第二款规定的地方各级人民政府反电信网络诈骗工作机制；三是本条规定的公安机关打击治理电信网络诈骗工作机制。本款所规定的建立和完善工作机制主要是指各级公安机关内部各警种及各级公安机关之间在打击治理电信网络诈骗工作上的协作联动机制。公安机关应当依照本款规定以打击治理电信网络诈骗工作的实际需求为基础，建立符合实践需求的工作机制，明确落实各警种、部门打击治理电信网络诈骗违法犯罪职能定位，形成职责清晰、紧密联动的整体工作格局。刑侦部门作为打击治理工作的主责部门，应发挥统筹协调作用，组织公安机关内部各警种开展侦查打击、精准预防、预警拦截、资金拦截、人员管控、国际合作等工作，重点是要建立公安机关内部治安、网安、技侦、法制、国合和移民等部门的内部协作以及在打击治理电信网络诈骗方面与金融、电信、互联网等相关行业主管部门的协作。按照建立的工作机制定期召开不同警种之间就打击治理电信网络诈骗工作的交流，明确几类启动工作机制的情形，以加强各警种之间的协作，提升打击治理电信网络诈骗的能力和效力。

第二，公安机关应当加强打击治理电信网络诈骗专门队伍建设。专门队伍是打击治理电信网络诈骗犯罪不可或缺的力量，依据人民警察法的规定，公安机关的职责是预防、打击、惩处犯罪，此处加强专门队伍建设包括办案、宣传防范和综合治理等方面的专门队伍。公安机关办案专门队伍建设，应坚持“警力跟着警情走”的基本原则，各级公安机关依据本地打击治理情况可以在各级刑侦部门内部或者以刑侦部门力量为基础建立以打击治理电信网络诈骗犯罪为主要职责、规模数量适宜、能力素质过硬、上下一体联动、体制机制完善、职责任务明晰的专门队伍体系。对于地方各级公安机关来说，专门队伍建设并不局限于办案打击队伍，还应包括精准预警、防范劝阻等方面的专门队伍。

加强专门队伍建设要保障好数量和质量，做好纵向指挥体系和横向协作体系建设：一是部省市县四级公安机关要尽快建立健全实体化运作的反诈中心，依据现行法律规定明确各层级反诈中心打击和预防职责。二是国务院公安部门要明确以刑侦部门为基础的打击治理电信网络诈骗犯罪专业队伍的内部分工，各层级专业队伍的数量规模应同打击治理电信网络诈骗犯罪工作的现实需要相适应，其专业能力和综合素质要与其工作职责相匹配。各级打击治理电信网络诈骗专业队伍在功能上要实现一体运行，厘清反诈专门队伍与刑侦其他专业团队及各相关警种在打击治理电信网络诈骗犯罪工作中的职责任务，健全完善分工明确、配合紧密的长效工作机制。三是各个层级的打击治理电信网络诈骗的专门队伍要注重专家型人才的引进和培养，建立特殊人才引进和遴选制度，分层分类建立梯队结构合理的专家人才库，将反诈特殊人才纳入警务技术类管理序列，高度重视、合理规划、有序推进反诈专门队伍的培训工作。四是公安机关承担具体反诈职责任务的有关警种要开展经常性的专题学习、研究和培训，在坚持“一专多能”原则的基础上，根据需要和可能，培养本警种的反诈专门团队或骨干力量，切实提高各个警种的反诈能力，将刑侦牵头的全警反诈的理念落实落细落好。

第三，公安机关应当加强打击治理电信网络诈骗专业技术建设。专业技术是对支撑打击治理电信网络诈骗犯罪的各种技术手段的总称，是借以破解、研判、侦查、防范、治理具有极高技术含量的电信网络诈骗犯罪的必要手段。打击治理电信网络诈骗犯罪的专业技术功能领域多，涵盖方面广，发展变化快。就其功能类型而言，包括勘验、鉴定、数据溯源、网络取证等技术，进行情报研判、综合预警的技术，开展其他发现、收集、保存证据的技术等。技术研发主要在于网络远程取证，资金流、信息流智能研判，APP 解析、溯源及电子数据的收集、提取和储存，网络电话的迅速发现、识别、拦截、定位与数据调取等。加强反电信网络诈骗综合平台建设，运用大数据及人工智能，结合其他行业监管部门的风险预警数据，进行有效拦截和智能取证。既要及时发现犯罪，又要使获得的证据材料符合以审判为中心的诉讼制度的标准，提高打击质量。专业技术建设必须随着电信网络诈骗犯罪类型手段的快速升级换代而快速动态更新、不断升级。

加强专业技术建设主要在于做好以下几个方面：一是积极构建适应打击治理电信网络诈骗工作需要的专业技术体系，开展技术攻关。二是加强专业技术项目的研发和建设要加强顶层设计，注重统筹协调，强化应用导向，明确分工，合理布局，最大限度地避免重复研发和建设。三是建立健全各项专业技术标准，重点推进各类反诈系统技术标准建设，促进技术手段优势互补、数据资源更大规模融合。四是加强反诈部门专门技术团队的培养与建设，全面提升研发和应用能力。五是加强反诈专门技术设备和装备建设，推进软件建设与硬件建设协调发展。六是注重专业技术研发和建设的内外协同，公安机关在全面加强自身专业技术建设的同时，应积极推进各有关方面加强专业技术建设，确保各个层次、各个方面的反诈专业技术有机衔接，合理构成。及时发现通信流、信息流及资金流的异常，依据风险等级对潜在被害人采取电话提醒、电话劝阻、当面劝阻、紧急止付等措施，有效防范将要发生或者正在发生的电信网络诈骗犯罪案件。

第四，以打击治理电信网络诈骗犯罪的实际需要为目标，各警种、各地公安机关应当密切配合，抓好公安机关内部合力。坚持“党委领导、部级抓总、省级主责、市县主战、派出所主防”的工作原则，在公安部党委的统一领导下，要切实抓好部省市县四级公安机关上下高效联动的层级合力、各地公安机关通力协作的区域合力，公安机关各个部门密切配合的警种合力，充分整合全国公安机关各个层级、各个区域、各个警种在决策、指挥、人力、技术、数据、情报等各个方面的资源，形成整体性内部合力。各警种、各地公安机关内部合力的形成关键在于：一是各级公安机关要牢固树立“分级不分家”的理念，形成高效联动的层级合力。二是各地公安机关要牢固树立“全国公安是一家”的理念，形成通力协作的区域合力。三是全体公安民警要始终秉持全警反诈的理念，形成密切配合的警种合力。

在加强专业队伍建设、专业技术研发的同时，建立办理电信网络诈骗跨区域警务协作机制，有效解决实务中公安机关内部的管辖争议问题，统一公检法对电信网络诈骗犯罪的管辖及定罪量刑的认识，提高打击效率。高效打击是特殊预防手段，通过打击现有犯罪团伙，能够使该团伙无法继续实施电信网络诈骗犯罪，能够对其他犯罪团伙形成威慑，能够有效降低电信网络诈骗犯罪团伙的职业化水平。

本条第二款是关于公安机关接到电信网络诈骗报案或在日常工作中发现电信网络诈骗案件应当依法立案侦查的规定。本款包含以下两个方面的内容：

第一，公安机关受理电信网络诈骗报案后，应当及时采取即时查询、紧急止付措施，审查后依法立案侦查。电信网络诈骗犯罪是犯罪主体对于不特定区域、不特定人群实施的远程、非接触式犯罪，具有涉案资金转移快的特征。如果按照传统的办案流程，追赃挽损难度较大，被害人权益难以得到有效保护。如，2011 年 3 月最高人民法院、最高人民检察院颁布的《关于办理诈骗刑事案件具体应用法律若干问题的解释》，其第一条、第二条、第五条的相关款项分别规定了追究刑事责任的标准。2016 年 12 月最高人民法院、最高人民检察院、公安部出台《关于办理电信网络诈骗等刑事案件适用法律若干问题的意见》，其第一条第二款规定“二年内多次实施电信网络诈骗未经处理，诈骗数额累计计算构成犯罪的，应当依法定罪处罚”，解决了单次诈骗未构成犯罪，多次诈骗数额累计构成犯罪，应当追究刑事责任的情形。2021 年 6 月，《最高人民法院、最高人民检察院、公安部关于办理电信网络诈骗等刑事案件适用法律若干问题的意见（二）》，解决了电信网络诈骗中其他应当追究刑事责任的情形及其关联性犯罪的认定。本法的规定并没有突破相关法律法规追究刑事责任标准的认定，而是授权公安机关在受理电信网络诈骗案件后，可以结合本法第二十条第一款的规定，为了有效避免被害人财产被转移，公安机关在立案前可以采取即时查询、紧急止付或者快速冻结等措施，即办案机关依法受理电信网络诈骗案件后不仅可以审查该案件，还可以即时查询该涉案账户，综合审定后，决定是不是应当以电信网络诈骗案件追究刑事责任。

针对电信网络诈骗犯罪的特殊性，公安部也要求各地公安机关在办理电信网络诈骗犯罪案件时，将受理的案件信息录入侦办平台、确定诈骗窝点，有效避免无法串并案、无法累计计算案件数量及数额的问题。依照本规定，公安机关受理电信网络诈骗案件后，应首先依据本法第二十条第一款采取即时查询和紧急止付措施，综合评定涉案账户及被害人损失后，确定是不是达到追究刑事责任的标准。

第二，公安机关在日常工作中发现电信网络诈骗案件应当依法立案侦查。依据《公安机关办理刑事案件程序规定》，通常情况下，公安机关受理案件的来源有两种方式：一是公民扭送、报案、控告、举报或者犯罪嫌疑人自动投案；二是公安机关发现的犯罪线索，采取不限制人身自由、财产权利的措施进行调查核实后，确定是否立案。第二种案件来源既是公安机关的法定职责，也是对第一种案件来源方式的补充，以解决被害人畏惧报案或者不知道自己权利被犯罪分子侵犯而无法报案的问题等。电信网络诈骗案件的特殊性在于：一是电信网络诈骗案件的被害人通常不知道自己被骗，例如投资理财类诈骗、婚恋交友类诈骗等，只有公安机关对于在工作中发现的可疑案件线索都进行立案侦查，才能够发现该犯罪团伙已经或者正在实施的其他犯罪。二是同一个诈骗团伙可能会对不同地域、不同群体实施大量的诈骗行为，公安机关在侦办其他案件过程中，通常会发现其他案件线索，对其他案件也应当立案侦查。

本规定也是对公安机关办理电信网络诈骗案件要落实全链条打击的要求，比方说有被害人报案时，公安机关应当调查本案涉及的银行账号、电话卡等犯罪介质是否还涉及其他案件；抓获本案的作案人员时，应当从本案的作案人员、犯罪工具/介质等入手，调查该诈骗团伙是否还涉及其他案件，如果涉及则应当全部展开调查。同时，本条规定与本法第二十九条第二款“公安机关办理电信网络诈骗案件，应当同时查证犯罪所利用的个人信息来源，依法追究相关人员和单位责任”的规定相补充，明确了公安机关在办理电信网络诈骗案件过程中发现关联性案件线索时的查证职责。

【实践中应注意的问题】

在该条的理解适用中，应当注意以下两个方面的问题：

第一，本条第一款是授权公安机关建立完善打击治理电信网络诈骗工作机制，加强专门队伍及专业技术建设，形成内部合力的规定。公安机关应当根据本地区打击治理电信网络诈骗工作的需要，健全完善工作机制及专门队伍、专业技术的建设。同时，要厘清本条规定的打击治理电信网络诈骗工作机制与第六条第一款、第二款规定的反电信网络诈骗工作机制的异同，本条强调的是全警反诈，第六条第一款、第二款强调的全社会反诈。本法第六条第三款强调的是公安机关牵头负责反电信网络诈骗工作，本条强调的是按照公安机关内部分工，刑侦部门应当牵头全警反诈工作，并做好相应的专门队伍及专业技术建设。

第二，公安机关在办理电信网络诈骗案件时，应当兼顾电信网络诈骗案件的特殊性，即各级公安机关受理电信网络诈骗案件后应当采取即时查询、紧急止付等措施，既有利于及时为被害人挽回损失，也有利于办案机关审查该账户是否还涉及其他电信网络诈骗案件，积极推进串并案工作。此外，各级办案机关应当积极贯彻落实公安部的要求，将电信网络诈骗案件的信息及时录入侦办平台，尽快确定犯罪窝点所在地。通过各类信息数据研判，做好案件串并工作，以防止个案未达到追究刑事责任的标准，而串并案件后应当追究刑事责任的案件不能进入侦查程序，难以追究刑事责任。此外，公安机关要提升打击治理电信网络诈骗活动的能力，对电信网络诈骗及其关联性犯罪进行全链条打击。

【相关规定】

刑事诉讼法第一百零九条；《公安机关办理刑事案件程序规定》第一百六十九条至第一百七十八条；《最高人民法院、最高人民检察院关于办理诈骗刑事案件具体应用法律若干问题的解释》第一条、第二条、第五条；《最高人民法院、最高人民检察院、公安部关于办理电信网络诈骗等刑事案件适用法律若干问题的意见》第一条至第六条；《最高人民法院、最高人民检察院关于办理非法利用信息网络、帮助信息网络犯罪活动等刑事案件适用法律若干问题的解释》第三条、第十二条；《最高人民法院、最高人民检察院、公安部关于办理电信网络诈骗等刑事案件适用法律若干问题的意见（二）》第三条、第八条。

第二十八条　金融、电信、网信部门依照职责对银行业金融机构、非银行支付机构、电信业务经营者、互联网服务提供者落实本法规定情况进行监督检查。有关监督检查活动应当依法规范开展。

【条文主旨】本条是关于金融、电信、网信部门监督检查职责的规定。

【立法宗旨和背景】

（一）起草背景

加强行业监管，是治理电信网络诈骗的有力措施。近年来，银行业金融机构、非银行支付机构、电信业务经营者、互联网服务提供者等企业积极履行社会责任，不断强化实名制落实、涉诈行为监测、洗钱通道管控，积极配合犯罪打击和预警处置，有效推动了电信网络诈骗的打击治理。但是，仍有不少企业的电信网络诈骗打击治理工作不深入，不履行打击治理配合义务，严重影响了治理的质效，制约了反电信网络诈骗工作的整体推进。因此，需要金融、电信、网信部门切实履行监管主体责任，通过监督检查，确保银行业金融机构、非银行支付机构、电信业务经营者、互联网服务提供者严格落实相关规定，督促其切实担负起涉诈风险防控责任。

（二）审议中各方面的意见

本条为草案三次审议稿新增加规定，第二十八条规定：“金融、电信、网信部门依照职责对银行业金融机构、非银行支付机构、电信业务经营者、互联网服务提供者落实本法规定情况进行监督检查。有关监督检查活动应当依法规范开展。”审议过程中，有的提出本法对主管部门监管责任、企业各项防范治理责任等作了相应规定，有关主管部门应当依照职责对企业落实情况进行监督检查；同时，有的部门、企业提出，有关监督检查活动应当依法依规开展，经研究采纳上述意见，在三次审议稿中作出规定。

（三）有关国家和地区的规定

由主管部门对本行业领域内的机构、企业进行监督检查，以保证其严格落实相关规定要求，是各国的一致做法。如，在金融监管方面，美国《爱国者法案》规定，金融犯罪执法网络局作为美国反洗钱、防范非法交易的金融监管部门，负责监管 27000 多家金融机构及其 45000 个营业网点，可以审查这些金融机构的所有账户及交易情况，如果发现涉及恐怖主义及洗钱的行为，该局可以进行处罚。日本在其《反洗钱法》《支付服务法》中规定了日本金融厅的监管职责，以及相应具体的监管措施和处罚方式。电信和网信监管方面，英国《电信（安全）法》第 5 条规定，通信管理局作为英国电信监管部门，必须设法确保公共电子通信网络与服务的提供商遵守法律规定的相关义务；第 6—10 条分别规定了通信管理局对电信运营商进行安全评估的权力，以及相应的执法程序和处罚措施。美国《通讯法》规定，美国联邦通信委员会对电信运营商进行监管，同时其也是主管互联网的职能部门，负责网络内容监管与治理。日本电信管制的法律依据主要是《电信事业法》，由日本内务和通信部负责电信行业的管制和相关法律的执行，对电信行业开展日常管理和安全评估，该法第 166 条规定总务大臣在本法施行所必需的范围内，应让电信运营商或中介服务提供者报告其业务，或派员进入电信运营商或代理中介商的办公室或其他营业场所等，检查电信设备（仅限进入电信运营商营业场所）、书籍、文件等财物。

【条文释义】

本条是关于金融、电信、网信部门监督检查职责的规定，包含以下几个方面的内容：

第一，金融、电信、网信部门监督检查的内容。金融、电信、网信部门对银行业金融机构、非银行支付机构、电信业务经营者、互联网服务提供者监督检查的内容是落实本法规定的情况。具体包括：（1）本法第一章所规定的电信业务经营者、银行业金融机构、非银行支付机构、互联网服务提供者承担在建立反电信网络诈骗内部控制机制、安全责任制度和加强新业务涉诈风险安全评估等方面的落实情况。（2）本法第二章所规定的电信业务经营者在全面落实电话实名制、办卡数量限制、开卡风险管理、涉诈异常电话卡监测识别处置、物联网卡管理、改号电话防治、虚假和不规范主叫防治、涉诈非法设备和软件防治等方面的落实情况。（3）本法第三章所规定的银行业金融机构、非银行支付机构在金融业务尽职调查、限制开户数量、开户风险管理、企业账户管理、涉诈异常账户和可疑交易监测识别处置、交易信息透传、配合涉诈资金处置返还等方面的落实情况。（4）本法第四章所规定的电信业务经营者、互联网服务提供者落实互联网实名制的情况，互联网服务提供者在涉诈异常互联网账号监测识别处置、移动互联网应用程序治理、域名解析、跳转和网址链接转换服务管理、网络“黑灰产”治理、依法协助办案等方面的落实情况。（5）本法第五章所规定的电信业务经营者、银行业金融机构、非银行支付机构、互联网服务提供者在个人信息保护、反诈宣传提示警示、反制技术研用等方面的落实情况。

第二，金融、电信、网信部门监督检查的依据。作为行业监管部门，金融、电信、网信部门开展监督检查的法律依据不仅是本法，还包括其他法律、规章。如网络安全法第四十九条第二款规定：“网络运营者对网信部门和有关部门依法实施的监督检查，应当予以配合。”第五十条规定：“国家网信部门和有关部门依法履行网络信息安全监督管理职责，发现法律、行政法规禁止发布或者传输的信息的，应当要求网络运营者停止传输，采取消除等处置措施，保存有关记录；对来源于中华人民共和国境外的上述信息，应当通知有关机构采取技术措施和其他必要措施阻断传播。”个人信息保护法

第六十一条规定："履行个人信息保护职责的部门履行下列个人信息保护职责：（一）开展个人信息保护宣传教育，指导、监督个人信息处理者开展个人信息保护工作；（二）接受、处理与个人信息保护有关的投诉、举报；（三）组织对应用程序等个人信息保护情况进行测评，并公布测评结果；（四）调查、处理违法个人信息处理活动；（五）法律、行政法规规定的其他职责。"第六十三条规定："履行个人信息保护职责的部门履行个人信息保护职责，可以采取下列措施：（一）询问有关当事人，调查与个人信息处理活动有关的情况；（二）查阅、复制当事人与个人信息处理活动有关的合同、记录、账簿以及其他有关资料；（三）实施现场检查，对涉嫌违法的个人信息处理活动进行调查；（四）检查与个人信息处理活动有关的设备、物品；对有证据证明是用于违法个人信息处理活动的设备、物品，向本部门主要负责人书面报告并经批准，可以查封或者扣押。""履行个人信息保护职责的部门依法履行职责，当事人应当予以协助、配合，不得拒绝、阻挠。"《互联网用户账号信息管理规定》第二十条规定：" 网信部门会同有关主管部门，建立健全信息共享、会商通报、联合执法、案件督办等工作机制，协同开展互联网用户账号信息监督管理工作。"第二十一条第一款规定："网信部门依法对互联网信息服务提供者管理互联网用户注册、使用账号信息情况实施监督检查。互联网信息服务提供者应当予以配合，并提供必要的技术、数据等支持和协助。"《电话用户真实身份信息登记规定》第十六条第一款规定："电信管理机构应当对电信业务经营者的电话用户真实身份信息登记和保护情况实施监督检查。电信管理机构实施监督检查时，可以要求电信业务经营者提供相关材料，进入其生产经营场所调查情况，电信业务经营者应当予以配合。"这些法律法规等与本法共同构成了金融、电信、网信部门开展监督检查工作的法治基础。但是，依照其他法律检查的内容是履行反电信网络诈骗相关的规定。

【实践中应注意的问题】

在该条的理解适用中，应当注意以下几个方面的问题：

第一，监督检查内容的全面性。本法中有关银行业金融机构、非银行支付机构、电信业务经营者、互联网服务提供者的规定较多，涉及防骗宣传、开卡开户管理、异常行为监测识别、涉诈行为阻断处置、行业涉诈风险安全管理等诸多方面，金融、电信、网信部门在开展监督检查时，应注意监督检查内容的全面性。

第二，监督检查工作的规范性。金融、电信、网信部门开展监督检查工作的法律依据较为分散，除本法外，还涉及网络安全法、个人信息保护法等法律和为配套法律规定而制定的有关部门规章、规范性文件，对不同事项有不同的监督检查标准、方式、流程，金融、电信、网信部门在开展监督检查时，应注意依照不同的法律规定规范进行。

第三，金融、电信、网信部门应当建立完善相关监督检查工作规范，开展监督检查不得对银行业金融机构、非银行支付机构、电信业务经营者、互联网服务提供者的正常经营活动造成影响。

【典型案例】

案例 1：某银行无锡分行未按规定履行客户身份识别义务案

2022 年 3 月 4 日，中国人民银行南京分行官网更新的行政处罚公告显示，某银行无锡分行因未按规定履行客户身份识别义务，被罚款 170 万元。

时任某银行无锡分行业务营运部副总经理吕某某，因对该行未按规定履行客户身份识别义务的违法行为负有直接责任，被罚款 3.5 万元。时任某银行无锡分行内控合规部总经理高某，因对该行未按规定履行客户身份识别义务的违法行为负有直接责任，被罚款 1.75 万元。中国人民银行南京分行于 2022 年 3 月 1 日作出上述处罚决定。

案例 2：某支付清算信息有限公司违反账户管理规定、清算管理规定案

2022 年 2 月 8 日，中国人民银行上海总部网站发布的行政处罚公示表显示某支付清算信息有限公司违法被处以罚款人民币 1004 万元，责令限期改正。

行政处罚决定书显示，某支付清算信息有限公司存在以下违法行为：(1) 违反账户管理规定；(2) 违反清算管理规定；(3) 未按规定履行客户身份识别义务；(4) 与身份不明客户交易。中国人民银行上海总部于 2022 年 1 月 24 日决定对其处以罚款人民币 1004 万元，责令限期改正。

行政处罚决定书显示，时任某支付清算信息有限公司董事、首席执行

官、总经理党某某对公司以下违法违规行为负有责任：未按规定履行客户身份识别义务。中国人民银行上海总部于2022年1月24日决定对其处以罚款人民币3.5万元。

行政处罚决定书显示，时任某支付清算信息有限公司助理副总裁滕某某对公司以下违法违规行为负有责任：（1）未按规定履行客户身份识别义务；（2）与身份不明客户交易。中国人民银行上海总部于2022年1月24日决定对其处以罚款人民币8.5万元。

案例3：某通信技术有限公司拒不履行信息网络安全管理义务案

2021年全国首起电信运营商拒不履行信息网络安全管理义务案，在云南省昆明市盘龙区法院宣判。虚拟运营商某通信技术有限公司，因拒不履行信息网络安全管理义务罪，董事长王某及部分高管被法院一审判处一年四个月至一年十个月的有期徒刑或拘役。这是我国电信运营商因手机卡实名制监管不到位，造成电信网络诈骗犯罪严重后果发生而获刑的全国第一起案例。

2016年12月21日，某通信技术有限公司因违反《电话用户真实身份信息登记规定》第六条被辽宁省通信管理局处以3万元人民币罚款，并责令立即改正；2017年1月10日工业和信息化部网络安全管理局在《关于电话用户真实身份信息登记违规行为的通报》中，对抽查某通信技术有限公司部分网点违反实名制问题进行了通报，提出立即进行整改并严格落实电话用户登记工作的有关规定；2017年2月21日《工业和信息化部办公厅关于防范打击通信信息诈骗工作专项督导检查情况的通报》中对某通信技术有限公司检查存在的“电话实名工作落实情况”问题进行了通报，并要求进行整改。以上相关部门的处罚及责令改正情况均与违反实名制规定有关。

被告人李某负有查验、评估、审核行业卡使用情况的职责，在明知违反实名制管理规定的情况下，仍然将大量带有公民个人信息的回收卡交给某信息科技股份有限公司，违反用户实名制进行挑卡，造成严重后果，且在两年内经监管部门多次责令改正而拒不改正。2020年7月14日，经工业和信息化部网络安全管理局出具复函证实，某通信技术有限公司将绑定个人微信号的移动电话卡回收制作成行业卡销售给其他公司，为落实行业卡短信功能限制要求，未认真履行行业用户安全评估责任，违反了电话用户实名制、行业卡安全管理等相关规定。

案例4：河北某网络科技有限公司违规收集使用个人信息案

2022年5月6日，邯郸市邯山区网信办就辖区内河北某网络科技有限公司的App存在未经用户同意违规收集使用个人信息的问题，依法约谈该公司负责人张某某。经查，该公司为进一步拓展和开发业务申请注册了App，在使用期间，因程序设计存在漏洞，导致出现收集与其提供服务无关的个人信息问题。邯郸市邯山区网信办要求该公司立即进行整改，完善信息安全管理，严格落实各项规章制度。约谈过程中，张某某表示将立行立改，及时查补漏洞，完善管理制度，杜绝此类问题再次发生。

【相关规定】

网络安全法第四十九条、第五十条；个人信息保护法第六十一条、第六十三条；反洗钱法第八条、第九条；中国人民银行法第三十二条；电信条例第四十二条；《互联网用户账号信息管理规定》第二十条、第二十一条；《电话用户真实身份信息登记规定》第十六条；《工业和信息化部关于进一步防范和打击通讯信息诈骗工作的实施意见》第二十一条；《工业和信息化部关于纵深推进防范打击通讯信息诈骗工作的通知》第八条；《中国人民银行关于进一步加强支付结算管理防范电信网络新型违法犯罪有关事项的通知》六（二十）；《人民币银行结算账户管理办法》第五十条、第五十八条；《非银行支付机构网络支付业务管理办法》第三十二条、第三十九条、第四十条；《中国银监会、公安部关于印发电信网络新型违法犯罪案件冻结资金返还若干规定的通知》第四条。

第二十九条　个人信息处理者应当依照《中华人民共和国个人信息保护法》等法律规定，规范个人信息处理，加强个人信息保护，建立个人信息被用于电信网络诈骗的防范机制。

履行个人信息保护职责的部门、单位对可能被电信网络诈骗利用的物流信息、交易信息、贷款信息、医疗信息、婚介信息等实施重点保护。公安机关办理电信网络诈骗案件，应当同时查证犯罪所利用的个人信息来源，依法追究相关人员和单位责任。

【条文主旨】本条是关于本法中个人信息处理者建立防范个人信息被用于电信网络诈骗机制义务的规定，明确要求履行个人信息保护职责的部门、单位对特定领域个人信息重点保护的责任以及公安机关在查办电信网络诈骗犯罪案件过程中，应当依法查处涉犯罪个人信息的来源，追究相关人员和单位的法律责任。

【立法宗旨和背景】

（一）起草背景

我国一直重视公民个人信息保护及相关立法工作，在数字经济发展和法治建设过程中，个人信息保护制度逐步建立并不断发展完善。2012 年 12 月，《全国人民代表大会常务委员会关于加强网络信息保护的决定》确立个人信息保护的基本原则。2016 年 11 月，网络安全法通过，建立了个人信息保护的主要制度规则。2020 年 5 月，全国人民代表大会审议通过民法典，规定了个人信息作为一项重要的民事权利进行保护。2021 年 8 月，通过了个人信息保护法，确立了对个人信息系统保护的法律制度。同期，还相继修改了消费者权益保护法、广告法、刑法，制定了电子商务法，规定了个人信息保护的有关问题。此外，各相关部门又分别制定了规章、规范性文件等，如 2013 年 7 月工业和信息化部制定了《电信和互联网用户个人信息保护规定》，落实了行业部门保护个人信息的职责。2019 年 11 月，国家互联网信息办公室秘书局、工业和信息化部办公厅、公安部办公厅、市场监管总局办公厅发布了《App 违法违规收集使用个人信息行为认定方法》。2021 年 3 月发布《常见类型移动互联网应用程序必要个人信息范围规定》，将互联网个人信息保护落实落细。

尽管当前我国个人信息保护的相关立法和制度建设已经取得较好的成绩，但是个人信息保护还存在一定的不足，部分被用于电信网络诈骗犯罪。受市场利益驱动，购买和贩卖公民个人信息已经形成了巨大的黑色产业链。产业链的上游是一些有条件获取个人信息的从业人员和网络黑客等，其中行业“内鬼”、黑客攻击和供应链等成为泄露公民个人信息的重要源头。根据公安部公布的统计数据显示，2021 年，公安机关侦办侵犯公民个人信息等重点案件 1.8 万余起，打掉为赌博而非法侵入计算机信息系统、非法获取系统数据人员3000余名，抓获行业内部人员680余名。中游是以互联网为中介的数据交易平台，下游则是利用这些个人信息进行的相关犯罪活动，其中以电信网络诈骗犯罪最为突出。电信网络诈骗犯罪团伙利用前期非法获取的公民个人信息，通过算法模型和精准识别，得到有关公民个人身份、喜好、心理、财产、行踪轨迹等准确信息。之后，再由熟知被害人心理的专业人员编写“话术”，由“话务员”负责使用电话或社交软件联系被害人，通过拉近感情、高额利诱、威胁恐吓、精准画像等手段逐步使得被害人陷入错误认识，进而“主动”将钱财转入诈骗账户。最终，诈骗团伙实现非法占有他人财产的目的。国家反诈中心发布的信息显示，冒充客服、婚恋交友、投资理财、冒充公检法等多种主要的电信网络诈骗犯罪均是以获得公民的个人信息为前提。由此可知，电信网络诈骗案件多发高发，与个人信息保护不力有着很大的关系。

上述数据和电信网络诈骗犯罪情况反映出，如果不能有效保护公民的个人信息，就难以从根本上遏制利用个人信息所实施的电信网络诈骗犯罪活动。因此，有必要通过立法规范个人信息处理者处理个人信息的方式，加强个人信息的保护，建立防范电信网络诈骗的机制；明确履行个人信息保护职责的部门和单位重点保护特定领域的个人信息。

（二）审议中各方面的意见、争议的问题以及修改的情况

1. 反电信网络诈骗法草案第二十四条规定：“个人信息处理者应当依照《中华人民共和国个人信息保护法》等法律法规规定，规范个人信息处理，加强个人信息保护，建立防范个人信息被用于电信网络诈骗的工作机制。”“履行个人信息保护职责的部门、单位对物流信息、购物信息、贷款信息、医疗信息等可能被电信网络诈骗利用的重要信息实施重点监管和保护。公安机关办理利用个人信息实施电信网络诈骗案件，应当同时查证个人信息来源，依法追究相关人员和单位责任。”

在起草阶段，本条为“第五章　其他防范措施”的第一个条款。主要观点倾向于吸收现行对个人信息保护的各项法律法规，故在第一款规定：“个人信息处理者应当依照《中华人民共和国个人信息保护法》等法律法规规定。”有观点认为，反电信网络诈骗法本身为一般法律，在此法中规定“依

照……法律法规规定”有所不妥，建议删除。另外，根据近年来“杀猪盘”诈骗案件高发，应当加强婚恋信息的保护，部分委员建议在第二款中增加“婚恋信息”。

2. 草案二次审议时，部分委员将“其他防范措施”建议修改为“综合治理措施”，与前几章的表述一致，有利于维护本部法律表述的一致性，故将本章修改为“综合治理措施”。

草案二次审议稿第二十七条规定：“个人信息处理者应当依照《中华人民共和国个人信息保护法》等法律规定，规范个人信息处理，加强个人信息保护，建立个人信息被用于电信网络诈骗的防范机制。”“履行个人信息保护职责的部门、单位对可能被电信网络诈骗利用的物流信息、交易信息、贷款信息、医疗信息、婚介信息等实施重点监管和保护。公安机关办理利用个人信息实施电信网络诈骗案件，应当同时查证个人信息来源，依法追究相关人员和单位责任。”

根据各方面的意见，草案二次审议稿对草案作了以下修改：一是第一款后半句要求个人信息处理者建立防范个人信息被用于电信网络诈骗的工作机制。“工作机制”过于宽泛，在实践中难以用具体指标考核是否建立合理的防范机制，故在审议中建议修改为“建立个人信息被用于电信网络诈骗的防范机制”。二是将重点领域信息保护的表述“购物信息”修改为“交易信息”，购物信息涵盖内容较窄，主要指冒充客服类诈骗。实践中应当保护的不仅仅是购物信息，还应当包括其他交易信息，以免被用于投资理财、刷单类诈骗，故此处修改为“交易信息”。三是将“婚恋信息”修改为“婚介信息”，从“杀猪盘”等诈骗案件来看其需要的是“婚介信息”，“婚恋信息”范围较大，在实践中难以实现重点保护。

在征求意见过程中，部分单位建议，第一款增加将数据安全法作为法律依据，将第二款修改为，“公安机关办理电信网络诈骗案件，发现个人信息被违法收集使用，应当同时查证个人信息来源……”本条第一款已经列出个人信息保护法等法律，本条涉及的法律主要是个人信息保护法，故没有修改。另外，第二款第二句规定公安机关查办涉个人信息诈骗案件，调查个人信息来源的职责。此处并不局限于个人信息的违法收集，也包括合法收集、没有履行个人信息保护职责的行为。有的单位认为没有必要对重点领域分别列举，直接表述为“对可能被电信网络诈骗利用的个人信息”。这一表述会导致难以实现对重点领域个人信息的重点监管和保护。在审议过程中，部分委员还建议，增加对“教育信息”实施重点监管和保护，考虑到电信网络诈骗的现状及发展趋势，以及本条款已经用“……等”表述，故未作吸收。

3. 草案三次审议稿第二十八条规定：“个人信息处理者应当依照《中华人民共和国个人信息保护法》等法律规定，规范个人信息处理，加强个人信息保护，建立个人信息被用于电信网络诈骗的防范机制。”“履行个人信息保护职责的部门、单位对可能被电信网络诈骗利用的物流信息、交易信息、贷款信息、医疗信息、婚介信息等实施重点保护。公安机关办理电信网络诈骗案件，应当同时查证犯罪所利用的个人信息来源，依法追究相关人员和单位责任。”

根据各方面的意见，草案三次审议稿对草案二次审议稿作了以下修改，将“公安机关办理利用个人信息实施电信网络诈骗案件，应当同时查证个人信息来源，依法追究相关人员和单位责任”修改为“公安机关办理电信网络诈骗案件，应当同时查证犯罪所利用的个人信息来源，依法追究相关人员和单位责任”。这一修改主要是对查证个人信息的范围作出进一步明确，对于个人信息的溯源要有一定的限制，不能扩大查询范围，要限定在对犯罪所利用的个人信息进行溯源查证。

（三）有关国家和地区的规定

我国是最先对反电信网络诈骗工作单独立法的国家之一，其他部分国家和国际组织规定了个人信息处理者有责任遵守个人信息保护义务。如，经济合作与发展组织《隐私保护和个人数据跨境流动指南》要求信息控制者采取相应的措施确保落实相关义务。亚太经济合作组织《隐私框架》规定，个人信息控制者应确保关于个人信息保护的相关原则得以实施。欧盟《通用数据保护条例》规定，数据控制者有责任落实个人数据保护原则并予以证明。韩国《个人信息保护法》规定，个人信息控制者应努力履行法定责任和义务，获得个人信任。

【条文释义】

本条共分两款。第一款是关于个人信息处理者应当依法规范个人信息处理，加强个人信息保护，并建立防范个人信息被用于电信网络诈骗的机制。

本款包含以下几个方面的内容：

第一，从反电信网络诈骗工作的实际需要，明确个人信息处理者的义务。本法中的个人信息处理者及个人信息的含义与个人信息保护法相同。个人信息是以电子或者其他方式记录的与已识别或者可识别的自然人有关的各种信息，不包括匿名化处理后的信息。个人信息处理者是指在个人信息处理活动中自主决定处理目的、处理方式的组织、个人。依据本法规定，个人信息处理者不仅仅要履行个人信息保护法规定的义务，还要遵守网络安全法、民法典等法律法规明确的义务。本法中的个人信息处理者既包括电信业务经营者、银行业金融机构及非银行支付机构及其从业者、互联网服务提供者，也包括其他能够收集、处理个人信息的组织、个人。

第二，个人信息处理者不仅要规范个人信息处理，加强个人信息保护，同时还要建立个人信息被用于电信网络诈骗的防范机制。个人信息处理者应当依据个人信息保护法、数据安全法等法律法规规范个人信息处理，落实个人信息保护工作，针对不同方式的电信网络诈骗可能利用的公民个人信息建立专门的防范机制。规范个人信息处理需要兼顾数字经济的效益及安全，如在尽可能的条件下对个人信息进行匿名化处理，减少个人信息泄露的风险。加强个人信息保护，是指个人信息处理者应当履行超出一般合规保障的义务，采取相应的个人信息保护措施，即个人信息处理者应当依据个人信息的处理目的、处理方式、个人信息种类、个人信息数量及对个人权益的影响、可能存在的安全风险等，采取确保个人信息不会泄露、不会被用于违法犯罪活动的措施，例如制定内部管理制度和操作规程、对个人信息分级分类管理、加强个人信息保护的软硬件建设、采取相应的技术措施及确定从业人员的相应权限等防范措施。

在规范、加强个人信息保护的基础上，个人信息处理者应当建立防范机制，避免个人信息被用于电信网络诈骗。个人信息处理者需要了解自己收集、储存、处理的个人信息，如姓名、身份证件号码、通信通讯联系方式、住址、账号及密码、财产信息、征信信息、行踪轨迹、健康信息、交易信息等的必要性，以及哪些信息有可能被用于电信网络诈骗。当前，电信网络诈骗类型多样，个人信息的单个或者多个内容均有可能被用于电信网络诈骗的不同环节。因此，个人信息处理者应当根据自身风险抵御能力建立个人信息被用于电信网络诈骗的防范机制，采取非必要不收集的原则决定收集个人信息的内容，分级分类做好个人信息内容的保护工作，对于已收集，但没有必要继续留存的信息，应当及时销毁。

第二款包含以下内容：一是履行个人信息保护职责的部门、单位的重点保护义务；二是特定领域的个人信息的具体含义；三是公安机关查办电信网络诈骗犯罪案件时，应当“倒查”个人信息来源，并追究相关人员和单位法律责任的职责。

第一，依据个人信息保护法的规定，国家网信部门负责统筹协调个人信息保护工作和相关监督管理工作。国务院有关部门依照本法和有关法律、行政法规的规定，在各自职责范围内负责个人信息保护和监督管理工作。县级以上地方人民政府有关部门的个人信息保护和监督管理职责，按照国家有关规定确定。国家网信办、国务院有关部门及地方人民政府有关部门统称为履行个人信息保护职责的部门。履行个人信息保护职责的国务院有关部门依据本法的规定，应当对本行业、本领域涉及的个人信息履行保护职责，根据个人信息被用于电信网络诈骗犯罪的风险等级，确定相应的重点保护措施。

第二，本款列举的物流信息、交易信息、贷款信息、医疗信息、婚介信息，分别由一个或者多个履行个人信息保护职责的部门负责。如物流信息是指与物流活动（包括运输、管理、包装、流通、加工）有关的信息，此类信息常被用于冒充客服类、快递平台客服或者快递点工作人员所实施的诈骗，国家邮政部门应当依据邮政法、《快递暂行条例》对物流信息进行重点保护；交易信息应当由市场监管部门依据消费者权益保护法或者国家网信部门依据网络安全法分别对线上线下交易信息进行重点保护。金融监管部门依据商业银行法、证券法等对公民个人的贷款信息等进行重点保护，工信、教育、医疗等有关主管部门分别依据相关法律和有关规定，履行本行业本领域的个人信息保护职责。

第三，确立公安机关办理电信网络诈骗案件时，应当同时查证犯罪所利用的个人信息来源，并依法追究相关人员和单位的职责。实践证明，大量的电信网络诈骗犯罪是以非法利用公民个人信息为前提，而公民个人又难以举证自己的个人信息如何被侵犯。因此，本规定旨在通过公安机关打击电信网络诈骗犯罪，促进对公民个人信息的保护。公安机关需要查证电信网络诈骗犯罪团伙获取公民个人信息的途径或者为电信网络诈骗犯罪团伙提供个人信息的个人或者单位的行为性质，分别依法追究刑事责任或者行政责任。

【实践中应注意的问题】

在该条的理解适用中，应当注意以下两个方面的问题：

第一，个人信息处理者依法规范个人信息处理，加强个人信息保护，承担建立个人信息不被用于电信网络诈骗防范机制的义务，与个人信息保护法所规定个人信息处理者义务的区别。依据本法规定个人信息处理者在常规的个人信息保护基础上，或者说在履行了合规保障义务之外，还应当采取相应的个人信息保护措施，以避免相关个人信息被用于电信网络诈骗犯罪活动。尤其是个人信息处理者处理的个人信息涉及容易被用于电信网络诈骗的个人身份信息、家庭状况、通信通讯联系方式、账户密码、财产信息等内容时，应当采取更多更安全的软硬件防范措施。

第二，公安机关办理电信网络诈骗案件，应当同时查证犯罪所利用的个人信息来源，依法追究相关人员和单位的责任。公民个人通常不知道自己的个人信息如何泄露或者是否泄露，当发现自己的个人信息被侵犯后，出于难以举证、诉讼成本较高等原因，合法权益难以得到有效维护。本规定能够解决两个问题：一是有效解决公民个人信息被侵犯时难以维权的问题；二是明确公安机关在查办电信网络诈骗刑事案件时，应当彻查涉及的个人信息来源问题，以实现对个人信息的保护。公安机关在打击电信网络诈骗犯罪时，发现侵犯个人信息的违法犯罪行为，应当对其一并侦查移送起诉。但实践中，侵犯个人信息与实施电信网络诈骗的行为往往不在同一地点发生，可能会出现管辖权争议问题，不利于追究相关人员的刑事责任。从技术的角度来看，个人信息难以溯源，如果电信网络诈骗犯罪案件涉及的个人信息问题，不构成刑事犯罪，刑事侦查措施的使用就受到限制，难以查清个人信息的来源，难以追究相关人员的法律责任。如果公安机关能够查证公民个人信息来源，应当依据具体案件情况确定适用的法律，如依据刑法追究刑事责任，依据个人信息保护法或者反电信网络诈骗法追究行政责任。

【典型案例】

原告申某通过携程公司手机App平台订购机票，因订购机票行为而产生的出行人姓名、航班日期、起落地点、航班号、航空公司信息、订票预留手机号信息被整体泄露，诈骗分子根据泄露的信息内容发送诈骗短信，引导申某使用某支付机构亲密付功能消费及某银行网上银行转账，最终导致申某银行卡内个人财产受损。申某提出如下诉求：（1）要求二被告连带承担经济损失118900元；（2）要求二被告连带承担精神损害抚慰金10000元并以公开方式赔礼道歉。一审作出如下判决：（1）携程公司于本判决生效后十日内赔偿原告申某经济损失5万元；（2）携程公司于本判决生效后十日内向原告申某出具书面道歉声明，向其赔礼道歉；（3）驳回原告申某的其他诉讼请求。

本案争议的焦点是：本案中原告申某的个人信息是否为携程公司所泄露，携程公司是否尽到了对申某订购机票信息的安全保障义务，应否承担民事责任。

法院认为，民事诉讼以高度盖然性作为证明标准，如全案证据显示待证事实存在的可能性明显大于其不存在的可能性，法院有理由相信事实很可能存在，尽管还不能完全排除存在相反的可能性，也允许法院根据高度盖然性标准认定待证事实。

法院认为，在公司利用个人信息进行经营活动产生的纠纷中，个人相对于具有一定数据垄断地位的公司实体在证据收集和举证能力上处于弱势地位。因此，应顾及双方当事人之间实质公平正义进行举证责任的分配。本案中，原告申某已举证证明其将个人信息提供给携程公司，后在较短时间内发生信息泄露，已完成相应合理的举证义务。携程公司应就其对原告申某的个人信息泄露无故意或过失之事实负举证责任。现携程公司的举证为两方面，即其在信息安全管理上无漏洞，以及个人信息存在被其他主体泄露的可能性。但从现有证据看，携程公司在信息安全管理的落实方面存在漏洞，未尽到对个人信息负有的信息保管及防止泄露义务，具有过错。至于其他主体获得个人信息问题，涉案信息的传递是因携程公司出于经营需要而发生，携程公司主张其他主体泄露信息，依法应由其进行举证。现携程公司仅提出理论上存在其他主体泄露的可能性而未完成举证。故综合来看，申某对于个人信息泄露已完成举证，携程公司提出的主张及举证不充分。综上，携程公司在信息安全管理的落实方面存在漏洞，未尽到对个人信息负有的保管及防止泄露义务，具有过错，应承担侵权责任。携程公司作为网络运营者，其在本案中的侵权责任出现了个人信息侵权与安全保障义务责任侵权请求权竞合的问题。原告申某选择了以安全保障义务责任侵权请求权作为其权利保护的请求路径，应予以支持。

【相关规定】

个人信息保护法第四条、第十一条、第五十一条、第六十条至第六十二条、第七十一条；民法典第一千零三十四条至第一千零三十九条；网络安全法第二十四条、第四十二条、第四十四条、第七十六条；数据安全法第六条、第七条、第三十二条。

第三十条　电信业务经营者、银行业金融机构、非银行支付机构、互联网服务提供者应当对从业人员和用户开展反电信网络诈骗宣传，在有关业务活动中对防范电信网络诈骗作出提示，对本领域新出现的电信网络诈骗手段及时向用户作出提醒，对非法买卖、出租、出借本人有关卡、账户、账号等被用于电信网络诈骗的法律责任作出警示。

新闻、广播、电视、文化、互联网信息服务等单位，应当面向社会有针对性地开展反电信网络诈骗宣传教育。

任何单位和个人有权举报电信网络诈骗活动，有关部门应当依法及时处理，对提供有效信息的举报人依照规定给予奖励和保护。

【条文主旨】本条是关于电信业务经营者、银行业金融机构、非银行支付机构、互联网服务提供者、大众传播媒介开展反电信网络诈骗宣传，构建全社会反诈以及举报奖励与保护制度的规定。

【立法宗旨和背景】

（一）起草背景

电信网络诈骗犯罪是诈骗团伙（犯罪主体）利用电信网络技术手段（犯罪工具），通过远程、非接触等方式，非法占有被害人财物的行为。简单来说，电信网络诈骗犯罪就是犯罪主体利用犯罪工具（网络信息通信技术等）对被害人实施诈骗、转移资金。理论上来说，电信网络诈骗犯罪的治理主要在于加强对涉诈人员及涉诈重点人员管控，控制和降低从事此类犯罪的人数；系统治理网络“黑灰产”，净化网络空间，降低通信技术、互联网技术等沦为犯罪介质的可能性；加强反诈防诈宣传，提高被害人及潜在被害人识骗防骗能力，从而降低电信网络诈骗案件的发案数。2022 年 3 月，最高人民检察院公布的案件数据显示，全国检察机关在 2021 年共起诉非法买卖电话卡和银行卡、帮助提款转账等犯罪 12.9 万人，是 2020 年的 9.5 倍。因此，有必要通过立法明确电信业务经营者、银行业金融机构、非银行支付机构、互联网服务提供者在反诈工作中的宣传职责义务，新闻、广播、电视、文化、互联网信息服务单位等大众媒介发挥反诈的宣传教育工作，激励相关单位和个人积极举报电信网络诈骗活动。

通过法律规定强化电信业务经营者、银行业金融机构、非银行支付机构、互联网服务提供者在反电信网络诈骗工作中针对不同的对象进行“提示”“提醒”“警示”的职责，以及大众传播媒介在反诈宣传中的主体地位。宣传教育责任不只局限在地方各级人民政府和有关部门，以及教育行政、市场监管、民政等有关部门和村民委员会、居民委员会等主体。电信业务经营者、银行业金融机构、非银行支付机构、互联网服务提供者分别是电信服务、金融服务、互联网服务的提供者，在为客户办理相关业务过程中具有触达客户、了解诈骗手段更新迭代等优势；大众传播媒介具有宣传功能和效能优势，被赋予反诈宣传责任有必要性、正当性和合理性。

1. 现行规范性文件明确反诈宣传义务。

现行规范性文件明确赋予前述主体反诈宣传义务，2016 年 9 月，六部委联合发布的《关于防范和打击电信网络诈骗犯罪的通告》（以下简称《通告》），要求“各地各部门要加大宣传力度，广泛开展宣传报道，形成强大舆论声势。要运用多种媒体渠道，及时向公众发布电信网络犯罪预警提示，普及法律知识，提高公众对各类电信网络诈骗的鉴别能力和安全防范意识”。在反电信网络诈骗法发布之前，该《通告》是赋予电信行业、银行业金融机构等主体反诈宣传义务的纲领性文件。《通告》发布后，工业和信息化部和人民银行也陆续发布相关文件，进一步明确行业内主体的反诈宣传及提示用户等措施具体实施。2016 年 10 月，《工业和信息化部关于进一步防范和打击通讯信息诈骗工作的实施意见》中明确规定电信业务经营者要从强化监督举报受理与处置和加强宣传、提升用户防范能力等方面加强电信网络诈骗的防范宣传工作。2019 年 3 月，《中国人民银行关于进一步加强支付结算管理防范电信网络新型违法犯罪有关事项的通知》中明确规定银行业金融机构、非银行支付机构反诈提示、警示要求。

2. 相关主体本身具有反诈宣传的责任

电信网络诈骗犯罪的上游犯罪涉及买卖电话卡、银行卡等行为，下游犯罪涉及洗钱、转移资金等行为。因此，电信业务经营者和银行业金融机构、非银行支付机构本身就是综合打击治理电信网络诈骗犯罪中不可或缺的一部分，相应的主体本身就具有进行反诈宣传的责任。电信业务经营者开展反诈宣传的具体做法包括：联合其他部门推进综合治理、组织宣传活动、发送反诈公益信息、开展专项行动等。反诈宣传效果在每个阶段的新闻发布会上有官方总结，如 2022 年 8 月的“新时代工业和信息化发展”系列新闻发布会中就对反诈取得的成就进行了简要总结。银行业金融机构、非银行支付机构开展反诈宣传的具体做法包括：各单位按照金融管理部门有关要求，通过内部文件、通知的方式，组织基层工作员工对客户开展一对一的防范电信网络诈骗宣传，并通过 LED 屏播放反诈知识、发放宣传手册等方式进行反诈宣传。

（二）审议中各方面的意见

1. 反电信网络诈骗法草案第二十五条规定：“地方各级人民政府及其有关部门应当加强反电信网络诈骗宣传，普及法律知识，提高公众对各类电信网络诈骗的鉴别能力和安全防范意识。”“村民委员会、居民委员会和教育、民政、市场监管等有关部门，应当结合电信网络诈骗受害群体的分布等特征，有针对性地开展防范电信网络诈骗违法犯罪知识进学校、进企业、进社区、进农村等宣传活动。”

在起草阶段、审议和征求意见过程中，有的建议明确电信企业、互联网企业、金融机构反电信网络诈骗宣传的责任；有的建议增加针对老年人、未成年人等重点人群的防范电信网络诈骗宣传教育的规定；有的建议，根据电信网络诈骗多针对普通民众尤其是老年人、多发生在境外对境内实施的特点，在相关章条中进一步明确一些具体要求，如明确银行应当张贴、发放反电信网络诈骗宣传材料，明确新闻媒体的宣传责任等。

有的提出，银行、通信等相关部门属于垂直管理体系，不受地方政府直接管理，应当在法律层面补充规定其宣传义务，建议将“有关部门”修改为“有关行业主管部门”。

2. 草案二次审议稿第二十八条规定：“电信业务经营者、银行业金融机构、非银行支付机构、互联网服务提供者应当对从业人员和用户开展反电信网络诈骗宣传，在有关业务活动中对防范电信网络诈骗作出提示，对非法买卖、出租、出借本人有关产品、服务被用于电信网络诈骗的法律责任作出警示。”“新闻、广播、电视、文化、互联网信息服务等单位，应当有针对性地面向社会开展反电信网络诈骗宣传教育防范。”

根据各方面的意见，草案二次审议稿对草案作了以下修改：主要是增加金融机构、电信企业、互联网企业和新闻媒体单位开展反电信网络诈骗宣传的相关义务。在审议和征求意见过程中，有的提出，宣传案例需要根据司法实践的情况及时更新，以短视频、电视节目、动画、报纸、杂志，甚至进入教材等多种宣传形式，定期通过各类媒介向大众宣传，抓住各类诈骗最显著特点，扩大受众范围和层面。

3. 草案三次审议稿第二十九条规定：“电信业务经营者、银行业金融机构、非银行支付机构、互联网服务提供者应当对从业人员和用户开展反电信网络诈骗宣传，在有关业务活动中对防范电信网络诈骗作出提示，对本领域新出现的电信网络诈骗手段及时向用户作出提醒，对非法买卖、出租、出借本人有关卡、账户、账号等被用于电信网络诈骗的法律责任作出警示。”“新闻、广播、电视、文化、互联网信息服务等单位，应当面向社会有针对性地开展反电信网络诈骗宣传教育。”“任何单位和个人有权举报电信网络诈骗活动，有关部门应当依法及时处理，对提供有效信息的举报人依照规定给予奖励和保护。”

根据各方面的意见，草案三次审议稿对草案二次审议稿作了以下修改：一是在第一款中增加规定“对本领域新出现的电信网络诈骗手段及时向用户作出提醒”；二是将第一款中的“对非法买卖、出租、出借本人有关产品、服务被用于电信网络诈骗的法律责任作出警示”修改为“对非法买卖、出租、出借本人有关卡、账户、账号等被用于电信网络诈骗的法律责任作出警示”；三是增加一款作为第三款，规定“任何单位和个人有权举报电信网络诈骗活动，有关部门应当依法及时处理，对提供有效信息的举报人依照规定给予奖励和保护”。

草案三次审议稿经常委会组成人员审议通过，未作修改。

（三）有关国家和地区的规定

近年来，电信网络诈骗已经成为全球范围内的主流犯罪，多数国家均通过宣传防范提高本国公民的识骗防骗能力，以期降低电信网络诈骗案件发案数。德国的反欺诈宣传以德国联邦刑事侦察局、海关刑事警察局等为主体发布关于电信诈骗的安全提醒和警告为主。同时，各新闻媒体平台会发布和欺诈相关的信息、数据作为提醒和警示消息。此外，公民在浏览涉欺诈案高发领域相关网站时的弹窗提示等，均在不同程度上增强公民的反欺诈意识。日本在2008年成立“汇兑支付诈骗对策室”，完善警察厅的反诈对策组织体系。日本警察厅和法务省，联合各机关单位、公共团体、银行等金融机构，专门组织街头各类反诈表演、制作反诈音视频资料等在学校或其他公共场所宣传，并且建立反诈激励机制，对积极参与反诈工作的人士颁发感谢证书等方式，推进反诈工作。近年来，新加坡金融管理局和新加坡银行协会分别发挥银行和客户在反诈工作中的重要作用，开展反诈宣传教育。新加坡各部门也积极通过电视广告、公共交通广告栏等开展大规模、多渠道的反诈骗教育活动。

美国、英国、澳大利亚等国家分别采取在官方网站发布反诈宣传典型案例、在社区进行反诈宣传、对高发的诈骗类型进行新闻报道、设立网络犯罪在线举报和欺诈报告平台、对民众作出警示等方式的防范电信网络诈骗宣传。

【条文释义】

本条共分三款。第一款是电信业务经营者、银行业金融机构、非银行支付机构、互联网服务提供者对从业人员和用户等在反电信网络诈骗工作中的“提示”“提醒”“警示”工作职责的规定。第二款规定新闻媒体面向社会开展反诈宣传的职责。第三款是建立举报奖励和保护机制，激励各单位和个人举报电信网络诈骗活动。

第一款包含以下三个方面的内容：

第一，电信业务经营者、银行业金融机构、非银行支付机构、互联网服务提供者应当对从业人员和用户开展反电信网络诈骗宣传，在有关业务活动中对防范电信网络诈骗作出提示。电信、金融和互联网领域的从业人员相对于其他职业群体更容易获得电话卡、银行卡及互联网账号，如果实施或者参与实施电信网络诈骗会带来更大的风险。部分实践案例也证明，行业“内鬼”是涉“两卡”犯罪高发的原因之一。因此，电信业务经营者、银行业金融机构、非银行支付机构、互联网服务提供者应当对本单位的从业人员和用户开展反诈宣传和业务风险提示，既要防止从业人员和用户受害，也要防止其参与害人或者受骗参与害人。

第二，电信业务经营者、银行业金融机构、非银行支付机构、互联网服务提供者应当对本领域新出现的电信网络诈骗手段及时向用户作出提醒。用户作为电信业务、金融服务及互联网服务的接受者，难以全面了解上述行业领域技术发展的新动向，或者各类新兴技术被用于电信网络诈骗的可能性。作为提供服务的一方，更易了解本领域技术设备被用于电信网络诈骗的风险以及本领域可能出现或者已经出现的新型诈骗方式，及时提醒客户，有利于防止客户被骗。如《中国人民银行关于进一步加强支付结算管理防范电信网络新型违法犯罪有关事项的通知》明确规定，银行业金融机构、非银行支付机构应持续向客户宣传普及电信网络新型违法犯罪典型手法及应对措施、转账汇款注意事项、支付结算常识等内容。

第三，电信业务经营者、银行业金融机构、非银行支付机构、互联网服务提供者应当对非法买卖、出租、出借本人有关卡、账户、账号等被用于电信网络诈骗的法律责任作出警示。本规定主要是要求上述业务经营者要对自己的用户履行警示告知义务，警示内容包括非法买卖、出租、出借本人有关的卡、账户、账号有可能涉嫌帮助信息网络犯罪活动罪、掩饰隐瞒犯罪所得罪等，可能涉嫌行政违法被行政处罚，可能会依据本法第四十六条第一款承担民事赔偿责任，此外还面临依据本法第三十一条第二款按照国家有关规定记入信用记录，被联合惩戒的风险，进而有效提高用户的法律责任意识，预防其实施或者参与电信网络诈骗及其关联性违法犯罪活动。

第二款是大众传播媒介反电信网络诈骗宣传教育责任的规定。本款规定了新闻、广播、电视、文化、互联网信息服务等单位负有反电信网络诈骗宣传教育责任。实践证明，新闻宣传有利于提高人民群众的防骗识骗能力。前几年较为高发的机票改签类诈骗、冒充黑社会类诈骗、PS 图片类诈骗以及冒充“熟人”类诈骗等，随着大众传播媒介对此类案件的宣传报道，人民群众普遍提高了防范意识，这几类诈骗方式已经基本消失。上述反诈宣传教育的成功经验同样适用于其他类电信网络诈骗的宣传教育。本款规定要求相关新闻媒介单位通过宣传教育推进全社会反诈格局的构建，既要有针对性宣传各类反诈知识，同时也要采取人民群众容易接受的方式开展宣传。如加强对在校学生、企业财务人员、老年人、农村居民等群体的宣传教育，有针对性地开展防范电信网络新型违法犯罪知识进学校、进企业、进社区、进农村等宣传活动。既要提高人民群众的识骗防骗能力，不能被骗，也要提高人民群众的法治意识，不去骗人。

第三款是关于任何单位和个人举报奖励和保护制度的规定。本款包含以下三个方面的内容：第一，本款的电信网络诈骗活动是个广义的概念，既包括电信网络诈骗犯罪，也包括其关联性违法犯罪活动。如发现实施电信网络诈骗及其关联性犯罪的可疑人员，如收购“两卡”的人员、高薪招募非法出境的人员；发现非法出售、维护电信网络诈骗活动的“猫池”设备、GOIP 设备等，任何单位和个人均有权举报。第二，对任何单位和个人举报的电信网络诈骗活动，有关部门应当依法及时处理。此处的有关部门既包括办理电信网络诈骗案件的公安机关，也包括电信、互联网等主管部门及市场监管部门。上述部门接到举报信息后，应当及时审查信息的有效性，只要是对发现、预防、打击、惩处电信网络诈骗及其关联性犯罪或者追赃挽损，维护被害人合法权益能够提供有效帮助的信息都应当认定为有效信息，根据具体情形予以奖励。第三，为了提升各单位和个人参与反电信网络诈骗活动的积极性，既要对举报人予以奖励，进行正向激励，也要保护举报人身份信息，免受打击报复。

【实践中应注意的问题】

在该条的理解适用中，应当需要注意：本条规定电信业务经营者、银行业金融机构、非银行支付机构、互联网服务提供者对从业人员及用户的反诈宣传责任及有关业务活动中的反诈提示、对用户进行本行业领域新出现的诈骗方式的提醒以及对用户可能面临法律责任的风险警示，上述单位应当分别将“提示”“提醒”“警示”履行到什么样的程度，要把握好尺度。在实践中应当细化，如从业者或者用户签署收到告知书、接到“提醒”通知或者签署“警示”告知书就认定相关主体履行了职责。此外，还应当考虑到电信业务经营者、银行业金融机构、非银行支付机构、互联网服务提供者的反诈职责与正常的经营活动的关系。

【相关规定】

网络安全法第九条、第十九条；《中国人民银行关于进一步加强支付结算管理防范电信网络诈骗新型违法犯罪有关事项的通知》五（十八）（十九）；《最高人民法院、最高人民检察院、公安部、工业和信息化部、中国人民银行、中国银行业监督管理委员会关于防范和打击电信网络诈骗犯罪的通告》第三条至第七条；《工业和信息化部关于进一步防范和打击通讯信息诈骗工作的实施意见》第十九条、第二十条。

第三十一条　任何单位和个人不得非法买卖、出租、出借电话卡、物联网卡、电信线路、短信端口、银行账户、支付账户、互联网账号等，不得提供实名核验帮助；不得假冒他人身份或者虚构代理关系开立上述卡、账户、

账号等。

对经设区的市级以上公安机关认定的实施前款行为的单位、个人和相关组织者，以及因从事电信网络诈骗活动或者关联犯罪受过刑事处罚的人员，可以按照国家有关规定记入信用记录，采取限制其有关卡、账户、账号等功能和停止非柜面业务、暂停新业务、限制入网等措施。对上述认定和措施有异议的，可以提出申诉，有关部门应当建立健全申诉渠道、信用修复和救济制度。具体办法由国务院公安部门会同有关主管部门规定。

【条文主旨】本条是关于对非法买卖、出租、出借"两卡"进行惩戒的规定。

【立法宗旨和背景】

（一）起草背景

近年来，电信网络诈骗犯罪高发多发，除诈骗手法多变、技术对抗升级、作案窝点外迁等原因外，犯罪分子能够通过购买、租用、借用等方式源源不断获取他人名下的电话卡、物联网卡、短信端口、银行账户、支付账户、互联网账号等此类犯罪必备的作案工具，也是此类犯罪多发高发的主要原因。2015 年 8 月 29 日第十二届全国人大常委会通过的刑法修正案（九）新增了帮助信息网络犯罪活动罪，2021 年6 月21 日，《最高人民法院、最高人民检察院、公安部关于办理电信网络诈骗等刑事案件适用法律若干问题的意见（二）》进一步明确买卖、出租、出借电话卡、物联网卡、短信端口、银行账户、支付账户、互联网账号等行为属于帮助信息网络犯罪活动罪适用范围，但买卖、出租、出借电话卡、物联网卡、短信端口、银行账户、支付账户、互联网账号等行为并未得到有效遏制，诈骗分子仍然能够不断获取前述作案工具，继续作案。为了进一步加大预防惩治此类行为，有必要进一步丰富完善法律措施，同时，对于尚不构成犯罪的，也要加大处罚力度。此外，虽然金融、电信、互联网领域已明确规定实名制，但部分组织和个人通过技术手段规避风控措施，或者通过其他手段为非法买卖、出租、出借的上述卡、账户、账号等提供实名核验帮助，危害极大。

当前，非法买卖、出租、出借、假冒他人身份或者虚构代理关系开立电话卡、物联网卡、电信线路、短信端口、银行账户、支付账户、互联网账号等电信网络诈骗犯罪必备作案工具的行为仍然十分猖獗。为有效遏制此类活动，进一步总结实践经验，并明确法律依据，本法对有关非法转让卡、账户、账号等人员和涉诈前科人员规定采取惩戒措施十分必要，具有重要现实意义。

（二）审议中各方面的意见

1. 反电信网络诈骗法草案第二十六条规定："任何单位和个人不得非法买卖、出租、出借电话卡、物联网卡、银行账户、支付账户、互联网账号；不得为非法买卖、出租、出借的上述卡、账户、账号提供实名核验帮助。""对实施前款行为的单位和个人及相关组织者，可以采取限制其有关卡、账户、账号功能、暂停新业务等惩戒措施。对惩戒措施有异议的，可以提出申诉。具体办法由国务院公安部门会同国务院有关主管部门规定。"

在征求意见过程中有的代表提出，将第一款中的"提供实名核验帮助"修改为"提供帮助"。考虑到实践情况主要是通过大数据监测模型监测到的异常的卡、账号、账户等，需要二次实名核验，出售、出租、出借人在此环节帮助提供实名核验，从而使卡、账号等恢复正常使用。因此，规制的重点是二次实名核验环节提供帮助的行为。如果有其他帮助行为，可以依据本法其他规定追究法律责任。

2. 草案二次审议稿第二十九条规定："任何单位和个人不得非法买卖、出租、出借电话卡、物联网卡、银行账户、支付账户、互联网账号等；不得为非法买卖、出租、出借的上述卡、账户、账号等提供实名核验帮助。""对经设区的市级以上公安机关认定的实施前款行为的单位、个人和相关组织者，以及因从事电信网络诈骗活动受到刑事处罚的人员，可以采取限制其有关卡、账户、账号等功能和停止非柜面业务、暂停新业务、限制入网等措施。对上述认定和措施有异议的，可以提出申诉。具体办法由国务院有关主管部门会同国务院公安部门规定。"

根据各方面的意见，草案二次审议稿对草案作了以下修改：一是在第一款"互联网账号"后增加"等"字。有的部门提出，根据反诈工作实践，除了草案列举的银行账户、支付账户外，随着支付方式的不断发展完善还会有其他支付工具和服务，用"等"字兜底可以留出适用和解释空间。二是根据部门意见在限制措施中增加列举“限制入网”“停止非柜面业务”措施。三是采取限制措施的对象增加规定了“因从事电信网络诈骗活动受到刑事处罚的人员”。从立法目的总体考虑，这部法律要预防和治理、教育和惩罚并重，因此，采取限制措施的对象除了“买卖、出租、出借”的单位和个人外，也要对诈骗分子本人有所惩罚。此外，在起草和审议过程中有部门和社会公众提出建议，要明确电信网络诈骗分子的法律责任，加重对其的处罚力度。综合上述因素，二次审议稿中增加了从事电信网络诈骗受到刑事处罚的人员。四是根据有的部门建议，将制定申诉制度方面具体办法的主体由“国务院公安部门会同国务院有关主管部门规定”修改为“国务院有关主管部门会同国务院公安部门规定”。五是根据有的部门意见，进一步完善申诉情形，增加对“认定”不服的申诉规定。

征求意见过程中，有的部门提出，对行业监管中发现存在大量的倒卖电话卡等行为，建议在第二款规定的认定主体“经设区的市级以上公安机关”后增加“有关主管部门”，认为明确公安机关、行业主管部门均可以认定失信人员和行为。考虑到目前实践中，对于买卖、出租、出让电话卡、银行卡等行为的认定主要是由公安机关作出，再由公安机关将有关人员信息通知给行业主管部门，这一做法可以由公安机关按照统一标准作出，由于各行业领域具有差异性，如果由有关主管部门认定，在判断标准上也容易出现较大差别。公安机关作为侦查机关，作为认定主体具有一定的权威性和执行力。因此，对认定主体未作出修改。

3. 草案三次审议稿第三十条规定：“任何单位和个人不得非法买卖、出租、出借、假冒他人身份或者虚构代理关系开立电话卡、物联网卡、电信线路、短信端口、银行账户、支付账户、互联网账号等；不得为非法买卖、出租、出借的上述卡、账户、账号等提供实名核验帮助。”“对经设区的市级以上公安机关认定的实施前款行为的单位、个人和相关组织者，以及因从事电信网络诈骗活动或者其他关联犯罪受过刑事处罚的人员，可以按照国家有关规定记入信用记录，采取限制其有关卡、账户、账号等功能和停止非柜面业务、暂停新业务、限制入网等措施。对上述认定和措施有异议的，可以提出申诉，有关部门应当建立健全申诉渠道、信用修复和救济制度。具体办法由国务院公安部门会同有关主管部门规定。”

根据各方面的意见，草案三次审议稿对草案二次审议稿作了以下修改：一是根据部门提出的意见，加大买卖账户惩戒力度，在第一款的禁止行为中增加任何单位和个人不得非法“租用、借用或者假冒他人身份或者虚构代理关系”；在“电话卡、物联网卡、银行账户、支付账户、互联网账号”基础上增加“电信线路、短信端口等电信资源”。二是增加信用记录的规定。三是在二审稿基础上又增加了对电信网络诈骗关联犯罪刑事处罚人员的惩戒。四是将第二款中“具体办法由国务院有关主管部门会同国务院公安部门规定”的表述修改为“具体办法由国务院公安部门会同有关主管部门规定”。申诉救济制度的具体办法涉及主管部门，考虑到对有关人员采取措施通常依据公安机关作出的决定，公安机关作为侦查机关和反电信网络诈骗工作的牵头部门，可以更好地做好统筹工作，目前公安机关的投诉举报电话96110和国家反诈中心App已经被普遍推广，公安机关牵头负责对具体申诉办法的制定有一定的实践基础。因此，由公安部门会同其他主管部门对有关具体办法作出规定。

在审议和征求意见过程中，关于增加信用惩戒方面的内容存在一定的争议。一审中，有的常委会委员建议，对涉嫌网上诈骗前科人员实施信用惩戒作出专门规定，明确因涉嫌电信网络诈骗相关犯罪的列为严重失信主体，并配套惩戒措施、移出条件、惩戒程序等有关内容。在征求意见过程中，有的企业建议，在立法中明确信用惩戒措施，建立信用惩戒平台，公开涉诈人员信息，更好地发挥对相关涉诈人员的惩罚和教育作用。有的部门提出进一步加强对电信网络诈骗及关联犯罪人员的信用惩戒制度，扩大惩戒措施范围和性质，对从事电信网络诈骗及关联违法犯罪的人员建立失信主体名单制度，纳入全国信用信息共享平台，并依照规定实施惩戒。对于不赞同在立法中写明信用惩戒的理由主要有：有的部门和专家提出，关于信用惩戒的性质目前并不明确，信用惩戒是否属于行政处罚存在不同认识；信用惩戒可能侵害公民个人权利；信用惩戒的内容、方式、救济途径等尚无明确规定；目前在立法中尚未对信用惩戒作出明确，建议反电信网络诈骗法对信用惩戒慎重研究，不作规定。综合上述建议，考虑到实践中对于电信网络诈骗分子信用惩戒的需要，三审稿增加相关内容。但同时考虑到信用惩戒的争议和问题，因此，法条表述为“记入信用记录”，在范围和内容上与信用惩戒有一定区别。此外，有的部门建议，对第二款中申诉内容的规定要进一步明确对违法犯罪分子采取限制措施的主体、期限，以增强可操作性，确保法律规定落地实施。对于申诉制度的建立和完善，还要在总结经验的基础上作出规定。

根据常委会组成人员的审议意见，本条又作了文字性修改：一是为表述更清楚，将第一款中“不得假冒他人身份或者虚构代理关系”开立各种卡、账户、账号等单独列明。二是删除“其他关联犯罪”中的“其他”二字，表述更为简洁。

（三）有关国家和地区的规定

1. 2006 年 4 月，日本开始实施《手机非法利用防止法》，规定用户不论从哪家手机运营商购买手机，都必须出示个人身份证来获得购买权，并且规定不得随意转让手机。一旦经查证用户的登录信息为虚假，可处以最高 50 万日元的罚款；如果用户出于某种目的有偿转让手机，可处以 2 年以下徒刑和 300 万日元以下的罚款。买卖靠偷盗等不法行为获得的手机也被视为违法，会受到相应的处罚。日本《假冒账户存入受害者救济法》授权银行可以对可疑账户进行冻结，并对受害人的债务减记、受骗金额返回等作出规定。

2. 韩国《电子金融交易法》规定，任何人都不能将自己的银行账户转让给他人，任何人都不能使用他人名义的银行账户。韩国于 2016 年修改后的《电气通信事业法》将禁止号码交易行为，于 2016 年 7 月后，进行号码交易的个人可能被处以最高 3000 万韩币的罚款。

3. 俄罗斯 2013 年 11 月通过的《联邦通信法和行政违反法典修正案》规定，禁止私下倒卖无用户信息的手机卡，手机卡销售点和人员必须有运营商认可的资质和委托，禁止街头游商买卖手机卡。

【条文释义】

本条共分两款。

第一款是对于非法转让相关“卡、账户、账号”等的禁止性规定。如何准确理解和界定“非法转让”是准确适用该条款的关键。实践中，要认定相关转让行为系“非法转让”，主要有以下两种情形：一是法律、行政法规、规章等国家有关规定对相关转让行为作出了禁止性规定。如《人民币银行结算账户管理办法》规定，存款人不得出租、出借银行结算账户。《非银行支付机构网络支付业务管理办法》规定，支付机构为客户开立支付账户的，应当对客户实行实名制管理，支付账户不得出借、出租、出售。公安机关可以据此认定出租、出借、出售前述账户系非法行为，适用本法对有关行为人实施惩戒或者处以行政处罚。二是符合刑法第二百八十七条之二帮助信息网络犯罪活动罪的有关规定，行为人明知他人实施网络违法犯罪活动，仍为其提供“卡、账户、账号”，但未达到情节严重，尚不构成犯罪的行为。如，行为人虽然明知，但提供的“卡、账号、账户”的数量较少，尚未达到《最高人民法院、最高人民检察院、公安部关于办理电信网络诈骗等刑事案件适用法律若干问题的意见（二）》规定的张数。此外，本款中所称的“电话卡、物联网卡、电信线路、短信端口、银行账户、支付账户、互联网账号等”中的“等”字应作“等外”理解，除条文列举的相关卡、账户、账号外，还包括其他被用于电信网络诈骗活动，法律或者行政法规亦进行了实名制规定的金融、电信、互联网等行业的有关产品或服务，如收款码、数字人民币钱包等。

本条第二款是关于对从事电信网络诈骗活动或者其他关联违法犯罪活动的行为人进行惩戒的规定。本款包含以下几个方面内容：

第一，惩戒对象。惩戒对象共有两类：一类是因从事电信网络诈骗活动或者其他关联犯罪受过刑事处罚的人员，此类人员以人民法院生效判决为准；另一类是经设区的市级以上公安机关认定的实施了第一款规定所禁止的非法行为的单位、个人和相关组织。

第二，惩戒措施。本款对惩戒措施的种类作了列举，主要是限制、暂停有关卡、号功能和停止非柜面业务类，措施范围是明确的，具有限缩性。同时，规定了“等”字，也不完全限于本款条文所列举的几项惩戒措施，具体包括相关行业监管部门的部门规章及规范性文件所规定的有关惩戒措施，以及相关行业监管部门联合规定的有关惩戒措施。在适用时应注意以过惩相当为原则，充分考虑失信行为发生的领域、情节轻重、影响程度等，严格依法分别实施不同类型、不同力度的惩戒措施。记入信用记录和采取惩戒措施按照国家有关规定确定。

第三，申诉救济。为防止公安机关对第一款规定所禁止的非法行为的认定出现错误，以及相关惩戒措施违背过惩相当原则，切实保障被惩戒行为人的合法权益，同时鼓励被惩戒的单位、个人和相关组织者遵纪守法，不再从事电信网络诈骗及其关联违法犯罪活动，由有关部门建立健全申诉渠道、信用修复和救济制度，对受到错误惩戒的行为人及时解除惩戒措施；对被惩戒但经过一定时间或方式的考察，确实不再从事电信网络诈骗及其关联违法犯罪活动的行为人，及时恢复信用，不再继续惩戒。

第四，惩戒办法。考虑到具体惩戒办法的复杂性和系统性，不宜在法律条文中表述过细，通过法律授权的方式，委托国务院公安部门会同有关主管部门制定为宜。

【实践中应注意的问题】

目前，在现有国家有关规定中，对于“卡、账户、账号”实名制的规定较多，但对转让“卡、账户、账号”的禁止性规定较少。《个人存款账户实名制规定》规定，个人在金融机构开立个人存款账户时，应当出示本人身份证件，使用实名；电信条例规定，任何组织和个人不得以虚假、冒用的身份证件办理入网手续并使用移动电话；反洗钱法规定，金融机构应当按照规定建立客户身份识别制度，在与客户建立业务关系时，应当要求客户出示真实有效的身份证件或者其他身份证明文件，进行核对并登记；《全国人民代表大会常务委员会关于加强网络信息保护的决定》规定，网络服务提供者为用户办理固定电话、移动电话等入网手续，应当在与用户签订协议或者确认提供服务时，要求用户提供真实身份信息；反恐怖主义法规定，电信、互联网、金融等业务经营者、服务提供者，应当对客户身份进行查验，对身份不明或者拒绝身份查验的，不得提供服务；网络安全法规定，网络运营者为用户办理网络接入服务，办理固定电话、移动电话等入网手续，或者为用户提供信息发布、即时通讯等服务，在与用户签订协议或者确认提供服务时，应当要求用户提供真实身份信息。用户不提供真实身份信息的，网络运营者不得为其提供相关服务。国家实施网络可信身份战略，支持研究开发安全、方便的电子身份认证技术，推动不同电子身份认证之间的互认。前述法律及行政法规对本款所列举的相关卡、账户、账号等作出了明确的实名制规定。《非金融机构支付服务管理办法》规定，支付机构应当按规定核对客户的有效身份证件或其他有效身份证明文件，并登记客户身份基本信息；《电话用户真实身份信息登记规定》规定，电信业务经营者为用户办理固定电话、移动电话（含无线上网卡）等入网手续，在与用户签订协议或者确认提供服务时，如实登记用户提供的真实身份信息，用户办理固定电话装机、移机、过户，移动电话开户、过户等均属于入网 。

实践中需要注意的是，国家有关规定对本条列举的相关卡、账户、账号等明确提出了实名制要求，其实际使用人与实名登记人应当是同一人，这是实名制的应有之义，亦是内在本质要求。但公安机关能否依据上述规定直接认定行为人转让“卡、账户、账号”系非法转让，进而对行为人实施处罚，尚存在一定争议，有待国家主管部门的进一步明确，认定时应注意考察行为与涉诈活动的关联性。

【典型案例】

2021 年 2 月 1 日，×省通信管理局出台了《×省涉通讯网络新型违法犯罪不良信用通信用户管理意见（试行)》，该意见将国务院打击治理电信网络新型违法犯罪工作部际联席办公室、公安部通报的涉通信网络诈骗违法犯罪人员、涉案号码登记人员和单位，以及×省打击治理通信网络新型违法犯罪工作联席会议办公室、×省公安厅认定的涉通讯网络新型诈骗违法犯罪人员、号码实名登记人和单位认定为不良信用通信用户，并对其实施在一定期限内停止办理通信产品新入网业务，以及各基础电信企业、移动通信转售企业可为每个不良信用通信用户保留一个手机号码或固定号码（其他业务产品一律强制关停)，并且不得注销后重新办理号码的惩戒措施。该意见规定，对纳入不良信用记录有疑义的用户，应当向不良信用申报所属地市公安机关反诈中心提出复核。有关反诈中心收到复核申请后，经复核需要解除限制的，由省联席办或者省公安厅在 3 个工作日内报省通信管理局。省通信管理局收到复核结果并下发，由基础电信企业和移动通信转售企业在2个工作日内进行相应处理。该意见实施后，既对不良信用通信用户进行了相关惩戒，遏制其继续实施危害行为的可能性，同时也保障了申诉人的合法权益，收到了良好的效果。

【相关规定】

刑法第二百八十七条之二；网络安全法第二十四条；反恐怖主义法第二十一条；《个人存款账户实名制规定》第六条第一款；反洗钱法第十六条第一款、第二款；《全国人民代表大会常务委员会关于加强网络信息保护的决定》第六条；《电话用户真实身份信息登记规定》第三条；《人民币银行结算账户管理办法》第四十五条；《非金融机构支付服务管理办法》第三十一条第一款；《非银行支付机构网络支付业务管理办法》第三条第三款、第六条；电信条例第五十八条；《最高人民法院、最高人民检察院、公安部关于办理电信网络诈骗等刑事案件适用法律若干问题的意见（二）》第七条。

第三十二条　国家支持电信业务经营者、银行业金融机构、非银行支付机构、互联网服务提供者研究开发有关电信网络诈骗反制技术，用于监测识别、动态封堵和处置涉诈异常信息、活动。

国务院公安部门、金融管理部门、电信主管部门和国家网信部门等应当统筹负责本行业领域反制技术措施建设，推进涉电信网络诈骗样本信息数据共享，加强涉诈用户信息交叉核验，建立有关涉诈异常信息、活动的监测识别、动态封堵和处置机制。

依据本法第十一条、第十二条、第十八条、第二十二条和前款规定，对涉诈异常情形采取限制、暂停服务等处置措施的，应当告知处置原因、救济渠道及需要提交的资料等事项，被处置对象可以向作出决定或者采取措施的部门、单位提出申诉。作出决定的部门、单位应当建立完善申诉渠道，及时受理申诉并核查，核查通过的，应当即时解除有关措施。

【条文主旨】本条是关于技术反制措施和救济的规定。

【立法宗旨和背景】

（一）起草背景

近年来，电信网络诈骗犯罪高发多发，除技术对抗升级、作案窝点多移至境外难以打击等客观原因外，电信、金融、互联网等行业在数字化、智能化、网络化方面快速发展转型，而部分业务管理措施存在滞后性，在电信网络诈骗活动需求的推动下，形成了规模庞大的“黑灰产”，助推了电信网络诈骗活动的快速增长，形成恶性循环。因此，治理电信网络诈骗，离不开电信、金融、互联网等行业治理，而技术反制则是其中的关键一环。目前，电信、金融、互联网等行业领域已经针对电信网络诈骗活动开展了相应的反制技术研发与应用。如在工业和信息化部的推动下，电信运营商围绕诈骗电话特征建立涉诈电话监测模型，发现大量涉诈电话卡，并采取限制呼出、暂停服务等处置措施；又如，在中国人民银行及中国银行保险监督管理委员会推动下，各家商业银行及非银行支付机构围绕涉诈账户特点建立可疑交易监测模型，发现大量涉诈银行账户及支付账户，并采取不进不出、限制转出等处置措施，不仅限制诈骗分子继续使用该银行账户及支付账户，同时还为被害人挽回了部分损失；再如，在国家网信部门推动下，提供即时通信服务的有关互联网公司，围绕涉诈互联网账号特征建立可疑账号监测模型，发现大量涉诈互联网账号，并采取封停等处置措施，限制诈骗分子利用该账号继续作案。

电信、金融、互联网等行业领域的相关企业针对电信网络诈骗活动进行的技术反制，收到了良好效果，但其面临的一些问题也亟待解决。一是相关企业针对电信网络诈骗活动开展的技术反制，多是国家有关监管部门通过规范性文件或者会议在推动，亟须国家从法律层面明确各方责任，并对相关企业的反制技术研发、应用进行鼓励和支持；二是相关企业在针对电信网络诈骗活动开展技术反制时，多是各自为政，涉诈样本信息数据共享程度低，风险监测模型水平参差不齐，亟须国家有关主管部门牵头统筹，建立健全相关机制；三是任何技术反制措施都不可能做到百分之百精准，误判误伤在所难免，而目前对于被误伤群众的救济还存在机制不畅、职责不清、途径不明等问题，亟须建立完善救济制度以维护被误伤群众的合法权益。因此，通过本条规定，从法律层面鼓励、支持相关行业领域的企业针对电信网络诈骗活动开展技术反制，从国家层面统筹推进反制技术建设及技术反制机制建设，以及理顺救济机制、明确救济途径和相关部门职责非常有必要。

（二）审议中各方面的意见

1. 反电信网络诈骗法草案第二十七条规定："国家支持电信业务经营者、银行业金融机构、非银行支付机构、互联网服务提供者研究开发有关电信网络诈骗反制技术措施，用于监测、识别和处置涉诈信息、活动。""国家金融、通信、互联网行业主管部门和公安部门等应当统筹推进跨行业、企业技术措施建设，推进涉电信网络诈骗样本信息数据共享。""对依据本法有关技术措施，针对异常情形采取的限制、暂停服务等处置措施，有关单位、个人可以向作出决定或者采取措施的有关部门、单位提出申诉。有关部门、单位应当建立完善申诉渠道，对提出的申诉及时核查，核查通过的，应当及时解除有关措施。"

在征求意见过程中，有的地方、部门和企业提出，在涉诈数据共享方面，缺少明确的合作机制和细化的法律规定，银行、互联网企业开展线索核查、快速处置等机制不畅通。建议在立法中明确信息共享机制，建立全国性的查询系统，实现数据共享，这也有利于不断完善监测模型，提高预警监测能力。还有意见提出，实践中存在一定的误伤率，要赋予被采取措施的人申诉的权利。考虑到实践情况和打击预防电信网络诈骗犯罪工作的现实需要，在本条中对上述内容作出相应规定。

2. 草案二次审议稿第三十条规定："国家支持电信业务经营者、银行业金融机构、非银行支付机构、互联网服务提供者研究开发有关电信网络诈骗技术反制措施，用于监测识别、动态封堵和处置涉诈信息、活动。""国家网信、电信、金融管理和公安部门等应当统筹负责本行业领域技术反制措施建设，推进涉电信网络诈骗样本信息数据共享，建立有关涉诈信息、活动的监测识别、动态封堵和处置机制。""依据本法第十一条、第十二条、第十八条、第二十二条和前款规定，对异常情形采取限制、暂停服务等处置措施的，有关单位、个人可以向作出决定或者采取措施的有关部门、单位提出申诉。有关部门、单位应当建立完善申诉渠道，对提出的申诉及时核查，核查通过的，应当即时解除有关措施。”

根据各方面的意见，草案二次审议稿对草案作了以下修改：一是进一步增加反制措施。第一款在“监测识别”后增加“动态封堵”。二是调整第二款中的部门名称、顺序，明确责任主体地位。根据有的部门意见，将第二款中的第一个“推进”修改为“负责”，明确了各部门的责任主体地位。将“互联网行业主管部门”表述为“网信部门”，并作为统筹技术反制建设的责任单位。同时，在本款最后增加了部门职责，即“建立有关涉诈信息、活动的监测识别、动态封堵和处置机制”，针对第一款中反制措施建立相对应的机制。因为草案只对企业动态封堵和处置作了相应规定，没有对国家有关部门建立针对涉诈 IP、网站、域名、App、诈骗电话、短消息、链接等处置机制作出规定。实践中有的已经在做，增加规定后进一步作出明确。三是三处文字性修改。将第一款中的“反制技术措施”、第二款中的“技术措施”统一修改为“技术反制措施”。将第二款中“跨行业、企业技术措施建设”修改为“本行业领域技术反制措施建设”，主要考虑是草案原表述“跨行业”易理解为跨各个行业统一的反制技术措施，实际上此处主要是指有关主管部门应当统筹建立信息通信行业、互联网行业、金融行业等各行业的技术反制措施，如实践中的国家反诈 App，国家网信办的涉诈黑样本库，工业和信息化部的信息通信反诈平台等。将第三款中的“及时解除”修改为“即时解除”。一审中，有的常委会委员提出对“及时”解除有关措施作出进一步明确。考虑到实践中各类卡和账号的异常情形较为复杂，立法中很难对各种情况的解除措施均作出明确规定，但为更好地保护人民群众的自身权益，将“及时”修改为“即时”，更具有时效性。

3. 草案三次审议稿第三十一条规定：“国家支持电信业务经营者、银行业金融机构、非银行支付机构、互联网服务提供者研究开发有关电信网络诈骗反制技术，用于监测识别、动态封堵和处置涉诈异常信息、活动。”“国务院公安部门、金融管理部门、电信主管部门和国家网信部门等应当统筹负责本行业领域反制技术建设，推进涉电信网络诈骗样本信息数据共享，加强涉诈用户信息交叉核验，建立有关涉诈异常信息、活动的监测识别、动态封堵和处置机制。”“依据本法第十一条、第十二条、第十八条、第二十二条和前款规定，对涉诈异常情形采取限制、暂停服务等处置措施的，应当告知处置原因、救济渠道及需要提交的资料等事项，被处置对象可以向作出决定或者采取措施的有关部门、单位提出申诉。有关部门、单位应当按照谁决定、谁负责的原则建立完善申诉渠道，对提出的申诉及时核查，核查通过的，应当即时解除有关措施。”

根据各方面的意见，草案三次审议稿对草案二次审议稿作了以下修改：一是统一部门名称表述，调整部门排序。二是在第二款中增加规定“加强涉诈用户信息交叉核验”。三是进一步保障被采取处置措施人的权利，增加“告知处置原因、救济渠道及需要提交的资料等事项”的规定。四是在申诉制度中增加规定“谁决定、谁负责的原则”。关于申诉渠道的建立，有的部门建议明确由公安部门统一建立异议申诉渠道。考虑到实践中既可能是公安机关决定而采取处置措施，也可能是电信业务经营者、银行业金融机构、非银行支付机构、互联网服务提供者等通过自身监测识别采取措施，因此修改为按照谁决定、谁负责的原则牵头建立异议申诉渠道。

在审议过程中有的常委会委员建议，在第三款“及时核查”后增加“明确申诉应答和核查处置时间”。考虑到申诉的理由、种类及作出决定和采取措施的主体不同等情况，应答和处置时间由受理申诉的部门根据实际情况处理更为适宜。

根据常委会组成人员的审议意见，本条作了文字性修改：将第三款中“有关部门、单位应当按照谁决定、谁负责的原则建立完善申诉渠道”修改为“作出决定的部门、单位应当建立完善申诉渠道”。修改后，表述上更为直接明确。

（三）有关国家和地区的规定

1. 2015 年美国联邦通信委员会通过对《电话消费者保护法案》的最新解释，在法律上确定电话运营商为其消费者提供非法电话拦截服务的义务。

2019 年 12 月 30 日，美国通过的《电话机器人滥用刑事执法及威慑法》赋予了美国联邦通信委员会更大的权力，要求各部门加强合作共治，规定了语音服务提供商应承担的相关义务。为确保来电号码的真实性，该法规定语音服务提供商应部署相关的呼叫认证系统，为消费者提供识别和拦截电话机器人呼叫的工具。此外，基于 STIR/SHAKEN 认证框架，若语音服务提供商识别错误、无意阻止了个别正常呼叫，免于承担相关责任。此外，对于规模较小的或者农村地区的语音服务提供商，美国联邦通信委员会可以延长其部署认证系统的期限，获得延迟批准的服务提供商仍应采取适当措施缓解非法机器人电话。而美国联邦通信委员会则作为主管部门要求全面参与技术系统的部署，评估上述认证框架在呼叫认证方面的效力，并根据评估情况制定或修订新的认证框架；采取合理措施尽快使所有的语音服务提供商和语音呼叫类型得到最高程度的信任。这些措施包括但不限于酌情限制或终止给予服务提供商的延迟期限，与规模较小的或者农村地区的服务提供商协商确定其他有效的替代技术方案等。

2. 韩国《电信事业法》修正案强制要求运营商采取相应的技术措施，拦截虚假主叫电话，否则将被处以罚款。

【条文释义】

本条共分三款。第一款是关于国家支持研究开发反制技术以及研发反制技术主要主体的规定。国家鼓励、支持电信业务经营者、银行业金融机构、非银行支付机构、互联网服务提供者研究开发有关电信网络诈骗反制技术，对电信网络诈骗活动开展技术反制，并明确了技术反制的监测识别、动态封堵和处置的功能、作用。

第一，关于反制技术的研发主体。反电信网络诈骗工作中主要涉及金融、电信、互联网等有关行业领域，反制技术的研究开发主体为上述行业领域涉及的主要企业，即电信业务经营者、银行业金融机构、非银行支付机构、互联网服务提供者。电信网络诈骗日益呈现集团化、产业化、链条化运作趋势，各行业主体可以结合行业领域的特点，发挥自身优势，研究开发有关电信网络诈骗的反制技术。

第二，反制技术内容涵盖广，行业领域不局限，可以包括建立监测模型、大数据应用、可疑交易识别、网页网址巡查、改进优化算法等。反制技术要应用于涉诈异常信息和活动的发现、封堵和采取处置措施，反制技术既可以是直接用于监测识别、动态封堵和处置涉诈异常信息、活动的方式和手段，也可以是为实现上述目的提供的依据。这里的动态封堵、处置主要是对涉电信网络诈骗或者具有涉电信网络诈骗高风险的异常电话卡、物联网卡、银行卡、银行账户、支付账户、互联网账号等采取的措施，具体包括延迟支付结算、紧急止付、快速冻结、限制功能、停止非柜面业务、暂停新业务、限制入网、暂停功能、关闭账号、禁止重新注册等。如实践中，一些互联网企业通过扫描关键字等技术手段发现涉诈违规内容立即停止服务，并通知客户整改；针对不同业务场景采取相应拦截处置措施，对网页内容和生态有专门风控团队对利用技术手段对涉诈信息进行识别，及时处置删帖或者封号；巡查广告页面，发现涉诈信息对主体账号进行处罚，封禁账号；通过浏览服务对钓鱼网站及时进行拦截等。

实践中，各地结合自身情况不断提高预警监测系统。如，有的地方建成全省诈骗电话监测系统，推进技术管控能力向互联网延伸覆盖，建设互联网反诈监测系统。企业和监管部门充分发挥资源、技术等优势，有的互联网企业利用大数据实现对电信网络诈骗的研判、精准预警和反制。从国家反诈中心引入涉诈 APK 样本数据，用户下载安装包时，可以同时提供安全监测，及时拦阻用户安装涉诈 APK。中央网信办针对境外人工拨打诈骗电话，启动“安全大脑”智能反诈技术研究，逐步具备预警监测能力。做好反诈平台建设，建设上线国家反诈大数据平台，建设运行国家反诈中心 App。有的企业开发了专门用于电信诈骗预警的信息系统，覆盖冒充公检法、虚假贷款、虚假刷单、冒充客服、虚假投资理财、“杀猪盘”等主要诈骗类型。技术创新，运用大数据、智能模型识别、处置电信网络诈骗信息、活动，形成实时预警劝阻能力。工业和信息化部启用 12381 涉诈预警劝阻短信系统以来，联合公安机关劝阻用户 30 万左右，有效劝阻率超过 60% 。目前正在抓紧建设跨三大运营商的监测系统，对电话卡、物联网卡统一监测预警，形成涉诈短信、电话号码、域名网址、互联网账号等统一处置能力。中国联通依托自行研发的全球运营商最大的 IT 集中系统，实现全网全量全景实时反诈智能防护，不断技术迭代，提升“全链条”打击质效和技术反制能力。

第二款是关于反制技术建设及技术反制机制建设的规定。根据本款规定，国务院公安部门、金融管理部门、电信主管部门和国家网信部门等应当统筹负责本行业领域反制技术建设，推进涉电信网络诈骗样本信息数据共享，加强涉诈用户信息交叉核验，建立有关涉诈异常信息、活动的监测识别、动态封堵和处置机制。本款包含两个方面内容：一是牵头责任部门。明确由国务院公安部门、金融管理部门、电信主管部门和国家网信部门统筹负责各自行业领域反制技术建设，推动所处行业采取技术反制措施，提升技术反制能力。二是主要工作职责。明确前述牵头责任部门要推进涉电信网络诈骗样本信息数据共享，加强涉诈用户信息交叉核验，破除因各自为政形成的信息数据壁垒，改变各技术反制责任主体因信息闭塞导致的反制能力较弱的局面。同时还要求前述牵头责任部门要建立健全有关涉诈异常信息、活动的监测识别、动态封堵和处置机制，最大限度发挥技术反制在治理电信网络诈骗中的作用。

第三款是关于救济措施的规定。本款包含两个方面内容：一是相对人知情权保障与救济途径告知。有关部门、单位因反制电信网络诈骗需要，对涉诈异常情形采取限制、暂停服务等处置措施时，应当及时将处置措施及原因告知处置措施相对人，并告知其获取救济的途径和方式，保障被误伤的相对人可以及时启动救济程序获得救济，免遭损害或者将损害降到最低。二是救济职责和救济机制。处置措施相对人认为处置措施不当向作出处置决定或者采取处置措施的有关部门、单位提起申诉时，作出处置措施决定的部门、单位应当及时对申诉进行核查，核查通过的，应当即时解除有关措施。实践中存在大量技术反制措施的决定主体和执行主体不一致的情形。如某涉诈账户被采取限制交易措施时，可能是有关商业银行通过可疑交易监测模型主动发现并采取的措施，也可能是公安机关在侦办案件过程中发现并通知有关商业银行采取的措施；又如某涉诈互联网账号被采取暂停服务措施时，可能是有关互联网公司通过可疑账号监测模型主动发现并采取的措施，也可能是公安机关在侦办案件过程中发现并通知有关互联网公司采取的措施。针对前述处置措施决定主体与执行主体不一致的情形，明确由处置措施决定主体承担救济职责，建立完善申诉渠道，可以避免相关部门、单位推诿扯皮，更好地保障申诉人的合法权益。

【实践中应注意的问题】

在该条的理解适用中，应当注意以下几个方面的问题：

第一，统筹技术反制与个人信息保护。在加强技术反制、提高监测识别能力过程中，会不断进行探索和创新，但不能以牺牲个人信息为代价和理由，特别是对于人脸、个人行踪轨迹、交易账户信息等敏感信息的使用要严格遵守个人信息保护法的有关规定。

第二，本条第二款中的交叉核验仅限于涉诈用户信息，不能被一般性地用于核验以外的金融、电信、互联网领域。这里的“信息”需要是与核验涉诈用户相关的信息，与此无关的信息、数据和其他用户的信息不得被用于交叉核验。

【典型案例】

某市公安机关在案件侦办过程中研究发现，涉案银行卡具有新开电话卡绑定新办银行卡等特点，遂联合属地人民银行及电信、移动、联通分公司开发了“警银通”联防联控系统，将当地一定时间阈值内的新办银行卡绑定电话卡数据与新开电话卡数据进行交叉核验，发现符合条件的高危风险银行卡后，推送相关商业银行采取停止非柜面业务等管控措施。根据配套的操作规范，管控措施相对人向商业银行提出申诉的，商业银行及时进行核查，核查通过的，商业银行依据规范授权即时解除管控措施；管控措施相对人向公安机关提出申诉的，公安机关及时通知相关商业银行进行核查，核查通过的，商业银行依据公安机关授权即时解除管控措施。该系统自 2022 年 1 月运行以来收到了良好的效果，既防止了高危风险银行卡涉案，又保障了管控措施相对人的合法权益。

【相关规定】

《中国人民银行关于加强支付结算管理防范电信网络新型违法犯罪有关事项的通知》一（二）；《工业和信息化部、公安部关于依法清理整治涉诈电话卡、物联网卡以及关联互联网账号的通告》第四条、第六条。

第三十三条　国家推进网络身份认证公共服务建设，支持个人、企业自愿使用，电信业务经营者、银行业金融机构、非银行支付机构、互联网服务

提供者对存在涉诈异常的电话卡、银行账户、支付账户、互联网账号，可以通过国家网络身份认证公共服务对用户身份重新进行核验。

【条文主旨】本条是关于国家推进网络身份认证公共服务建设，可以通过该服务对涉诈异常情形的用户身份重新进行核验的规定。

【立法宗旨和背景】

（一）起草背景

个人信息保护法第六十二条中规定，支持研究开发和推广应用安全、方便的电子身份认证技术，推进网络身份认证公共服务建设。网络安全法第二十四条中规定，支持研究开发安全、方便的电子身份认证技术，推动不同电子身份认证之间的互认。个人信息保护法中对“网络身份认证公共服务建设”作了原则性规定，在试点基础上总结经验。国家实施网络可信身份战略，推进网络身份认证公共服务建设，统一建设网络身份认证公共服务平台。为加强电信诈骗违法犯罪源头防治和风险防范，本法重申了个人信息保护法的规定精神，个人、企业可自愿使用国家网络身份认证公共服务，在网络应用服务中进行真实身份核验。同时，规定电信业务经营者、银行业金融机构、非银行支付机构、互联网服务提供者，对存在涉诈异常的电话卡、银行账户、支付账户、互联网账号，可以通过国家网络身份认证公共服务对用户身份重新进行核验，进一步降低涉诈异常账号的风险，为防治电信网络诈骗提供有力支撑。

1. 诈骗分子逃避实名制的落实义务是电信网络诈骗犯罪高发的重要原因之一。当前，电信网络诈骗犯罪高发多发，人民群众深恶痛绝。公安机关在打击涉诈违法犯罪的实践中发现，绝大部分犯罪分子在进行电信网络诈骗犯罪活动时，均使用他人卡号、账号，并以此来逃避公安机关的监管和侦查打击。此类卡号、账号的泛滥无形中助推了电信网络诈骗犯罪的高发频发态势。虽然网络安全法规定了网络运营者为用户办理网络接入、域名注册、电话入网或者提供信息发布、即时通信等服务的，应当要求用户提供真实身份信息，但客观情况是，网络运营者核验电信网络诈骗分子真实身份的能力建设上存在短板。目前网络运营者对用户真实身份的核验，大多是通过用户提供身份证信息或者“手机号＋验证码”的方式，应当说，这对绝大多数用户来说是足够的，但也客观上为大量“实名非实人”的“黑卡”“黑号”衍生、存在提供了可乘之机。突出表现为：一是注册环节“非实名”卡号大量存在。在注册环节，不法分子故意冒用、盗用他人身份信息进行开卡，从而产生大量“非实名”卡号，变相成为电信网络诈骗犯罪的基础物料，增加了犯罪风险、提升了预防成本。二是使用环节，部分用户受利益驱使向他人出租、出售本人实名卡号，导致“实名非实人”卡号应运而生，“黑卡”“黑号”大量存在。大量“黑卡”“黑号”流入市场，不仅严重破坏“网络实名制”的落实，客观上还为电信网络诈骗犯罪分子提供了“犯罪工具”。三是“黑卡”“黑号”生产、流通已形成了庞大的产业链条。犯罪分子对“黑卡”“黑号”的需求，催生了代办注册、贩卖黑卡以及为干扰、破坏用户真实身份核验制度提供服务的“养号平台”“卡商平台”“打码平台”等庞大的黑灰产业。因其违法成本低、市场需求大、利润空间高，导致此类网络黑灰产业滋生蔓延、愈演愈烈，已成为电信网络诈骗居高不下的顽疾。

2. 国家建设网络身份认证公共服务为核验用户身份和防范电信网络诈骗提供了支撑。网络安全法第二十四条首次以法律的形式明确“国家实施网络可信身份战略”，个人信息保护法第六十二条对此进一步予以明确，即国家网信部门统筹协调有关部门“支持研究开发和推广应用安全、方便的电子身份认证技术，推进网络身份认证公共服务建设”。为贯彻落实网络安全法、个人信息保护法等法律有关要求，扎实推进国家网络可信身份战略，目前，国家正组织开展网络身份认证公共服务基础设施建设。

反电信网络诈骗法规定了电信业务经营者、银行业金融机构、非银行支付机构以及互联网服务提供者对监测识别存在涉诈异常的电话卡、银行账户、支付账户、互联网账号，应当重新进行实名核验，强化了上述服务提供者的实名制义务。本条为落实二次实名核验义务提供了一种可供使用的解决路径，上述服务提供者可以通过国家网络身份认证公共服务，对存在涉诈异常的用户依法进行二次实名核验，加大了对非实名注册的“黑卡”“黑号”等网络“黑灰产”滋生蔓延的防治力度，进一步预防电信网络诈骗犯罪的高发频发。

（二）审议中各方面的意见、争议的问题以及修改的情况

草案二次审议稿第三十一条规定："国家推进网络身份认证公共服务建设，支持个人、企业自愿使用，电信业务经营者、银行业金融机构、非银行支付机构、互联网服务提供者对存在涉诈异常的电话卡、银行账户、支付账户、互联网账号，可以通过国家网络身份认证公共服务对用户身份重新进行核验。"三次审议稿对条文内容未作修改。

草案二次审议过程中有的意见提出，对于网络身份认证公共服务建设用于身份核验作出进一步规定，在应用范围、情形和自愿性上作出明确限制，避免在实践中变相强制使用，同时处理好本法与个人信息保护法的关系。网络身份认证公共服务的使用对公民个人信息、公民基本权利、行业治理等方面的影响，是本条立法过程中需要着重考虑的，本法已经作出原则性的必要限制，网络身份认证公共服务目前还在建设完善过程中，对于操作层面的具体内容，根据实践情况要及时完善配套规定。

（三）有关国家和地区的规定

1. 关于提供网络身份管理相关公共服务的规定

为有效开展网络空间身份管理，美国、欧盟等发达国家和地区积极通过立法，探索实施相关制度，推进数字身份体系建设。

美国是最早将网络空间可信身份上升到国家安全战略高度的国家之一。2011 年 4 月，美国发布《网络空间可信身份国家战略》，核心内容是在政府推动下，政府与私营部门、社会团体等机构组织协作，建立一个以用户为中心、具有不同安全等级和多种要件组成的数字身份生态体系，改善隐私保护环境，确保在线交易的便利性和敏感信息的安全性。同时，美国积极开展网络可信数字身份标准研究工作，先后发布了可以跨部门使用的"以身份为中心"的安全和隐私标准、协议和概要文件等。美国弗吉尼亚州是最早开展《网络空间可信身份国家战略》试点项目的区域。2015 年 3 月，该州通过了《电子身份管理法案》，旨在建立一套涵盖个人用户、企业、政府机构等多方主体自愿参与的电子身份管理生态体系。2017 年 3 月，弗吉尼亚州又通过了《电子凭证法案》，对美国车辆管理局签发的电子身份凭证进行了规定，其中也涉及电子身份管理的内容。

为推动电子政务的发展，方便各成员国公民与企业在欧盟范围内的跨国活动，2006 年，欧盟委员会发布了《2010 年泛欧洲电子身份管理框架路线图》，在欧盟层面统筹规划了电子身份的实施标准和整体计划，标志着欧盟推进电子身份的顶层设计方案已然成形。2010 年 5 月，欧盟发布《欧洲数字化议程》，指出欧盟委员会将以向所有成员国提供“认证服务”，推动成员国间的电子身份互认。2014 年，欧盟颁布《电子身份识别和信托服务条例》及配套的实施法案，旨在确保公民、企业可以使用本国的电子身份安全、便捷地访问本国以及其他欧盟国家在线公共服务，并在欧盟成员国之间实现结果互信互认，确保在线交易真实可靠，推动建立欧盟内部单一市场。2021 年 6 月，欧盟委员会发布《电子身份识别和信托服务条例》修订案提案，将大部分欧盟公民拥有自主、可信、可控的数字身份作为目标。目前，欧盟基于该条例的电子身份识别和信任服务体系已基本建成，多个成员国都推出了符合该条例要求的网络电子身份证项目。

2. 有关强化网络可信身份制度用以预防犯罪的规定

2011 年，美国发布《网络空间可信身份国家战略》并陆续开展多个试点项目，实现对网络身份的动态全过程管理，从而应对网络空间的身份盗窃、隐私泄露、网络欺诈等犯罪问题。2019 年 2 月，美国发布《打击恐怖分子流动的国家战略》，要求政府为各州、地方提供恐怖分子的身份和流动数据以及身份识别工具和技术，通过匹配记录信息或生物特征实现对恐怖分子的筛查，探索将身份认证应用于反恐领域。此外，美国 2022 年初发布《联邦零信任战略》和《推动美国政府走向零信任网络安全原则》，推动联邦零信任架构全面实施，强化对联邦政府网络安全的保护。

澳大利亚为加强网络安全、有效打击网络犯罪，于 2020 年 8 月发布了《网络安全战略》，其中一项战略举措就是推行“数字身份”计划，让民众选择使用可信任的数字身份证书访问政府和私营部门提供的网络服务，从而免遭身份盗窃、网络犯罪的侵害。

印度为减少身份欺诈和腐败等犯罪行为，着手建立了全国统一身份证制度，于 2010 年 9 月启动了生物身份识别系统（Aadhaar 计划），并制定了 Aadhaar 法案，为每个印度居民提供一个独一无二的 12 位身份证明编号，将其作为个人办理领取政府福利补贴等事项的身份证明依据。

此外，巴西、南非等也在积极通过颁布法律、制定政策等形式，向居民统一提供数字身份，强化身份认证，以便积极防范选举舞弊、福利欺诈等领域的犯罪活动。

【条文释义】

本条可以从以下几个方面理解：

第一，关于国家网络身份认证公共服务的建设和作用。网络安全法第二十四条明确提出国家实施网络可信身份战略，个人信息保护法第六十二条进一步明确了推进网络身份认证公共服务建设。为贯彻落实法律规定，目前国家正组织开展网络身份认证公共服务基础设施建设。国家网络身份认证公共服务平台由国家统一建设并由国家认可的专门机构负责运营，能够为社会公众提供以法定身份证件信息为基础的网络身份认证公共服务。公民可以通过由国家开发并运维的网络身份认证 App，自愿申请获取网络可信身份，一方面通过国家公共服务确保真实身份核验的真实有效，另一方面最大限度减少互联网企业采集、留存个人信息所造成的安全风险。根据本条规定，国家推进网络身份认证公共服务建设，这是对个人信息保护法上述规定精神的重申。

第二，关于使用网络身份认证公共服务的原则，本条规定支持个人、企业自愿使用。根据本法规定，任何个人、企业使用国家网络身份认证公共服务，进行身份核验；电信业务经营者、银行业金融机构、非银行支付机构、互联网服务提供者使用国家网络身份认证公共服务，对存在涉诈异常的卡号、账号重新进行用户真实身份核验，均坚持“自愿”原则。条文中“自愿使用”“可以通过”等表述，充分表明了相关主体使用国家网络身份认证公共服务的自愿性。国家网络身份认证公共服务具有公共属性和服务属性，面向社会公众统一提供服务，支持个人、企业自愿使用。同时，授权电信业务经营者、银行业金融机构、非银行支付机构、互联网服务提供者，对存在涉诈异常的电话卡、银行账户、支付账户、互联网账号，可以通过国家网络身份认证公共服务，重新核验用户真实，为落实本法规定的二次身份核验义务提供途径。

第三，关于可以使用网络身份认证公共服务重新核验身份的范围。本条将通过国家网络身份认证公共服务重新核验真实身份的范围限定为存在涉诈异常的卡号、账号。一是实践表明，大量实名非实人卡号、账号的存在，导致现有通过用户身份证信息或者“手机号 + 验证码”的实名制核验方式存在被冒用、盗用的风险，减损了实名制的落实效果。二是本条对使用国家网络身份认证公共服务二次核验用户身份的范围，严格限定为存在涉诈异常的电话卡、银行账户、支付账户、互联网账号等范围之内，既突出重点，确保了犯罪预防的精准性，又降低了犯罪预防的社会成本。

【实践中应注意的问题】

在该条的理解适用中，应当注意以下几个方面的问题：

第一，实名制和实名制的核验是两个不同的概念，法律对实名制作了规定，但对实名制的核验方式并未作硬性要求，可以由相关单位根据风险等级采取有区别的、相应的核验措施。为解决人与身份证件的同一认定问题，居民身份证法作了修改，增加了指纹作为登记项目，是一种法定身份确认方式，可以通过指纹验证身份。此外也要注意，身份证、电子身份证和身份证的核验方式也是不同的范畴。

第二，对于网络身份认证公共服务，要全面把握使用国家网络身份认证的自愿性、主动性。个人和企业必须遵循自愿使用原则，不得以推广、试点等理由变相强制，更不得以是否使用网络身份认证公共服务作为部门、企业考核的因素或者作为捆绑服务等。对于公民个人，网络身份认证公共服务使用的自愿性不能成为公民衣食住行等基本生活的影响因素。实践中要考虑身份核验的必要性。如通过大数据比对等方式确认非本人交易的，可以依法采取处置措施，不能作为一项强制性义务要求客户普遍采取此类措施落实实名制。

第三，严格限定网络身份认证公共服务的使用范围，不得扩大使用。电信业务经营者、银行业金融机构、非银行支付机构、互联网服务提供者通过网络身份认证公共服务对用户身份重新进行核验的情形严格限定为存在涉诈异常的电话卡、银行账户、支付账户、互联网账号。对于存在上述情形的，“可以”通过网络身份认证公共服务核验，也可以通过其他方式进行重新核验。

【相关规定】

网络安全法第二十四条；个人信息保护法第六十二条；反洗钱法第十六条；《非银行支付机构网络支付业务管理办法》第六条。

第三十四条　公安机关应当会同金融、电信、网信部门组织银行业金融机构、非银行支付机构、电信业务经营者、互联网服务提供者等建立预警劝阻系统，对预警发现的潜在被害人，根据情况及时采取相应劝阻措施。对电信网络诈骗案件应当加强追赃挽损，完善涉案资金处置制度，及时返还被害人的合法财产。对遭受重大生活困难的被害人，符合国家有关救助条件的，有关方面依照规定给予救助。

【条文主旨】本条是关于反电信网络诈骗工作中预警劝阻和被害人救助的规定。

【立法宗旨和背景】

（一）起草背景

1. 建立预警劝阻系统，发现潜在被害人。预警劝阻工作是防范电信网络诈骗犯罪的有效途径，据统计，2021 年，工业和信息化部依法处置涉诈码号 4.5 万个、域名网址 104 万个，拦截涉诈电话 19.5 亿次、涉诈短信 21.4 亿条；国家反诈中心涉诈黑样本库已涵盖并处置涉诈网址 318.7 万个、App 46.9 万个、跨境电话 39.7 万个，互联网预警劝阻平台预警超 6 亿人次；人民银行 2021 年组织商业银行、支付机构根据公安部门指令，处理涉诈资金 1.5 亿笔，紧急拦截涉诈资金 3291 亿元；商业银行向公安机关推送涉诈受骗资金交易预警信息 242.8 万条。但受监测识别能力不足、主动拦截手段有限、预警劝阻机制不健全、缺乏专业作战平台等因素的影响，预警劝阻工作仍然存在不足，成效还不明显。实践中存在的主要问题：一是预警劝阻机制不健全。目前，各地公安机关依托自有资源与互联网企业合作，建立电信网络诈骗犯罪预警机制，对疑似受骗群众进行提醒劝阻，但工作机制仍不完善。缺乏明确的法律授权，一些行业、部门、机构对于建立预警劝阻系统、发现潜在被害人、采取相应劝阻措施还存在比较大的顾虑；没有形成工作合力，各自为政，单打独斗，缺乏基于共同防范基础上的一体化预警劝阻系统，更未建立对应数据和模型；预警信息来源少，无法满足对多数受骗群众提醒的需求；预警滞后缺乏即时性，预警内容缺乏引导，过于简单；预警劝阻考核和奖惩机制还不够健全，预警劝阻工作还不能实现专业化、精准化和制度化。二是预警拦截手段有限。对于发现的可疑诈骗电话，现有系统无法拦截境外呼入省内、省内拨打省内的通话，也无法对正在实施诈骗的持续通话进行即时断网阻断。对于可疑的诈骗网站、链接等，仍依靠公安机关与通信管理部门人工研判后录入相关处置系统才能实施阻断，远远跟不上诈骗团伙变换域名的频率。跨国诈骗集团资金、技术力量雄厚，技术研发、维护人员呈现高学历、高水平趋势，且具备极强的反侦察能力，目前全国的技术对抗和封堵还大多处于打通部门壁垒、解决政策许可阶段，现有的技术手段严重落后、滞后，且缺乏相应的机制及费用保障；对潜在被害人的发现还缺乏完整、系统的数据模型，仅是一些行业、部门、机构基于自身已经建设的一些系统平台采取的个性化防范标准，缺乏统一性、全域性；不同行业、部门、机构、公司的技术能力不同、经验差别较大、判断标准不明确容易误伤。三是预警劝阻能力不足。有的地方开发建设了省际电信网络诈骗电话拦截系统，在投入使用初期较好地发挥了作用，但随着诈骗手法不断翻新，模型和策略滞后，大量诈骗电话未被有效识别；应对境外诈骗团伙基于强大资金技术支撑和营销宣传团队不计成本的“推销”，缺乏完整有效应对策略；如何进行精准预警劝阻需要群策群力；预警劝阻手段较为单一，一些地方还在使用人工提醒劝阻手段，效率低、效果差、范围窄。

目前，一些地方、行业、部门、机构积极加强预警预防，力争全方位织密织牢技术反诈防护网络。公安部、工业和信息化部、人民银行等部门深入推进打击治理电信网络诈骗违法犯罪，推出了国家反诈中心 App、96110 预警劝阻专线、12381 涉诈预警劝阻短信系统、全国移动电话卡“一证通查”服务、云闪付 App“一键查卡”等“反诈利器”，提升了预警信息监测发现能力。2021 年 3 月 15 日，公安部推出的国家反诈中心 App 正式上线，至 2022 年 7 月已受理群众举报线索 1460 万余条，向群众预警 2.3 亿次，在防范电信网络诈骗工作中发挥了重要作用。国家反诈中心 App 是一款官方手机防骗保护软件，主要有以下功能：当用户收到涉诈电话、短信或登录涉诈网址时，及时进行预警提示；当用户发现涉诈线索时，可以一键举报；用户可以通过 App 对可疑网友的真实身份、社交账号、交易账号进行涉诈风险验证，大大降低网络交易风险；App 每日发布不法分子的最新诈骗手法，剖析典型案例，协助用户学习防骗知识、了解诈骗套路、提升识骗能力。2019 年 11 月 8 日，96110 预警劝阻专线率先在北京启用，随后推广至全国，目前已有 29 个省区市的公安机关开通。96110 预警劝阻专线是反诈专用号码，主要有以下功能：预警劝阻，发现群众正遭遇电信网络诈骗或者属于极易受骗的人员，公安机关将通过该专线及时预警劝阻；防骗咨询，如果遇到疑似电信网络诈骗活动，群众可以拨打 96110 进行咨询；涉诈举报，如果发现涉诈线索，群众可以通过该号码进行举报。2021 年 7 月 14 日，工业和信息化部联合公安部进一步创新工作方法和思路，正式推出 12381 涉诈预警劝阻短信系统，首次实现对潜在被骗用户的短信实时预警，上线以来已成功发送预警信息 1.49 亿条，预警劝阻准确率达 60% 以上。12381 系统可根据公安机关提供的涉案号码，利用大数据、人工智能等技术自动分析发现潜在被骗用户，并通过 12381 短信端口第一时间向用户发送预警短信，提示用户可能面临“贷款”“刷单返利”“冒充公检法”“杀猪盘”等 9 类高发电信网络诈骗情况。针对部分群众身份信息被诈骗分子冒用办理涉案电话卡等情况，工业和信息化部推出全国移动电话卡“一证通查”服务，截至 2022 年 4 月底，用户查询量已累计突破 6700 万次。同时，集中排查处置涉诈高危电话卡 7760 万余张、行业卡 1930 万余张，清理关联互联网账号 5700 万余个，对全国物联网卡开展拉网排查，一大批存量高危号卡得到全面清理。为解决群众对于跨行银行卡账户查询的诉求，2021 年 12 月，人民银行组织探索建立云闪付 App 试点“一键查卡”功能，打造统一查询途径，向公众提供银行卡数量、每张卡的银行名称、借贷记属性、脱敏卡号等信息的查询，在确保信息安全的前提下，便利公众直接掌握个人名下银行卡信息，强化自身银行卡管理。

有的地区建立了专业作战平台。充分整合公安内部及互联网企业信息资源，搭建省市县三级公安机关共用，集预警劝阻、技术反制、信息研判等功能于一体的防范打击电信网络诈骗作战平台，实现“一平台”对电信网络诈骗警情前端感知、中段拦截、后端打击的全环节处置；反诈专业平台与公安情报指挥部门业务系统对接，推动针对电信网络诈骗警情的联合作战机制形成闭环；建立完善公安、通信管理、银行等部门专业反制系统和作战平台，有效监测、识别诈骗行为，及时予以拦截、打击，实现“以专对专，以快制快”；探索运用通话、短信、网络、App等开展大数据精准预警，并及时对潜在被害人进行精准劝阻。

有的地区建立健全了诈骗电话防范系统。公安机关会同通信管理部门研究电信网络诈骗最新通信手段和方式，建设完善省际出入口诈骗电话防范系统。通过声纹识别等先进技术，增设语音通话即时阻断功能，实现对境内省外来话实时监测、拦截全覆盖。设立网络端信息化反制功能模块，提高对涉诈网站、手机应用的识别处置能力，实现对网上涉诈信息和行为的实时监测及阻断。

有的地区建立健全了交易风险防控系统。公安机关会同人民银行分支机构、银保监会派出机构指导督促各银行和支付机构建立完善银行账户异常资金交易风险防控系统和异常交易信息通报制度，及时发现异常交易信息，采取紧急拦截措施并及时通报公安机关，提高信息处置和拦截效率。

有的地区建立健全了预警劝阻机制。挖掘公安系统资源，多方拓展预警信息来源，完善电信网络诈骗监测模型，及时发现网络和社交媒体上的疑似诈骗行为。搭建专业预警处置平台，借助智能语音、短信等提升预警效率，通过线上工单流转、预警反馈、复核监督等方式提高预警劝阻质量。规范预警劝阻工作流程，形成工作闭环，确保每一名疑似受骗群众都能及时接到预警。明确劝阻责任，对情况特别紧急的重大预警，要开展见面劝阻，确保劝阻措施落实到位，最大限度减少群众被骗。分级分类预警劝阻措施，对潜在被害人根据风险等级分别采取自动短信和语音劝阻、人工电话和网络劝阻、上门劝阻，以及主动关停阻断和被害人账户资金只进不出、交易挂起，交易阻断、关停非柜面交易功能等保护性管控措施，全力保障人民群众财产权益；如对于低危及安装恶意App类通过短信自动预警，对中危疑似被骗人员开展AI语音自动回访劝阻，对中高危疑似被骗人员的人工劝阻，对高危预警对象电话劝阻的同时，发挥社区网格的社区民警、街道干部、网格员和志愿者“四位一体”作用，上门开展面对面宣传劝阻，必要时动员被害人亲友、专家联动等方式进行心理干预和辅导，把预警劝阻做实做细做出成效。

为了防范电信网络诈骗犯罪，很多国家都加强了预警劝阻工作。一方面，进一步强化有关制度措施，赋予公安机关、金融、电信、网信部门等必要的手段。无论是公安机关、金融、电信、网信部门，还是电信业务经营者、互联网服务提供者、银行业金融机构、非银行支付机构等，对于打击治理电信网络诈骗犯罪，对于预警、防范被骗都有着义不容辞的责任。本条的规定也是本法第四条关于源头治理综合治理原则的具体体现。负有专门职责的公安机关、金融、电信、网信部门应当研究如何根据大数据、区块链、虚拟币等新技术新业态的不断发展，快速“寻找”“匹配”受害群体，深度伪造声音、视频等情况，运用科技信息化手段提升技术反制能力，开发建立覆盖全行业、全部门、全领域的预警劝阻系统，对于预警发现的潜在被害人，根据情况采取相应的劝阻措施。另一方面，也需要明确电信业务经营者、互联网服务提供者、银行业金融机构、非银行支付机构等的社会责任和义务。根据国内外的经验以及国内执法的实际需要，本条从电信业务经营者、互联网服务提供者、银行业金融机构、非银行支付机构等和公安机关、金融、电信、网信部门两类主体方面规定了义务和职责，以有效预警劝阻潜在被害人。电信业务经营者、互联网服务提供者、银行业金融机构、非银行支付机构等，除依法承担风险防控义务和责任外，还应结合自身业务实际，积极研究开发符合本行业、本部门、本领域特点并能上下贯通、左右纵横的预警劝阻系统，包括利用机器学习、数据挖掘等技术开展涉诈信息关联分析，推动涵盖虚拟拨号识别、诈骗电话拦截与预警、钓鱼网页和仿冒 App 下载链接研判、诈骗团伙关联挖掘、涉诈转账识别和拦截等关键技术的研发，从而为涉诈信息的预警、拦截和处置提供技术支撑。

2. 建立完善电信网络诈骗被害人救助制度。

（1）对电信网络诈骗案件加强追赃挽损，完善涉案资金处置制度，及时返还被害人的合法财产。全国公安机关始终把追赃挽损作为反诈工作的重中之重。坚持严打高压，相继侦破了一大批重大案件，捣毁了一大批犯罪窝点，尽最大努力返还涉诈冻结资金，为人民群众挽回大量经济损失。2018年10月25日，重庆一公司法人被骗1800万元，重庆市公安局紧急止付冻结资金999.6万元，并按程序将冻结资金全额返还。2018年11月26日，安徽合肥发生一起被骗1800万元的案件，省市两级反诈中心协同联动，紧急协调第三方支付公司冻结账户78个，资金6854万元，抓获3名犯罪嫌疑人，资金返还受害人1159万元。2020年7月28日，浙江省金华市某公司财务被冒充老板诈骗673万元，金华反诈中心快速处置，紧急止付冻结账户27个，资金842万元，按程序返还冻结资金445.79万元。2021年5月24日，上海市公安局反诈中心对某公司财务人员被骗案进行追踪，成功止付被骗钱款287万余元，按程序返还被害人287.78万元。2022年1—4月，紧急止付群众被骗款3291亿元，累计拦截102万个资金账户148亿元，追缴返还人民群众被骗资金120亿元。近年来，公安机关会同人民银行、银保监会等部门建立快速止付冻结、涉诈银行账户风险监测拦截等机制，出台相关规定细则，依法追缴返还电信网络诈骗受害人，取得较好的实际效果。充分发挥认罪认罚从宽等制度优势，将追赃挽损与严惩犯罪、矛盾化解、维护稳定相结合，犯罪嫌疑人、被告人退赃退赔情况可作为适用认罪认罚从宽制度的重要条件之一。对拒不供认赃款去向的被告人从重处罚，通过判处罚金、没收财产，杜绝其再犯的可能性。被告人主动认罪认罚，坦白赃款、赃物去向，全额退清赃款、缴纳罚金的，依法给予从宽处理。在减刑假释案件中，对有能力履行但未全部履行财产性判项的罪犯依法从严掌握减刑幅度。

有的地区建立健全了追赃挽损新合力。提高案件管辖级别，集中优势资源和办案力量，在更大范围内集中突破案情，消除犯罪黑数，提高办案效率。充分运用反诈平台等大数据平台梳理被害人的关联信息，建立与国际刑警组织、跨国金融机构、通信部门、互联网企业等的合作机制，推动构建专门的电信网络诈骗犯罪协查数据库。建立相互监督配合机制。建立本地区银行卡纠纷联合预警调处机制，对于银行账户进出账明细，应结合银行卡账户转账额度、转账次数及资产状况是否符合实际情况进行监测。建立协同治理联动机制，与电信企业、网络平台及监管部门、银行等构建“电信网络安全共同体”，简化办案流程，压缩协调环节，减少纸质文件传输，增加电子文档往来，提高沟通和办案效率。

在这样的需求背景下，由于各机关、各部门、各机构对于涉案资金的处置均无相关法律明确予以规定，仅来源于部门规章、地方性法规，甚至规范性文件，其法律位阶较低。应将公安机关、人民银行及其分支机构、银保监会及其派出机构和银行业金融机构、非银行支付机构在实践中所形成的有效打击犯罪的做法、经验拟定为法律。对于涉案资金处置的范围、层级、方式等需要法律的明确规定及授权。公安机关、银行业金融机构、非银行支付机构要持续优化规范涉诈资金止付、查询、冻结机制，健全完善涉诈冻结资金依法及时返还机制，提高追赃挽损能力。公安机关要完善涉案资金处置制度，全力破解电信网络诈骗犯罪中追赃挽损的难点，狠下功夫，提升效能，最大限度为企业和群众挽回经济损失。切实践行以人民为中心的发展思想，在追回每一笔赃款上努力，全力摧毁犯罪团伙经济基础。各有关单位要尽可能开通绿色通道，全力支持公安机关调取固定证据、追溯涉案资金，注重追赃挽损，最大限度减少受害群众经济损失。这就要求审判机关、检察机关、公安机关要把追赃挽损工作贯穿案件督办全过程，深入彻查资金流向，依法及时冻结、追缴涉诈资金，扣押处置涉案财物，督促犯罪分子主动退赃退赔，确保涉案资金优先返还被害人，不足以全额返还的按照比例返还，尽最大努力挽回人民群众财产损失。

（2）刑事案件被害人救助。在电信网络诈骗刑事案件仍居高不下的背景下，一些受害人的看病钱、上学钱等血汗钱、一辈子的积蓄被骗，有的因骗致贫、返贫，危害十分严重，社会影响恶劣，人民群众深恶痛绝。刑事被害人救助需求增长较快，面对快速增长的救助需求，各地纷纷出台了被害人救助制度，但由于缺乏统一、法治化的立法规范，各地制度存在较大差异。这种“各自为政，标准不一”的制度安排，导致实践中对被害人的救助较为混乱，难以实现精准救助、规范救助。2015 年 12 月 7 日，中央政法委联合财政部、最高人民法院、最高人民检察院、公安部和司法部颁布《关于建立完善国家司法救助制度的意见（试行）》规定，“符合以下条件的刑事被害人可以申请刑事司法救助：……4. 刑事案件被害人受到犯罪侵害，致使财产遭受重大损失，因案件无法侦破造成生活困难的；或者因加害人死亡或者没有赔偿能力，无法经过诉讼及时获得赔偿，造成生活困难的；……”从实践来看，多数省市仍将救助对象限定为人身遭受“伤残或死亡的被害人”，而未将财产遭受侵害的被害人列为救助对象。受救助理念及经济发展水平的影响，各地对于救助对象的规定存在差异，导致同样是被害人因所在省市不同而受到不同的对待。由于各地经济发展水平以及支持力度不同，在如何确定救助标准方面存在差异。实践中反映当前大量电信网络诈骗犯罪所得资金被冻结，但由于各种原因，查不清资金最初来源和受害人，财产长期得不到处理。将特定条件下的冻结资金纳入被害人救助基金有利于追赃挽损，保护受害人和实现社会公平、和谐稳定。从提出申请程序看，各地需要提交的申请材料基本相同，主要包含被害人损害证明和生活困难证明等材料，但对于生活困难的标准并未详细规定，导致审核人员只能通过审核材料主观决定是否符合救助条件。现行制度主要有两种审查方式：一是由公检法对不同阶段的被害人分阶段救助；二是由公检法分别负责审核被害人提交的申请材料，最后由政法委负责决定是否救助。而从各国立法经验来看，域外国家和地区被害人救助制度起步较早，在救助程序方面更加严格规范，但对于财产犯罪的被害人少有国家补偿制度，如瑞典的《刑事损害补偿法》规定，由政府拨出专款设立补偿基金，解决由于遭受犯罪侵害这一意外事故带给被害人的损失，化解被害人遭受的风险。对发生在瑞典的犯罪或生活在瑞典的被害人均适用。自 1994 年 7 月 1 日起，瑞典已设立支持被害人基金。2005 年 12 月，世界被害人学会召集各国被害人学专家，联合国起草了《为犯罪、滥用权力和恐怖主义受害者取得公理和支持的公约草案》。该联合国公约草案由序言、一般适用、权利与义务、实施、监督与合作及结语等五部分组成，其中与犯罪被害人救助补偿有关的主要有援助、恢复性司法、赔偿、补偿四方面的内容。其中，关于补偿方面，要求缔约国当被害人无法从犯罪人或者其他渠道获得赔偿时，致力于向遭受严重罪行造成重大身体或身心健康损害的受害者，以及由于这种受害情况造成死亡或身心残障的受害者的家属特别是受扶养人补偿；鼓励创立、加强、扩展国家的、区域性或地方性的被害人补偿基金，并可以考虑通过一般收入、特殊税收、罚款、私人捐赠或其他途径来筹集资金；保证这些基金公平、适当和及时的补偿，在跨越国境的犯罪案件中，发生犯罪的国家应根据互惠原则对外国当事人进行补偿。

鉴于当前我国电信网络诈骗犯罪被害人的权益得不到有效保障，刑事附带民事赔偿实现率低的现状，需要完善我国的刑事被害人国家救济制度，保障刑事被害人的权利。这既体现了国家责任，同时也体现了对弱势群体的保护，对于建设和谐社会，维护社会公平正义，稳定社会秩序，保障人权无疑具有重大意义。因此，有必要确定被害人救助制度，规定“对遭受重大生活困难的被害人，符合国家有关救助条件的，有关方面依照规定给予救助”，包括但不限于国家司法救助、社会救助等。

（二）审议中各方面的意见、争议的问题以及修改的情况

1. 起草阶段，关于追赃挽损和被害人救助，反电信网络诈骗法草案规定：“公安机关应当会同有关金融主管部门、金融机构对电信网络诈骗涉案资金及时开展追踪溯源，依法止付、冻结，防止资金转移、取现，加强追赃挽损工作。对于涉案资金权属明确的，应当及时返还被害人；对于权属不能明确到个人，难以查证，但被害人群体确定的，可以按比例返还。国家建立电信网络诈骗被害人救助基金。对于涉案资金长期冻结，难以查证资金来源和被害人，经向社会公示仍无法处置的，以及追缴、没收的电信网络诈骗犯罪违法所得，经批准纳入救助基金，对因被诈骗陷入升学、就医、养老，以及其他重大生活困难的，应当予以救助。具体办法由国务院公安部门会同有关部门制定。”

起草过程中，考虑到实践中反映当前大量电信网络诈骗犯罪所得资金被冻结，但由于电信网络诈骗案件作案周期短，涉案金额大，资金转移方式隐蔽，有的诈骗分子将赃款转换成其他财产形式，常出现个人财产和违法犯罪所得混同等情况，查不清资金最初来源和受害人，财产长期得不到处理。有的地方建议借鉴扫黑除恶“打财断血”的做法，应收尽收、应赔尽赔、应退尽退、应没尽没，在犯罪数额特别巨大或情节特别严重的情况下，在难以区分合法和非法财产时，可并处没收个人财产，将被告人的合法、非法财产一并处置。还有一些意见提出，打击治理电信网络诈骗犯罪的最终目的是挽回资金损失，本条将特定条件下的冻结资金纳入被害人救助基金有利于追赃

挽损，保护受害人和实现社会公平、和谐稳定。有的意见提出，只有退赔才能抚慰受害者的创伤，建议完善对受害人追赃挽损的规定，并建立、实施受害百姓群体的帮扶救助机制及措施。

关于预警劝阻，起草时，反电信网络诈骗法草案规定："公安机关和金融、通信、互联网等行业主管部门根据电信网络诈骗犯罪特点，建立预警劝阻专门系统，及时发现潜在受害群众，发出提示、预警信息。公安机关建立劝阻工作机制，对预警发现的潜在受害人，应当根据情况及时采取劝阻措施。"规定预警劝阻制度，是在总结实践经验基础上作出的规定。有的部门认为，规定预警劝阻制度，通过采取暂时中断受害人通话、转账、上网服务等临时性保护措施，可以有效提升劝阻效能。

2. 2021 年 10 月 20 日下午，十三届全国人大常委会第三十一次会议对反电信网络诈骗法草案进行了审议。反电信网络诈骗法草案第二十八条规定："公安机关应当建立预警劝阻系统，对预警发现的潜在受害人，根据情况及时采取相应劝阻措施。""对因电信网络诈骗遭受重大生活困难的受害人，有关方面应当依照规定给予救助。"

关于预警劝阻规定。有的委员和部门提出，金融、电信部门和单位也有义务、有责任进行劝阻，建议在预警劝阻机制中增加金融、电信企业的预警劝阻责任规定。有的部门提出，增加对受害人的临时保护性措施，对发现的潜在受害人，及时将有关信息推送公安机关。公安机关根据情况及时采取相应劝阻措施，必要时可以对潜在受害人银行卡、电话卡等采取临时性保护措施；有的建议，明确国务院电信主管部门会同公安机关组织建立预警劝阻系统。

关于受害人救助规定。起草过程中，对于长期冻结查找不到受害人的资金设立反诈救助基金或者专款账户，经公示等法定程序后，统一划拨至救助基金专款账户，用于救济因电信网络诈骗生活困难的部分被害人。有关部门对冻结账户能够关联的被害人进行梳理，将冻结资金按照比例返还这类关联被害人。征求意见过程中，各方面反映的一个主要问题是，公安机关冻结的大量资金，由于无法查实对应被害人和数额，暂时难以处理。有的提出，"有关方面"和"给予救助"的规定不明确，建议明确为民政、慈善等有关部门单位，细化相关规定。有的部门和专家提出，公安机关在一些电信网络诈骗资金流向地下钱庄或进行贸易对敲等案件中，对资金采取快速冻结后，面临冻结资金如何处置等问题。有的部门建议，通过公告、公证的形式，对无人认领的资金进行处置，通过救助基金的形式返还给被害人；对于超过一年无法查明权属和性质的资金，按照比例返还给被害人，无法核实的先上缴国库，后续再进行司法救助或划入救助基金。有的提出，建议明确受害人救助与刑事被害人救助制度的关系，受害人的范围仅指刑事案件受害人还是包括民事案件受害人、行政案件受害人，救助的主体和资金来源，具体如何操作等内容。有的地方建议，对电信业务经营者、金融机构、互联网服务商因违规而被处罚和没收非法所得资金建立一个受骗人救助基金，专项救助电信诈骗的受害人；增加连带赔偿责任的规定，根据情节严重程度，完善行刑衔接机制。

第一，一些部门和地方建议，删除救助规定，电信网络诈骗受害群体众多，救助工作有待进一步研究探索，容易造成部门间推诿；规定应该明确救助的范围、条件、情形、标准等，便于实践操作。有的公众意见提出，退赔才能抚慰受害者的创伤，要完善对受害人追赃挽损的规定。不少社会公众意见提出，只有最大限度地追赃挽损，才能给受害者以继续生活的信心和勇气。第二，国家建立网络诈骗受害者群体的帮扶救助机制和措施。不少社会公众意见提出，可以对违规银行、未履职银行的罚款的一部分作为对为此蒙受损失的受害者赔偿资金，按转入金额的50%退赔给受害人，并建议对于无力偿还债务的受害者予以救助。第三，冻结资金存在难以查明归属，难以及时返还受害者和被“误伤”者，要分类分情况进行处置，完善有关冻结财产返还方面的规定。此外，有的地方建议对于通过虚拟货币获取的反诈资金，或者对不符合对外贸易管理规定且收取涉案资金的商户，将涉案资金返还被害人。

3. 草案二次审议稿第三十二条规定：“公安机关应当会同网信、电信和金融管理部门，以及电信业务经营者、互联网服务提供者、银行业金融机构、非银行支付机构等组织建立预警劝阻系统，对预警发现的潜在被害人，根据情况及时采取相应劝阻措施。”“对电信网络诈骗案件应当加强追赃挽损，及时返还被害人的合法财产。对财产不能追回，因电信网络诈骗遭受重大生活困难的被害人，符合国家有关救助条件的，有关方面依照规定给予救助。”

根据各方面的意见，草案二次审议稿对草案作了以下修改：一是根据有关部门和单位的意见，增加建立预警劝阻系统的责任，增加其他有关部门和金融、电信、互联网企业的预警劝阻措施。二是根据有关方面建议删除本条第二款规定，因电信网络诈骗受害群体众多，如何救助以及与其他国家有关救助的关系等需要进一步研究。为进一步明确本条属于衔接性条款，条文中增加“符合国家有关救助条件的”表述，包括现有的社会救助、司法救助等。

4. 草案三次审议稿第三十四条规定：“公安机关应当会同金融、电信、网信部门组织电信业务经营者、互联网服务提供者、银行业金融机构、非银行支付机构等建立预警劝阻系统，对预警发现的潜在被害人，根据情况及时采取相应劝阻措施。”“对电信网络诈骗案件应当加强追赃挽损，完善涉案资金处置制度，及时返还被害人的合法财产。对遭受重大生活困难的被害人，符合国家有关救助条件的，有关方面依照规定给予救助。”根据各方面的意见，草案三次审议稿对草案二次审议稿作了以下修改：一是统一有关部门的表述；二是增加完善涉案资金处置制度。

（三）有关国家和地区的规定

1. 有关预警劝阻的规定。2016 年开始，美国联邦通信委员会敦促主要的美国电话公司免费为消费者提供自动呼叫电话（robocalls）的主动拦截服务；新加坡反诈骗中心启动名为“ProjectFrontier”的新计划，利用先进科技侦察异常的诈骗交易，及时通报受害人；新加坡和外国银行、Grab 和新电信（Singtel）DASH 等非银行金融机构、Wise 和 Coinhako 等金融科技公司和加密货币行，以及汇款服务供应商等委派职员在反诈骗中心工作，提高冻结可疑账户的效率。澳大利亚通信和媒体管理局出台规定，要求移动服务提供商识别、追踪和阻止有诈骗风险的短信，同时与其他电信服务商分享有关的诈骗信息，并向有关部门报告。

2. 有关被害人救助的规定。（1）德国被害人救助制度及保全扣押制度。

一是被害人救助制度。肯定条件：故意非法攻击、蓄意偷渡或者构成危害公共安全的被害人或者遗属；尽力协助破案的被害人。救助金额：救助金包括被害人、遗属补偿金，基础年金 118—621 欧元，横平年金 381—621 欧元。救助方式：按月支付。资金来源：纳入政府预算。二是保全扣押制度。德国的刑法没收体系，依照对象可分为犯罪所用物品的没收与犯罪所得利益的没收。不论何种没收，若因原没收客体不存在而无法执行时，则转换为没收相当于标的价值的替代价额。为了提升保全措施的使用率与效能，德国于 2017 年 4 月 13 日通过了《改革刑法的财产肃清法案》，统一使用“没收”（Einziehung）来取代旧法“追征”（verfall）的概念，显然是受到欧盟法统一概念的影响，希望借此解决跨境的财产肃清与司法互助上的困难；在刑诉法上则采用“财产假扣押”来取代旧法的“重大的假扣押”，借此凸显刑事诉讼法的暂时性保全措施的特点，从而使刑法与“颇为耗时”的民法问题脱钩。修法的目的在于使财产刑事没收法更加简便、使财产价值的暂时保全更容易执行，同时也通过法案将欧盟 2014/42/EU 指令国内化。对应于刑事诉讼法的保全程序，德国《刑事诉讼法》将扣押分为证据扣押与保全执行扣押，二者各有独立的规范体系。因为保全程序是对公民财产权使用、收益与处分予以限制的手段，属于对公民基本权利的干预，所以刑事诉讼法明文规范了保全程序的启动条件，必须具有保全原因与必要性，即手段与目的之间必须符合比例原则。

（2）日本被害人救助制度及保全扣押制度。一是被害人救助制度。肯定条件：危害生命犯罪的被害人及其遗属。救助金额：遗属补偿金为 320 万—1573 万；残疾补偿金为 18 万—1849. 2 万日元；医疗费。救助方式：一次性支付。资金来源：由财政编制预算。二是保全扣押制度。日本受联合国公约与洗钱防治相关国际组织的影响，有关剥夺犯罪所得的规定均发展于刑事特别法。目前有关犯罪所得没收与保全的法制，主要是以 1999 年的《组织犯罪处罚及犯罪收益规范法》为依据。需要说明的是，该法所指的犯罪收益并不以组织犯罪为限，在立法技术上以附表罗列罪名，结合获取不法利益的主观故意，定义该法的犯罪所得。附表所列刑事法律及罪名亦与时俱进而为修正，以 2013 年 11 月 27 日的修正为例，附表所列罪名已经从最初的 67

类增加到84类，罪名高达200余项……日本刑法将没收定位为从刑（第9条），其形态分类与德国相同，均规定在其《刑事诉讼法》第19条。不同之处在于，日本《刑事诉讼法》并未针对没收犯罪所得而专门设定没收保全的程序规范。依据日本《刑事诉讼法》第99条第1项以及第218条第1项的规定，没收保全是通过一般性扣押的方式来实现，没有区分证据扣押与没收扣押，二者合二为一。对于追缴保全，第348条规定了假扣押与预纳追缴金制度，法院在判决宣告追缴时，认为如等到判决确定之日后存在无法执行或难以执行时，可依检察官请求或依职权，要求被告人预先缴纳追缴金额。

（3）我国台湾地区保全扣押制度。救助制度及保全扣押制度。一是被害人救助制度。肯定条件：因犯罪行为被害而死亡者之遗嘱或者受重伤者。救助金额：医疗费不超40万新台币；殡葬费不超100万新台币；受重伤不超100万新台币。救助方式：一次性支付，可按期。资金来源："立法会"拨付。二是保全扣押制度。台湾地区"刑事诉讼法"新增关于没收及保全扣押的规定，于2016年7月1日施行。保全程序主要规定于第133条。该条第1项保留原文："可为证据之物或可得没收之物，得扣押之。"并于第2项增订："为保全追缴，必要时得酌量扣押犯罪嫌疑人、被告或第三人之财产。"新修正的"刑法"没收体系内容与德国、日本相同，均涉及狭义没收（第38条）、利益没收（第38条之1）以及没收不能时可追缴其等值价额。

（4）英国被害人救助制度。肯定条件：刑事犯罪的被害人及近亲属；逮捕、协助逮捕或阻止犯罪的被害人及近亲属。救助金额：补偿标准为1000到2.5万英镑；收入损失为失去收入超过28周可获得；特别之处补偿为康复、器材护理费，补偿总和不超50万英镑。救助方式：一次性支付，可分期。资金来源：国家。

【条文释义】

本条包含以下几个方面的内容：

第一，按照本条规定，明确不同责任主体的层级职责。公安机关应当会同金融、电信、网信部门组织电信业务经营者、互联网服务提供者、银行业金融机构、非银行支付机构等建立预警劝阻系统，对预警发现的潜在被害人，根据情况及时采取相应劝阻措施。

1. 关于公安机关的预警劝阻职责规定。公安机关是打击犯罪的专门力量，有责任、有能力统筹开展预警劝阻工作，金融、电信、网信部门在各自职责范围内负责预警劝阻工作。国务院公安部门即公安部负责国务院打击治理电信网络新型违法犯罪工作部际联席会议的日常工作，建设了“国务院打击治理电信网络新型违法犯罪工作部际联席会议合成作战平台”，即“国家反诈中心”，各级“反诈中心”也应运而生，集“打、防、管、控、宣”为一体，对以电信网络诈骗为代表的新型违法犯罪全面开展专业研判，实行“侦查、研判、指挥”一体化，组织全国整体作战，实施规模化、精准化打击，在打击、防范、治理跨区域犯罪和新型网络犯罪工作中发挥了中枢和引领作用。一方面，国务院公安部门要充分发挥国务院部际联席会议对打击治理工作的牵头把总、系统推进的作用，协调指导各成员单位注重源头治理、综合治理。要分别会同金融、电信、网信部门等在其监管领域内建立统一的预警劝阻系统，有条件的，建立覆盖全行业、全领域、全要素的预警劝阻系统，根据预警发现潜在被害人，并相应开展形式多样、富有成效的劝阻工作。另一方面，国务院公安部门要组织各级公安机关充分发挥自身职能，建立健全统一的预警劝阻系统，依托系统发现潜在被害人，并相应开展劝阻工作。

2. 关于行业主管部门的预警劝阻职责规定。本条和本法第三十一条具有对应关系，技术反制和预警劝阻既互相紧密联系，又有目标导向的不同。金融、电信、网信部门等要充分履行打击治理电信网络诈骗犯罪的职责，组织电信业务经营者、互联网服务提供者、银行业金融机构、非银行支付机构等建立预警劝阻系统，对预警发现的潜在被害人，根据自身权限和能力开展相应劝阻工作。

第二，对电信网络诈骗案件应当加强追赃挽损，完善涉案资金处置制度，及时返还被害人的合法财产。

一是本条重申和细化了刑法、刑事诉讼法的有关规定。刑法第二百六十六条规定：“诈骗公私财物，数额较大的，处三年以下有期徒刑、拘役或者管制，并处或者单处罚金；数额巨大或者有其他严重情节的，处三年以上十年以下有期徒刑，并处罚金；数额特别巨大或者有其他特别严重情节的，处十年以上有期徒刑或者无期徒刑，并处罚金或者没收财产。本法另有规定的，依照规定。”第六十四条规定：“犯罪分子违法所得的一切财物，应当予以追缴或者责令退赔；对被害人的合法财产，应当及时返还；违禁品和供犯罪所用的本人财物，应当予以没收。没收的财物和罚金，一律上缴国库，不得挪用和自行处理。”同时还在相关司法解释中进一步对追赃挽损进行了明确。为了保证刑法的正确实施，惩罚犯罪、保护人民财产权益，刑事诉讼法规定了包括办理电信网络诈骗犯罪的刑事案件在内的所有刑事案件应共同遵守的刑事诉讼制度，如刑事诉讼法第一百零一条规定：“被害人由于被告人的犯罪行为而遭受物质损失的，在刑事诉讼过程中，有权提起附带民事诉讼。被害人死亡或者丧失行为能力的，被害人的法定代理人、近亲属有权提起附带民事诉讼。”“如果是国家财产、集体财产遭受损失的，人民检察院在提起公诉的时候，可以提起附带民事诉讼。”同时，在一些司法解释中进一步作出规定，如《最高人民法院关于刑事裁判涉财产部分执行的若干规定》第十三条第一款规定，被执行人在执行中同时承担刑事责任、民事责任，其财产不足以支付的，按照下列顺序执行：（1）人身损害赔偿中的医疗费用；（2）退赔被害人的损失；（3）其他民事债务；（4）罚金；（5）没收财产。因此，当被执行人应同时承担刑事责任与民事责任的情况下，涉案财产执行顺位：先“退赔被害人的损失”，后“偿还其他民事债务”，等等。这些规定对于追赃挽损、返还被害人合法财产均作出了一些明确。

二是对完善涉案资金处置作出了法律授权和规范。在涉案资金处置方面有一些部门规章，如《中国人民银行、工业和信息化部、公安部、工商总局关于建立电信网络新型违法犯罪涉案账户紧急止付和快速冻结机制的通知》《中国银监会、公安部关于印发电信网络新型违法犯罪案件冻结资金返还若干规定的通知》《银行业金融机构协助人民检察院公安机关国家安全机关查询冻结工作规定》，对于追赃挽损、涉案资金处置、返还被害人合法财产作出了较为详细的规定，但法律位阶较低，因此本法对此进行了法律授权。相应的规范，由有权机关共同制定。针对电信诈骗、网络诈骗案件日益增多，严重威胁人民群众财产安全等情况，中共中央办公厅、国务院办公厅于2015年1月24日联合下发《关于进一步规范刑事诉讼涉案财物处置工作的意见》第八条规定："提高查询、冻结、划扣工作效率。规定办案单位依法需要查询、冻结或划扣涉案款项的，金融机构等相关单位应当予以协助，并探索建立统一的专门查询机制，建立涉案账户紧急止付制度，完善集中查询、冻结和定期续冻制度。"第九条规定，"对审判时尚未追缴到案或者尚未足额退赔的违法所得，人民法院应当判决继续追缴或者责令退赔，并由人民法院负责执行，人民检察院、公安机关、国家安全机关、司法行政机关等应当予以配合"。为解决办理此类案件中，涉案账户查询难、冻结难、划扣难问题非常突出，影响执法办案顺利进行，不利于保护当事人合法权益提出了具体要求，有必要对其进行法律授权和规范。

第三，对遭受重大生活困难的被害人，符合国家有关救助条件的，有关方面依照规定给予救助。本条规定为原则性规定，不规定具体要求和法律责任。此处的救助包括但不限于国家司法救助、社会救助等。如，2015年12月7日，中央政法委联合财政部、最高人民法院、最高人民检察院、公安部和司法部颁布《关于建立完善国家司法救助制度的意见（试行）》规定"符合以下条件的刑事被害人可以申请刑事司法救助：……4. 刑事案件被害人受到犯罪侵害，致使财产遭受重大损失，因案件无法侦破造成生活困难的；或者因加害人死亡或者没有赔偿能力，无法经过诉讼及时获得赔偿，造成生活困难的；……"通过法律授权，由有权机关对"重大生活困难"的界定标准以及作出救助决定进行明确规定，对此，本法没有过于限制。在有条件的情况下，还可以通过建立电信网络诈骗受害者救助国家基金会，对于涉案资金长期冻结，难以查证资金来源和受害人，经向社会公示仍无法处置的，经批准纳入救助基金，对因被诈骗陷入升学、就医、养老，以及其他生活重大困难的，予以救助。

【实践中应注意的问题】

在该条的理解适用中，应当注意以下几个方面的问题：

第一，各有关单位应当履职尽责，充分发挥预警劝阻系统的效能。要建立健全统筹协调、分工负责、协同配合和动态管理机制，防止由于履行职责不到位、职责不明晰、工作不推动，使得预警劝阻系统各行其是，甚至没有建立预警劝阻系统，造成发现不行、劝阻不能，使潜在被害人成为现实被害人，对此应当要有配套的激励和惩治措施。

第二，资金处置制度要适应犯罪手段变化不断完善。对于权属明确的、具备返还条件的，公安机关要应返尽返，努力为群众追赃挽损，实现法律效果和社会效果的有机统一。对于犯罪嫌疑人、被告人的犯罪所得的追缴、退赔，减少被害人的财产损失；实践中资金处置问题较为突出的无主资金冻结、返还和大量涉外贸商户资金的处置方式，各有权部门都要出台具有指导性、操作性的意见，切实为人民群众追赃挽损。对于善意取得可能的资金要谨慎冻结，排除犯罪可能的要及时解除扣押、冻结，防止侵犯公民、法人、组织财产权益的事实的发生。还涉及与境外执法机构等的涉案资金查控、冻结和返还，有赖于跨境警务网上协作平台、资金处置平台等的建立，提高我国对电信网络诈骗案件跨境抓捕嫌疑人和追缴资金的打击力度。

第三，被害人救助制度的进一步完善。本法对于被害人救助的具体方式、重大生活困难的范围仅作了原则性规定，需要根据实践经验进一步总结。要充分运用司法救助、社会救助等途径为有重大生活困难的电信网络诈骗犯罪被害人提供必要救助，防止次生伤害的形成。

【典型案例】

案例1：2022年3月28日，山西省忻州市公安局反诈中心接到预警指令：高女士疑似遭到电信网络诈骗。经了解，高女士接到自称是某银行客服的电话，说高女士的银行账户出现问题，随后高女士在与对方的聊天中透露了自己所有的银行卡信息和存款。由于诈骗分子一直在与受害人通话，导致民警一直无法联系到高女士。民警迅速研判，找到了高女士的父亲，让他尽快联系高女士。高女士看到她父亲发来的微信后挂掉了对方的电话。随后民警立即联系高女士，通过耐心劝阻，高女士终于意识到自己正在遭遇电信网络诈骗。由于研判准确、劝阻及时，成功避免被骗。

案例2：2022年1月5日，山西太原某企业负责人王先生来到某银行，声称公司于2021年12月27日办理了一笔21.6万英镑（折合人民币180多万）的境外汇款，但是对方截至目前仍未收到汇款，希望工作人员能帮忙进行查询。银行工作人员通过与王先生交谈得知，在汇款前对方收款人及账号突然变更。工作人员怀疑该企业遭遇电信网络诈骗，提醒负责人到对方公司所在地香港实地查询。经公安机关与银行迅速止损，成功避免180多万元被骗。

案例3：2022年4月20日，太原刘女士接到冒充“快手”购物客服理赔的陌生电话，谎称其曾在“快手”平台购买产品，因“快手”总部失误操作，将刘女士办理为代理业务，现为其取消代理业务，办理相应的回执单，并将电话转接到银行处理。随后诈骗分子要求刘女士给指定账户转入4.2元，3秒后退回4.2元，以此获取信任。其后又告知刘女士再转3000元，并告知刘女士随后会有96110来电，请不用接听96110电话。刘女士随即拨打96110（显示太原市反诈骗中心）核实，劝阻人员告知其对方是诈骗，并向其普及相关诈骗手段和反诈知识。在此期间，刘女士又接到诈骗分子电话，均未相信，最后成功劝阻。

案例4：2022年3月8日，家住德安县河东乡上畈村的黄某在浏览网页过程中，被推送的“低投入、低风险、高回报”诈骗广告所引诱，在手机上安装了一涉诈软件，投入几百元后有收益，正准备加大投入大干一场。德安县公安局反诈中心接到上级的预警信息，黄某存在重大被骗风险。根据《德安县电信网络诈骗犯罪潜在被害人预警劝阻工作规范》要求，反诈中心立即将该信息反馈至河东派出所，由河东派出所先对黄某进行电话劝阻，并将该信息反馈至河东乡政府。同时，由派出所民警、乡镇干部、村组干部等组成的联合劝阻小组找到黄某，对其进行见面劝阻。黄某刚开始还不以为然，坚持自己不会被骗，联合小组成员以发生过的诈骗案为例，详细分析该网站的诈骗伎俩，再以案例截图、诈骗特点截图等对黄某进行电信诈骗防范宣传，经过耐心细致地工作，黄某意识到自己是遭遇了电信诈骗，并对联合劝阻小组认真、负责的预警劝阻表示感谢。

案例5：位于江苏省常熟市的中来光伏新材股份有限公司，将反诈宣传列入企业日常运营之中，组建覆盖公司核心部门、全部工作岗位的反诈小组，形成日常宣传、排查隐患、及时预警、问题追踪、精准劝阻等流程的全链条反诈体系，至今没有发生一起电诈案件。“公司以‘中来无诈、我不被诈’为目标，动员全体职工及其家属开展防诈骗活动，为企业发展壮大夯实基础。”中来公司安环部经理葛世权说。

案例6：2019年以来，宾阳县法院开展涉电信网络诈骗犯罪追赃追罚挽损专项工作，把已立案执行的追赃追罚案件未到案被执行人列为重点关注对象，前往监狱敦促被告人主动退出赃款和缴纳罚金，再次对尚在监狱服刑但并未履行缴纳罚金、退赃退赔义务的人员，以及虽刑满释放但仍未履行缴纳、退赃退赔义务的被执行人进行释法析理，完成对重点乡镇的重点人员查人找物清查工作，并加大对电信网络诈骗犯罪案件被执行人财产的处置力度，确保专项执行工作取得新成效。执行法官通过电话、短信、微信等“不见面”的联系方式，多次与张某某家人进行沟通，释法析理。经过执行法官的努力，2020年2月25日上午，张某某的家人主动联系法官，代其还在服刑的儿子向法院缴纳罚金18万元。

案例7：24岁的王某某是太原市晋源区检察院办理的某电信诈骗犯罪案的被害人，2021年1月因网络贷款被诈骗13.5万元，最终选择跳楼自杀。经过现场认真了解和细致核实，被害人家庭有重大生活困难，符合司法救助的条件，后对其进行了司法救助。

【相关规定】

刑法第六十四条、第二百六十六条；刑事诉讼法第一百零一条；中共中央办公厅、国务院办公厅《关于进一步规范刑事诉讼涉案财物处置工作的意见》第八条、第九条；《中央政法委、财政部、最高人民法院、最高人民检察院、公安部、司法部关于建立完善国家司法救助制度的意见（试行）》；《最高人民法院关于刑事裁判涉财产部分执行的若干规定》第十三条；《中国人民银行、工业和信息化部、公安部、工商总局关于建立电信网络新型违法犯罪涉案账户紧急止付和快速冻结机制的通知》；《中国银监会、公安部关于印发电信网络新型违法犯罪案件冻结资金返还若干规定的通知》；《银行业金融机构协助人民检察院公安机关国家安全机关查询冻结工作规定》。

第三十五条　经国务院反电信网络诈骗工作机制决定或者批准，公安、金融、电信等部门对电信网络诈骗活动严重的特定地区，可以依照国家有关规定采取必要的临时风险防范措施。

【条文主旨】本条是关于特定风险防范措施的规定。

【立法宗旨和背景】

（一）起草背景

近年来，国内产生了一批电信网络诈骗活动严重的特定地区，各自形成较为稳定的犯罪手法特征。陆续出现了如河北省丰宁县（冒充黑社会电话诈骗）、江西省余干县（重金求子诈骗）、福建省龙岩市新罗区（网络购物诈骗）、广东省茂名市电白区（假冒熟人和领导电话诈骗）等为代表的地域性职业诈骗犯罪群体，其产生的原因与政府监管的缺位不无关系，这些地区大多属于经济相对落后、管理较为薄弱的地区，一些地区的初中生流失率达3%以上。相关特定地区的地域化类型犯罪现象与时代背景、地区经济差异和犯罪手段传播的特点等因素密切相关。在经济发展的同时，这些地区的文化、法制、道德水平、体制机制等相对落后于经济发展，导致一些社会问题的发展，也使得犯罪形态发生了变化。在一些地区、一些领域、一些群体中道德价值评判让渡于“金钱至上”“投机主义”“急功近利”等，特别是一些人很小就辍学外出务工、经商，学习、翻新、升级从台湾、福建沿海传入的电信诈骗犯罪手法，纷纷走上违法犯罪道路。并随着电信网络电信诈骗犯罪的发展，多人合伙扮演不同角色，在犯罪过程中相互配合，由以家庭成员为单位的犯罪构成模式逐渐演变为以村镇、以籍贯为纽带的规模化、职业化犯罪模式，基于地缘、血缘、亲缘关系组成的犯罪团伙相互学习、模仿，一些地区成为电信网络诈骗的“犯罪输出”特定地区。

随着电信网络诈骗技术手段的升级、翻新，还出现了开办手机卡、银行卡较多的地区和开办“两卡”人员较为集中的地区，比如某些学校、乡村、社区，出现全员式集中开卡、买卖卡等情况，形成了新的“犯罪输入”特定地区；还有一些地区因为边境口岸较多、交通便利等不同原因，成为“两卡”被邮寄或者被携带出境的特定地区。

2015 年起，国务院打击治理电信网络新型违法犯罪工作部际联席会议办公室点名挂牌电信诈骗重点地区，开展打击地域性诈骗犯罪群体“拔钉子”行动，要求“上述地方党委、政府要加强领导，组织联合工作组进驻重点乡村，深入开展摸排清理教育帮扶等工作，彻底铲除犯罪源头。当地公安机关要立足本地，主动作为，广辟各类违法犯罪线索，集中经营，集中打击。各地公安机关要按照对应侦办工作机制和诈骗案件取证指引的要求，全力予以配合。工业和信息化部及中国电信、中国联通、中国移动，要对广西宾阳有线宽带虚假登记以及‘黑卡’泛滥问题、广东电白诈骗团伙持有外地手机漫游本地作案问题、海南儋州诈骗团伙使用的‘400’捆绑电话溯源问题，组织开展专项整治，对非实名登记、登记地与使用地不一致的手机、线路一律予以关停”。并实行摘牌、再挂牌机制，至今，全国共有 18 个电信网络诈骗挂牌重点整治地区。一些地区借鉴挂牌重点整治模式，对辖区内电信网络诈骗窝点集中、黑灰产泛滥、行业问题突出的重点地域实施红黄牌警告和挂牌整治制度，堵塞监管漏洞、消除安全隐患，取得了较为明显的成效，电信网络诈骗犯罪的蔓延态势得到了有效遏制。

在临时风险防范措施上，公安机关会同金融、电信等部门，积极落实行业治理责任，采取多种有效措施打击治理。如 2019 年 10 月，公安部刑侦局发布官方消息，决定自当年 10 月 14 日起，对缅北部分电信网络诈骗活动严重区域的 QQ、微信、POS 机等社交和支付账户采取封停措施。2020 年 12 月 14 日，广东省公安厅与广东省通信管理局联合通报，两部门将 2873 名涉嫌电信网络诈骗犯罪人员、涉案号码实名登记人员列为不良信用通信用户实施惩戒，其名下所有手机号码、网卡等通信业务一律先行全部关停。依据《广东省防范打击电信网络诈骗不良信用通信用户惩戒办法》，基础电信企业和移动转售企业对不良信用通信用户名下的所有手机号码、固话号码、无线上网卡和物联网卡等通信业务一律先行全部关停，被关停后未经公安机关许可不得恢复，5 年内不得为其办理通信产品新入网业务。经省或地级以上市公安机关批准，不良信用通信用户可向本地电信企业申请复通并只允许保留一个非涉案手机或固定电话号码。在部际联席会议机制框架下，有关部门和单位积极落实行业治理责任，对诈骗窝点集中、“黑灰产”泛滥、行业问题突出的重点地域实施红黄牌警告和挂牌整治制度，着力堵塞监管漏洞、消除安全隐患，一些重点地区面貌大为改观。注重从源头上遏制电信诈骗高发态势，深入推进打击违法 1069 短信平台、非法网络推广团伙、涉诈 App 技术开发违法犯罪等集群战役，精准打击为诈骗团伙传播犯罪手法、提供技术支持和协助转账洗钱的黑灰产业，查处相关犯罪嫌疑人十多万名。

有鉴于此，本法对此作出明确规定：一是授权由国务院反电信网络诈骗工作机制决定或者批准，而不是由其他层级的反电信网络诈骗工作机制决定或者批准，既体现法律的严苛性，又体现法律的规范性，防止措施被滥用，形成重点地区遍地皆是的场景。二是明确金融、电信等部门的反电信网络诈骗的工作职责，即对于电信网络诈骗活动严重的特定地区，可以依照国家有关规定采取必要的临时风险措施。

本条规定有利于使公安、金融、电信等部门联动配合，充分调动各相关单位的积极性、主动性和能动性，摸排、梳理出电信网络诈骗犯罪严重的特定地区，将临时风险防范措施落实到具体的日常工作中，使反电信网络诈骗工作深入基层。

（二）审议中各方面的意见（包括起草阶段和三次审议期间各方面提出的意见）、争议的问题以及修改的情况

1. 反电信网络诈骗法草案第二十九条规定："经国务院打击治理电信网络诈骗工作机制决定或者批准，国家金融、通信、互联网行业主管部门和公安部门对电信网络诈骗活动严重的特定地区，可以采取相应的风险防范措施。"

在起草阶段、审议和征求意见过程中，有的委员建议，加入信用黑名单、违法禁业机制、举报奖励等三项风险防范措施。有的委员提出，建议对防诈骗重点人群，特别是独居老人等群体的防诈骗工作，作出有针对性的规定。

2. 草案二次审议稿第三十三条规定："经国务院反电信网络诈骗工作机制决定或者批准，电信、金融、公安等部门对电信网络诈骗活动严重的特定地区，可以采取相应的风险防范措施。"

根据各方面的意见，草案二次审议稿对草案作了修改，根据各方面意

见，进一步规范有关表述：将“打击治理电信网络诈骗”修改为“反电信网络诈骗”；删除了“互联网行业主管部门”；经国务院机制办决定后，地方有关主管部门可实施，删去原稿“国家”，并由草案一次审议稿第二十九条调整为草案二次审议稿第三十三条。

在审议、征求意见和通过前评估过程中，公安部提出，“相应的风险防范措施”具体内容不明确，建议在本法中明确列出风险防范措施的内容。司法部提出，草案总则第六条第一款赋予国务院反电信网络诈骗工作机制的职责是“统筹协调”，而草案第三十三条、第三十四条规定国务院反电信网络诈骗工作机制认定电信网络诈骗活动严重的特定地区，决定或者批准有关部门采取风险防范措施，这些职权似已超出“统筹协调”范畴。建议对草案第三十三条、第三十四条赋予国务院反电信网络诈骗工作机制的职责权限作进一步研究论证。全国人大常委会法工委在福建座谈时，厦门市公安局建议在本条中增加规定，“对电信网络诈骗活动严重的特定人员，也可以采取相应的风险防范措施”，便于公安机关对国务院打击治理电信网络诈骗工作机制决定或者批准的特定人员（含涉诈的外籍人员和中国籍公民）采取相应的风险防范措施。同时，建议增加规定，明确公安部、国家移民管理局会同有关部门建立关于电信网络诈骗人员“可能危害国家安全和利益”“在境外从事正当活动”的认定机制及惩戒标准。

3. 草案三次审议稿第三十四条规定：“经国务院反电信网络诈骗工作机制决定或者批准，公安、金融、电信等部门对电信网络诈骗活动严重的特定地区，可以依照国家有关规定采取必要的临时风险防范措施。”

根据各方面的意见，草案三次审议稿对草案二次审议稿作了以下修改：一是增加了“依照国家有关规定”的规定。二是调整了相关部门的先后顺序。并由草案二次审议稿第三十三条调整为草案三次审议稿第三十四条。

【条文释义】

本款包含以下几个方面的内容：

第一，是特定地区的认定。一是由国务院反电信网络诈骗工作机制决定或者批准，而不是由省级及省级以下反电信网络诈骗工作机制决定或者批准，这既是为了防止擅自、任意界定“特定地区”，造成泛滥，对该地区的经济、社会发展带来不利影响；也是为了更加明确反电信网络诈骗工作机制相关部门的职责，在充分汇总数据的基础上实事求是地进行特定地区的认定。二是应当是电信网络诈骗活动严重的特定地区。既包括实施电信网络诈骗违法犯罪的嫌疑人员居多的地区，也包括被害人居多的地区；既包括诈骗活动发生频率较高、数量较多的地区，也包括累计诈骗数额较高的地区。这样的规定，是为了进一步有效防范电信网络诈骗犯罪的发生，消除其发生的土壤。这里的特定地区与行政区域没有必然关系，而是电信网络诈骗活动严重的特定区域，确定时应尽量精准到特定区域范围，而非笼统的一个县、市等，防止扩大化和非必要性。

第二，是临时防范措施的实施。一是有权实施的机关是公安、金融、电信等部门。公安机关作为反电信网络诈骗工作的主要部门，其职责分工更是贯穿反电信网络诈骗工作中从预警劝阻、防范宣传、技术反制、数据挖掘、资金查控、应对处置以及国际合作、保障措施等各个环节的诸多方面。公安机关根据刑事诉讼法等的规定，还承担电信网络诈骗违法犯罪的侦查职责。金融、电信等部门要根据法定的权限和程序行使职权，共同做好反电信网络诈骗工作。二是依照国家有关规定实施。在分工明确的基础上，以上相关部门要根据工作分工，实行工作责任制，要形成各司其职、分工明确、失职追责的责任制度。相关部门要按照任务分工，对号入座，按照国家规定实施特定地区认定工作，采取临时风险防范措施。这里的“依照国家有关规定”主要是指依照与反电信网络诈骗工作有关的法律、法规和其他规范性文件，如网络安全法、《计算机信息网络国际联网安全保护管理办法》、《最高人民法院、最高人民检察院、公安部关于办理电信网络诈骗等刑事案件适用法律若干问题的意见》和《最高人民法院、最高人民检察院、公安部关于办理电信网络诈骗等刑事案件适用法律若干问题的意见（二）》等。三是采取的是必要的临时风险防范措施。可以在特定地区、特定时间采取包含但不限于如降 G、限网等互联网、通信、边境管控等风险防范措施。

【实践中应注意的问题】

在该条的理解适用中，应当注意以下几个方面的问题：

1. 特定地区的认定层级较为分散。特定地区只能由国务院反电信网络诈骗机制批准或者决定，其他部门、机构均不能批准或者决定。省级及以下反电信网络诈骗机制也不能批准或者决定。

2. 临时风险防范措施的实施较为宽泛。临时风险防范措施应当经过严格审批，确有采取的必要，采取的一项或多项措施应当遵守比例原则，非必要不实施，相关措施也是临时性的。

【相关规定】

国际刑事司法协助法；网络安全法；《全国人民代表大会事务委员会关于加强网络信息保护的决定》；无线电管理条例；《最高人民法院、最高人民检察院、公安部关于办理电信网络诈骗等刑事案件适用法律若干问题的意见》；《最高人民法院、最高人民检察院关于办理侵犯公民个人信息刑事案件适用法律若干问题的解释》；《工业和信息化部关于进一步防范和打击通讯信息诈骗工作的实施意见》；《工业和信息化部关于纵深推进防范打击通讯信息诈骗工作的通知》；《最高人民法院、最高人民检察院、公安部、工业和信息化部、中国人民银行关于依法严厉打击惩戒治理非法买卖电话卡银行卡违法犯罪活动的通告》。

第三十六条　对前往电信网络诈骗活动严重地区的人员，出境活动存在重大涉电信网络诈骗活动嫌疑的，移民管理机构可以决定不准其出境。

因从事电信网络诈骗活动受过刑事处罚的人员，设区的市级以上公安机关可以根据犯罪情况和预防再犯罪的需要，决定自处罚完毕之日起六个月至三年以内不准其出境，并通知移民管理机构执行。

【条文主旨】本条是关于对涉诈重点人员采取限制出境措施的规定。

【立法宗旨和背景】

（一）起草背景

电信网络诈骗犯罪严重侵害人民群众财产安全和其他合法权益，严重破坏社会诚信，严重影响人民群众安全感和社会和谐稳定，社会危害性大，人民群众反映强烈。当前，随着信息技术快速发展，以电信网络诈骗为代表的新型犯罪逐渐成为主流犯罪，在世界各国迅猛增长，跨境诈骗窝点快速增长，呈现出多行业支撑、产业化分布、集团化运作、精细化分工等跨境有组织犯罪特征，成为国际性治理难题。有关数据显示，针对我国公民实施的电信网络诈骗犯罪80%来源于境外，这对加大防范打击力度，切实维护人民群众切身利益，提出了许多新的要求。我国始终高度重视打击治理电信网络诈骗犯罪工作，坚持严厉打击电信网络诈骗犯罪，坚决遏制此类案件的高发多发势头。近年来，我国积极克服疫情影响，多措并举立足境内打击境外，加大力度开展针对性管控，在出入境证件签发、边防检查等环节采取严密措施，持续强化边境物防技防建设，全力切断境外诈骗犯罪集团从境内招募人员的链条，最大限度挤压境外诈骗分子生存空间。从实践情况看，境外诈骗集团仍未放弃对我国公民实施犯罪的企图，境外诈骗窝点组织招募人员赴境外作案依然猖獗，亟须健全相关出境防范机制，进一步完善法律制度，为更有力、有效地打击电信网络诈骗犯罪提供坚实保障。

（二）审议中各方面的意见

1. 草案一审稿对本条未作规定。草案一次审议稿审议期间，有委员建议，在立法中增加有关人员不准出境的规定，明确强化对电信网络诈骗高危人员等重点人员管控；明确对电信网络诈骗前科人员实施一定时限的限制措施，进一步提高犯罪成本。目前，限制疑似涉诈人员出境的主要依据是出境入境管理法。考虑到有关法律法规在应对当前电信网络诈骗犯罪发展势头猛、现实危害大、打击治理难的迫切形势下，还存在针对性不强、预防性不够、操作性不足等薄弱环节，有必要按照急用先行的思路，总结实务中一些好的经验做法，以专项立法形式对实践急需的制度安排作出规定，突出重点，为加强打击遏制电信网络诈骗活动提供法治支撑。经反复研究修改，在二次审议稿中增加了有关规定。

2. 草案二次审议稿第三十四条规定："对来自电信网络诈骗活动严重的特定地区人员或者前往电信网络诈骗活动严重的特定地区人员，不具有合法、真实出境事由，出境活动存在重大涉诈嫌疑的，移民管理机构可以决定不准其出境。""因从事电信网络诈骗活动受到刑事处罚的人员，移民管理机构可以决定自处罚完毕之日起六个月至三年不准其出境。”“第一款规定的特定地区由国务院反电信网络诈骗工作机制认定。”

草案二次审议稿审议期间，有的委员建议，将草案二次审议稿第三十四条第一款修改为“出境活动存在重大涉诈嫌疑的人员，移民管理机构可以决定不准其出境”；同时删除本条第三款；将第二款修改为“因从事电信网络诈骗活动受到刑事处罚的人员，公安机关可以决定自处罚完毕之日起六个月至三年不准其出境，并通知移民管理机构执行”。有的委员提出，跨境执法合作难题是当前打击跨境犯罪中最普遍存在的共性问题，主要由境外执法环境决定，短期内难以发生转变，第三十四条规定很有必要；为他人实施电信网络诈骗活动提供产品、服务帮助等系诈骗犯罪的重要环节，应对其采取相应的限制出境措施。

3. 草案三次审议稿第三十六条规定：“对前往电信网络诈骗活动严重地区的人员，出境活动存在重大涉电信网络诈骗活动嫌疑的，移民管理机构可以决定不准其出境。”“因从事电信网络诈骗活动受过刑事处罚的人员，设区的市级以上公安机关可以根据犯罪情况和预防再犯罪的需要，决定自处罚完毕之日起六个月至三年以内不准其出境，并通知移民管理机构执行。”

根据各方面的意见，草案三次审议稿对草案二次审议稿作了以下修改：一是对限制出境的人员作出限定，修改限制出境人员的表述主要考虑防止出现地域歧视的情况，防止对电信网络诈骗活动严重的特定地区作出误读；二是根据实践情况修改作出决定不准出境的主体；三是有关文字表述和出境入境管理法保持一致，根据出入境管理法第七十五条，中国公民出境后非法前往其他国家或者地区被遣返的，出入境边防检查机关应当收缴其出境入境证件，出境入境证件签发机关自其被遣返之日起六个月至三年以内不予签发出境入境证件；四是删除原第三款关于特定地区由国务院反电信网络诈骗工作机制认定的规定。

（三）有关国家和地区的规定

1. 韩国《出入境管理法》规定，法务部长官可禁止符合下列各项中的任意一项的国民出境：（1）为调查犯罪案情，认为不适合出境的人；（2）正接受刑事裁判的人；（3）劳役或监禁刑期未满的人；（4）未交法务部令规定金额以上的罚款或费用的人；（5）在没有正当原因的情况下，未在交款期限内缴纳法务部令规定金额以上的国税、关税或地方税的人；（6）其他有可能危害大韩民国利益、公共安全或经济秩序的、不适合出境的人。出入境管理公务员在进行出境审查时，不能允许被禁止出境的人员出境，可按规定没收并保管被禁止出境人的护照或船员手册。

2. 加拿大护照令规定了不予签发或吊销护照的情形，包括：一是司法原因。包括涉嫌在加拿大境内或境外犯有可被公诉的罪行、判处监禁尚未执行完毕、或因此受到类似假释的处理而被禁止离开加拿大或加拿大法院的领土管辖范围的，可以拒绝签发护照，已经签发的可以撤销。二是涉嫌危害国家安全。护照令授权公共安全部可基于国家安全或防止恐怖主义的需要，在必要时可以对公民作出不签发或撤销护照的决定。三是具有其他违法行为。如存在出借护照供他人使用、编造虚假或误导性信息获得护照。四是未履行义务。如拖欠官方与遣返加拿大有关的费用，或应加拿大政府的请求在国外提供的其他领事财政援助的。五是对儿童申请护照的限制。六是其他原因。当事人在得知其护照被吊销后30天内，有权以书面形式提出撤销决定的申请。

3. 美国联邦法规规定："该部门不得签发护照，除非是用于直接返回美国的有限有效期护照，或在该部门发现存在紧急情况或人道主义原因的情况下，在任何情况下：个人使用护照或护照卡或以其他方式跨越国际边界实施潜在犯罪。"

4. 新加坡《护照法》规定，如果在发给某人新加坡护照或旅行证件后，该人可能从事危害新加坡或任何其他国家的安全，危及其他人的健康或人身安全，可能构成违反成文法律所规定的任何可能判处羁押的罪行的；或犯下了可被羁押的罪行并且是被通缉目标的人；或申请者基于作为假释或提前释放的条件或为了遵守某法律或法院的指示这些原因而不允许作国际旅行；在申办护照之前的十年内，该公民曾经被定罪为任何可被羁押的罪行，可以书面决定向该公民拒发或者撤销其已取得的新加坡护照。

5. 新西兰《护照法》规定了内政部长以国家或国际安全为由拒绝签发、取消或保留新西兰旅行证件的情形，包括对新西兰的安全或新西兰以外的国家安全构成威胁，打算从事或协助恐怖行为，扩散大规模杀伤性武器，或者任何其他为获取商业或经济利益而设计可能对新西兰造成严重经济损害的非法活动。为保障当事人权益，通常情况下注销护照应采用书面通知的方式。当事人如果对部长拒绝签发护照、收回护照的决定不服的，有权向高等法院提出上诉，高等法院所作决定为最终决定。

【条文释义】

第一款是关于移民管理机构可以决定涉诈重点人员不准出境的规定。本款是出于保护公共秩序，保障广大人民群众合法权益免受不法侵害的需要。主要包含以下几个方面的内容：一是关于“对前往电信网络诈骗活动严重地区的人员”。“前往”是指实施包括但不限于申办护照等出境入境证件、在对外开放口岸接受边防检查等出境行为；“地区”是指境外的国家或地区。二是关于“出境活动存在重大涉电信网络诈骗活动嫌疑的”，是指拟出境人员存在明显证据显示可能出境从事电信网络诈骗活动，如行为人在申办出境入境证件、接受边防检查等出境活动中存在重大反常情况，接受进一步审查仍然无法说明出境活动的合理性或合法性，涉嫌出境从事电信网络诈骗及关联犯罪的情形。三是关于“移民管理机构可以决定不准其出境”，明确了不准出境的决定主体。

第二款是关于曾被判处刑罚的涉诈重点人员在一定期限内进行出境管控的规定。本款主要基于两方面考虑：一方面，通过增加针对电信网络诈骗及关联犯罪前科人员的特殊社会管控手段，配合加大惩治力度，推动形成强大震慑、警示效应。另一方面，考虑到跨境电信网络诈骗活动入门门槛不高、违法所得较大等特点，接受矫治时间较短、融入社会程度较浅的部分前科人员容易被不法分子拉拢引诱出境再次实施犯罪的情况，设立有针对性的防控措施。本款主要包含以下几个方面的内容：一是“因从事电信网络诈骗活动受过刑事处罚的人员”，是指从事电信网络诈骗活动，经人民法院判决，处以刑事处罚的人员。刑事处罚包括主刑（管制、拘役、有期徒刑、无期徒刑和死刑）和附加刑（罚金、剥夺政治权利和没收财产）。被判处缓刑的，属于刑罚暂不执行，也属于“被判处刑罚”的情形；被判处刑罚尚未执行完毕包括尚在监狱、看守所等服刑以及社区服刑人员（包括管制、缓刑、假释、监外执行）和并处或单处罚金刑、没收财产刑尚未执行完毕等情况。二是“设区的市级以上公安机关”，明确了有权作出一定期限内不准出境决定的公安机关层级要求，确保合理审慎适用出境管控措施。三是“可以根据犯罪情况和预防再犯罪的需要”，是指决定单位将根据刑事诉讼中查明、指控、审判的有关情况，综合考虑当事人犯罪原因、悔改程度、技能掌握、守法意识等情况，从预防、教育、矫正、改造的角度采取相应措施。四是“自处罚完毕之日起六个月至三年以内不准其出境”，主要参照护照法第十四条、出境入境管理法第七十五条，有关妨害国（边）境管理犯罪人员和非法出境、非法居留、非法就业被遣返人员“六个月至三年”的不准出境期限，设置本款有关内容。五是“通知移民管理机构执行”，明确了移民管理机构和决定机关之间的法律关系。

【实践中应注意的问题】

在本条的理解适用中，应当注意以下几个方面的问题：

第一，本条规定法律后果包括了不予签发出境入境证件、不准出境。有关部门应当坚持严格规范公正文明执法，按照规定的权限和程序行使职权。

第二，本条规定的不准出境情形消失后，有关人员仍需要按照护照法、出境入境管理法等规定，依法申请办理出境入境证件，履行规定手续，经查验准许方可出境。有关部门不得无故延期或拒绝办理出境手续。

第三，有关人员对依照本条作出的不准出境决定不服的，可以依法申请行政复议或者提起行政诉讼。执法过程中，应当依法保障出境人员的知情权、参与权、监督权，提升执法权威和执法公信力。

【典型案例】

案例1：戴某等三十二人受雇用参加他人组织的针对中国公民的电信诈骗团伙，并持旅游签证出境，后被安排在境外某地从事电信诈骗活动。戴某等实施诈骗行为的方式主要有两种：其一，诈骗团伙成员每天通过互联网向全国各地发送语音包，内容是对方因涉嫌恶意透支信用卡被法院传唤，需要查询详情的就会给转接人工查询，其他成员便冒充法院工作人员接听电话，并按照话术内容告诉对方恶意透支信用卡未还钱涉嫌刑事犯罪，若对方予以否认，便帮助对方将电话转接给二线人员，由二线人员冒充公安局工作人员继续进行诈骗，诱导被害人向指定账户内转账或汇款，从而骗取被害人钱财。其二，诈骗团伙成员冒充公安局、检察院和法院等司法机关工作人员，按照话术要求，接听被害人回拨的电话，虚构被害人的信用卡因购物等被恶意透支的虚假信息，诱使对方向指定账户内转账或汇款，从而骗取被害人钱财。数月后，戴某等三十二人被当地警方抓获，同年移交我国公安机关。法院经审理认定，戴某等三十二人以非法占有为目的，利用拨打电话等电信技术手段对不特定多数人实施诈骗，构成诈骗罪；该诈骗团伙冒充公检法工作人员实施的跨国电信诈骗行为不仅损害司法机关声誉，而且严重干扰了广大群众的正常生活，故对三十二名被告人以诈骗罪分别判处二年六个月至六年不等的有期徒刑，并处罚金。

案例2：曾因从事电信诈骗犯罪被判处有期徒刑一年的王某某，在刑罚执行完毕后的两个月内，受非法利益诱惑而重操旧业，出境前往某国继续从事电信网络诈骗活动。出境后，王某某通过“杀猪盘”等方式对国内多名中国公民实施电信网络诈骗犯罪，涉案资金数十万元。案发后，王某某被当地警方抓获并遣送回国，因涉嫌从事电信诈骗犯罪被法院判处有期徒刑三年。

案例3：殷某一直找不到满意的工作，好友潘某联系上他，称其在境外某国工作轻松又赚钱，问殷某要不要一起发财，如果觉得不合适就回国，公司还给报销来回机票。在潘某的诱惑下，殷某办妥出境入境证件和机票后前往境外某国。在境外，殷某发现工作是通过电脑或手机负责充值和提现，工资还很高。逐渐地，殷某意识到不对劲，公司所谓的“正规”工作其实是电信网络诈骗。认清这一事实后，殷某申请离职回国，但公司直接限制其人身自由，并将其关在小黑屋里，且不给吃喝。殷某只好靠洗手间的自来水充饥。最后，潘某怕他饿死才找机会放了他出来。殷某回国后即被公安机关抓获。经侦查，该境外诈骗集团通过设置网络赌博平台等方式骗取他人财物，殷某所在的境外诈骗窝点属于该犯罪集团的技术后台，而前台设置在境外第三国，以此规避管控打击。犯罪分子先是在网上发广告，冒充分析师、理财顾问等身份，再通过微信、QQ 等工具，以投资理财名义诱导国内客户下载诈骗 App，引导他们充值、投注，赢得蝇头小利骗取信任，待充值金额越来越大时就不予提现甚至失联，骗取用户钱财。目前，案件正在进一步侦办中。

案例4：林某听说“有一个去境外某国工作的机会，薪资不菲，机酒全包”，很是心动，遂联系到用工单位为其办好出境入境证件和机票后前往境外某国。到境外某国的公司后，他负责管理陈某和金某，他们二人擅长编程，也是听说“有一个去境外某国做App编程与维护的高薪工作”才来的。但林某三人工作数日后才发现，所谓的App维护工作就是修改开发虚拟币App和直播App，而App中对应的虚拟币、K线图等均是可以后台操作的，App的提现功能也需要后台操作，只要对应的后台服务器关闭，用户永远无法提现成功。林某等人了解有关情况后，知晓该公司可能从事违法犯罪活动，但为了“万元高薪”，仍按照该公司要求编辑源代码，为网络诈骗犯罪活动使用。两个月后，国内警方接到受害人报案称，在某虚拟币App上被以投资比特币或者炒股等方式诈骗共计114万余元。经侦查，该App正是林某等人在境外某国负责编写维护的网络诈骗工具。犯罪分子先是通过直播平台引流，诱导用户下载App，然后通过后台操纵K线图刺激用户在平台投资，最后关闭后台提现功能骗取用户钱财。林某等人回国后被公安机关抓获。检察院认为，林某等人明知他人利用信息网络实施犯罪，仍伙同他人提供技术帮助，情节严重，以帮助信息网络犯罪活动罪提起公诉，法院采纳了检察院公诉意见，依法作出判决。

案例5：张某在网上被一则待遇优厚的境外销售工作招聘信息吸引。主动取得联系后，张某办理出境入境证件前往境外某国应聘。不料，张某到达该公司后，随即被限制人身自由，护照、通信工具等个人物品也被扣下。无奈之下，张某只好接受公司安排，在持武器严密看管的人员监视下实施网络诈骗活动，使用不同的微信号在多个“工作群”编造、宣传各种网投暴富言论，欺骗他人“入网”。某日，张某趁看守不备，从公司所在的7楼顺管道爬下逃离，经大使馆协助才得以安全回国。

【相关规定】

出境入境管理法第十二条、第七十五条；护照法第十三条、第十四条。

第三十七条　国务院公安部门等会同外交部门加强国际执法司法合作，

与有关国家、地区、国际组织建立有效合作机制，通过开展国际警务合作等方式，提升在信息交流、调查取证、侦查抓捕、追赃挽损等方面的合作水平，有效打击遏制跨境电信网络诈骗活动。

【条文主旨】本条是关于反电信网络诈骗国际合作的规定。

【立法宗旨和背景】

（一）起草背景

近年来，随着境内打击力度不断加大，大批电信网络诈骗犯罪窝点加速向境外转移。据统计，境外窝点作案已占全部电信网络诈骗犯罪案件的80%以上，犯罪窝点主要分布在缅甸、柬埔寨、菲律宾、马来西亚、越南等东南亚国家以及阿联酋、土耳其等西亚国家。诈骗集团组织严密、分工明确，呈现出多行业支撑、产业化分布、集团化运作、精细化分工、跨境式布局等跨国有组织犯罪特征，打着高薪招聘的幌子，诱骗招募涉世未深的年轻人赴境外参与诈骗窝点。目前，境外有大量犯罪团伙对我国内群众实施电信网络诈骗活动，有的群众被骗得倾家荡产，有的企业被骗得停工破产，广大人民群众对此深恶痛绝；诈骗团伙通过虚拟币交易、贸易对敲等方式，将大量诈骗资金转移至境外，严重危害经济安全；大量犯罪团伙聚集在境外实施诈骗活动，严重影响我国国家形象。

中国警方高度重视打击以电信网络诈骗为代表的新型跨国犯罪，坚持主动出击，持续加强跨国合作，打击成效明显。2011年“310”专案，公安部组织福建等地公安机关赴柬埔寨、印度尼西亚，一举抓获嫌疑人598名，是截至目前出境战果最大的一次；2016年以来，中国和西班牙警方联合开展“长城行动”，抓获并引渡回中国229名犯罪嫌疑人，有力震慑了跨国诈骗犯罪集团；公安部先后派出工作组赴葡萄牙、奥地利、拉脱维亚、柬埔寨、马来西亚、菲律宾、泰国等国家和地区开展联合打击，捣毁一大批电信网络诈骗犯罪窝点，查处一大批诈骗犯罪嫌疑人，有力打击了跨境电信网络诈骗犯罪集团的嚣张气焰。

虽然联合打击工作取得明显成效，但是当前电信网络诈骗犯罪形势依然严峻，跨国联合执法合作中仍存在一些问题。如：各国启动侦查程序时需要多次商讨研究，大大增加了侦查办案的周期，也影响了办案成效；公安机关调取境外证据的需求大量增加，传统国际刑事司法协助模式无法适应打击新型网络犯罪的需要；各国之间法律制度不同，不少证据的规格与我方存在较大差异，影响证据效力。因此，亟须与有关国家、地区、国际组织加强交流合作，建立更为有效的合作机制，共同推进打击跨境电信网络诈骗犯罪工作。

（二）审议中各方面的意见

1. 反电信网络诈骗法草案第三十条规定："国家外交、公安等部门积极稳妥推进国际执法司法合作，与有关国家和地区建立快速联络工作机制，共同推进跨境电信网络诈骗犯罪打击。"

起草阶段，反电信网络诈骗法草案规定："国家外交、公安等部门积极稳妥推进国际执法合作，与有关国家和地区建立快速联络工作机制。推动境外电信网络诈骗犯罪问题突出的国家和地区对相关犯罪的惩治。"起草时，本条主要针对缅北诈骗等境外诈骗打击治理的情况，要求有关方面加强执法合作，推动外交合作，形成国家间打击治理电信网络诈骗合力。

征求意见过程中，有的地方和部门反映，跨境电信网络诈骗犯罪打击有诸多难点。一是跨境执法难度大。跨境电诈属于"两头在外"，即涉诈人员在境外，受害人在外地，给案件侦查工作带来很大难度。在国际刑事司法协助方面，跨境犯罪取证难、抓捕难、追赃难，建议在国家层面加强国际司法协作。二是取证和证据合法性认定难。有的地方提出，境外电信网络诈骗窝点使用的设备均在境外，我国警方侦查时很难将设备带回，从事电信网络诈骗的人员在回国时不携带任何设备，同时设备中电子记录实时清除，很难固定。司法机关无法调取电子银行全项信息，难以对犯罪分子使用的转账工具所在的网络环境准确定位。三是办案成本较高。各地普遍反映，跨境电信网络诈骗案件在获取线索、取证、审讯等方面投入的人力、物力和技术成本较高。而由于证据合法性和证明标准等问题，抓获的电信网络诈骗人员进入诉讼程序的比重在不同诉讼阶段层层缩减，有的案件存在打击不力的情况。此外，受疫情影响，对境外偷渡人员需先行隔离 14 天，其间给嫌疑人提供应对审讯的准备时间，增加了审讯难度。

2. 2021 年 10 月 20 日下午，十三届全国人大常委会第三十一次会议对反电信网络诈骗法草案进行了审议。反电信网络诈骗法草案第三十五条规定：“国务院公安部门等会同外交部门积极稳妥推进国际执法司法合作，与有关国家和地区建立有效合作机制，共同推进跨境电信网络诈骗犯罪打击治理。”

根据各方面的意见，草案二次审议稿对草案作了以下修改：一是将有关主管部门作为建立机制的主责部门；二是吸收部门意见建立有效合作机制。

征求意见过程中，有的常委会委员建议，在“国际执法司法合作”后增加“和交流”；将“国务院公安部门等”修改为“国家公安、司法等部门”；在“国务院公安部门等”后增加“主管部门”；将“积极稳妥推进”改为“加强”；在“有关国家和地区”后增加“国际组织”；在“推进国际执法司法合作”后增加规定“通过诉讼程序和其他方式，最大限度地追回受害单位和个人的财产”。有的部门建议，加强跨境执法司法合作，对国际刑事司法协助、跨境执法、取证、案件管辖等进一步明确。目前，电信网络诈骗违法犯罪行为通常跨省、跨境，不仅成本大、取证难，各地执法司法会产生交织和冲突，国内各部门协作机制和跨境国际司法协助缺少细化的规定。有的部门提出，一些新情况不断出现，部分诈骗分子开始转用境外运营服务商，批量使用缅甸、泰国、英国等境外和港澳地区电话卡或卫星电话，采集涉诈域名网址，技术反制难度加大。

3. 2022 年 8 月 30 日下午，十三届全国人大常委会第三十六次会议对反电信网络诈骗法草案进行了三次审议。有的委员提出，增加与国际组织的合作，提高在信息交流等方面的合作水平。根据各方面的意见，草案三次审议稿第三十七条规定：“国务院公安部门等会同外交部门加强国际执法司法合作，与有关国家、地区、国际组织建立有效合作机制，通过开展国际警务合作等方式，提升在信息交流、调查取证、侦查抓捕、追赃挽损等方面的合作水平，有效打击遏制跨境电信网络诈骗活动。”

（三）有关国家和地区的规定

1. 欧洲委员会《网络犯罪公约》第三章“国际合作”共三节。第一节中规定了“国际合作的一般原则”“与引渡有关的原则”“与互助有关的一般原则”，以及在没有适用国际协议的情况下与互助请求有关的程序。在第二节中作了具体规定：关于临时措施的互助，包括加快保存已存储的计算机数据、加快公开保存的交通数据、关于访问存储的计算机数据的互助、经同意或在公开可用的情况下跨境访问存储的计算机数据，一方可以未经另一方授权而公开访问（公开源）存储的计算机数据，而不管数据在地理上的位置；或者，如果该缔约方获得了具有合法授权通过该计算机系统向该缔约方披露数据的人的合法和自愿同意，则可以通过其领土内的计算机系统访问或接收位于另一缔约方的存储的计算机数据。第二节还规定了关于实时收集交通数据的互助、关于内容数据拦截的互助。第三节中规定了“24×7 网络”：“每一缔约方应指定每天二十四小时，每周七天提供的联系点，以确保为与计算机系统和计算机相关的刑事犯罪的调查或诉讼提供即时协助数据，或以电子形式收集刑事犯罪证据。”

2. 《联合国打击跨国有组织犯罪公约》对打击跨国有组织犯罪的国际执法司法合作作出规定，如第十九条联合调查，第二十一条刑事诉讼的移交，第二十六条加强与执法当局合作的措施，第二十七条执法合作，第二十八条收集、交流和分析关于有组织犯罪的性质的资料，第二十九条培训和技术援助。

【条文释义】

本条包含以下几个方面的内容：

第一，目前跨境电信网络诈骗犯罪，主要包括犯罪嫌疑人、犯罪窝点等位于境外，或相关网络服务器、通信设备、转账洗钱等部分犯罪环节发生在境外的电信网络诈骗犯罪。

第二，打击跨境电信网络诈骗犯罪的责任主体包括公安部、司法部、外交部等。公安部是组织牵头部门；司法部等对外联系机关负责提出、接收和转递刑事司法协助请求，处理其他与国际刑事司法协助相关的事务；外交部负责联系引渡等工作，指导使领馆与外方开展交流，包括向外方提出联合执法合作请求，传递双方警务合作需求等。

第三，根据刑法、刑事诉讼法、国际刑事司法协助法、《公安机关办理刑事案件程序规定》和《公安部刑事案件管辖分工规定》等规定，打击跨境电信网络诈骗犯罪工作由公安部、外交部等部门统筹开展。地方各级公安机关在公安部的统筹下，按照相关法律程序组织出境打击，包括调取境外证据、联合缉捕、引渡、遣返、追赃等。

第四，打击跨境电信网络诈骗犯罪国际执法司法合作机制，包括制定、缔结有关国际性条约或者协议，制定犯罪情报收集交换、联合调查取证、联合缉捕、涉案财物追赃等工作机制。

第五，国际条约和国内法律是开展国际刑事司法合作及打击跨境电信网络诈骗犯罪的国际法基础和国内法基础。公安部、司法部、外交部等部门，在涉外法治体系建设、联合执法司法等领域，充分发挥专业职能，共同开展国际执法司法合作。

【典型案例】

案例1：2016年6月至12月，郭×瑝纠集吴×桦等28人，在西班牙马德里市组建诈骗团伙，利用电信网络技术手段对中国公民进行语音群呼，冒充国内公检法等机关工作人员，虚构被害人涉嫌犯罪事实，以需要接受审查、资产保全等为名，先后骗取吴某、孙某等14名被害人钱款共计人民币617万余元。我国警方充分利用国际执法合作渠道，协调西班牙警方将郭×瑝等29名嫌疑人羁押，并陆续引渡回国，向我国移交相关证据材料。

案例2：2015年6月至2016年4月，张×闵等52人先后在印度尼西亚、肯尼亚参与电信网络诈骗犯罪活动，对我国公民实施诈骗。在实施电信网络诈骗过程中，张×闵等人分工合作，利用电信网络技术手段对我国内公民进行语音群呼，称"有快递未签收""护照签证即将过期，将被限制出境管制""身份信息可能遭泄露"，冒充公检法工作人员，诱骗被害人转账、汇款至指定账户，达到骗取钱财的目的。经查，张×闵等人通过上述诈骗手段骗取75名被害人钱款，累计人民币2300余万元。

【相关规定】

刑法第九条；刑事诉讼法第十八条、第二百九十二条；国际刑事司法协助法第九条、第十条、第二十五条、第二十六条、第三十九条、第四十条、第四十一条、第六十八条；引渡法第四十七条至第五十一条；网络安全法第三十七条；个人信息保护法第三十八条至第四十三条；反洗钱法第二十七条至第二十九条；《公安机关办理刑事案件程序规定》第十三条、第三百五十七条至第三百七十三条、第三百七十四条至第三百八十四条；《最高人民法院关于适用〈中华人民共和国刑事诉讼法〉的解释》第四百九十一条至第四百九十六条；《最高人民法院、最高人民检察院、公安部关于办理电信网络诈骗等刑事案件适用法律若干问题的意见》第六条；《最高人民法院、最高人民检察院、公安部关于办理电信网络诈骗等刑事案件适用法律若干问题的意见（二）》第十四条。

第六章 法律责任

第三十八条 组织、策划、实施、参与电信网络诈骗活动或者为电信网络诈骗活动提供帮助，构成犯罪的，依法追究刑事责任。

前款行为尚不构成犯罪的，由公安机关处十日以上十五日以下拘留；没收违法所得，处违法所得一倍以上十倍以下罚款，没有违法所得或者违法所得不足一万元的，处十万元以下罚款。

【条文主旨】本条是关于组织、策划、实施、参与电信网络诈骗活动以及为其提供帮助，构成犯罪的，依法追究刑事责任，尚不构成犯罪的，给予治安管理处罚的规定。

【立法宗旨和背景】

（一）起草背景

近年来，电信网络诈骗犯罪活动形势严峻，在刑事犯罪案件中占据很大的比重，严重危害人民群众利益和社会和谐稳定。犯罪分子利用新型电信网络技术手段，钻管理上的漏洞，利用非法获取个人信息、网络黑灰产业交易等实施精准诈骗，组织化、链条化运作，跨境跨地域实施，严重危害人民群众获得感、幸福感、安全感。电信网络诈骗犯罪已经成为当前发案最高、损失最大、群众反响最强烈的突出犯罪，对于组织、策划、实施、参与电信网络诈骗活动，以及为电信网络诈骗活动提供帮助的，应当依法追究法律责任，对构成犯罪的，依法追究刑事责任。本条有关规定与刑法衔接，对于组织、策划、实施、参与电信网络诈骗活动及为其提供帮助的，明确应当按照刑法规定追究刑事责任，是贯彻落实党中央决策部署的重要举措，是坚持依法治国的重要内容，体现了国家坚决打击遏制电信网络诈骗犯罪的决心。

同时，作为一种快速发展的新型网络犯罪，电信网络诈骗已经呈现出团伙化、产业化的态势，电信网络诈骗犯罪链条复杂隐蔽，从电信网络诈骗的策划准备、信息获取、平台搭建、实施活动到资金转移等一系列环节，并非所有参与人员及帮助行为都会构成犯罪，对于部分情节显著轻微，尚不构成犯罪的，不追究刑事责任。但是，考虑到上述行为的社会危险性，如果完全放任不管，不利于打击电信网络诈骗违法犯罪，没有及时必要的教育和惩戒，也不利于行为人认识并改正错误，这些人也可能走上实施严重犯罪的道路。为此，本条第二款规定，对组织、策划、实施、参与电信网络诈骗以及提供帮助，尚不构成犯罪的，应当依法给予治安管理处罚。

（二）审议中各方面的意见、争议的问题以及修改的情况

1. 反电信网络诈骗法草案第三十七条规定："违反本法规定，构成犯罪的，依法追究刑事责任。""任何个人、单位实施电信网络诈骗活动，或者帮助他人实施电信网络诈骗活动的，依法追究刑事责任；尚不构成犯罪的，依法给予行政处罚。"

在审议过程中，有的提出，除了实施电信网络诈骗活动外，还应当增加"组织、策划"等行为。在征求意见过程中，有的建议将"行政处罚"修改为"治安管理处罚"，进一步明确诈骗不构成犯罪的，给予拘留等治安管理处罚。

2. 草案二次审议稿第四十三条规定："违反本法规定，构成犯罪的，依法追究刑事责任。""任何单位、个人组织、策划、实施电信网络诈骗活动的，或者为电信网络诈骗活动提供帮助的，依法追究刑事责任；尚不构成犯罪的，依法给予治安管理处罚。"

根据各方面的意见，草案二次审议稿对草案作了以下修改：一是增加组织、策划电信网络诈骗的行为；二是将"帮助他人实施"改为"为电信网络诈骗活动提供帮助的"；三是将"行政处罚"改为"治安管理处罚"。

在征求意见和审议过程中，有的意见提出，二审稿第一款和第二款有重复，建议删除第一款。经研究，第一款原本是针对所有违反本法有关管理制度规定，可能构成犯罪的，明确依法追究刑事责任。但是考虑到管理制度规定中电信企业、互联网企业、银行与非金融支付机构等违反规定构成犯罪的情况不突出，即使不规定，在实践中也可以依法适用刑法有关规定追究刑事责任，因此，只保留第二款专门针对电诈分子的衔接性规定即可，可不再保

留第一款规定。

还有意见提出，要增加没收违法所得的规定，进一步明确治安管理处罚的具体内容。经研究，治安管理处罚法仅对一般性诈骗行为作出了规定，且处罚程度较轻。第四十九条规定，盗窃、诈骗、哄抢、抢夺、敲诈勒索或者故意损毁公私财物的，处五日以上十日以下拘留，可以并处五百元以下罚款；情节较重的，处十日以上十五日以下拘留，可以并处一千元以下罚款。而本法规定的电信网络诈骗行为，与一般性诈骗行为不同，其社会危害性大，严重危害人民群众利益和社会和谐稳定，因此，应当对从事电信网络诈骗活动但尚不构成犯罪的，予以专门治安管理处罚规定，没收违法所得，提高罚款额度，在经济上予以严厉处罚，斩断非法经济来源。

3. 草案三次审议稿第三十七条规定："组织、策划、实施电信网络诈骗活动的，或者为电信网络诈骗活动提供帮助的，依法追究刑事责任。""前款行为尚不构成犯罪的，由公安机关处十日以上十五日以下拘留；没收违法所得，处违法所得一倍以上十倍以下罚款，没有违法所得或者违法所得不足一万元的，处十万元以下罚款。"

根据各方面的意见，草案三次审议稿对草案二次审议稿作了以下修改：一是调整了本条位置，将本条作为第六章"法律责任"的第一条规定；二是删除了二审稿第一款规定；三是对尚不构成犯罪的治安管理处罚内容作了进一步规定。在审议过程中，对本条作了文字性调整，与刑法规定进一步衔接。

【条文释义】

本条共分两款。第一款是关于组织、策划、实施、参与电信网络诈骗活动以及为其提供帮助，构成犯罪的，依法追究刑事责任的规定。

根据本法第二条规定，本法所称电信网络诈骗，是指以非法占有为目的，利用电信网络技术手段，通过远程、非接触等方式，诈骗公私财物的行为。所谓"组织"，是指电信网络诈骗活动的组织者、领导者、首要分子所进行的纠集行为。行为人在组织过程中采取的手段具有多样性，包括招募、雇佣、强迫、威胁、勾引、收买等多种手段，既包括将本来就有意愿从事电信网络诈骗的人员纠合起来，也包括采用威逼利诱等手段聚集人员实施电信网络诈骗活动的行为。所谓“策划”，是指对如何实施电信网络诈骗活动进行谋划的行为，如制定实施电信网络诈骗犯罪行动计划、方案，确定电信网络诈骗集团的内部分工和具体诈骗流程等。所谓“实施”，就是实际着手实施电信网络诈骗，主要是通过信息网络以虚构事实或者隐瞒真相的手段实施的诈骗行为。所谓“参与”，主要是指参与实施电信网络诈骗活动的行为。所谓“提供帮助”，是指为实施某一电信网络诈骗活动提供的一般帮助行为，通常情况下作为共同犯罪中的帮助犯，在交通、住处、费用结算、招募人员等方面提供支持。

组织、策划、实施、参与电信网络诈骗活动的，可能触犯多个刑法罪名，其中，最主要涉及的罪名就是诈骗罪。根据刑法第二百六十六条规定，诈骗公私财物，数额较大的，处三年以下有期徒刑、拘役或者管制，并处或者单处罚金；数额巨大或者有其他严重情节的，处三年以上十年以下有期徒刑，并处罚金；数额特别巨大或者有其他特别严重情节的，处十年以上有期徒刑或者无期徒刑，并处罚金或者没收财产。根据《最高人民法院、最高人民检察院关于办理诈骗刑事案件具体应用法律若干问题的解释》第二条第一款规定，诈骗公私财物达到规定的数额标准，具有利用互联网等发布虚假信息、对不特定多数人实施诈骗的情形的，可以依照刑法第二百六十六条的规定酌情从严惩处。根据《最高人民法院、最高人民检察院、公安部关于办理电信网络诈骗等刑事案件适用法律若干问题的意见》规定，利用电信网络技术手段实施诈骗，诈骗公私财物价值三千元以上、三万元以上、五十万元以上的，应当分别认定为刑法第二百六十六条诈骗罪规定的“数额较大”“数额巨大”“数额特别巨大”。

刑法第二百六十六条的规定，主要是针对广泛的诈骗活动所作出的具有普适性的定罪量刑标准。而随着互联网和信息化的发展，电信网络诈骗犯罪作为一种高发的新型诈骗犯罪，其作案手段变化快、迷惑性强、防范难度大，有组织犯罪特征明显，社会危害严重，在司法裁量和刑事政策上需要作出相应调整。因此，《最高人民法院、最高人民检察院、公安部关于办理电信网络诈骗等刑事案件适用法律若干问题的意见》规定，实施电信网络诈骗犯罪，达到相应数额标准，具有下列情形之一的，酌情从重处罚：（1）造成被害人或其近亲属自杀、死亡或者精神失常等严重后果的；（2）冒充司法机关等国家机关工作人员实施诈骗的；（3）组织、指挥电信网络诈骗犯罪团伙的；（4）在境外实施电信网络诈骗的；（5）曾因电信网络诈骗犯罪受过刑事处罚或者二年内曾因电信网络诈骗受过治安管理处罚的；（6）诈骗残疾人、老年人、未成年人、在校学生、丧失劳动能力人的财物，或者诈骗重病患者及其亲属财物的；（7）诈骗救灾、抢险、防汛、优抚、扶贫、移民、救济、医疗等款物的；（8）以赈灾、募捐等社会公益、慈善名义实施诈骗的；（9）利用电话追呼系统等技术手段严重干扰公安机关等部门工作的；（10）利用“钓鱼网站”链接、“木马”程序链接、网络渗透等隐蔽技术手段实施诈骗的。实施电信网络诈骗犯罪，诈骗数额接近“数额巨大”“数额特别巨大”的标准，具有前述十种从重情形之一的，应当分别认定为刑法第二百六十六条规定的“其他严重情节”“其他特别严重情节”。

在刑罚适用和执行过程中，《最高人民法院、最高人民检察院、公安部关于办理电信网络诈骗等刑事案件适用法律若干问题的意见》规定，对实施电信网络诈骗犯罪的被告人裁量刑罚，在确定量刑起点、基准刑时，一般应就高选择。确定宣告刑时，应当综合全案事实情节，准确把握从重、从轻量刑情节的调节幅度，保证罪责刑相适应。对实施电信网络诈骗犯罪的被告人，应当严格控制适用缓刑的范围，严格掌握适用缓刑的条件，并注重依法适用财产刑，加大经济上的惩罚力度，最大限度剥夺被告人再犯的能力。

除此之外，从事电信网络诈骗活动还可能涉及大量的关联犯罪。根据《最高人民法院、最高人民检察院、公安部关于办理电信网络诈骗等刑事案件适用法律若干问题的意见》有关规定：（1）在实施电信网络诈骗活动中，非法使用“伪基站”“黑广播”，干扰无线电通讯秩序，符合刑法第二百八十八条规定的，以扰乱无线电通讯管理秩序罪追究刑事责任。同时构成诈骗罪的，依照处罚较重的规定定罪处罚；（2）违反国家有关规定，向他人出售或者提供公民个人信息，窃取或者以其他方法非法获取公民个人信息，符合刑法第二百五十三条之一规定的，以侵犯公民个人信息罪追究刑事责任。使用非法获取的公民个人信息，实施电信网络诈骗犯罪行为，构成数罪的，应当依法予以并罚；（3）冒充国家机关工作人员实施电信网络诈骗犯罪，同时构成诈骗罪和招摇撞骗罪的，依照处罚较重的规定定罪处罚；（4）非法持有他人信用卡，没有证据证明从事电信网络诈骗犯罪活动，符合刑法第一百七十七条之一第一款第二项规定的，以妨害信用卡管理罪追究刑事责任；（5）明知是电信网络诈骗犯罪所得及其产生的收益，以各种方式予以转账、套现、取现的，依照刑法第三百一十二条第一款的规定，以掩饰、隐瞒犯罪所得、犯罪所得收益罪追究刑事责任。但有证据证明确实不知道的除外；实施上述行为，事前通谋的，以共同犯罪论处；实施上述行为，电信网络诈骗犯罪嫌疑人尚未到案或案件尚未依法裁判，但现有证据足以证明该犯罪行为确实存在的，不影响掩饰、隐瞒犯罪所得、犯罪所得收益罪的认定；实施上述行为，同时构成其他犯罪的，依照处罚较重的规定定罪处罚。法律和司法解释另有规定的除外；（6）实施刑法第二百八十七条之一、第二百八十七条之二规定之行为，构成非法利用信息网络罪、帮助信息网络犯罪活动罪，同时构成诈骗罪的，依照处罚较重的规定定罪处罚。

第二款是关于对组织、策划、实施、参与实施电信网络诈骗活动及为其提供帮助，但尚不构成犯罪的，依法给予治安管理处罚的规定。“尚不构成犯罪的”在实践中一般作如下掌握：（1）根据刑法规定，犯罪情节显著轻微，尚不构成犯罪的。如教唆、诱骗他人从事电信网络诈骗活动的，诈骗时间短、违法所得较少的，或者提供信息、物资、劳务、场所等支持帮助，情节较轻的。（2）根据刑事政策，认定情节显著轻微，不作为犯罪论处的。实践中，对于电信网络诈骗犯罪集团、犯罪团伙中的一般参加者、从犯等，特别是其中参与时间相对较短、诈骗数额相对较低或者从事辅助性工作并领取少量报酬，以及初犯、偶犯、未成年人、在校学生等，应当综合考虑其在共同犯罪中的地位作用、社会危害程度、主观恶性、人身危险性、认罪悔罪表现等情节，可以依法从轻、减轻处罚。犯罪情节轻微的，可以依法不起诉或者免予刑事处罚；情节显著轻微危害不大的，不以犯罪论处。

对第一款行为尚不构成犯罪的，依照本款规定，由公安机关处十日以上十五日以下拘留；没收违法所得，处违法所得一倍以上十倍以下罚款，没有违法所得或者违法所得不足一万元的，处十万元以下罚款。需要说明的是，本款特别作出“违法所得不足一万元”的，直接适用“处十万元以下罚款”

的规定。这样规定，就避免了轻微违法所得所受财产处罚比没有违法所得还要轻的“倒挂”情形，如仅有5000元违法所得，如果按照本款中“一倍以上十倍以下罚款”的规定，最高只能处50000元罚款，而没有违法所得的，最高可以处十万元罚款。因此，本款将“违法所得不足一万元”的，与“没有违法所得”一同适用“处十万元以下罚款”的处罚标准。

【实践中应注意的问题】

在该条的理解适用中，应当注意打击治理新形势下电信网络诈骗犯罪的现实需要。当前，电信网络诈骗犯罪呈现明显的团伙化、链条化的特征。电信网络诈骗团伙往往涉案人员较多，各层级人员皆有，地位作用各不相同。围绕电信网络诈骗犯罪，已经形成一条上中下游紧密分工、密切关联的黑灰产业链。对于不同层级、不同环节的涉案人员，应当在整个犯罪团伙、犯罪链条中全面甄别和评估其层级地位及作用大小，结合犯罪嫌疑人的认罪态度、悔罪表现、退赃退赔等情况，准确认定刑事责任，做到罪责刑相适应。

同时，注意贯彻落实宽严相济刑事政策。对电信网络诈骗犯罪集团、犯罪团伙的组织者、策划者、指挥者和骨干分子，以及利用未成年人、在校学生、老年人、残疾人实施电信网络诈骗的，依法从严惩处；对司法实践中反映比较突出的“三低”（即低龄、低学历、低收入）涉案人员，尤其是其中未成年人、在校学生等特殊群体，需要综合主客观各方面因素，充分适用认罪认罚从宽制度，依法审慎作出司法决定。

【典型案例】

基本案情：2015年11月至2016年8月，被告人陈×辉、黄×春、陈×生、郑×锋、熊×、郑×聪、陈×地等人交叉结伙，通过网络购买学生信息和公民购房信息，分别在江西省九江市和新余市、广西壮族自治区钦州市、海南省海口市等地租赁房屋作为诈骗场所，分别冒充教育局、财政局、房产局的工作人员，以发放贫困学生助学金、购房补贴为名，将高考学生作为主要诈骗对象，拨打诈骗电话2.3万余次，骗取他人钱款共计56万余元，并造成被害人徐×玉死亡。

裁判结果：本案由山东省临沂市中级人民法院一审，山东省高级人民法院二审。现已发生法律效力。法院认为，被告人陈×辉等人以非法占有为目的，结成电信诈骗犯罪团伙，冒充国家机关工作人员，虚构事实，拨打电话骗取他人钱款，其行为均构成诈骗罪。陈×辉还以非法方法获取公民个人信息，其行为又构成侵犯公民个人信息罪。陈×辉在江西省九江市、新余市的诈骗犯罪中起组织、指挥作用，系主犯。陈×辉冒充国家机关工作人员，骗取在校学生钱款，并造成被害人徐玉玉死亡，酌情从重处罚。据此，以诈骗罪、侵犯公民个人信息罪判处被告人陈×辉无期徒刑，剥夺政治权利终身，并处没收个人全部财产；以诈骗罪判处被告人郑×锋、黄×春等人十五年至三年不等有期徒刑。

典型意义：电信网络诈骗类案件近年高发多发，严重侵害人民群众的财产安全和合法权益，破坏社会诚信，影响社会的和谐稳定。山东高考考生徐某玉因家中筹措的9 000余元学费被诈骗，悲愤之下引发猝死，舆论反应强烈，对电信网络诈骗犯罪案件的打击问题再次引发了社会的广泛关注。根据《最高人民法院、最高人民检察院、公安部关于办理电信网络诈骗等刑事案件适用法律若干问题的意见》有关规定，对诈骗造成被害人自杀、死亡或者精神失常等严重后果的，冒充司法机关等国家机关工作人员实施诈骗的，组织、指挥电信网络诈骗犯罪团伙的，诈骗在校学生财物的，要酌情从重处罚。本案是适用上述意见审理的第一例大要案，在罪责刑相适应原则的前提下，对被告人陈×辉顶格判处，充分体现了对电信网络诈骗犯罪分子依法从严惩处的精神。

第三十九条　电信业务经营者违反本法规定，有下列情形之一的，由有关主管部门责令改正，情节较轻的，给予警告、通报批评，或者处五万元以上五十万元以下罚款；情节严重的，处五十万元以上五百万元以下罚款，并可以由有关主管部门责令暂停相关业务、停业整顿、吊销相关业务许可证或者吊销营业执照，对其直接负责的主管人员和其他直接责任人员，处一万元以上二十万元以下罚款：

（一）未落实国家有关规定确定的反电信网络诈骗内部控制机制的；

（二）未履行电话卡、物联网卡实名制登记职责的；

（三）未履行对电话卡、物联网卡的监测识别、监测预警和相关处置职

责的；

（四）未对物联网卡用户进行风险评估，或者未限定物联网卡的开通功能、使用场景和适用设备的；

（五）未采取措施对改号电话、虚假主叫或者具有相应功能的非法设备进行监测处置的。

【条文主旨】 本条是关于电信业务经营者具有相关情形，违反反电信网络诈骗法对其设置的相关义务和要求，由有关主管部门予以处罚的规定。

【立法宗旨和背景】

（一）起草背景

在反电信网络诈骗工作中，电信业务经营者应当承担本法规定的相关义务和要求。对于未履行法律规定的相关义务和要求的，需要承担法律责任。本条通过明确规定电信业务经营者的法律责任，推动电信业务经营者主动履职，勤勉尽责，在电信环节有效阻断电信网络诈骗，同时赋予监管部门执法监督的法律依据。

（二）审议中各方面意见

1. 反电信网络诈骗法草案第三十二条规定："电信业务经营者有下列情形之一的，由有关主管部门责令改正，根据造成的后果情况，给予警告、通报批评，或者处一万元以上十万元以下罚款；情节严重的，处十万元以上一百万元以下罚款，并可以由有关主管部门责令暂停相关业务、停业整顿、吊销相关业务许可证或者吊销营业执照，对其直接负责的主管人员和其他直接责任人员，处一万元以上二十万元以下罚款：（一）未建立健全反电信网络诈骗内控机制或者未有效落实机制，经有关主管部门提出整改要求，拒不整改的；（二）未履行电话卡、物联网卡实名制登记职责的；（三）未履行对电话卡、物联网卡的风险监测和相关处置职责的；（四）未对物联网用户进行风险评估，或者未限定物联网卡的可访问互联网协议地址、端口及适配的硬件设备的；（五）未依法采取措施对改号电话、虚假主叫或者具有相应功能的非法设备进行监测处置的。"

在起草阶段、征求意见和审议过程中，有的部门建议，将该条第一项中的"未有效落实机制"修改为"未有效落实内控机制"，同时将吊销营业执照的执法主体明确为市场监管部门。有的高校和研究机构建议，将该条法律责任的构成条件“根据造成的后果情况”修改为“可以根据情节”予以处罚；在该条列举的各项情形中均增加“依法”的规定。有的部门和地方建议，该条增加相关规定，对“未建立新业务事先风险自评估机制或机制不完善，经有关主管部门提出整改要求，拒不整改的”以及“拒不依法为查处电信网络诈骗犯罪提供支持和协助，或者未按规定移送有关犯罪线索、风险信息的”明确追究法律责任。有的地方建议增加一款规定，“对违反相关规定，不按相关规定执行，造成严重后果的个人，要依法承担刑事责任”。还有的地方建议对直接负责的主管人员和其他直接负责人员的处罚也应作出一般情况和情节严重的区分。

2. 草案二次审议稿第三十六条规定：“电信业务经营者违反本法规定，有下列情形之一的，由有关主管部门责令改正，情节较轻的，给予警告、通报批评，或者处五万元以上五十万元以下罚款；情节严重的，处五十万元以上五百万元以下罚款，并可以由有关主管部门责令暂停相关业务、停业整顿、吊销相关业务许可证或者吊销营业执照，对其直接负责的主管人员和其他直接责任人员，处一万元以上二十万元以下罚款：（一）未建立健全反电信网络诈骗内部控制机制或者未有效落实机制，经有关主管部门提出整改要求，拒不整改的；（二）未履行电话卡、物联网卡实名制登记职责的；（三）未履行对电话卡、物联网卡的监测识别、监测预警和相关处置职责的；（四）未对物联网卡用户进行风险评估，或者未限定物联网卡的开通功能、使用场景和适用设备的；（五）未采取措施对改号电话、虚假主叫或者具有相应功能的非法设备进行监测处置的。”

根据各方面的意见，草案二次审议稿对草案作了以下修改：一是在法律责任的条件部分，增加规定电信业务经营者“违反本法规定”的规定。二是将追究行政责任的门槛，由结果要件修改为情节要件，将“根据造成的后果情况”修改为“情节较轻”。三是将两档行政罚款分别由“一万元以上十万元以下”“十万元以上一百万元以下”提高到“五万元以上五十万元以下”“五十万元以上五百万元以下”。四是将草案稿第一项“内控机制”修改为“内部控制机制”。五是将草案稿第三项“风险监测”修改为“监测识别、监测预警”。六是将草案稿第四项“物联网用户”修改为“物联网卡用户”，将“未限定物联网卡的可访问互联网协议地址、端口及适配的硬件设备”修改为“未限定物联网卡的开通功能、使用场景和适用设备”。

在常委会会议审议和征求意见过程中，有的常委会组成人员提出，草案二审稿相较草案一审稿加大了对相关机构的处罚力度，但对直接负责的主管人员和其他直接负责人员的处罚没有修改，仍为一万元以上二十万元以下，建议修改为五万元以上五十万元以下。有的常委会委员建议，将该条法律责任第一档中“或者”处罚款的规定，修改为“并可以”处罚款，以加大处罚力度。有的部门提出，草案二审稿本条第一项与第三十八条关于“电信业务经营者、互联网服务提供者”法律责任第一项的规定重合，建议删去。

3. 草案三次审议稿第三十八条规定：“电信业务经营者违反本法规定，有下列情形之一的，由有关主管部门责令改正，情节较轻的，给予警告、通报批评，或者处五万元以上五十万元以下罚款；情节严重的，处五十万元以上五百万元以下罚款，并可以由有关主管部门责令暂停相关业务、停业整顿、吊销相关业务许可证或者吊销营业执照，对其直接负责的主管人员和其他直接责任人员，处一万元以上二十万元以下罚款：（一）未落实国家有关规定确定的反电信网络诈骗内部控制机制的；（二）未履行电话卡、物联网卡实名制登记职责的；（三）未履行对电话卡、物联网卡的监测识别、监测预警和相关处置职责的；（四）未对物联网卡用户进行风险评估，或者未限定物联网卡的开通功能、使用场景和适用设备的；（五）未采取措施对改号电话、虚假主叫或者具有相应功能的非法设备进行监测处置的。”

根据各方面的意见，草案三次审议稿对草案二次审议稿作了进一步修改，将第一项修改为“未落实国家有关规定确定的反电信网络诈骗内部控制机制的”应追究法律责任。草案三次审议稿同时对条文序号作了进一步调整，该条为本法第三十九条。

【条文释义】

本条规定了电信业务经营者违反本法规定的相关情形应当承担相应的法律责任。根据本条规定，法律责任主要分为两个档次。

一是当电信业务经营者出现本条列举的情形，一般性违反本法规定，由有关主管部门责令改正，并给予警告、通报批评或者罚款。这里规定的“有关主管部门”，主要是指电信业务经营者的行业主管部门，如工业和信息化部门等。

这里的“情节较轻”是指电信业务经营者违反反电信网络诈骗法律法规相关行为的违法性程度尚属轻微，并不严重，如未履行相关义务的时间不长、造成的危害和影响尚可限可控、积极主动采取措施整改较大程度弥补了漏洞等。是否属于“情节较轻”可以由有关主管部门根据事实情况综合判断。

在该档次法律责任中，有关主管部门首先要对电信业务经营者的具体违法行为“责令改正”，电信业务经营者应根据主管部门的要求和时限，对照反电信网络诈骗法等相关规定进行整改。此外，有关主管部门还可以给予“警告、通报批评或者处五万元以上五十万元以下罚款”。

这里的“警告、通报批评”属于名誉罚，由有关主管行政机关向违法的电信业务经营者发出警诫，申明其有违法行为，通过名誉、信誉、荣誉等施加市场和社会影响，促使其不再违法。具体而言，这里的“警告”是有关主管部门对有违反本法规定的电信业务经营者提出告诫，使其认识自身存在违法行为并进行改正的一种处罚。警告属于行政处罚中最轻的一种处罚，适合较为轻微的违法行为，是可以当场作出的。

“通报批评”是指有关主管部门对有违反本法规定的电信业务经营者在一定范围内通过书面批评加以谴责和告诫，指出其违法行为，避免其再犯。通报批评是面向一定范围作出的，既可以在电信行业范围内作出，使其违法行为在行业内部受到谴责，对同行经营业者以警示，也可以面向社会公开进行谴责，将具有更大的社会影响。“通报批评”相比“警告”，对电信业务经营者具有更大的社会压力和警示力度。

对于本条规定的情节较轻违法行为的处罚，有关主管部门还可以处以“五万元以上五十万元以下罚款”。需要注意的是，本条规定的警告、通报批评、行政罚款既可以单独适用，也可以按照“警告和行政罚款”“通报批评和行政罚款”的方式组合适用。具体如何适用，可以由有关主管部门根据电信业务经营者违法情节的情况作出判断。

二是当电信业务经营者出现本条列举的情形，违反本法规定，情节严重的，由有关主管部门处以罚款，并由有关主管部门责令暂停相关业务、停业整顿、吊销相关业务许可证或者吊销营业执照，同时对其单位的责任人员处以罚款。

需要注意的是，在该档次法律责任中，有关主管部门也要对电信业务经营者的具体违法行为“责令改正”，电信业务经营者应根据主管部门的要求和时限，对照反电信网络诈骗法等相关规定进行整改。此外，有关主管部门还可以给予“情节严重”档次的处罚。

这里的“情节严重”是指电信业务经营者违反反电信网络诈骗法律法规相关行为的违法性程度严重，行为恶劣，如蓄意长期不履行相关义务、故意实施相关行为规避监管、造成巨大风险和危害、给人民群众造成巨大损失、产生的风险和危害无法弥补等。是否属于“情节严重”可以由有关主管部门根据事实情况综合判断。

对于电信业务经营者的严重违法行为，本条规定了双罚制，有关主管部门对电信业务经营者处以罚款，即“五十万元以上五百万元以下罚款”；在行政罚款的基础上，还可以并处“责令暂停相关业务、停业整顿、吊销相关业务许可证或者吊销营业执照”。

这里的“责令暂停相关业务”，是限制开展生产经营活动的一种行政处罚。有关主管部门可以责令电信业务经营者在一定期限、一定业务范围、一定地域暂停部分电信业务，也包括暂停扩大和发展与该业务相关的新领域电信业务，如暂停参加政府采购、暂停参与招标活动等。暂停相关业务可以体现行政管理的精细化趋势，将电信业务经营者存在的违法行为、风险领域与其合法合规领域区分开来，准确惩治，体现过罚相当原则。“停业整顿”是要求电信业务经营者在一定期限内停止全部或者部分生产经营活动的行政处罚。停业整顿属于十分严厉的行政处罚，被处罚主体需要根据相关要求进行整顿，同时禁止生产、经营任何活动。“吊销相关业务许可证或者吊销营业执照”是指有关行政机关依法对违反反电信网络诈骗法律法规的电信业务经营者取消其取得的行政许可证件、营业资质，剥夺电信业务经营者从事某项生产经营活动、执业权利直至彻底剥夺其营业资质的行政处罚。

此外，有关主管部门还要对电信业务经营者的相关责任人员进行处罚。

这里的责任人员是“电信业务经营者直接负责的主管人员和其他直接责任人员”。根据本条规定，应对其处“一万元以上二十万元以下罚款”。

需要注意的是，对于一些处罚较重的行政处罚，根据行政处罚法第六十三条的规定，行政机关在拟作出行政处罚决定时，应当告知当事人有要求听证的权利，当事人要求听证的，行政机关应当组织听证。

本条规定了电信业务经营者违法应接受处罚的五种情形：

1. 未落实国家有关规定确定的反电信网络诈骗内部控制机制的。

本项涉及电信业务经营者未落实国家规定确定的内控机制的法律责任。该项包含两层意思：一是国家有关规定确定的反电信网络诈骗内部控制机制。根据本法第六条规定，电信业务经营者应承担风险防控责任，建立反电信网络诈骗内部控制机制和安全责任制度，加强新业务涉诈风险安全评估。本项要求的是国家规定确定的反电信网络诈骗内部控制机制，包括根据本法、个人信息保护法、电信条例等法律、行政法规、规范性文件确立的内部控制机制。电信业务经营者在国家规定确定的内控机制以外设立的其他涉及反电信网络诈骗的自行规范或者内部要求，不属于本项规定的“国家有关规定确定的反电信网络诈骗内部控制机制”的范围。二是未落实国家有关规定确定的反电信网络诈骗内部控制机制的，要承担行政处罚的法律责任。国家规定确定的反电信网络诈骗内部控制机制，如果仅停留在制度层面，尚未具体贯彻实施，或者相关机制在贯彻中“打折扣”，实际生产经营过程中基本不按照反电信网络诈骗内部控制机制进行的，会产生电信网络诈骗巨大风险，应承担行政处罚的法律责任。

2. 未履行电话卡、物联网卡实名制登记职责的。

本项涉及电信业务经营者未履行对电话卡、物联网卡的实名制登记的法律责任。本法第九条规定，电信业务经营者应当依法全面落实电话用户真实身份信息登记制度。基础电信企业和移动通信转售企业应当承担对代理商落实电话实名制管理责任，在协议中明确代理商实名制登记的责任和有关违约处置措施。第十二条规定，电信业务经营者要严格登记物联网卡用户身份信息，采取有效技术措施限定物联网卡开通功能、使用场景和适用设备。单位用户从电信业务经营者购买物联网卡再将载有物联网卡的设备销售给其他用户的，应当核验和登记用户身份信息，并将销量、存量及用户实名信息传送给号码归属的电信业务经营者。根据本法上述规定，电信业务经营者未能落实电话用户真实身份信息登记、物联网卡实名制登记的，根据本项规定对其予以处罚。

3. 未履行对电话卡、物联网卡的监测识别、监测预警和相关处置职责的。

本项涉及电信业务经营者未履行对电话卡、物联网卡的监测识别、监测预警和处置的法律责任。本法第十条规定，办理电话卡不得超出国家有关规定限制的数量。对经识别存在异常办卡情形的，电信业务经营者有权加强核查或者拒绝办卡。第十一条规定，电信业务经营者对监测识别的涉诈异常电话卡用户应当重新进行实名核验，根据风险等级采取有区别的、相应的核验措施。对未按规定核验或者核验未通过的，电信业务经营者可以限制、暂停有关电话卡功能。第十二条规定，电信业务经营者对物联网卡的使用建立监测预警机制。对存在异常使用情形的，应当采取暂停服务、重新核验身份和使用场景或者其他合同约定的处置措施。基于本法上述规定，电信业务经营者未就用户办理电话卡数量实施总数统计、上限限制，未对检测识别的涉诈异常电话卡进行重新实名核验、提高风险等级核验等进一步预警和处置措施，对异常使用的物联网卡未采取暂停服务、重新核验身份和使用场景或者其他处置措施的，根据本项规定对其予以处罚。

4. 未对物联网卡用户进行风险评估，或者未限定物联网卡的开通功能、使用场景和适用设备的。

本项涉及电信业务经营者未对物联网卡用户进行风险评估以及未对物联网卡进行反电信网络诈骗的技术管控的法律责任。本法第十二条规定，电信业务经营者建立物联网卡用户风险评估制度，评估未通过的，不得向其销售物联网卡；采取有效技术措施限定物联网卡开通功能、使用场景和适用设备。本项规定的法律责任有两层意思：一是针对实践中电信网络诈骗分子利用物联网卡进行诈骗的行为，需要电信业务经营者通过风险控制的方式，主动识别和评估物联网卡会被用于电信网络诈骗的可能性，如果未经评估或者严格评估就销售物联网卡，或者评估未通过但无视风险继续销售物联网卡的，都属于物联网卡用户风险评估制度失效，电信业务经营者应当承担法律责任。二是电信业务经营者应在技术上限定物联网卡开通功能、使用场景和适用设备，一旦发现物联网卡的使用超出了限定的功能、场景和设备，应依法通过技术手段阻断物联网卡使用。电信业务经营者如果未依法在技术上有效限制物联网卡的使用功能、场景和范围的，应当承担法律责任。

5. 未采取措施对改号电话、虚假主叫或者具有相应功能的非法设备进行监测处置的。

本项涉及电信业务经营者未采取检测处置措施应对改号电话、虚假主叫或者具有相应功能的非法设备的法律责任。本法第十三条规定，电信业务经营者应当规范真实主叫号码传送和电信线路出租，对改号电话进行封堵拦截和溯源核查。电信业务经营者应当严格规范国际通信业务出入口局主叫号码传送，真实、准确向用户提示来电号码所属国家或者地区，对网内和网间虚假主叫、不规范主叫进行识别、拦截。第十四条规定，电信业务经营者应采取技术措施，及时识别、阻断具有改变主叫号码、虚拟拨号等功能的设备、软件。根据本项规定，电信业务经营者如果未采取相应技术措施对改号电话、虚假主叫或者具有相应功能的非法设备进行识别、检测并进行封堵、拦截、阻断、溯源核查的，应当承担法律责任。

【实践中应注意的问题】

实践中，电信网络诈骗犯罪随着信息技术的发展，犯罪手段在不断迭代更新。诈骗分子利用人工智能、智能群呼设备等新技术新设备，躲避拦截封堵。“猫池”设备、GOIP 设备等技术工具被犯罪分子大量运用，利用呼叫转移等新手法逃避系统监测的对抗持续不断。其他新型违法犯罪工具和作案平台也层出不穷。在此情况下，电信业务经营者的有些传统处置方式已经无法满足工作要求，以技术对抗技术将成为新常态。电信业务经营者一方面需要在防欺诈模型的自我研发上满足时效性的要求，另一方面也需要及时根据监管部门的指导和要求，积极回应电信网络诈骗的新动态，统筹各方面力量形成完整防护链，实现反电信网络诈骗犯罪综合治理的效果。

第四十条　银行业金融机构、非银行支付机构违反本法规定，有下列情形之一的，由有关主管部门责令改正，情节较轻的，给予警告、通报批评，或者处五万元以上五十万元以下罚款；情节严重的，处五十万元以上五百万元以下罚款，并可以由有关主管部门责令停止新增业务、缩减业务类型或者业务范围、暂停相关业务、停业整顿、吊销相关业务许可证或者吊销营业执照，对其直接负责的主管人员和其他直接责任人员，处一万元以上二十万元以下罚款：

（一）未落实国家有关规定确定的反电信网络诈骗内部控制机制的；

（二）未履行尽职调查义务和有关风险管理措施的；

（三）未履行对异常账户、可疑交易的风险监测和相关处置义务的；

（四）未按照规定完整、准确传输有关交易信息的。

【条文主旨】本条是关于银行业金融机构、非银行支付机构具有相关情形，违反反电信网络诈骗法对其设置的相关义务和要求，由有关主管部门予以处罚的规定。

【立法宗旨和背景】

（一）起草背景

在反电信网络诈骗工作中，核心环节是控制涉诈资金的转移、支付。银行业金融机构、非银行支付机构应当承担本法规定的相关义务和要求。对于未履行法律规定的相关义务和要求的，需要承担法律责任。本条通过明确规定银行业金融机构、非银行支付机构的法律责任，推动银行业金融机构、非银行支付机构主动履职，勤勉尽责，在资金转移、支付环节有效阻断电信网络诈骗，同时赋予监管部门执法监督的法律依据。

（二）审议中各方面意见

1. 反电信网络诈骗法草案第三十三条规定："银行业金融机构、非银行支付机构有下列情形之一的，由有关主管部门责令改正，根据造成的后果情况，给予警告、通报批评，或者处一万元以上十万元以下罚款；情节严重的，处十万元以上一百万元以下罚款，并可以由有关主管部门责令暂停相关业务、停业整顿、吊销相关业务许可证或者吊销营业执照，对其直接负责的主管人员和其他直接责任人员，处一万元以上二十万元以下罚款：（一）未建立健全反电信网络诈骗内控机制或者未有效落实机制，经有关主管部门提出整改要求，拒不整改的；（二）未履行尽职调查义务和有关风险管理措施的；（三）未履行对异常账户、可疑交易的风险监测和相关处置义务的。”

在起草阶段、征求意见常委会会议审议过程中，有些部门和地方建议，对非银行支付机构从事或参与电信网络诈骗活动的行为可以作出“停止新增业务、缩减业务类型或业务范围、禁止相关责任人员从业”的处罚，相关处罚应由行业主管部门作出。有的部门建议将本条中“有关主管部门”明确修改为“分别由国务院银行业监督管理机构及其派出机构、中国人民银行及其分支机构”；有的部门建议将吊销营业执照的执法主体明确为市场监管部门。有的部门建议，本条规定的银行业金融机构、非银行支付机构未履行风险监测、管理、处置等义务的法律责任，与反洗钱法第六章法律责任等有关规定做好衔接。有的部门建议，将该条第一项中的“未有效落实机制”修改为“未有效落实内控机制”。有的部门建议增加一项规定，“拒不为查处电信网络诈骗犯罪提供支持或协助，或者未按规定移送有关线索、风险信息的”，应予以处罚。有的地方建议增加一项规定，“不配合公安机关进行紧急止付、快速冻结、资金返还的”，与一审稿草案第十七条规定的义务予以对应，或者规定为“未建立紧急止付、快速冻结、资金返还制度，公安部门责令整改后拒不整改的”，应予以处罚。有的部门建议，增加规定“对于银行业金融机构已勤勉尽责、积极履行自身反电信网络诈骗责任的，应当合理免除追究责任”；对于发生违法情形的金融机构，责任人员应不仅限于“直接负责的主管人员和其他责任人员”，参照反洗钱法，将范围界定为“对直接负责的董事、高级管理人员和其他直接责任人员”。

2. 草案二次审议稿第三十七条规定：“银行业金融机构、非银行支付机构违反本法规定，有下列情形之一的，由有关主管部门责令改正，情节较轻的，给予警告、通报批评，或者处五万元以上五十万元以下罚款；情节严重的，处五十万元以上五百万元以下罚款，并可以由有关主管部门责令停止新增业务、缩减业务类型或者业务范围、暂停相关业务、停业整顿、吊销相关业务许可证或者吊销营业执照，对其直接负责的主管人员和其他直接责任人员，处一万元以上二十万元以下罚款：（一）未建立健全反电信网络诈骗内部控制机制或者未有效落实机制，经有关主管部门提出整改要求，拒不整改的；（二）未履行尽职调查义务和有关风险管理措施的；（三）未履行对异常账户、可疑交易的风险监测和相关处置义务的；（四）未按照规定完整、准确传输有关交易信息的。”

根据各方面的意见，草案二次审议稿对草案作了以下修改：一是在法律责任的条件部分，增加规定银行业金融机构、非银行支付机构“违反本法规定”的规定。二是将追究行政责任的门槛，由结果要件修改为情节要件，将“根据造成的后果情况”修改为“情节较轻”。三是将两档行政罚款分别由“一万元以上十万元以下”“十万元以上一百万元以下”提高到“五万元以上五十万元以下”“五十万元以上五百万元以下”。四是将草案稿第一项“内控机制”修改为“内部控制机制”。五是增加一项作为第四项“未按照规定完整、准确传输有关交易信息的”应承担法律责任。

在常委会会议审议和征求意见过程中，有的常委会组成人员提出，草案二审稿相较草案一审稿加大了对相关机构的处罚力度，但对直接负责的主管人员和其他直接负责人员的处罚没有修改，仍为一万元以上二十万元以下，建议修改为五万元以上五十万元以下。有的常委会委员建议，将该条法律责任第一档中“或者”处罚款的规定，修改为“并可以”处罚款，以加大处罚力度。有的地方和部门提出，本条第二项“有关风险管理措施”与第三项“未履行对异常账户、可疑交易的风险检测和相关处置义务”的含义存在重合，建议删去第二项中“有关风险管理措施”的规定，并增加兜底性规定。有的互联网企业提出，本条第四项“未按照规定完整、准确传输有关交易信息的”，要予以行政处罚，建议增加结果要件，即“未按照规定完整、准确传输有关交易信息，造成涉诈案件资金链无法追溯的”，给予行政处罚。还有的地方和部门提出，实践中，中国人民银行已经对交易信息透传作了明确规定，但是执行中仍需要考虑相关主体执行的现实能力，建议在设置法律责任时，规定有关主管部门责令改正后，拒不改正的，再予以处罚，更为妥当。

3. 草案三次审议稿第三十九条规定：“银行业金融机构、非银行支付机构违反本法规定，有下列情形之一的，由有关主管部门责令改正，情节较轻的，给予警告、通报批评，或者处五万元以上五十万元以下罚款；情节严重的，处五十万元以上五百万元以下罚款，并可以由有关主管部门责令停止新增业务、缩减业务类型或者业务范围、暂停相关业务、停业整顿、吊销相关业务许可证或者吊销营业执照，对其直接负责的主管人员和其他直接责任人员，处一万元以上二十万元以下罚款：（一）未落实国家有关规定确定的反电信网络诈骗内部控制机制的；（二）未履行尽职调查义务和有关风险管理措施的；（三）未履行对异常账户、可疑交易的风险监测和相关处置义务的；（四）未按照规定完整、准确传输有关交易信息的。”

根据各方面的意见，草案三次审议稿对草案二次审议稿作了以下修改：一是，将二次审议稿第一项修改为“未落实国家有关规定确定的反电信网络诈骗内部控制机制”；二是，将二次审议稿第二项修改为“未履行尽职调查义务和有关风险管理措施的”应予以处罚。

在常委会会议审议过程中，本条的条文序号作了进一步调整，由第三十九条变为第四十条。

【条文释义】

本条规定了银行业金融机构、非银行支付机构违反本法规定的相关情形应当承担相应的法律责任。根据本条规定，法律责任主要分为两个档次。

一是当银行业金融机构、非银行支付机构出现本条列举的情形，一般性违反本法规定，由有关主管部门责令改正，对于情节较轻的违法行为，由有关主管部门给予警告、通报批评或者罚款。这里规定的“有关主管部门”，主要是银行业金融机构、非银行支付机构的行业主管部门，包括人民银行、银行保险监督管理委员会等。

这里的“情节较轻”是指银行业金融机构、非银行支付机构违反反电信网络诈骗法律法规相关行为的违法性程度尚属轻微，并不严重，如未履行相关义务的时间不长、造成的危害和影响尚可限可控、积极主动采取措施整改较大程度上弥补了漏洞等。是否属于“情节较轻”可以由有关主管部门根据事实情况综合判断。

在该档次法律责任中，有关主管部门首先要对银行业金融机构、非银行支付机构的具体违法行为“责令改正”，银行业金融机构、非银行支付机构应根据主管部门的要求和时限，对照反电信网络诈骗法和相关行政法规的规定进行整改。此外，有关主管部门还可以给予“警告、通报批评或者处五万元以上五十万元以下罚款。”关于“警告、通报批评、罚款”的行政处罚方式，可详见本法第三十九条释义的内容。需要注意的是，本条规定的警告、通报批评、行政罚款既可以单独适用，也可以按照“警告和行政罚款”“通报批评和行政罚款”的方式组合适用。具体如何适用，可以由有关主管部门根据银行业金融机构、非银行支付机构违法情节的情况作出判断。

二是当银行业金融机构、非银行支付机构出现本条列举的情形，违反本法规定，情节严重的，由有关主管部门处以罚款，并由有关主管部门责令暂停相关业务、停业整顿、吊销相关业务许可证或者吊销营业执照，同时对其单位的责任人员处以罚款。

需要注意的是，在该档次法律责任中，有关主管部门也要对银行业金融机构、非银行支付机构的具体违法行为“责令改正”，银行业金融机构、非银行支付机构应根据主管部门的要求和时限，对照反电信网络诈骗法等相关规定进行整改。此外，有关主管部门还可以给予“情节严重”档次的处罚。

这里的“情节严重”是指银行业金融机构、非银行支付机构违反反电信网络诈骗法律法规相关行为的违法性程度严重，行为恶劣，如蓄意长期不履行相关义务、故意实施相关行为规避监管、造成巨大风险和危害、给人民群众造成巨大损失、产生的风险和危害无法弥补等。是否属于“情节严重”可以由有关主管部门根据事实情况综合判断。

对于银行业金融机构、非银行支付机构的严重违法行为，本条规定了双罚制，有关主管部门对银行业金融机构、非银行支付机构处以罚款，即“五十万元以上五百万元以下罚款”；在行政罚款的基础上，还可以并处“责令停止新增业务、缩减业务类型或者业务范围、暂停相关业务、停业整顿、吊销相关业务许可证或者吊销营业执照”。

这里的“责令停止新增业务、缩减业务类型”，是限制开展生产经营活动的一种行政处罚。有关主管部门可以责令具体的银行业金融机构、非银行支付机构在一定期限、一定业务范围、一定地域暂停新增业务或者将原有业务缩减，包括暂停原业务牌照的可续展审批、暂停新用户申请、停止新业务审批申报、取消相关类型种类业务、暂停相关类型业务的办理、将业务类型办理权限提级管理、取消代理权限等。“暂停相关业务、停业整顿、吊销相关业务许可证或者吊销营业执照”的行政处罚方式，可详见本法第三十九条释义的内容。此外，有关主管部门还要对银行业金融机构、非银行支付机构的相关责任人员进行处罚。这里的责任人员是“银行业金融机构、非银行支付机构直接负责的主管人员和其他直接责任人员”。根据本条规定，应对其处“一万元以上二十万元以下罚款”。

需要注意的是，对于处罚较重的行政处罚，根据行政处罚法第六十三条的规定，行政机关在拟作出行政处罚决定时，应当告知当事人有要求听证的权利，当事人要求听证的，行政机关应当组织听证。

本条规定了银行业金融机构、非银行支付机构违法应接受处罚的四种情形：

1. 未落实国家有关规定确定的反电信网络诈骗内部控制机制的。

本项涉及银行业金融机构、非银行支付机构未落实国家规定确定的内控机制的法律责任。该项包含两层意思：一是国家有关规定确定的反电信网络诈骗内部控制机制。根据本法第六条规定，银行业金融机构、非银行支付机构应承担风险防控责任，建立反电信网络诈骗内部控制机制和安全责任制度，加强新业务涉诈风险安全评估。本项要求的是国家规定确定的反电信网络诈骗内部控制机制，包括根据本法、中国人民银行法、商业银行法、银行业监督管理法、反洗钱法、个人信息保护法等法律、行政法规、规范性文件等确立的内部控制机制。国家层面在现行金融监管机制的基础上增加了反电信网络诈骗的目标任务，是要求银行业金融机构、非银行支付机构内部统一建立国家规定确定的专门反电信网络诈骗的长效机制。如果是银行业金融机构、非银行支付机构在国家规定确定的内控机制以外设立的其他涉及反电信网络诈骗的自行规范或者内部要求，不属于本项规定的“国家有关规定确定的反电信网络诈骗内部控制机制”的范围。二是未落实国家有关规定确定的反电信网络诈骗内部控制机制的，要承担行政处罚的法律责任。国家规定确定的反电信网络诈骗内部控制机制，如果仅停留在制度层面，尚未具体贯彻实施，或者相关机制在贯彻中“打折扣”，实际生产经营过程中基本不按照反电信网络诈骗内部控制机制进行的，会产生电信网络诈骗巨大风险，应承担行政处罚的法律责任。

2. 未履行尽职调查义务和有关风险管理措施的。

本项涉及银行业金融机构、非银行支付机构未履行本法规定的尽职调查义务和有关风险管理措施的法律责任。本法第十五条规定，银行业金融机构、非银行支付机构为客户开立银行账户、支付账户及提供支付结算服务，和与客户业务关系存续期间，应当建立客户尽职调查制度，依法识别受益所有人，采取相应风险管理措施，防范银行账户、支付账户等被用于电信网络诈骗活动。此外，本法对银行业金融机构、非银行支付机构还规定了一些防范、制止、惩治电信网络诈骗行为的风险管理措施，比如本法第二十条规定，银行业金融机构、非银行支付机构应配合国务院公安部门会同有关部门建立的涉案资金即时查询、紧急止付、快速冻结、及时解冻和资金返还相关制度的工作。第三十五条规定，经国务院反电信网络诈骗工作机制决定或者批准，公安、金融、电信等部门对电信网络诈骗活动严重的特定地区，可以采取相应的风险防范措施。基于此，银行业金融机构、非银行支付机构未履行尽职调查义务和有关风险管理措施的，应予以处罚。

3. 未履行对异常账户、可疑交易的风险监测和相关处置义务的。

本项涉及银行业金融机构、非银行支付机构未履行本法规定的对异常账户、可疑交易的风险监测和相关处置义务的法律责任。本法第十六条规定，开立银行账户、支付账户不得超出国家有关规定限制的数量。对经识别存在异常开户情形的，银行业金融机构、非银行支付机构有权加强核查或者拒绝开户。银行业金融机构、非银行支付机构应当按照国家有关规定提供开户情况和有关风险信息。第十七条规定，银行业金融机构、非银行支付机构应当建立开立企业账户异常情形的风险防控机制。第十八条规定，银行业金融机构、非银行支付机构应当对银行账户、支付账户及支付结算服务加强监测，建立完善符合电信网络诈骗活动特征的异常账户和可疑交易监测机制。对监测识别的异常账户和可疑交易，银行业金融机构、非银行支付机构应当根据风险情况，采取核实交易情况、重新核验身份、延迟支付结算、限制或者中止有关业务等必要的防范措施。基于此，银行业金融机构、非银行支付机构未履行对异常账户、可疑交易的风险监测和相关处置义务的，应根据本项规定，予以处罚。

4. 未按照规定完整、准确传输有关交易信息的。

本项涉及银行业金融机构、非银行支付机构未完整、准确传输有关交易信息的法律责任。本法第十九条规定，银行业金融机构、非银行支付机构应当按照国家有关规定，完整、准确传输直接提供商品或者服务的商户名称、收付款客户名称及账号等交易信息，保证交易信息的真实、完整和支付全流程中的一致性。违反上述规定，不利于银行业金融机构、非银行支付机构完整彻底地执行尽职调查，对相关信息进行回溯和追踪，准确识别可疑交易，并在金融交易阶段及时对有电信诈骗风险的行为采取相关措施，有效防范和惩治电信网络诈骗。此外，交易信息不完整，也不利于公安机关等有关部门侦查、取证、打击电信网络诈骗，不利于对犯罪被害人的追赃挽损，使关于防范和惩治电信网络诈骗的相关举措无法发挥效果，有处罚的必要性。对于银行业金融机构、非银行支付机构未按照规定完整、准确传输有关交易信息的，应根据本项规定予以处罚。

【实践中应注意的问题】

该条主要涉及银行业金融机构、非银行支付机构违反本法关于反电信网络诈骗相关义务的法律责任，其中不少涉及既违反本法，又违反反洗钱法相关规定和义务，也应按照反洗钱法追究法律责任的问题，需要注意实践中如何处罚。

对于该问题，有三个层面的解决方式。一是关于罚款。行政处罚法第二十九条规定，对当事人的同一个违法行为，不得给予两次以上罚款的行政处罚。同一违法行为违反多个法律规范应当给予罚款处罚的，按照罚款数额高的规定处罚。二是如果同一行为同时触犯不同立法目的的法律，同时涉及罚款以外的不同种行政处罚的，比如名誉罚、资格罚等，因属于不同立法目的设置的处罚，行政机关可以叠加适用。如行政机关对单位作出停业整顿的处罚，同时另一行政机关对其作出取消相关责任人员任职资格的处罚。三是如果同一性质的行为，涉及同一行政执法主体，对既违反特别法，又违反一般法的行为，要根据行政处罚规则具体判断。目前方式是，特别法优于一般法。如本法第四十九条规定："反电信网络诈骗工作涉及的有关管理和责任制度，本法没有规定的，适用《中华人民共和国网络安全法》、《中华人民共和国个人信息保护法》、《中华人民共和国反洗钱法》等相关法律规定。"考虑到反洗钱法尚未修改，如果相关违反反洗钱义务的行为在反电信网络诈骗活动中有明确的法律责任的，应依照从新原则，按照反电信网络诈骗法的规定处罚。在一般的基础性法律修改后，涉及新修改的一般法和旧的特别法如何适用的问题。一般而言，应认为新修改的一般法已经统筹考虑到了旧的特别法的相关规定，在同一性质的行为规定存在既可以适用一般法，也可以适用特别法进行处罚，而且两部法律的法律责任存在差异的情况下，不能简单以特别法优于一般法的规则处理。

第四十一条　电信业务经营者、互联网服务提供者违反本法规定，有下列情形之一的，由有关主管部门责令改正，情节较轻的，给予警告、通报批评，或者处五万元以上五十万元以下罚款；情节严重的，处五十万元以上五百万元以下罚款，并可以由有关主管部门责令暂停相关业务、停业整顿、关闭网站或者应用程序、吊销相关业务许可证或者吊销营业执照，对其直接负责的主管人员和其他直接责任人员，处一万元以上二十万元以下罚款：

（一）未落实国家有关规定确定的反电信网络诈骗内部控制机制的；

（二）未履行网络服务实名制职责，或者未对涉案、涉诈电话卡关联注册互联网账号进行核验的；

（三）未按照国家有关规定，核验域名注册、解析信息和互联网协议地址的真实性、准确性，规范域名跳转，或者记录并留存所提供相应服务的日志信息的；

（四）未登记核验移动互联网应用程序开发运营者的真实身份信息或者未核验应用程序的功能、用途，为其提供应用程序封装、分发服务的；

（五）未履行对涉诈互联网账号和应用程序，以及其他电信网络诈骗信息、活动的监测识别和处置义务的；

（六）拒不依法为查处电信网络诈骗犯罪提供技术支持和协助，或者未按规定移送有关违法犯罪线索、风险信息的。

【条文主旨】本条是关于电信业务经营者、互联网服务提供者具有相关情形，违反反电信网络诈骗法对其设置的相关义务和要求，由有关主管部门予以处罚的规定。

【立法宗旨和背景】

（一）起草背景

在反电信网络诈骗工作中，电信业务经营者、互联网服务提供者承担本法规定的重要义务和要求。对于未履行法律规定的相关义务和要求的，需要承担法律责任。本条通过明确规定电信业务经营者、互联网服务提供者的法律责任，监督电信业务经营者、互联网服务提供者主动履责，采取多种手段有效减少、阻断电信网络诈骗分子利用电信和互联网实施诈骗，同时赋予监管部门执法监督的法律依据。

（二）审议中各方面意见

1. 反电信网络诈骗法草案第三十四条规定："互联网服务提供者有下列情形之一的，由有关主管部门责令改正，根据造成的后果情况，给予警告、通报批评，或者处一万元以上十万元以下罚款；情节严重的，处十万元以上一百万元以下罚款，并可以由有关主管部门责令暂停相关业务、停业整顿、关闭网站、吊销相关业务许可证或者吊销营业执照，对其直接负责的主管人员和其他直接责任人员，处一万元以上二十万元以下罚款：（一）未建立健全反电信网络诈骗内控机制或者未有效落实机制，经有关主管部门提出整改要求，拒不整改的；（二）未依法履行网络服务实名制职责的；（三）未核验域名注册、解析信息和互联网协议地址的真实性、准确性，或者未记录并留存所提供相应服务的日志信息的；（四）未登记核验移动互联网应用程序开发运营者的真实身份和联系方式，为其提供应用程序封装、分发服务的；（五）未建立互联网账号、应用程序、涉诈产业，或者其他电信网络诈骗信息、活动的监测、识别和处置机制的；（六）拒不依法为查处电信网络诈骗犯罪提供支持和协助，或者未按规定移送有关犯罪线索、风险信息的。"

在起草阶段、征求意见和常委会会议审议过程中，有的部门建议将本条中"有关主管部门"明确修改为"分别由国务院银行业监督管理机构及其派出机构、中国人民银行及其分支机构"；有的部门建议将吊销营业执照的执法主体明确为市场监管部门。有的高校研究机构建议将本条规定的“未建立”“未履行”等表述修改为“未依法建立”“未依法履行”。有的地方、企业建议进一步完善罚款的规定，建议将三种情形对应的罚款数额分别修改为“处十万元以上二十万元以下罚款”“处二十万元以上一百万元以下罚款”“处二万元以上二十万元以下罚款”，还有的地方建议对直接负责的主管人员和其他直接责任人员的罚款金额规定为十万元以上，同时增加负有严重责任后果的要依法承担刑事责任。对于具体列举的应当处罚的情形，有的地方建议，本条第四项“未登记核验移动互联网应用程序开发运营者的真实身份和联系方式，为其提供应用程序封装、分发服务的”应承担法律责任与草案第二十条第二款规定的“为应用程序提供封装、分发服务的，应当登记并核验应用程序开发运营者的真实身份信息，核验应用程序的功能、用途，支持实现对封装、分发的全程溯源”的规定相匹配。有的高校研究机构、地方建议删去本条第六项中规定的“未按规定移送有关犯罪线索、风险信息”的规定，或者修改为“拒不移送有关犯罪线索、风险信息的”予以处罚。有的部门提出，本条第六项规定的内容实践中普遍存在，不仅在互联网服务中存在不提供支持帮助或者不移送有关线索的情况，在金融业务或者电信业务中也会存在，建议将该项作为单独一条予以规定：拒不依法为查处电信网络诈骗犯罪提供支持和协助，或者未按规定移送有关犯罪线索、风险信息的，由有关主管部门责令改正，根据造成的后果情况，给予警告、通报批评，或者处一万元以上十万元以下罚款。

2. 草案二次审议稿第三十八条规定：“电信业务经营者、互联网服务提供者违反本法规定，有下列情形之一的，由有关主管部门责令改正，情节较轻的，给予警告、通报批评，或者处五万元以上五十万元以下罚款；情节严重的，处五十万元以上五百万元以下罚款，并可以由有关主管部门责令暂停相关业务、停业整顿、关闭网站、吊销相关业务许可证或者吊销营业执照，对其直接负责的主管人员和其他直接责任人员，处一万元以上二十万元以下罚款：（一）未建立健全反电信网络诈骗内部控制机制或者未有效落实机制，经有关主管部门提出整改要求，拒不整改的；（二）未履行网络服务实名制职责的；（三）未按照规定核验域名注册、解析信息和互联网协议地址的真实性、准确性，未限制域名跳转次数，或者未记录并留存所提供相应服务的日志信息的；（四）未登记核验移动互联网应用程序开发运营者的真实身份信息或者未核验应用程序的功能、用途，为其提供应用程序封装、分发服务的；（五）未建立互联网账号、应用程序、涉诈支持、帮助活动，或者其他电信网络诈骗信息、活动的监测识别和处置机制的；（六）拒不依法为查处电信网络诈骗犯罪提供技术支持和协助，或者未按规定移送有关犯罪线索、风险信息的。”

根据各方面的意见，草案二次审议稿对草案作了以下修改：一是在法律责任的主体部分，增加电信业务经营者。二是在法律责任的条件部分增加规定电信业务经营者、互联网服务提供者“违反本法规定”的规定，并删去了具体项目中“依法”的规定。三是将追究行政责任的门槛，由结果要件修改为情节要件，将“根据造成的后果情况”修改为“情节较轻”。四是将两档行政罚款分别由“一万元以上十万元以下”“十万元以上一百万元以下”提高到“五万元以上五十万元以下”“五十万元以上五百万元以下”。五是将草案稿第一项“内控机制”修改为“内部控制机制”。六是对本条第三项增加“按照规定”核验域名注册、解析信息和互联网协议地址的真实性、准确性。增加“未限制域名跳转次数”应予以处罚的规定。七是将本条第四项“真实身份和联系方式”修改为“真实身份信息或者未核验应用程序的功能、用途”。八是将本条第五项规定的“涉诈产业”修改为“涉诈支持、帮助活动”。九是将本条第六项规定的拒不“提供支持和协助”修改为拒不“提供技术支持和协助”。

在常委会会议审议和征求意见过程中，有的部门提出，建议将处罚措施的“关闭网站”修改为“关闭网站（移动互联网应用程序）”，以进一步明确对 App 程序的关闭措施。有的企业建议，将本条第一项中规定的“未有效落实”修改为“未依照法律、行政法规的规定和国家标准的强制性要求落实”。有的部门建议，将本条第二项修改为“未履行网络服务实名制职责的，未对涉案、涉诈电话卡关联注册互联网账号进行核验的”；本条第三项后增加“未按照规定履行互联网协议（IP）地址归属地信息标注义务的”应予以处罚。

3. 草案三次审议稿第四十条规定："电信业务经营者、互联网服务提供者违反本法规定，有下列情形之一的，由有关主管部门责令改正，情节较轻的，给予警告、通报批评，或者处五万元以上五十万元以下罚款；情节严重的，处五十万元以上五百万元以下罚款，并可以由有关主管部门责令暂停相关业务、停业整顿、关闭网站或者应用程序、吊销相关业务许可证或者吊销营业执照，对其直接负责的主管人员和其他直接责任人员，处一万元以上二十万元以下罚款：（一）未落实国家有关规定确定的反电信网络诈骗内部控制机制的；（二）未履行网络服务实名制职责的，或者未对涉案、涉诈电话卡关联注册互联网账号进行核验的；（三）未按照规定核验域名注册、解析信息和互联网协议地址的真实性、准确性，未限制域名跳转次数，或者未记录并留存所提供相应服务的日志信息的；（四）未登记核验移动互联网应用程序开发运营者的真实身份信息或者未核验应用程序的功能、用途，为其提供应用程序封装、分发服务的；（五）未建立涉诈互联网账号和应用程序、涉诈支持、帮助活动，以及其他电信网络诈骗信息、活动的监测识别和处置机制的；（六）拒不依法为查处电信网络诈骗犯罪提供技术支持和协助，或者未按规定移送有关犯罪线索、风险信息的。"

根据各方面的意见，草案三次审议稿对草案二次审议稿作了以下修改：一是增加有关主管部门可以关闭应用程序的行政处罚；二是将第一项修改为"未落实国家有关规定确定的反电信网络诈骗内部控制机制"；三是第二项增加规定，电信业务经营者、互联网服务提供者"未对涉案、涉诈电话卡关联注册互联网账号进行核验的"应予以处罚；四是对第五项作了文字修改，修改为"未建立涉诈互联网账号和应用程序、涉诈支持、帮助活动，以及其他电信网络诈骗信息、活动的监测识别和处置机制的"应予以处罚。

根据常委会组成人员的审议意见，本条又作了以下修改：一是将第二项、第三项、第五项作了文字修改。二是将本条的条文序号由第四十条修改为第四十一条。

【条文释义】

本条规定了电信业务经营者、互联网服务提供者违反本法规定的相关情形应当承担相应的法律责任。根据本条规定，法律责任主要分为两个档次。

一是当电信业务经营者、互联网服务提供者出现本条列举的情形，一般性违反本法规定，由有关主管部门责令改正，对于情节较轻的违法行为，由有关主管部门给予警告、通报批评或者罚款。这里规定的“有关主管部门”，主要是电信业务经营者、互联网服务提供者的行业主管部门，涉及工业和信息化部门、网络安全和信息化委员会办公室等。

这里的“情节较轻”是指电信业务经营者、互联网服务提供者违反反电信网络诈骗法律法规相关行为的违法性程度尚属轻微，并不严重，如未履行相关义务的时间不长、造成的危害和影响尚可限可控、积极主动采取措施整改较大程度上弥补了漏洞等。是否属于“情节较轻”可以由有关主管部门根据事实情况综合判断。

在该档次法律责任中，有关主管部门首先要对电信业务经营者、互联网服务提供者的具体违法行为“责令改正”，电信业务经营者、互联网服务提供者应根据主管部门的要求和时限，对照反电信网络诈骗法和相关行政法规的规定进行整改。此外，有关主管部门还可以给予“警告、通报批评或者处五万元以上五十万元以下罚款”。关于“警告、通报批评、罚款”的行政处罚方式，可详见本法第三十九条释义的内容。需要注意的是，本条规定的警告、通报批评、行政罚款既可以单独适用，也可以按照“警告和行政罚款”“通报批评和行政罚款”的方式组合适用。具体如何适用，可以由有关主管部门根据电信业务经营者、互联网服务提供者违法情节的情况作出判断。

二是当电信业务经营者、互联网服务提供者出现本条列举的情形，违反本法规定，情节严重的，由有关主管部门处以罚款，并由有关主管部门责令暂停相关业务、停业整顿、关闭网站或者应用程序、吊销相关业务许可证或者吊销营业执照，同时对其单位的责任人员处以罚款。

需要注意的是，在该档次法律责任中，有关主管部门也要对电信业务经营者、互联网服务提供者的具体违法行为“责令改正”，电信业务经营者、互联网服务提供者应根据主管部门的要求和时限，对照反电信网络诈骗法等相关规定进行整改。此外，有关主管部门还可以给予“情节严重”档次的处罚。

这里的“情节严重”是指电信业务经营者、互联网服务提供者违反反电信网络诈骗法律法规相关行为的违法性程度严重，行为恶劣，如蓄意长期不履行相关义务、故意实施相关行为规避监管、造成巨大风险和危害、给人民群众造成巨大损失、产生的风险和危害无法弥补等。是否属于“情节严重”可以由有关主管部门根据事实情况综合判断。

对于电信业务经营者、互联网服务提供者的严重违法行为，本条规定了双罚制，有关主管部门对电信业务经营者、互联网服务提供者处以罚款，即“五十万元以上五百万元以下罚款”；在行政罚款的基础上，还可以并处“责令暂停相关业务、停业整顿、关闭网站或者应用程序、吊销相关业务许可证或者吊销营业执照”。

这里的“关闭网站或者应用程序”，是指关闭电信、互联网业务的一种特殊行政处罚。有关主管部门可以责令具体的电信业务经营者、互联网服务提供者停止网站、应用程序的全部活动，表现方式为注销、下架等。“暂停相关业务、停业整顿、吊销相关业务许可证或者吊销营业执照”的行政处罚方式，可详见本法第三十九条释义的内容。此外，有关主管部门还要对电信业务经营者、互联网服务提供者的相关责任人员进行处罚。这里的责任人员是“电信业务经营者、互联网服务提供者直接负责的主管人员和其他直接责任人员”。根据本条规定，应对其处“一万元以上二十万元以下罚款”。

需要注意的是，对于处罚较重的行政处罚，根据行政处罚法第六十三条的规定，行政机关在拟作出行政处罚决定时，应当告知当事人有要求听证的权利，当事人要求听证的，行政机关应当组织听证。

本条规定了电信业务经营者、互联网服务提供者违法应接受处罚的六种情形：

1. 未落实国家有关规定确定的反电信网络诈骗内部控制机制的。

本项涉及电信业务经营者、互联网服务提供者未落实国家规定确定的内控机制的法律责任。该项包含两层意思：一是国家有关规定确定的反电信网络诈骗内部控制机制。根据本法第六条规定，电信业务经营者、互联网服务提供者应承担风险防控责任，建立反电信网络诈骗内部控制机制和安全责任制度，加强新业务涉诈风险安全评估。本项要求的是国家规定确定的反电信网络诈骗内部控制机制，包括根据本法、个人信息保护法、网络安全法、数据安全法、电信条例等法律、行政法规、规范性文件等确立的内部控制机制。这里的内部控制机制与本法第三十九条第一项中规定的内部控制机制应在领域上有所区别，主要偏向以互联网为技术基础的网络、反电信网络诈骗的内部控制机制。电信业务经营者、互联网服务提供者在国家规定确定的内控机制以外设立的其他涉及反电信网络诈骗的自行规范或者内部要求，不属于本项规定的“国家有关规定确定的反电信网络诈骗内部控制机制”的范围。二是未落实国家有关规定确定的反电信网络诈骗内部控制机制的，要承担行政处罚的法律责任。国家规定确定的反电信网络诈骗内部控制机制，如果仅停留在制度层面，尚未具体贯彻实施，或者相关机制在贯彻中“打折扣”，实际生产经营过程中基本不按照反电信网络诈骗内部控制机制进行的，会产生电信网络诈骗巨大风险，应承担行政处罚的法律责任。

2. 未履行网络服务实名制职责，或者未对涉案、涉诈电话卡关联注册互联网账号进行核验的。

本项涉及电信业务经营者、互联网服务提供者不履行网络服务实名制职责，未对涉案、涉诈电话卡关联注册互联网账号进行核验的法律责任。本项包含两层意思：一是未履行网络服务实名制职责的法律责任。本法第二十一条规定：“电信业务经营者、互联网服务提供者为用户提供下列服务，在与用户签订协议或者确认提供服务时，应当依法要求用户提供真实身份信息，用户不提供真实身份信息的，不得提供服务：（一）提供互联网接入服务；（二）提供网络代理等网络地址转换服务；（三）提供互联网域名注册、服务器托管、空间租用、云服务、内容分发服务；（四）提供信息、软件发布服务，或者提供即时通讯、网络交易、网络游戏、网络直播发布、广告推广服务。”当实名制未真正落实，造成电信网络诈骗风险的，电信业务经营者、互联网服务提供者应承担法律责任。二是未对涉案、涉诈电话卡关联注册互联网账号进行核验的法律责任。本法第二十二条规定，互联网服务提供者对监测识别的涉诈异常账号应当采取重新核验，根据国家有关规定采取限制功能、暂停服务等处置措施。互联网服务提供者应当根据公安机关、电信主管部门要求，对涉案电话卡、涉诈异常电话卡所关联注册的有关互联网账号进行核验，根据风险情况，采取限期改正、限制功能、暂停使用、关闭账号、禁止重新注册等处置措施。重新核验制度既可以最大化排查电信网络诈骗风险，也可以为误认定涉案、涉诈的相关账号所有人提供救济渠道，如果电信业务经营者、互联网服务提供者未履行对关联注册互联网账号进行核验的，应承担法律责任。

3. 未按照国家有关规定，核验域名注册、解析信息和互联网协议地址的真实性、准确性，规范域名跳转，或者记录并留存所提供相应服务的日志信息的。

本项涉及电信业务经营者、互联网服务提供者未按照国家规定核验域名注册、解析信息和互联网协议地址的真实性、准确性，规范域名跳转，或者记录并留存所提供相应服务的日志信息的法律责任。本法第二十四条规定，提供域名解析、域名跳转、网址链接转换服务的，应当按照国家有关规定，核验域名注册、解析信息和互联网协议地址的真实性、准确性，规范域名跳转，记录并留存所提供相应服务的日志信息，支持实现对解析、跳转、转换记录的溯源。对于电信业务经营者、互联网服务提供者未按照国家规定核验相关内容的真实性、准确性，未限制域名跳转次数及保留日志信息的，应承担法律责任。

4. 未登记核验移动互联网应用程序开发运营者的真实身份信息或者未核验应用程序的功能、用途，为其提供应用程序封装、分发服务的。

本项涉及电信业务经营者、互联网服务提供者未登记核验移动互联网应用程序开发运营者的真实身份信息或者未核验应用程序的功能、用途，为其提供应用程序封装、分发服务的法律责任。本法第二十三条规定，设立移动互联网应用程序应当按照国家有关规定向电信主管部门办理许可或者备案手续。为应用程序提供封装、分发服务的，应当登记并核验应用程序开发运营者的真实身份信息，核验应用程序的功能、用途。公安、电信、网信等部门和电信业务经营者、互联网服务提供者应当加强对分发平台以外途径下载传播的涉诈应用程序重点监测、及时处置。如果未登记核验移动互联网应用程序开发运营者的真实身份信息或者未核验应用程序的功能、用途，为其提供应用程序封装、分发服务的，应承担法律责任。

5. 未履行对涉诈互联网账号和应用程序，以及其他电信网络诈骗信息、活动的监测识别和处置义务的。

本项涉及电信业务经营者、互联网服务提供者未履行对涉及电信网络诈骗的互联网账号和应用程序，以及对其他电信网络诈骗信息、活动的监测识别和处置义务的法律责任。本法第二十二条第一款规定，互联网服务提供者对监测识别的涉诈异常账号应当重新核验，根据国家有关规定采取限制功能、暂停服务等处置措施。第二十三条第二款规定，为应用程序提供封装、分发服务的，应当登记并核验应用程序开发运营者的真实身份信息，核验应用程序的功能、用途。第三款规定，电信业务经营者、互联网服务提供者应当加强对分发平台以外途径下载传播的涉诈应用程序重点监测、及时处置。第十四条规定，任何单位和个人不得非法制造、买卖、提供或者使用下列设备、软件：电话卡批量插入设备；具有改变主叫号码、虚拟拨号、互联网电话违规接入公用电信网络等功能的设备、软件；批量账号、网络地址自动切换系统，批量接收提供短信验证、语音验证的平台；其他用于实施电信网络诈骗等违法犯罪的设备、软件。电信业务经营者、互联网服务提供者应当采取技术措施，及时识别、阻断前款规定的非法设备、软件接入网络，并向公安机关和相关行业主管部门报告。此外，还包括处置机制的救济措施。第三十二条第三款规定，根据本法的相关规定，对涉诈异常情形采取限制、暂停服务等处置措施的，应当告知处置原因、救济渠道及需要提交的资料等事项，被处置对象可以向作出决定或者采取措施的部门、单位提出申诉。对于电信业务经营者、互联网服务提供者未履行对涉诈互联网账号和应用程序，以及其他电信网络诈骗信息、活动的监测识别和处置义务的，应承担法律责任。

6. 拒不依法为查处电信网络诈骗犯罪提供技术支持和协助，或者未按规定移送有关犯罪线索、风险信息的。

本项涉及电信业务经营者、互联网服务提供者拒不依法为查处电信网络诈骗犯罪提供技术支持和协助，或者未按规定移送有关犯罪线索、风险信息的法律责任。本法第十四条第二款规定，电信业务经营者、互联网服务提供者应当采取技术措施，及时识别、阻断第十四条第一款规定的非法设备、软件接入网络，并向公安机关和相关行业主管部门报告。第二十六条规定，公安机关办理电信网络诈骗案件依法调取证据的，互联网服务提供者应当及时提供技术支持和协助。互联网服务提供者在依照本法规定对有关涉诈信息、活动进行监测时，发现涉诈违法犯罪线索、风险信息的，应当依照国家有关规定，根据涉诈风险类型、程度情况移送公安、金融、电信、网信等部门。如果相关主体拒不依法为查处电信网络诈骗犯罪提供技术支持和协助，或者未按规定移送有关犯罪线索、风险信息的，应承担法律责任。

第四十二条　违反本法第十四条、第二十五条第一款规定的，没收违法所得，由公安机关或者有关主管部门处违法所得一倍以上十倍以下罚款，没有违法所得或者违法所得不足五万元的，处五十万元以下罚款；情节严重的，由公安机关并处十五日以下拘留。

【条文主旨】本条是关于从事涉诈“黑灰产”法律责任的规定。

【立法宗旨和背景】

（一）起草背景

电信网络诈骗犯罪是近年来持续高发多发的新型犯罪，涉及面广，欺骗性强，危害严重，围绕电信网络诈骗犯罪滋生了一系列黑灰产业链，形成上下游关联犯罪，很多群众的看病钱、养老钱、上学钱被席卷一空，因骗致贫、因骗返贫现象和受骗后破产、自杀等恶性事件时有发生。大量涉诈资金被转往境外，大批人员偷渡赴境外作案，严重影响人民群众财产安全、社会和谐稳定和国家经济安全，严重影响人民群众安全感、幸福感、获得感，成为当前一个比较突出的社会问题。目前，移动通信网络和线上金融业务不断发展，新的技术成果、通信网络工具和互联网业务不断被吸纳到电信网络诈骗犯罪中，电信网络诈骗犯罪已经经过了多轮次骗术升级改造，犯罪分工逐渐精细化，也催生了为诈骗犯罪提供帮助和支持的黑灰产业，这些产业群体或违反国家法律、法规及行业规定，从事非法活动，或利用制度漏洞，故意逃避法律追究，从信息传播、技术支撑、资金流转等方面为电信网络诈骗犯罪提供有形或无形的帮助，进而形成了分工明确、彼此依赖、利益共享的产业链条。遍布于电信网络诈骗犯罪的各个环节的产业化现象，加速了电信网络诈骗犯罪的蔓延泛滥，成为影响电信网络诈骗犯罪治理效果的重要因素之一。由于电信网络诈骗违法犯罪的滋生蔓延，部分设备、软件主要被用于违法犯罪活动，甚至有些设备、软件就是因电信网络诈骗而生，比较典型的如GOIP，由于对其生产销售缺乏有效的规制，在市场上被广泛流通使用。

在全社会各领域对通信网络领域展开深度综合治理的背景下，诈骗犯罪分子用来与受害群体建立通信连接的方式愈发减少，为此，想方设法逃避监管部门的约束，建立相对隐蔽、稳定的通信线路连接便成了诈骗犯罪的核心环节。为诈骗分子提供通信线路、网络服务、桥接设备、应用程序等通信连接渠道的黑灰产业涌现出来。因此，隐蔽的窝点环境、稳定的网络传输、便捷的通信工具、乱真的应用程序都已成为电信网络诈骗中游产业不可缺少的元素。同时，在诈骗行为完成后，为了逃避侦查打击，及时获得赃款，通常需要通过非法渠道对涉案钱款进行转存、支付、结算、取现等处理，以“资金结算”为主要特点的黑灰产业便有了生存的土壤。

可以预见的是，随着该类犯罪的常态化发展，寄生在其周围的黑灰产业会愈发多样复杂，电信网络诈骗犯罪的产业化程度也会越来越深。国家网信办统计的数据显示，近年来，利用 App 进行诈骗已成为电信网络诈骗案件的主要犯罪手段之一，约占整体案发量的六成。其中，网络兼职刷单、快速贷款等诈骗 App 较多，特别是有一些仿冒各大银行和金融平台的 App 具有较大迷惑性和欺骗性。2022 年 4 月，国家网信办曝光了一批电信网络诈骗案例，其中四起涉及网络“黑灰产”诈骗：一是 2021 年 6 月，诈骗分子冒充浙江省某市派出所民警，联系郭某称其已涉嫌诈骗被立案，并要求郭某登录仿冒的某公安局官网查看立案信息，将资金转移到“安全账户”。郭某按照诈骗分子要求转账，合计被骗 50 余万元。二是 2021 年 8 月，江苏省某市方某某下载了“阿聊”App 和“汇龙支付”App，参加所谓的“高额”任务返现活动。平台以连单任务、信誉不足为由让方某某先充钱再重启任务，方某某累计被骗 11 万元。三是 2022 年 2 月，江西省某市受害人洪某某下载了一款名为“京东 . J. R”的仿冒 App，受到“额度高”“利息低”等表述诱导，注册账户并申请贷款。平台谎称其账号异常，需要转账到所谓的“银保监会账户”进行验证，洪某某先后多次转账，合计被骗 5 万元。四是 2022 年 2

月，河北省某市受害人胡某看到炒股广告，下载“平安证券”仿冒 App 进行相关投资操作，开始投入小金额盈利并提现成功，遂加大投资金额，最后提现失败，合计被骗 50 万元。

基于现实情况和需要，反电信网络诈骗法在立法起草阶段和修改完善过程中，针对这类设备及提供涉诈支持、帮助行为，加强行业主管部门的监管力度，防止被滥用以及违法使用，惩治网络“黑灰产”，除刑法帮助信息网络犯罪活动罪外，对尚不构成犯罪的行为，在本条规定了相应的行政处罚。

（二）审议中各方面意见

1. 反电信网络诈骗法草案在第三十五条即作出规定：“违反本法第十二条、第二十二条规定，非法制造、销售、提供或者使用专门或者主要用于电信网络诈骗的设备、软件的，或者从事相关涉诈产业的，没收违法所得，由有关主管部门或者公安机关处违法所得一倍以上十倍以下罚款，没有违法所得的，处二十万元以下罚款；情节严重的，由公安机关并处十日以下拘留。”

在审议和征求意见过程中，主要意见有：一是有关方面建议将“涉诈产业”修改为“涉诈黑灰产业”，一方面与前面条文相对应，另一方面使得概念的描述也更加准确清晰。二是常委会委员和各方面普遍建议提高罚款数额、拘留时限。三是有的意见提出，对涉诈产业的治理，主要的处罚主体为公安机关，但同时对于非法设备的制造、销售、使用等行为，也不宜排除电信等主管部门的处罚权限。因此，二次审议稿作了如下修改：一是将“从事相关涉诈产业的”修改为“从事相关涉诈支持、帮助活动的”。没有修改为涉诈“黑灰产”，主要考虑“黑灰产”不是法律概念，使用“相关涉诈支持、帮助活动”能够表达涉诈“黑灰产”的含义，而且更符合立法技术和概念表达的要求。二是对具有处罚权限的部门的顺序进行了调整，将“有关主管部门或者公安机关”修改为“公安机关或者有关主管部门”，突出强调公安机关的职权和作用。三是进一步加大了处罚力度，针对没有违法所得的情形，将“处二十万元以下罚款”修改为“处五十万元以下罚款”；针对情节严重的情形，将“处十日以下拘留”修改为“处十五日以下拘留”。

2. 反电信网络诈骗法二次审议稿第三十九条规定：“违反本法第十四条、第二十五条规定，非法制造、销售、提供或者使用专门或者主要用于电信网络诈骗的设备、软件的，或者从事相关涉诈支持、帮助活动的，没收违法所得，由公安机关或者有关主管部门处违法所得一倍以上十倍以下罚款，没有违法所得的，处五十万元以下罚款；情节严重的，由公安机关并处十五日以下拘留。”

在审议和征求意见过程中，主要意见有：一是没有违法所得的情况下，定额罚款的上限为五十万元，有违法所得的处罚倍数为一倍以上十倍以下，从理论上讲，如果违法所得不足五万元，可能出现有违法所得的处罚反而比没有违法所得还要轻的情况。二是根据第二十五条的修改情况，对法律责任部分进行相应调整。三是可以不再次重复描述本法第十四条、第二十五条第一款行为的具体表现，只将行为指引到前述条文即可。因此，对二次审议稿主要从立法技术上作了三处修改完善：一是将“没有违法所得”修改为“没有违法所得或者违法所得不足五万元”；二是本条只针对第二十五条第一款的内容规定法律责任；三是不再对行为的表现作出具体描述。

【条文释义】

本条是针对本法第十四条涉诈非法设备、软件防治，以及第二十五条第一款涉诈“黑灰产”防治规定的法律责任。本法第十四条规定：“任何单位和个人不得非法制造、买卖、提供或者使用下列设备、软件：（一）电话卡批量插入设备；（二）具有改变主叫号码、虚拟拨号、互联网电话违规接入公用电信网络等功能的设备、软件；（三）批量账号、网络地址自动切换系统，批量接收提供短信验证、语音验证的平台；（四）其他用于实施电信网络诈骗等违法犯罪的设备、软件。”“电信业务经营者、互联网服务提供者应当采取技术措施，及时识别、阻断前款规定的非法设备、软件接入网络，并向公安机关和相关行业主管部门报告。”本法第二十五条第一款规定：“任何单位和个人不得为他人实施电信网络诈骗活动提供下列支持或者帮助：（一）出售、提供个人信息；（二）帮助他人通过虚拟货币交易等方式洗钱；（三）其他为电信网络诈骗活动提供支持或者帮助的行为。”

针对上述行为，本条规定的法律责任分为三个层次：

一是如果实施了本法第十四条、第二十五条第一款规定的非法制造、买卖、提供或者使用用于电信网络诈骗的设备、软件的行为，或者为他人实施电信网络诈骗活动提供了相关支持、帮助活动，则将被没收违法所得，同时，由公安机关或者有关主管部门处以违法所得一倍以上十倍以下罚款。需要注意的是，此处的违法所得需达到五万元以上，例如，制造了用于电信网络诈骗的 App，违法获利十万元，则该十万元将被没收，同时面临由公安机关或者有关主管部门作出的至少十万元、至多一百万元的罚款。

二是如果实施了本法第十四条、第二十五条第一款规定的行为，但没有违法所得或者违法所得不足五万元的，则将面临五十万元以下罚款。

三是如果实施了本法第十四条、第二十五条第一款规定的行为，情节严重，但尚不构成犯罪的，在被没收全部违法所得、由公安机关或者有关主管部门处违法所得一倍以上十倍以下罚款的同时，还将面临公安机关作出的十五日以下拘留的行政处罚。需要注意的是，情节严重与否，需要综合考虑行为的性质、造成的后果等多方面因素。

【实践中应注意的问题】

第一，注意区分本条法律责任与刑法规定的帮助信息网络犯罪活动罪。本条的法律责任，针对的是行为尚不构成犯罪的情形，即任何单位和个人不得从事涉诈“黑灰产”；同时不得为他人实施电信网络诈骗活动提供支持或者帮助。如果明知他人实施电信网络诈骗活动，而提供涉诈支持、帮助，构成犯罪的，则应当按照刑法第二百八十七条之二规定的帮助信息网络犯罪活动罪处罚，即明知他人利用信息网络实施犯罪，为其犯罪提供互联网接入、服务器托管、网络存储、通讯传输等技术支持，或者提供广告推广、支付结算等帮助，情节严重的，构成帮助信息网络犯罪活动罪。

第二，具体的处罚标准需要实践中进一步细化。本条仅对法律责任作了基本规定，实践中如何确定具体的罚款标准和数额、如何认定“情节严重”等问题，均有待有关部门依据实际情况进一步明确和细化。

【典型案例】

2022 年 4 月 21 日，最高人民检察院发布 10 件打击治理电信网络诈骗及关联犯罪典型案例，其中一件是唐某琪、方某帮助信息网络犯罪活动案。该案中，电信网络诈骗犯罪分子利用 GOIP 设备拨打电话、发送信息，加大了打击治理难度。基本案情如下：被告人唐某琪，系广东深圳乔尚科技有限公司（以下简称乔尚公司）法定代表人；被告人方某，系浙江杭州三汇信息工程有限公司（以下简称三汇公司）销售经理。被告人唐某琪曾因其销售的 GOIP 设备涉及违法犯罪被公安机关查扣并口头警告，之后其仍以乔尚公司名义向方某购买该设备，并通过网络销售给他人。方某明知唐某琪将 GOIP 设备出售给从事电信网络诈骗犯罪的人员，仍然长期向唐某琪出售。自 2019 年 12 月至 2020 年 10 月，唐某琪从方某处购买 130 台 GOIP 设备并销售给他人，并提供后续安装、调试及配置系统等技术支持。其间，公安机关在广西北海、钦州以及贵州六盘水、铜仁等地查获唐某琪、方某出售的 GOIP 设备 20 台。经查，其中 5 台设备被他人用于实施电信网络诈骗，造成张某淘、李某兰等人被诈骗人民币共计 34 万余元。本案由广西壮族自治区北海市公安局立案侦查。2020 年 9 月 27 日，北海市人民检察院介入案件侦查。2021 年 1 月 25 日，公安机关以唐某琪、方某涉嫌帮助信息网络犯罪活动罪移送起诉，北海市人民检察院将本案指定由海城区人民检察院审查起诉。检察机关经审查认为，唐某琪曾因其销售的 GOIP 设备涉及违法犯罪被公安机关查扣并口头警告，后仍然实施有关行为；方某作为行业销售商，明知 GOIP 设备多用于电信网络诈骗犯罪且收到公司警示通知的情况下，对销售对象不加审核，仍然长期向唐某琪出售，导致所出售设备被用于电信网络诈骗犯罪，造成严重危害，依法均应认定为构成帮助信息网络犯罪活动罪。同年 6 月 21 日，检察机关以帮助信息网络犯罪活动罪对唐某琪、方某提起公诉。同年 8 月 2 日，北海市海城区人民法院以帮助信息网络犯罪活动罪分别判处被告人唐某琪、方某有期徒刑九个月、八个月，并处罚金人民币一万二千元、一万元。唐某琪提出上诉，同年 10 月 18 日，北海市中级人民法院裁定驳回上诉，维持原判。

第四十三条　违反本法第二十五条第二款规定，由有关主管部门责令改正，情节较轻的，给予警告、通报批评，或者处五万元以上五十万元以下罚款；情节严重的，处五十万元以上五百万元以下罚款，并可以由有关主管部门责令暂停相关业务、停业整顿、关闭网站或者应用程序，对其直接负责的主管人员和其他直接责任人员，处一万元以上二十万元以下罚款。

【条文主旨】本条是关于电信业务经营者、互联网服务提供者未按照国家有关规定履行合理注意义务的法律责任的规定。

【立法宗旨和背景】

（一）起草背景

电信网络诈骗行为，往往都是通过平台给潜在受害人发送各类信息，从而建立与被害人的联系或者从事有关涉诈活动。电信业务经营者、互联网服务提供者正常开展经营、提供服务的过程中，如果未能及时监测识别和处置涉嫌电信网络诈骗的活动或者支持、帮助电信网络诈骗的活动，会给人民群众财产安全造成重大隐患。因此，平台应当担负起应有的责任，建立有效的阻隔电信网络诈骗的“防火墙”。因此，在反电信网络诈骗立法和修改过程中，规定了电信业务经营者、互联网服务提供者的合理注意义务，即应当依照国家有关规定，对自身经营的业务被用于涉诈支持、帮助活动进行监测识别和处置。

（二）审议中各方面的意见

反电信网络诈骗法草案、二次审议稿中均没有对本条涉及的内容作出规定。在审议和征求意见过程中，有些意见提出，电信网络诈骗链条长、情况复杂，电信业务经营者、互联网服务提供者正常开展经营、提供服务过程中的各个业务环节都可能被电信网络诈骗分子利用，如果两类主体未能履行法律规定的合理注意义务，应当承担相应责任。因此，三次审议稿在第二十五条进一步明确了电信业务经营者、互联网服务提供者应当按照国家有关规定履行相关监测识别和处置义务的内容，同时在法律责任部分相应增加了本条规定，明确了相关法律责任。

【条文释义】

本条是针对本法第二十五条第二款规定的法律责任。本法第二十五条第二款规定：“电信业务经营者、互联网服务提供者应当依照国家有关规定，履行合理注意义务，对利用下列业务从事涉诈支持、帮助活动进行监测识别和处置：（一）提供互联网接入、服务器托管、网络存储、通讯传输、线路出租、域名解析等网络资源服务；（二）提供信息发布或者搜索、广告推广、引流推广等网络推广服务；（三）提供应用程序、网站等网络技术、产品的制作、维护服务；（四）提供支付结算服务。”针对上述行为，本条规定的法律责任分为两个层次：一是如果违反了本法第二十五条第二款的规定，情节较轻，则由有关主管部门责令改正，给予警告、通报批评；或者处五万元以上五十万元以下罚款。二是如果情节严重，则由有关主管部门处五十万元以上五百万元以下罚款，还将可能面临有关主管部门责令其暂停相关业务、停业整顿、关闭网站或者应用程序的处罚，以及对其直接负责的主管人员和其他直接责任人员，处一万元以上二十万元以下罚款的处罚。

我国现行法律法规对电信业务经营者、互联网服务提供者的有关合理注意义务等作了原则性规定，如网络安全法第四十七条规定：“网络运营者应当加强对其用户发布的信息的管理，发现法律、行政法规禁止发布或者传输的信息的，应当立即停止传输该信息，采取消除等处置措施，防止信息扩散，保存有关记录，并向有关主管部门报告。”电子商务法第三十八条规定：“电子商务平台经营者知道或者应当知道平台内经营者销售的商品或者提供的服务不符合保障人身、财产安全的要求，或者有其他侵害消费者合法权益行为，未采取必要措施的，依法与该平台内经营者承担连带责任。”“对关系消费者生命健康的商品或者服务，电子商务平台经营者对平台内经营者的资质资格未尽到审核义务，或者对消费者未尽到安全保障义务，造成消费者损害的，依法承担相应的责任。”电信条例第六十一条规定：“在公共信息服务中，电信业务经营者发现电信网络中传输的信息明显属于本条例第五十六条所列内容的，应当立即停止传输，保存有关记录，并向国家有关机关报告。”第五十六条明确规定：“任何组织或者个人不得利用电信网络制作、复制、发布、传播含有下列内容的信息：（一）反对宪法所确定的基本原则的；（二）危害国家安全，泄露国家秘密，颠覆国家政权，破坏国家统一的；（三）损害国家荣誉和利益的；（四）煽动民族仇恨、民族歧视，破坏民族团结的；（五）破坏国家宗教政策，宣扬邪教和封建迷信的；（六）散布谣言，扰乱社会秩序，破坏社会稳定的；（七）散布淫秽、色情、赌博、暴力、凶杀、恐怖或者教唆犯罪的；（八）侮辱或者诽谤他人，侵害他人合法权益的；（九）含有法律、行政法规禁止的其他内容的。”

一些司法解释、部门规章或行业准则还根据不同的平台和业务类型，对电信业务经营者、互联网服务提供者的合理注意义务提出了更具针对性的措施要求。如《最高人民法院、最高人民检察院、公安部等关于防范和打击电信网络诈骗犯罪的通告》第七条规定，电信企业、银行、支付机构和银联，要切实履行主体责任，对责任落实不到位导致被不法分子用于实施电信网络诈骗犯罪的，要依法追究责任。《工业和信息化部关于加强电信和互联网行业网络安全工作的指导意见》对维护公共互联网网络安全环境、推进安全可控关键软硬件应用、强化网络数据和用户个人信息保护、加强移动应用商店和应用程序安全管理、加强新技术新业务网络安全管理、强化网络安全技术能力和手段建设等方面均提出了具体要求。《网络信息内容生态治理规定》第八条至第十七条要求网络平台建立网络信息内容生态治理机制。《互联网群组信息服务管理规定》第十一条第一款规定："互联网群组信息服务提供者应当对违反法律法规和国家有关规定的互联网群组，依法依约采取警示整改、暂停发布、关闭群组等处置措施，保存有关记录，并向有关主管部门报告。"

【实践中注意的相关问题】

本条的法律责任，针对的是电信业务经营者、互联网服务提供者未按照国家有关规定，没有履行对利用相关业务从事涉诈支持、帮助活动进行监测识别和处置的合理注意义务，但尚不构成犯罪的行为。如果电信业务经营者、互联网服务提供者明知他人利用其相关业务从事涉诈支持、帮助活动，则按照刑法第二百八十七条之二规定，以帮助信息网络犯罪活动罪处罚，即明知他人利用信息网络实施犯罪，为其犯罪提供互联网接入、服务器托管、网络存储、通讯传输等技术支持，或者提供广告推广、支付结算等帮助，情节严重的，构成帮助信息网络犯罪活动罪。如果涉及拒不履行信息网络安全管理义务，则按照刑法第二百八十六条之一规定处罚："网络服务提供者不履行法律、行政法规规定的信息网络安全管理义务，经监管部门责令采取改正措施而拒不改正，有下列情形之一的，处三年以下有期徒刑、拘役或者管制，并处或者单处罚金：（一）致使违法信息大量传播的；（二）致使用户信息泄露，造成严重后果的；（三）致使刑事案件证据灭失，情节严重的；（四）有其他严重情节的。""单位犯前款罪的，对单位判处罚金，并对其直接负责的主管人员和其他直接责任人员，依照前款的规定处罚。”“有前两款行为，同时构成其他犯罪的，依照处罚较重的规定定罪处罚。”

第四十四条　违反本法第三十一条第一款规定的，没收违法所得，由公安机关处违法所得一倍以上十倍以下罚款，没有违法所得或者违法所得不足二万元的，处二十万元以下罚款；情节严重的，并处十五日以下拘留。

【条文主旨】本条是关于非法转让“两卡”的法律责任的规定。

【立法宗旨和背景】

（一）起草背景

近年来，非法买卖电话卡、银行卡用于电信网络诈骗违法犯罪问题日益突出。大量的电信网络诈骗犯罪涉及电话卡、银行卡的违法使用，且有组织犯罪猖獗，涉诈窝点从境内转移到境外，倒卖电话卡和网络账号、盗取贩卖个人信息、制作销售网络黑客工具等黑灰产业链不断升级，电信网络诈骗已经成为贯通上中下游各环节的有组织犯罪链条。例如，违法利用电话卡、银行卡，参与、帮助上游电信网络诈骗“跑分”洗钱、提供收发短信验证码“服务”、非法获取并提供批量社交媒体账号、“解封”封禁账号。再以贩卖银行卡为例，行为人贩卖的银行卡往往被用于向全国各地不特定的多名被害人实施诈骗，串并案件数量较多，涉案地区广、人数多，为案件侦破及挽回被害人经济损失带来较大困难。大量电话卡、银行卡“实名不实人”，被诈骗分子购买后作为通信联络、转移资金的工具，形成了黑灰产业链条，很多受害人的“上学钱”“养老钱”“看病钱”被洗劫一空。

目前，虽然已经通过技术手段实现了“人证合一”及“活体认证”，以落实实名制的管理要求，但是电话卡、银行卡属于人民群众的私有财产，监管手段毕竟有限。即便通过活体实名制认证，仍无法管控其具体用途或无法防止其被冒用，多数卡贩往往是在号卡经过实名认证后才收集的号卡，导致“实人使用”难以实现。全方位、全链条打击电信网络诈骗犯罪，就是不仅要严厉打击电信网络诈骗犯罪，还要斩断其犯罪链条，铲除其周边犯罪黑灰色产业链。可是，目前相关监测、核验制度尚不健全，特别是买卖、出租、出借电话卡为实施电信网络诈骗提供了滋生土壤。电话卡的转售、倒卖问题是电话卡实名不实人产生的源头，因为这类行为通常是非特定主体间私下交易，电信企业很难发现此类行为，也很难监控电话卡是否为本人使用，管理部门也缺乏足够的法律依据对其进行惩罚。

非法交易的“两卡”，是电信网络诈骗犯罪赖以存在的“土壤”和“水源”。“两卡”非法交易泛滥，已经成为电信网络诈骗犯罪屡打不绝的重要因素。因此，打击“两卡”犯罪，是斩断电信网络诈骗犯罪帮助链条、遏制电信网络诈骗犯罪高发态势，加强源头治理的关键环节，是势在必行的，也是刻不容缓的。2021 年《最高人民法院、最高人民检察院、公安部关于办理电信网络诈骗等刑事案件适用法律若干问题的意见（二）》就在第七条、第八条、第九条全面规定“两卡”犯罪的法律适用标准，目的也是进一步明确打击“两卡”犯罪的法律依据，方便执法办案，确保准确、有力、有效地打击此类犯罪。

针对这一现实问题，在总结打击治理电信网络诈骗犯罪经验的基础上，反电信网络诈骗法在立法起草阶段和修改完善过程中，对非法转让“两卡”的行为规定了法律责任。

（二）审议中各方面的意见

1. 反电信网络诈骗法草案第三十六条规定：“违反本法第二十六条第一款规定的，没收违法所得，由公安机关处五千元以下罚款；情节较重的，处五日以下拘留，可以并处五千元以上五万元以下罚款。”

在审议和征求意见过程中，主要意见有：一是建议加大罚款和拘留的力度，与其他条文规定的处罚相协调；二是在立法技术上，条文的逻辑和具体表述应当与第三十五条一致，即对有违法所得的处以倍数罚款，对没有违法所得的处以定额罚款。因此，对草案主要作了如下修改：一是将“处五千元以下罚款”修改为“处违法所得一倍以上十倍以下罚款”；二是增加规定“没有违法所得的，处二十万元以下罚款”；三是将“情节较重”修改为“情节严重”，使得相关表述与刑法的表述相一致；四是将“处五日以下拘留，可以并处五千元以上五万元以下罚款”修改为“由公安机关并处十日以下拘留”，以明确作出拘留处罚的机关。

2. 反电信网络诈骗法二次审议稿第四十条规定：“违反本法第二十九条

第一款规定的，没收违法所得，由公安机关处违法所得一倍以上十倍以下罚款，没有违法所得的，处二十万元以下罚款；情节严重的，并处十日以下拘留。”

在对二次审议稿的修改过程中，主要考虑是要在立法技术上与前一条对涉诈“黑灰产”的处罚相一致，因此，最终作了两处修改：一是将“没有违法所得”修改为“没有违法所得或者违法所得不足二万元”，以避免出现有违法所得的处罚反而比没有违法所得还要轻的情况。二是将“并处十日以下拘留”修改为“并处十五日以下拘留”，进一步加大处罚力度。

【条文释义】

本条是针对本法第三十一条第一款关于不得非法转让“两卡”规定的法律责任。本法第三十一条第一款规定：“任何单位和个人不得非法买卖、出租、出借电话卡、物联网卡、电信线路、短信端口、银行账户、支付账户、互联网账号等，不得提供实名核验帮助；不得假冒他人身份或者虚构代理关系开立上述卡、账户、账号等。”

针对上述行为，本条规定的法律责任分为三个层次：一是如果从事了本法第三十一条第一款规定的非法买卖、出租、出借电话卡、物联网卡、电信线路、短信端口、银行账户、支付账户、互联网账号等行为，为非法买卖、出租、出借的上述卡、账户、账号等提供实名核验帮助的行为，或者假冒他人身份或者虚构代理关系开立上述卡、账户、账号等行为，则将被没收违法所得，同时，由公安机关处以违法所得一倍以上十倍以下罚款。需要注意的是，此处的违法所得需要达到二万元以上。例如，假冒他人身份开立电话卡，违法获利三万元，则该三万元将被没收，同时面临由公安机关或者有关主管部门作出的至少三万元、至多三十万元的罚款。二是如果从事了本法第三十一条第一款规定的行为，但没有违法所得或者违法所得不足二万元的，则将面临二十万元以下罚款。三是如果从事了本法第三十一条第一款规定的行为，情节严重，但尚不构成犯罪的，在被没收全部违法所得、由公安机关处违法所得一倍以上十倍以下罚款的同时，还将面临公安机关作出的十五日以下拘留的行政处罚。

【实践中需要注意的问题】

“断卡”行动是打击治理电信网络新型违法犯罪，依法清理整治涉诈电话卡、物联网卡以及关联互联网账号，以斩断犯罪分子的信息流和资金流的行动。自2020年10月10日国务院召开打击治理电信网络新型违法犯罪工作部际联席会决定在全国范围内开展“断卡”行动以来，集中清理了海量涉诈电话卡、银行卡，有力打击和遏制了电信网络诈骗犯罪。但是，在“断卡”行动和有关部门、单位、企业日常风险监测中，还有以下需要注意的问题：

一是要注意保护公民通信自由。目前，在风险监测方面，三家运营商主要采用大数据监测分析手段识别疑似涉诈号码及风险用户，及时采取实时拦截和封堵措施，但对监测模型和系统更新升级的速度要求较高。一旦采取严格的监管模式，例如对可疑用户的电话卡采取单停（只能接听不能拨打）、二次核验、双停（停止接听、拨打功能）等手段，必然会在一定程度上影响客户体验。

二是要注意保护银行客户权益，保障商业银行的稳健运行，维护金融秩序，促进社会主义市场经济的发展。为了防范电信网络诈骗犯罪，银行等金融机构、非银行支付机构必然采取更加严格的监管措施，例如限制转账金额、多次核验身份、反复确认交易目的等，给客户带来一定程度的不便。因此，如何平衡公民通信自由、正常金融交易需求和反电信网络诈骗工作需要，还要在实践中进一步探索完善。

第四十五条　反电信网络诈骗工作有关部门、单位的工作人员滥用职权、玩忽职守、徇私舞弊，或者有其他违反本法规定行为，构成犯罪的，依法追究刑事责任。

【条文主旨】本条是关于反电信网络诈骗部门、单位的工作人员失职渎职或者有其他违反本法规定的行为的刑事责任的规定。

【立法宗旨和背景】

（一）起草背景

打击和治理电信网络诈骗犯罪过程中，有关部门、单位的工作人员一旦有滥用职权、玩忽职守、徇私舞弊的行为，不但会给反电信网络诈骗工作造成重大困难，也可能会造成电信网络诈骗犯罪的进一步蔓延。例如，有些部门、单位能够有机会获取到大量的信息，诸如电信网络诈骗受害人或者潜在受害人的公司账户信息、手机卡信息、银行卡信息、消费信息、行程信息等，信息种类多，其中不乏个人敏感信息。在利益驱使下，信息一旦被这些部门或者行业的“内鬼”所泄露，再被犯罪分子所扩散、利用，将变相、间接为网络“黑灰产”提供帮助：有的犯罪分子把非法获取的公民个人信息用于注册手机卡、银行卡作为实施诈骗的基础工具，有的利用这些信息对被害人进行“画像”实施精准诈骗。在反电信网络诈骗法中增加相应规定，强调对反电信网络诈骗工作有关部门、单位的工作人员的行为约束，一方面能够增加人民群众的信任感、安全感，另一方面也是打击和治理电信网络诈骗犯罪的需要，避免犯罪活动的无限扩张和增加。

（二）审议中各方面的意见

1. 反电信网络诈骗法草案中没有对本条涉及的内容作出规定，在审议和征求意见过程中，有些意见提出，有关共享平台、移送的风险信息等信息应当依法用于打击和治理电信网络诈骗犯罪活动，主管部门、企业等主体在履行反电信网络诈骗职责中获取的有关国家秘密、商业秘密、个人隐私均不得泄露，因此，建议增加关于信息保护的内容和相关法律责任。

2. 反电信网络诈骗法二次审议稿在第五条增加了关于信息保护的规定，同时增加了违反第五条规定、泄露相关信息的法律责任的内容，即在第四十一条规定：“反电信网络诈骗工作有关部门、单位的工作人员滥用职权、玩忽职守、徇私舞弊，或者有违反规定泄露国家秘密、商业秘密和个人隐私行为的，依法追究法律责任。”

在对二次审议稿的审议和征求意见过程中，有些意见提出，个人信息与个人隐私的概念不完全相同，有关主管部门、企业等获取到的信息应严格被限制用于反电信网络诈骗工作，涉及个人信息的，也应予以保护，不得泄露。有些意见提出，违反本法规定的行为，都应依法追究法律责任，不应当将其限制在有违反规定泄露国家秘密、商业秘密和个人隐私行为。考虑到本条内容约束的主体是反电信网络诈骗工作有关部门、单位的工作人员，对违反本法规定的行为的法律责任作出原则性规定，也可以将泄露国家秘密、商业秘密和个人隐私行为一并约束。因此，在二次审议稿的基础上，将“有违反规定泄露国家秘密、商业秘密和个人隐私行为的”修改为“有其他违反本法规定的行为”。

【条文释义】

（一）失职渎职或者其他违反本法规定的行为

本条是关于反电信网络诈骗部门、单位的工作人员失职渎职或者有其他违反本法规定的行为的刑事责任的规定。依据本条规定追究法律责任，需要符合以下两个方面的条件：

1. 滥用职权、玩忽职守、徇私舞弊。本条中的“滥用职权”，是指超越职权，违反法律规定的权限和程序决定、处理其无权决定、处理的事项，或者违反规定处理公务，致使公共财产、国家和人民利益遭受重大损失的行为。“玩忽职守”，是指严重不负责任，不履行法律所规定的职责或者不认真、不正确或者放弃履行职责，致使国家利益、公共利益遭受重大损失的行为。“徇私舞弊”，是指利用职务上的便利和权力，徇个人私利或者亲友私情的行为。

2. 其他违反本法规定的行为。本法对反电信网络诈骗工作总的原则、要求以及电信治理、金融治理、互联网治理的措施均作出了规定。例如，本法第五条第二款对有关部门、单位和个人的保密要求作了规定，即有关部门和单位、个人应当对在反电信网络诈骗工作过程中知悉的国家秘密、商业秘密和个人隐私、个人信息予以保密。又如，第十六条第三款规定，中国人民银行、国务院银行业监督管理机构组织有关清算机构建立跨机构开户数量核验机制和风险信息共享机制，并为客户提供查询名下银行账户、支付账户的便捷渠道。银行业金融机构、非银行支付机构应当按照国家有关规定提供开户情况和有关风险信息。相关信息不得用于反电信网络诈骗以外的其他用途。第二十六条规定，公安机关办理电信网络诈骗案件依法调取证据的，互联网服务提供者应当及时提供技术支持和协助。互联网服务提供者依照本法规定对有关涉诈信息、活动进行监测时，发现涉诈违法犯罪线索、风险信息的，应当依照国家有关规定，根据涉诈风险类型、程度情况移送公安、金融、电信、网信等部门。有关部门应当建立完善反馈机制，将相关情况及时告知移送单位。

（二）构成犯罪的，依法追究刑事责任

按照本条的规定，反电信网络诈骗工作有关部门、单位的工作人员，构成犯罪的，要依法追究其刑事责任。

1. 刑法第九章对渎职罪作了规定，其中第三百九十七条第一款对滥用职权罪、玩忽职守罪作出了规定，即除刑法另有规定外，国家机关工作人员滥用职权或者玩忽职守，致使公共财产、国家和人民利益遭受重大损失的，将处以三年以下有期徒刑或者拘役；如果情节特别严重的，将处三年以上七年以下有期徒刑。第二款规定，国家机关工作人员徇私舞弊，犯前款罪的，处以五年以下有期徒刑或者拘役；情节特别严重的，处以五年以上十年以下有期徒刑。《最高人民法院、最高人民检察院关于办理渎职刑事案件适用法律若干问题的解释（一）》第一条规定："国家机关工作人员滥用职权或者玩忽职守，具有下列情形之一的，应当认定为刑法第三百九十七条规定的'致使公共财产、国家和人民利益遭受重大损失'：（一）造成死亡1人以上，或者重伤3人以上，或者轻伤9人以上，或者重伤2人、轻伤3人以上，或者重伤1人、轻伤6人以上的；（二）造成经济损失30万元以上的；（三）造成恶劣社会影响的；（四）其他致使公共财产、国家和人民利益遭受重大损失的情形。""具有下列情形之一的，应当认定为刑法第三百九十七条规定的'情节特别严重'：（一）造成伤亡达到前款第（一）项规定人数3倍以上的；（二）造成经济损失150万元以上的；（三）造成前款规定的损失后果，不报、迟报、谎报或者授意、指使、强令他人不报、迟报、谎报事故情况，致使损失后果持续、扩大或者抢救工作延误的；（四）造成特别恶劣社会影响的；（五）其他特别严重的情节。"

2. 刑法第三百九十八条对故意泄露国家秘密罪、过失泄露国家秘密罪作了规定："国家机关工作人员违反保守国家秘密法的规定，故意或者过失泄露国家秘密，情节严重的，处三年以下有期徒刑或者拘役；情节特别严重的，处三年以上七年以下有期徒刑。""非国家机关工作人员犯前款罪的，依照前款的规定酌情处罚。"此处的"国家秘密"，根据保守国家秘密法第二条、第九条的规定，是指关系国家安全和利益，依照法定程序确定，在一定时间内只限一定范围的人员知悉的事项。主要包括：（1）国家事务重大决策中的秘密事项；（2）国防建设和武装力量活动中的秘密事项；（3）外交和外事活动中的秘密事项以及对外承担保密义务的秘密事项；（4）国民经济和社会发展中的秘密事项；（5）科学技术中的秘密事项；（6）维护国家安全活动和追查刑事犯罪中的秘密事项；（7）经国家保密行政管理部门确定的其他秘密事项。此外，政党的秘密事项中符合上述规定的，属于国家秘密。“泄露国家秘密”是指行为人把自己掌管的或者知悉的国家秘密让不应知悉者知悉的行为。泄露的方式不作限制，方式不同不影响泄露国家秘密罪的成立。非国家机关工作人员犯泄露国家秘密罪的，依照刑法第三百九十八条第一款的规定酌情处罚。

需要注意的是，故意和过失行为均可以构成犯罪。故意泄露国家秘密罪是指国家机关工作人员或者非国家机关工作人员违反保守国家秘密法，故意使国家秘密被不应知悉者知悉，或者故意使国家秘密超出了限定的接触范围，情节严重的行为。过失泄露国家秘密罪是指国家机关工作人员或者非国家机关工作人员违反保守国家秘密法，过失泄露国家秘密，或者遗失国家秘密载体，致使国家秘密被不应知悉者知悉或者超出了限定的接触范围，情节严重的行为。

3. 刑法第二百一十九条对侵犯商业秘密罪作了规定：“有下列侵犯商业秘密行为之一，情节严重的，处三年以下有期徒刑，并处或者单处罚金；情节特别严重的，处三年以上十年以下有期徒刑，并处罚金：（一）以盗窃、贿赂、欺诈、胁迫、电子侵入或者其他不正当手段获取权利人的商业秘密的；（二）披露、使用或者允许他人使用以前项手段获取的权利人的商业秘密的；（三）违反保密义务或者违反权利人有关保守商业秘密的要求，披露、使用或者允许他人使用其所掌握的商业秘密的。”“明知前款所列行为，获取、披露、使用或者允许他人使用该商业秘密的，以侵犯商业秘密论。”“本条所称权利人，是指商业秘密的所有人和经商业秘密所有人许可的商业秘密使用人。”“商业秘密”，依据反不正当竞争法第九条的规定，是指不为公众所知悉、具有商业价值并经权利人采取相应保密措施的技术信息、经营信息等商业信息。

【实践中需要注意的问题】

第一，按照刑法的规定，滥用职权和玩忽职守的行为只有“致使公共财产、国家和人民利益遭受重大损失的”，才能构成犯罪。是否造成“重大损失”，是区分罪与非罪的重要标准，未造成重大损失的，属于一般工作过失的渎职行为，可以由有关部门给予批评教育或者处分，如可以依据监察法和公务员法的有关规定给予其行政处分。根据监察法第四十五条第一款的规定，监察机关根据监督、调查结果对违法的公职人员依照法定程序作出警告、记过、记大过、降级、撤职、开除等政务处分决定。根据公务员法第六十一条、第六十二条的规定，公务员因违法违纪应当承担纪律责任的，依照公务员法给予处分，处分分为：警告、记过、记大过、降级、撤职、开除。处分的种类有警告、记过、记大过、降级、撤职、开除等；受处分的期限为：警告，六个月；记过，十二个月；记大过，十八个月；降级、撤职：二十四个月。受撤职处分的，按照规定降低级别。有处分权的单位可根据违法的国家工作人员所犯违法事实的情节轻重分别给予不同的处分，以达到教育惩戒的目的。

第二，依照刑法的规定，泄露国家秘密必须“情节严重”，才构成犯罪。根据最高人民检察院《关于渎职侵权犯罪案件立案标准的规定》，故意泄露国家秘密的立案标准是：（1）泄露绝密级国家秘密1项（件）以上的；（2）泄露机密级国家秘密2项（件）以上的；（3）泄露秘密级国家秘密3项（件）以上的；（4）向非境外机构、组织、人员泄露国家秘密，造成或者可能造成危害社会稳定、经济发展、国防安全或者其他严重危害后果的；（5）通过口头、书面或者网络等方式向公众散布、传播国家秘密的；（6）利用职权指使或者强迫他人违反保守国家秘密法的规定泄露国家秘密的；（7）以牟取私利为目的泄露国家秘密的；（8）其他情节严重的情形。过失泄露国家秘密的立案标准是：（1）泄露绝密级国家秘密1项（件）以上的；（2）泄露机密级国家秘密3项（件）以上的；（3）泄露秘密级国家秘密4项（件）以上的；（4）违反保密规定，将涉及国家秘密的计算机或者计算机信息系统与互联网相连接，泄露国家秘密的；（5）泄露国家秘密或者遗失国家秘密载体，隐瞒不报、不如实提供有关情况或者不采取补救措施的；（6）其他情节严重的情形。

根据保守国家秘密法第十条的规定，国家秘密的密级分为“绝密”“机密”“秘密”三级，其中，“绝密”是最重要的国家秘密，泄露会使国家的安全和利益遭受特别严重的损失；“机密”是重要的国家秘密，泄露会使国家的安全和利益遭受严重的损害；“秘密”是一般的国家秘密，泄露会使国家的安全和利益遭受损害。

第三，依据刑法规定，侵犯商业秘密的行为需要达到“情节严重”，才能构成犯罪。《最高人民法院、最高人民检察院关于办理侵犯知识产权刑事案件具体应用法律若干问题的解释（三）》第四条规定：“实施刑法第二百一十九条规定的行为，具有下列情形之一的，应当认定为‘给商业秘密的权利人造成重大损失’：（一）给商业秘密的权利人造成损失数额或者因侵犯商业秘密违法所得数额在三十万元以上的；（二）直接导致商业秘密的权利人因重大经营困难而破产、倒闭的；（三）造成商业秘密的权利人其他重大损失的。给商业秘密的权利人造成损失数额或者因侵犯商业秘密违法所得数额在二百五十万元以上的，应当认定为刑法第二百一十九条规定的‘造成特别严重后果’。”

第四十六条　组织、策划、实施、参与电信网络诈骗活动或者为电信网络诈骗活动提供相关帮助的违法犯罪人员，除依法承担刑事责任、行政责任以外，造成他人损害的，依照《中华人民共和国民法典》等法律的规定承担民事责任。

电信业务经营者、银行业金融机构、非银行支付机构、互联网服务提供者等违反本法规定，造成他人损害的，依照《中华人民共和国民法典》等法律的规定承担民事责任。

【条文主旨】本条是关于民事责任的衔接规定。

【立法宗旨和背景】

（一）起草背景

电信诈骗案件涉案资金重大，动辄几百万元、上千万元，诈骗金额触目惊心，严重侵害人民群众财产安全和合法权益。如何最大限度帮助受害人挽回和弥补损失，事关人民群众切身利益，是反电信网络诈骗法立法的重要内容。同时，如何进一步落实企业防范责任，明确其有关民事责任具有重要现实意义。因此，在本法中增加了有关主体承担民事责任的衔接性条款。

（二）审议中各方面意见

1. 反电信网络诈骗法草案没有对本条涉及的内容作出规定。在审议和征求意见过程中，有些意见提出，电信网络诈骗犯罪给人民群众的财产安全造成重大威胁和严重损失，客观上为电信网络诈骗犯罪提供帮助的电信业务经营者、银行业金融机构、非银行支付机构、互联网服务提供者等，应当依法承担民事责任。

2. 反电信网络诈骗法二次审议稿增加了相关规定，即在第四十二条中规定："电信业务经营者、银行业金融机构、非银行支付机构、互联网服务提供者违反本法规定，造成他人电信网络诈骗损失，构成民事侵权的，依法承担民事责任。"

在审议和征求意见过程中，有些意见提出：一是电信网络诈骗犯罪造成的损害，参与电信网络诈骗的犯罪分子应当是第一责任人，建议增加对其追究民事责任的规定；二是建议明确规定"除应当承担的刑事责任、行政责任外"，还应当承担民事责任，避免造成进行民事赔偿后即可免予刑事处罚或者行政处罚的误读；三是作为民事责任的衔接性条款，明确依据民法典的有关规定承担民事责任。因此，在二次审议稿的基础上，本条作了如下修改：一是增加对组织、策划、实施电信网络诈骗分子的追责规定，作为本条第一款，即组织、策划、实施电信网络诈骗活动的，或者为电信网络诈骗活动提供帮助的违法犯罪人员，除依法承担刑事责任、行政责任外，造成他人损害的，依照民法典等法律的规定承担民事责任；二是将"造成他人电信网络诈骗损失，构成民事侵权的"直接修改为"造成他人损害的"。

（三）有关国家和地区的规定

在国外电信及相关立法中，针对电信企业和互联网企业因涉及电信网络诈骗管理不当而产生民事责任的，目前尚无直接相关的法律规定。但由于电信和互联网企业在防范制度、监督管理等方面存在过错，进而承担民事赔偿责任的，有美国、欧盟、德国、日本、韩国的相关法律规定可以参考。

1. 美国。

（1）一般侵权责任。

美国在民事责任承担上对本国互联网信息服务商采取较宽容政策。服务商可以援引《通信规范法》第230条对用户向第三方的侵权责任主张豁免，但该豁免范围不包含对知识产权的侵权。此后修订的《数字千年版权法案》又对服务商承担知识产权侵权责任作出了限制。

由于互联网服务商无法像线下中介一样拥有对发布内容的过滤或筛选能力，故《通信规范法》第230条规定禁止将互联网服务商视为内容发布的中介商，以要求其承担相应中介责任。根据该法“交互式计算机服务”被定义为“任何信息服务、系统或访问软件提供商，它提供或允许多个用户访问计算机服务器”的规定，使得社交媒体网站、博客平台、留言板和搜索引擎等互联网服务提供商都不视为内容中介，进而也无须承担一般侵权责任。

但《通信规范法》第230条的豁免范围仅针对“他人的”内容，这意味着不涵盖服务商直接发布的内容。因此，互联网服务商如果被视为发布者时，或者对他人发布内容进行实质性修改后发生侵权时，其仍然须承担侵权责任。

（2）知识产权侵权责任。

《通信规范法》虽然对服务商的大部分侵权责任予以豁免，但第230条明确排除了联邦刑法、知识产权法的适用。因此，第230条并不能免除服务商对版权侵权索赔和其他知识产权索赔案件的民事责任。如果用户在未经所有者许可的情况下发布或使用他人的创意作品、他们的商标或某些机密商业信息，服务商可能会因违反知识产权法而承担法律责任。

但是，按照《数字千年版权法案》的规定，服务商仅在非常有限的情况下才对其用户的版权侵权承担责任。分别有：一是直接侵权：如果服务商有意托管受版权保护的材料并从中获得直接经济利益，则将构成直接侵权；二是替代责任：如果服务商有权利和能力控制其用户，并从版权侵权中获得直接经济利益，则该可能承担替代责任；三是共同侵权：如果服务商知道侵权活动并对版权侵权发挥实质性作用（即使是协助），则服务商可以根据共同侵权责任理论承担责任。

（3）其他民事责任。

美国加利福尼亚州《隐私法》要求企业保证信息系统的“安全性和完整性”：第一，网络或信息系统对为危及其存储或传输的个人信息的可用性、真实性、完整性和保密性的安全事故的检测能力；第二，对安全事故，对阻挡恶意、欺骗、欺诈或非法行为，并协助对这些行为追责的能力；第三，企业确保自然人人身安全的能力。

在发现信息安全漏洞的时候，如果消费者未经加密和未经处理的个人信息或其邮箱地址（包括可访问该邮箱的密码或安全问题及答案）遭受了未经授权的访问、泄露、盗窃或披露，且此等未经授权的访问、披露、盗窃或披露是由于企业违反其义务，未能实施和维护与信息性质相符的合理安全程序和实践方法以保护个人信息所致，则该消费者可根据以下任意一项提起民事诉讼：（A）为每名消费者每起事故赔偿不少于100美元且不多于750美元的损害赔偿金或实际损害赔偿金，以数额较高者为准。（B）禁令性或宣告性法律救济。（C）法院认为适当的其他救济。

除此之外，企业存在其他违反隐私法的行为也可能受到处罚。加利福尼亚州《隐私法》第17条规定，任何违反本法案要求的企业、服务提供商、承包商或其他人应当就每次承担不超过2500美元的罚金，或应当对企业、服务提供商、承包商或其他人每次故意违反本法的行为，及明知涉及16周岁以下消费者的个人信息而违反本法的行为，每次承担不超过7500美元的罚金。罚金由加利福尼亚州隐私保护署执行，具体数额根据相关条款进行调整。

2. 欧盟。

欧盟对互联网服务提供商的民事责任配置有两个方面的考量：一方面，如果将互联网服务商视作“出版商”而对用户的内容承担责任，则可能会限制服务提供商进入市场；另一方面，欧盟委员会认识到互联网服务商在限制非法在线内容方面应发挥作用，以提高公众对互联网作为经济活动安全空间的信任和信心。

为此，《电子商务指令》规范了信息社会服务中在服务自由、电子合同的处理以及第三方内容等方面的责任等问题，其中在第 4 节中规定了服务提供商的责任，也包含对特定类型的互联网服务引入责任豁免规定，仅涵盖管道、缓存和托管三种类型的服务。其他不符合免责条件的服务商，并不意味着中介机构本身就有责任，只是不能援引该指令规定的豁免权，但可以根据每个成员国相应的法律确定责任问题。

纯粹的管道业务服务商的责任豁免仅适用于以下情形：（1）不启动数据传输；（2）不选择数据的接收者；（3）不选择或修改传输的数据。尽管此类服务提供者不承担责任，但成员国的法院和行政当局可依据其法律向“纯粹的管道”服务提供者发出禁令。

缓存业务服务商主要指代理服务器的提供者。此类服务的提供者只有在与所传输的信息没有任何关系的情况下才能免除责任。同时，服务提供商必须满足以下五个条件才能从缓存豁免中受益：（1）提供者不得修改信息，因为这会剥夺它的中介地位；（2）提供者必须遵守获取信息的条件；（3）提供者必须根据该领域公认的规则和惯例定期更新信息；（4）提供者不得干扰用于衡量信息技术的合法使用；（5）提供者必须在实际获知信息的初始来源已被删除、对它的访问已被禁用或法院行政当局已下令进行此类删除或禁用后立即删除缓存的信息。

《电子商务指令》第 14 条规定了互联网中介机构的第三项责任豁免，涉及为用户提供网络空间的网络托管服务。此类服务提供商不对存储的信息负责，条件是：（1）提供者不知道与民事损害赔偿索赔有关的非法活动，并且其没有实际了解关于其他索赔非法活动或信息；（2）提供者在知道后，迅速采取行动删除或禁止访问信息。

欧盟 2019 年发布的《关于打击欺诈和伪造非现金支付手段和取代理事会框架决定——欧洲议会和理事会 2019/713 年指令》中明确了法人责任。如果法人的主要机构或目的是为了实施第 3—8 条规定的罪行，会员国应采取必要措施，确保法人对其负责。这些罪行包括：欺诈性使用非现金支付工具；与欺诈性使用实体非现金支付工具有关的罪行；与欺诈性使用非公司非现金支付工具有关的罪行；与信息系统相关的欺诈；用于犯罪的工具；煽动、协助、教唆和企图。制裁应包括刑事或非刑事罚款，并可能包括其他制裁，例如（a）不包括享受公共福利或援助的权利；（b）暂时不获得公共资金，包括招标程序、赠款和特许权；（c）暂时或永久取消商业活动资格；（d）置于司法监督之下；（e）司法清盘；（f）暂时或永久关闭用于犯罪的机构。

3. 德国。

德国法律规定，组织有若干义务采取措施监测、发现、预防和减轻事故。根据《远程媒体法》第13（7）节，远程媒体提供商必须通过技术和组织措施确保不得未经授权访问其远程媒体服务所用的技术设备，并确保它们免受个人数据泄露和干扰，即使这些设备是由外部攻击造成的。根据《电信法》第109（1）条，电信服务提供商必须实施技术保障措施，以保护电信隐私和个人数据，并保护电信和数据处理系统免受未经授权的访问［《电信法》第109（2）至（5）条的进一步义务］。金融产品的提供者有义务发展一种针对IT的风险管理（《银行法》第25a条和《证券交易法》第80条）。根据《一般数据保护条例》第5（1）（f）条和第32条，控制者有义务以确保个人数据适当安全的方式处理个人数据，包括使用适当的技术或组织措施防止未经授权或非法处理以及防止意外丢失、破坏或损坏。

组织对事件有具体的报告义务。根据《一般数据保护条例》第33条，控制人必须将个人数据泄露通知主管数据保护机构。如果安全漏洞不太可能对数据主体的权利和自由造成高风险，则适用例外。报告必须在发现违规事件后不迟于72小时作出，并且必须载有事件说明、受影响数据类别的指示、有关数据主体以及为补救或减轻负面影响而采取的措施的详细说明。向主管数据保护机构发出的通知还必须说明非法访问和该机构采取的措施可能产生的有害后果，以及提供数据保护官员的姓名和联系方式。根据《联邦信息安全办公室法》第8b条，关键基础设施的运营商必须立即向联邦信息安全办公室通报其信息技术系统、组件或流程的可用性、完整性、真实性和保密性。通知应包括有关干扰、可能的跨境影响和技术框架的信息，特别是假定或实际原因、有关信息技术、有关设施或设备的类型，以及提供的关键服务以及事件对这项服务的影响。根据《电信法》第109节，公共电信网络或服务提供商必须通知导致或可能导致重大安全漏洞的电信网络和服务的任何损害，并立即通知联邦网络局和联邦信息安全办公室。通知必须包含有关损害的信息以及技术条件，特别是推定或实际原因以及受影响的信息技术的信息。

根据《联邦信息安全办公室法》第 14 条，不遵守上述要求者可被处以最高 10 万欧元的行政罚款。根据《一般数据保护条例》第 83 条，不遵守上述要求者将被处以最高 1000 万欧元的罚款，或占全球年营业额的 2%，以较高者为准。

4. 日本。

日本对特定电信服务提供商的民事责任问题制定了专门的《特定财产损害赔偿责任限制法》。根据该法第 3 条规定，当用户发布的信息侵害他人权利时，相关服务提供者对侵权行为所造成的损失不承担任何责任，但如果所述相关服务提供商是上述信息的发件人，则不适用该豁免条款。

《特定财产损害赔偿责任限制法》还对侵权责任的豁免提出了例外情形：一是如果该服务提供商知道其他人的权利损害是通过该信息传输行为造成的；二是在相关服务提供商知道相关信息的传输，并且有合理理由知道所传输的信息可能造成他人损害。以上两种情形不能享受侵权责任豁免。

5. 韩国。

韩国《关于促进信息通信网络的使用和信息保护的法案》规定了信息服务提供商就用户对他人实施诽谤或其他侵权内容时的民事责任承担问题。但该法案第 44 条第 2 款有关信息服务提供商侵权责任的规定，被认为变相加重了责任承担内容。

《关于促进信息通信网络使用和信息保护的法案》第 44 条之二（信息删除请求）规定如下：“（1）任何人因通过信息通信网络向公众提供的信息侵犯隐私、诽谤等权利而受到侵害的，可以要求处理该信息的信息通信服务提供者删除该信息，或者发布信息以对违规事实予以反驳。（2）信息通信服务提供者收到第 1 款规定的请求后，应当立即对信息进行删除或者暂时屏蔽或者采取其他必要措施，并立即通知信息作者和删除信息的申请人。服务提供者应通过在相关公告板上张贴告知用户已采取必要措施的事实。……（4）服务提供者不顾第 1 款的请求，发现权利是否受到侵犯难以判断或者预计利害关系人之间会发生纠纷的，可以采取临时措施暂时阻止访问相关信息，最长可能持续30天。……（6）服务提供者可以通过采取第2款规定的必要措施减少或免除责任。”

上述规定第六款提到“减少或免除责任”，试图将第1至5项变成如美国《数字千年版权法案》一样的豁免条款。然而，这里的豁免不是强制性的，而是取决于法院，因为法律规定中介“可以减少或豁免”，而不是“应该被豁免”。实践中，也没有一家服务提供者敢将第44－2条解释为允许其按照避险港要求的简单措施便可获得豁免。

韩国最高法院就信息服务商的民事责任承担问题作出具有重大影响力的判决。韩国最高法院在2001年裁定，服务商“有责任在知道或有理由知道诽谤性帖子时采取适当措施”。在2009年的一起案件中，韩国最高法院作出了一项决定性的判决，认定门户网站 Naver、Daum、SK Communications 和 Yahoo Korea 对原告遭受的诽谤负责，因为这些网站用户的发帖内容导致了原告女友自杀。法院分别判决上述服务商赔偿1000万韩元、700万韩元、800万韩元和500万韩元。

因此，最终结果显示，即使受害者没有通知信息服务商，如果“服务提供者很明显可能已经知道该内容”，该服务商将对后来被认定为“明显”诽谤的帖子承担绝对责任。这被称为最严格的中介责任制度。

【条文释义】

本条共分为两款，第一款是关于组织、策划、实施电信网络诈骗活动，或者为电信网络诈骗活动提供帮助的违法犯罪人员承担民事责任的规定。即上述人员除了依法承担刑事责任、行政责任外，造成他人损害的，还将依照民法典等法律的规定承担民事责任。

1. 刑事责任。

刑法第二百六十六条规定，诈骗公私财物，数额较大的，处三年以下有期徒刑、拘役或者管制，并处或者单处罚金；数额巨大或者有其他严重情节的，处三年以上十年以下有期徒刑，并处罚金；数额特别巨大或者有其他特别严重情节的，处十年以上有期徒刑或者无期徒刑，并处罚金或者没收财产。本法另有规定的，依照规定。根据《最高人民法院、最高人民检察院关于办理诈骗刑事案件具体应用法律若干问题的解释》规定，诈骗公私财物价值三千元至一万元以上、三万元至十万元以上、五十万元以上的，应当分别认定为刑法第二百六十六条规定的“数额较大”“数额巨大”“数额特别巨大”。

刑法第二百八十六条之一规定：“网络服务提供者不履行法律、行政法规规定的信息网络安全管理义务，经监管部门责令采取改正措施而拒不改正，有下列情形之一的，处三年以下有期徒刑、拘役或者管制，并处或者单处罚金：（一）致使违法信息大量传播的；（二）致使用户信息泄露，造成严重后果的；（三）致使刑事案件证据灭失，情节严重的；（四）有其他严重情节的。”“单位犯前款罪的，对单位判处罚金，并对其直接负责的主管人员和其他直接责任人员，依照前款的规定处罚。”“有前两款行为，同时构成其他犯罪的，依照处罚较重的规定定罪处罚。”

刑法第二百八十七条之一规定，非法利用信息网络罪是指：“利用信息网络实施下列行为之一，情节严重的，处三年以下有期徒刑或者拘役，并处或者单处罚金：（一）设立用于实施诈骗、传授犯罪方法、制作或者销售违禁物品、管制物品等违法犯罪活动的网站、通讯群组的；（二）发布有关制作或者销售毒品、枪支、淫秽物品等违禁物品、管制物品或者其他违法犯罪信息的；（三）为实施诈骗等违法犯罪活动发布信息的。”“单位犯前款罪的，对单位判处罚金，并对其直接负责的主管人员和其他直接责任人员，依照第一款的规定处罚。”“有前两款行为，同时构成其他犯罪的，依照处罚较重的规定定罪处罚。”第二百八十七条之二规定，帮助信息网络犯罪活动罪是指：“明知他人利用信息网络实施犯罪，为其犯罪提供互联网接入、服务器托管、网络存储、通讯传输等技术支持，或者提供广告推广、支付结算等帮助，情节严重的，处三年以下有期徒刑或者拘役，并处或者单处罚金。”“单位犯前款罪的，对单位判处罚金，并对其直接负责的主管人员和其他直接责任人员，依照第一款的规定处罚。”“有前两款行为，同时构成其他犯罪的，依照处罚较重的规定定罪处罚。”《最高人民法院、最高人民检察院关于办理非法利用信息网络、帮助信息网络犯罪活动等刑事案件适用法律若干问题的解释》对帮助信息网络犯罪活动罪的适用作了具体规定。例如，第十二条对刑法第二百八十七条之二第一款规定的“情节严重”作了规定。

2. 行政责任。

组织、策划、实施电信诈骗活动，或者为电信网络诈骗活动提供帮助的人员，如尚不构成犯罪，则依照本法及有关法律的规定，承担行政责任。如根据本法第四十二条规定：“违反本法第十四条、第二十五条第一款规定，从事涉诈黑灰产，为电信网络诈骗活动提供支持、帮助的，将面临的处罚是：没收违法所得，由公安机关或者有关主管部门处违法所得一倍以上十倍以下罚款，没有违法所得或者违法所得不足五万元的，处五十万元以下罚款；情节严重的，由公安机关并处十五日以下拘留。”

3. 民事责任。

民法典第一百二十条规定，民事权益受到侵害的，被侵权人有权请求侵权人承担侵权责任。此外，民法典第七编对侵权责任作了全面规定，其中，第一千一百六十五条规定，行为人因过错侵害他人民事权益造成损害的，应当承担侵权责任；第一千一百八十四条规定，侵害他人财产的，财产损失按照损失发生时的市场价格或者其他合理方式计算。被害人因电信网络诈骗造成财产损失，组织、策划、实施电信网络诈骗活动，或者为电信网络诈骗活动提供帮助的违法犯罪人员应当承担相应的民事责任。

本条第二款是关于电信业务经营者、银行业金融机构、非银行支付机构、互联网服务提供者等主体承担民事责任的规定。即上述主体违反本法规定，造成他人损害的，依照民法典等法律的规定承担民事责任。

在审议修改过程中，有关部门和部分电信企业、银行、非银行支付机构、互联网企业等主体，以及部分专家学者都提出了意见。主要是：电信业务经营者、银行业金融机构、非银行支付机构、互联网服务提供者的主体，不是电信网络诈骗犯罪的行为人，不应当与电信网络诈骗行为人承担连带责任，甚至承担无过错责任，应当依据各自过错程度承担相应的责任。本条的规定是与民法典等法律相衔接的条款，没有创设新的民事责任。是否承担民事责任，应当根据民法典等法律规定，结合案件情况，对行为与损害结果之间的因果关系、作用大小、过错程度等情况，由人民法院确定是否承担或承担多大的民事责任。

【实践中应注意的问题】

正确理解和执行这一规定，要注意不能结果倒推，不能只要出现电信网络诈骗损失，在整个环节链条上发现企业存在不到位的即承担民事责任，而应根据民法典等规定，结合案件情况进行判断。对于企业违反本法规定的行为，如未依照国家有关规定完善内部风险控制机制的、未对某笔可疑交易、可疑账户进行有效监测识别的，可能构成违反本法规定进行行政处罚，但该行政处罚责任并不等同民事责任。是否承担民事责任，需要由人民法院另外判断。

第四十七条　人民检察院在履行反电信网络诈骗职责中，对于侵害国家利益和社会公共利益的行为，可以依法向人民法院提起公益诉讼。

【条文主旨】本条是关于人民检察院在履行反电信网络诈骗职责中可以提起公益诉讼的规定。

【立法宗旨和背景】

（一）起草背景

为切实加强反电信网络诈骗工作，维护国家利益和社会公共利益，落实相关责任主体的责任，帮助相关受害者维护自身权益，强化法律监督职责，在检察机关探索实践公益诉讼的基础上，通过法律进一步明确检察机关在履行反电信网络诈骗职责中，对于侵害国家利益和社会公共利益的行为，依法提起公益诉讼。

（二）审议中各方面的意见

本条是反电信网络诈骗法三次审议稿增加的内容。在反电信网络诈骗法草案向地方征求意见的过程中，有的地方建议，增加规定“检察机关对反电信网络诈骗工作进行法律监督，开展检察公益诉讼”。在反电信网络诈骗法二次审议稿常委会会议审议期间，有的提出，近年来，电信网络诈骗犯罪多发高发，不仅广大人民群众深受其害，也严重危害网络空间秩序，严重侵害国家利益、社会公共利益。个人往往难以对海量公民个人信息泄露、网络平台治理责任等情况提出相关诉讼，需要适格主体提起公益诉讼。

草案三次审议稿增加第四十五条规定：“人民检察院在履行反电信网络

诈骗职责中，对于侵害国家利益和社会公共利益的行为，可以依法向人民法院提起公益诉讼。”

根据常委会组成人员的审议意见，对本条的条文序号作了修改，将草案三次审议稿第四十五条修改为第四十七条。

【条文释义】

本条包含三层意思。

一是人民检察院在反电信网络诈骗工作中负有相应职责。我国宪法第一百三十四条规定，中华人民共和国人民检察院是国家的法律监督机关。人民检察院组织法第二条规定，人民检察院是国家的法律监督机关。人民检察院通过行使检察权，追诉犯罪，维护国家安全和社会秩序，维护个人和组织的合法权益，维护国家利益和社会公共利益，保障法律正确实施，维护社会公平正义，维护国家法制统一、尊严和权威，保障中国特色社会主义建设的顺利进行。第四条规定，人民检察院依照法律规定独立行使检察权，不受行政机关、社会团体和个人的干涉。第二十条关于人民检察院行使的职权第四项规定，人民检察院依照法律规定提起公益诉讼。据此，人民检察院在反电信网络诈骗工作中通过依法独立行使检察权，督促负有反电信网络诈骗职责的行政机关依法履行相应的管理职责，督促金融、电信、互联网领域相关企业依法履职，维护国家利益和社会公共利益，维护社会公平正义，维护宪法和法律权威，促进国家治理体系和治理能力现代化，切实使反电信网络诈骗工作取得实效。

二是人民检察院行使职权开展公益诉讼需要符合一定条件。本条规定，人民检察院在履行反电信网络诈骗职责中，发现“对于侵害国家利益和社会公共利益的行为”，可以依法开展公益诉讼。需要注意的是，电信网络诈骗犯罪一般属于刑事犯罪案件，人民检察院在刑事犯罪案件中依法承担对刑事案件进行审查，批准或者决定是否逮捕犯罪嫌疑人；对刑事案件进行审查，决定是否提起公诉，对决定提起公诉的案件支持公诉等职责。实践中一般对生态环境、食品药品安全等领域开展公益诉讼，主要是考虑到这类违法行为可能存在没有利益主体提起诉讼的情况，不利于保护社会公共利益和国家利益。对于电信网络诈骗犯罪有明确的违法犯罪人员和受害者，因果关系与法律责任清晰的情况下，主要依靠刑事诉讼法依法惩治犯罪行为人并维护被害人的权益。对于人民检察院在反电信网络诈骗工作中发现行业主管部门、第三方相关企业等存在工作制度不完善、不作为等问题时，主要可依靠检察建议等方式，督促纠正有关方面完善工作。当行业主管部门、第三方相关企业等存在严重失职渎职或者不作为的行为，严重侵害国家利益和社会公共利益时，人民检察院可以依法提起公益诉讼。

三是人民检察院可以依法向人民法院提起公益诉讼。这里的“依法”包括本法、人民检察院组织法、民事诉讼法、行政诉讼法。民事诉讼法第五十八条规定，对污染环境、侵害众多消费者合法权益等损害社会公共利益的行为，法律规定的机关和有关组织可以向人民法院提起诉讼。人民检察院在履行职责中发现破坏生态环境和资源保护、食品药品安全领域侵害众多消费者合法权益等损害社会公共利益的行为，在没有前款规定的机关和组织或者前款规定的机关和组织不提起诉讼的情况下，可以向人民法院提起诉讼。前款规定的机关或者组织提起诉讼的，人民检察院可以支持起诉。行政诉讼法第二十五条第四款规定，人民检察院在履行职责中发现生态环境和资源保护、食品药品安全、国有财产保护、国有土地使用权出让等领域负有监督管理职责的行政机关违法行使职权或者不作为，致使国家利益或者社会公共利益受到侵害的，应当向行政机关提出检察建议，督促其依法履行职责。行政机关不依法履行职责的，人民检察院依法向人民法院提起诉讼。此外，2021 年 7 月《人民检察院公益诉讼办案规则》施行，对公益诉讼的一般规定包括管辖、回避、立案、调查等程序，以及启动行政公益诉讼、民事公益诉讼的条件、要求等都作了详细规定。人民检察院对反电信网络诈骗犯罪中发现的符合条件进行公益诉讼的案件，可以依法向人民法院提起诉讼。

第四十八条　有关单位和个人对依照本法作出的行政处罚和行政强制措施决定不服的，可以依法申请行政复议或者提起行政诉讼。

【条文主旨】 本条是关于对行政处罚和行政强制措施决定不服可以申请行政复议、提起行政诉讼的规定。

【立法宗旨和背景】

（一）起草背景

根据实施反电信网络诈骗工作的需要，本法对电信业务经营者、互联网服务提供者、银行业金融机构、非银行支付机构，非法制造、销售、提供或者使用专门或者主要用于电信网络诈骗的设备、软件的，从事相关涉诈支持、帮助活动的，以及非法买卖、出租、出借电话卡、物联网卡、银行账户、支付账户、互联网账号等的单位和个人，在法律责任章节规定了违反本法规定的行政处罚；对重大涉诈嫌疑人员和因从事电信网络诈骗活动受到刑事处罚的人员，在其他章节规定了不准出境的行政强制措施。这些处罚和措施，对规范有关主体建立反电信网络诈骗防范机制，履行本法规定的职责，打击反电信网络诈骗黑灰产业，加强反电信网络诈骗工作的实施效果等方面，具有重要意义。

同时，本法第五条第一款规定，反电信网络诈骗工作应当依法进行，维护公民和组织的合法权益。对公民、法人或者其他组织来说，行政处罚是依法以减损权益或者增加义务的方式对其予以惩戒，行政强制措施则是直接对其财产权、人身权的限制和剥夺，从权利保护的角度，应当明确当事人遭受行政处罚和行政强制措施的权利救济途径。作为一种事后救济手段，根据行政处罚法和行政强制法有关规定，当事人对行政处罚或者行政强制措施决定不服的，可以依法向复议机关申请行政复议或者向人民法院提起行政诉讼。这也是行政法领域程序正当原则的体现，目的是使公民、法人或者其他组织遭受行政行为侵害所受到的损失，通过行政和司法救济的途径，及时地予以恢复和补偿。本条依法对此作出了衔接性规定。

需要说明的是，本法对电信业务经营者、互联网服务提供者、银行业金融机构、非银行支付机构等单位主体在建立健全以及落实反电信网络诈骗内部控制机制上作出了要求，并规定了相应的行政处罚措施，通过这些处罚措施，赋予了有关主管机关广泛的行政职权。党的十八大以来，我国对行政权力监督和制约提出了要求，广泛的行政执法权应当对应严格的执法程序和监督机制。在监督机制中，作为行政对象的当事人监督，因直接参与行政执法程序，并与行政决定有直接利害关系，而扮演着十分重要的地位。法律救济，就是法律赋予当事人对行政执法行为进行事后监督的重要方式，包括行政复议、行政诉讼和国家赔偿诉讼等。考虑到当事人监督中个人与行政机关的力量差距悬殊，需要在法律中明确监督渠道和权利。这是作出本条规定的另外一个考虑。

（二）审议中各方面的意见、争议的问题以及修改的情况

1. 反电信网络诈骗法草案并未对此作出规定。在审议过程中，有的意见提出，本法“法律责任”一章规定有关单位和个人违反本法规定的，应当作出行政处罚。考虑到本法规定的法律义务较多，“法律责任”一章规定的行政处罚从罚款、拘留到责令停产停业不等，对当事人权利影响较大，应当提供相应的救济渠道，建议增加规定，对依法作出的行政处罚或者行政强制措施不服的，可以依照行政复议法或者行政诉讼法规定，申请行政复议或者行政诉讼。

2. 草案二次审议稿增加了本条内容。二次审议稿第四十四条规定：“有关单位和个人对依照本法作出的行政处罚和行政强制措施决定不服的，可以依法申请行政复议或者提起行政诉讼。”

3. 草案三次审议稿未作修改。

【条文释义】

本条是关于有关单位和个人对依照本法作出的行政处罚和行政强制措施决定不服，可以依法申请行政复议或者提起行政诉讼的规定。

第一，本条的适用对象是对依照本法作出的有关行政处罚和行政强制措施不服的行政相对人，包括单位和个人。本法根据反电信网络诈骗工作的实践需要，设定了一些具体的行政处罚和行政强制措施。

行政处罚是特定的行政主体对违反行政管理秩序但尚未构成犯罪的有关单位、个人予以制裁的行政行为，包括警告、罚款、行政拘留、没收违法所得、没收非法财物、责令停产停业、暂扣或者吊销许可证、限制开展生产经营活动、限制从业等。本法“法律责任”一章对电信业务经营者、银行业金融机构、非银行支付机构、互联网服务提供者、从事电信网络诈骗黑灰产业以及其他实施涉诈非法行为的单位和个人，设定了不同程度的行政处罚。如第三十九条规定，电信业务经营者违反本法规定，有未履行对电话卡、物

联网卡进行实名制登记、监测识别、监测预警和相关处置职责等五种情形的，由有关主管部门责令改正，情节较轻的，给予警告、通报批评，或者处五万元以上五十万元以下罚款；情节严重的，处五十万元以上五百万元以下罚款，并可以由有关主管部门责令暂停相关业务、停业整顿、吊销相关业务许可证或者吊销营业执照，对其直接负责的主管人员和其他直接责任人员，处一万元以上二十万元以下罚款。第四十条规定，银行业金融机构、非银行支付机构违反本法规定，有未履行尽职调查义务、可疑交易风险监测和相关处置义务等四种情形的，由有关主管部门责令改正，情节较轻的，给予警告、通报批评，或者处五万元以上五十万元以下罚款；情节严重的，处五十万元以上五百万元以下罚款，并可以由有关主管部门责令停止新增业务、缩减业务类型或者业务范围、暂停相关业务、停业整顿、吊销相关业务许可证或者吊销营业执照，对其直接负责的主管人员和其他直接责任人员，处一万元以上二十万元以下罚款。第四十一条规定，电信业务经营者、互联网服务提供者违反本法规定，有未履行网络服务实名制职责、未建立互联网账号等以及电信网络诈骗信息的监测识别和处置机制、拒不依法为查处电信网络诈骗犯罪提供技术支持和协助等六种情形的，由有关主管部门责令改正，情节较轻的，给予警告、通报批评，或者处五万元以上五十万元以下罚款；情节严重的，处五十万元以上五百万元以下罚款，并可以由有关主管部门责令暂停相关业务、停业整顿、关闭网站或者应用程序、吊销相关业务许可证或者吊销营业执照，对其直接负责的主管人员和其他直接责任人员，处一万元以上二十万元以下罚款。第四十二条规定，违反本法第十四条和第二十五条第一款规定，非法制造、买卖、提供或者使用专门或者主要用于电信网络诈骗的设备、软件的，或者从事相关涉诈支持、帮助活动的，没收违法所得，由公安机关或者有关主管部门处违法所得一倍以上十倍以下罚款，没有违法所得或者违法所得不足五万元的，处五十万元以下罚款；情节严重的，由公安机关并处十五日以下拘留。第四十三条规定，违反本法第二十五条第二款规定，电信业务经营者、互联网服务提供者未依照国家有关规定履行合理注意义务的，由有关主管部门责令改正，情节较轻的，给予警告、通报批评，或者处五万元以上五十万元以下罚款；情节严重的，处五十万元以上五百万元以下罚款，并可以由有关主管部门责令暂停相关业务、停业整顿、关闭网站或者应用程序，对其直接负责的主管人员和其他直接责任人员，处一万元以上二十万元以下罚款。第四十四条规定，违反本法第三十一条第一款规定，非法买卖、出租、出借或者假冒他人身份或者虚构代理关系开立电话卡、物联网卡、银行账户、支付账户、互联网账号等，或者为其提供实名核验帮助的，没收违法所得，由公安机关处违法所得一倍以上十倍以下罚款，没有违法所得或者违法所得不足二万元的，处二十万元以下罚款；情节严重的，并处十五日以下拘留。

行政强制措施是行政机关在行政管理过程中，为制止违法行为、防止证据损毁、避免危害发生、控制危险扩大等情形，依法对公民的人身自由实施暂时性限制，或者对公民、法人或者其他组织的财物实施暂时性控制的行为，包括限制公民人身自由、查封场所、设施或者财物、扣押财物、冻结存款、汇款等。本法主要是在第三十六条中，对重大涉诈嫌疑人员以及因从事电信网络诈骗活动受到刑事处罚的人员，规定了限制出境措施。第三十六条规定，对前往电信网络诈骗活动严重地区的人员，出境活动存在重大涉电信网络诈骗活动嫌疑的，移民管理机构可以决定不准其出境。因从事电信网络诈骗活动受过刑事处罚的人员，设区的市级以上公安机关可以根据犯罪情况和预防再犯罪的需要，决定自处罚完毕之日起六个月至三年以内不准其出境，并通知移民管理机构执行。

第二，本条的适用条件是有关单位和个人对本法规定的行政处罚或者行政强制措施决定不服的。一般来说，不服行政处罚决定、行政强制措施决定而申请复议或者提起诉讼的，主要有以下几种情形：（1）原行政处罚决定、原行政强制措施决定认定的事实错误，包括认定的违法事实存在错误或者适用的对象错误等。（2）原行政处罚决定、原行政强制措施决定适用法律不当。（3）原行政处罚决定、原行政强制措施决定的作出不符合法定程序。

关于作出行政处罚和行政强制措施的法定程序，需要注意的是，除了要符合本法的具体规定外，还要符合行政处罚法和行政强制法本身对实施程序的规定。如行政处罚法规定的行政处罚遵循公正、公开原则，由具有行政处罚权的行政机关在法定职权范围内实施等；行政强制法规定的对需要限制公民人身自由的行政强制措施，应当场告知或者实施后立即通知当事人家属实施行政强制措施的行政机关、地点和期限，实施行政强制措施的目的已经达到或者条件已经消失，应当立即解除等。无论是行政处罚还是行政强制措施，作为行政相对人的公民、法人或者其他组织，在行政程序中均有权进行陈述和申辩。

第三，本条规定的救济途径包括依法申请行政复议或者提起行政诉讼两种。这里的“依法申请行政复议或者提起行政诉讼”，是指有关单位和个人可以按照行政复议法、行政诉讼法规定的条件和程序申请行政复议、提起行政诉讼。

行政复议是指公民、法人或者其他组织不服行政机关的处罚决定、侵犯其合法权益的，在一定期限内，依法向行政复议机关提出行政复议申请，接受申请的行政复议机关根据提出的申请，按照法律、法规的规定对原具体行政行为的合法性和适当性进行复查，在规定的时限内作出维持、变更或者撤销原具体行政行为的决定。（1）关于复议机关，根据行政复议法规定，对县级以上地方各级人民政府工作部门的具体行政行为不服的，可以向该部门的本级人民政府申请行政复议，也可以向上一级主管部门申请行政复议；对海关、金融、国税、外汇管理等实行垂直领导的行政机关和国家安全机关的具体行政行为不服的，向上一级主管部门申请行政复议；对国务院部门的具体行政行为不服的，向作出该具体行政行为的国务院部门申请行政复议，对该行政复议决定不服的，可以向人民法院提起行政诉讼，也可以向国务院申请裁决，国务院裁决为最终裁决。（2）关于复议期限，行政复议法第九条规定，公民、法人或者其他组织认为具体行政行为侵犯其合法权益的，可以自知道该具体行政行为之日起六十日内提出行政复议申请；但是法律规定的申请期限超过六十日的除外。因不可抗力或者其他正当理由耽误法定申请期限的，申请期限自障碍消除之日起继续计算。

行政诉讼是指公民、法人或者组织不服行政机关的处罚决定、行政强制措施决定等，认为行政机关和行政机关工作人员的具体行政行为侵犯其合法权益的，在一定期限内，依法向人民法院提起诉讼，由人民法院对具体行政行为是否合法进行审查并作出裁判。（1）关于管辖法院，根据行政诉讼法规定，一般由最初作出行政行为的行政机关所在地人民法院管辖；经复议的案件，也可以由复议机关所在地人民法院管辖；对限制人身自由的行政强制措施不服提起的诉讼，由被告所在地或者原告所在地人民法院管辖。（2）关于诉讼期限，行政诉讼法第四十五条规定，不服复议决定的，可以在收到复议决定书之日起十五日内向人民法院提起诉讼。复议机关逾期不作决定的，申请人可以在复议期满之日起十五日内向人民法院提起诉讼。法律另有规定的除外。第四十六条第一款规定，公民、法人或者其他组织直接向人民法院提起诉讼的，应当自知道或者应当知道作出行政行为之日起六个月内提出。法律另有规定的除外。

对于依照本法作出的行政处罚和行政强制措施决定，有关单位和个人不服的，可以直接申请行政复议，也可以直接提起行政诉讼。一方面，直接申请行政复议，且行政复议机关已经依法受理的，在法定行政复议期限内不得向人民法院提起行政诉讼；直接提起行政诉讼，且人民法院已经依法受理的，不得申请行政复议。另一方面，直接申请行政复议后，有关单位和个人对复议决定不服的，还可以在法定期限内向人民法院提起行政诉讼。经复议的案件，复议机关决定维持原行政行为，当事人不服的，作出原行政行为的行政机关和复议机关是共同被告；复议机关改变原行政行为，当事人不服的，复议机关是被告。

【实践中应注意的问题】

需要注意的是，行政复议和行政诉讼原则上不停止具体行政行为的执行。实践中，为了保障行政效率，维护国家利益和社会公共利益，行政复议法和行政诉讼法均规定，在行政复议和行政诉讼期间，具体行政行为原则上不停止执行。之所以这样规定，是考虑到在确保当事人受到不应有的处罚或者行政强制时可以得到及时救济的同时，也要注重维护执法过程中有关主管部门作出的处罚决定和行政强制决定的严肃性和权威性，保证有关部门能够依法履行职责，及时追究违法者的法律责任，维护社会安全和公共利益。

第七章　附　　则

第四十九条　反电信网络诈骗工作涉及的有关管理和责任制度，本法没有规定的，适用《中华人民共和国网络安全法》、《中华人民共和国个人信息保护法》、《中华人民共和国反洗钱法》等相关法律规定。

【条文主旨】本条是关于反电信网络诈骗工作涉及的有关管理和责任制度，本法没有规定的，如何与其他法律衔接的规定。

【立法宗旨和背景】

（一）起草背景

本法是对反电信网络诈骗工作的关键环节、主要制度进行的专门性立法。从功能定位上来讲，本法坚持精准防治和问题导向，注重源头治理、综合治理，强调完善预防性法律制度建设，是一部针对性强、实用性高的“小快灵”“小切口”法律。如反电信网络诈骗工作的基本原则；完善电话卡、物联网卡、金融账户、互联网账号有关基础管理制度；建立电信网络诈骗反制技术措施，统筹推进跨行业、企业统一监测系统建设，为利用大数据反诈提供制度支持等。此外，本法还规定了切实有效的举措加强网络“黑灰产”治理，推动形成协同打击治理电信网络诈骗犯罪的工作合力。并依法明确有关违法行为的法律责任，加大惩处力度。

由于反电信网络诈骗工作是一项系统性工程，本身涉及电信、金融、互联网、社会综合治理等多个领域，这些领域对应金融、电信、网信、市场监管等不同的主管机关和有关市场主体，领域本身已经形成了较为成熟的法律法规规范和管理制度，并一般对该领域违法违规甚至犯罪行为，以及法律责任作出了规定，如网络安全法、商业银行法、银行业监督管理法、数据安全法等。此外，电信网络诈骗犯罪滋生出泄露、买卖公民个人信息和洗钱等违法犯罪活动，这些非法行为有的已经专项法律作出了规定，如个人信息保护法、反洗钱法等。

从两者关系来说，本法是反电信网络诈骗工作的专门法律，与其他法律中涉及反电信网络诈骗工作的各种管理和责任制度，应当是相互补充、共同推进的关系。对于有关管理和责任制度，本法已经作出专门性规定的，应当适用本法规定；本法没有规定的，应当适用其他相关法律规定。本条对此作出衔接性规定。

（二）审议中各方面的意见、争议的问题以及修改的情况

1. 反电信网络诈骗法草案第三十八条规定："反电信网络诈骗工作适用本法。有关管理和责任制度，本法没有规定的，适用《中华人民共和国网络安全法》、《中华人民共和国个人信息保护法》、《中华人民共和国反洗钱法》等相关法律法规规定。其他法律对相应行为有更重处罚规定的，从其规定。"

在征求意见过程中，有的提出，"适用本法"在第三条中已有表述，本条不必赘述；有的意见建议删除"法规"，明确应当适用其他有关法律规定；有的意见建议增加适用数据安全法，有利于规范数据处理活动，保障数据安全，促进数据开发利用。在审议过程中，有的提出，本法规定的有关法律责任主要是从违反防范电信网络诈骗义务的角度作出的规定，与商业银行法、反洗钱法等从各自监管角度作出的处罚可能不完全一致，属于法律之间适用的衔接问题，一般不作明确规定。实践中可以按照特别法规定或者择一重处罚，因此，建议删除"其他法律对相应行为有更重处罚规定的，从其规定"。

我们考虑到：一是本法属于反电信网络诈骗的专门法律，对于本法没有规定而其他法律中涉及反电信网络诈骗工作有关制度的，可以采用列举加兜底的方式作出说明，并主要列举了涉及较多的网络安全法、个人信息保护法和反洗钱法，未列举的其他法律包含在"等相关法律规定"中，在一审稿中已有表述。二是反电信网络诈骗工作涉及的有关管理和责任制度，有的法律尚未作出规定，目前仍是由行政法规进行规范，如 2000 年出台的电信条例（2016 年已修订），对电信业务经营者在电信业务经营中的义务和责任作了规定。三是对于其他法律对相应行为有更重处罚规定的，还涉及特别法和一般法的关系，应当在实践区分具体情形具体分析，可以不在本条作出规

定。我们根据上述意见建议，对草案作了相应调整。

2. 草案二次审议稿第四十五条规定："反电信网络诈骗工作涉及的有关管理和责任制度，本法没有规定的，适用《中华人民共和国网络安全法》、《中华人民共和国个人信息保护法》、《中华人民共和国反洗钱法》等相关法律规定。"

3. 草案三次审议稿未作修改。

【条文释义】

根据本条规定，本法对反电信网络诈骗工作涉及的有关管理和责任制度作出规定的，应当适用本法规定；本法没有规定的，适用其他法律规定。"反电信网络诈骗工作涉及的管理和责任制度"，主要是指为打击治理电信网络诈骗活动而建立健全的各种管理制度，以及未依法履行管理义务而应当承担的法律责任。包括有关主管部门的管理职责，如本法第六条中规定的公安机关牵头负责反电信网络诈骗工作，金融、电信、网信、市场监管等有关主管部门承担监管主体责任的内容；也包括市场主体的管理责任，如本法针对电信、金融、互联网以及综合治理领域规定的电信业务经营者、银行业金融机构、非银行支付机构、互联网服务提供者等应当承担的内部控制机制、风险防控和安全责任制度；还包括上述主体不履行有关管理职责而应当依法承担的各种法律责任。

具体分析本法与其他法律之间的关系，可以区分以下两种情形：

1. 本法已有规定，其他法律没有规定的。如本法第十条规定电信业务经营者有权对经识别存在异常情形的电话卡拒绝办卡，第十七条规定银行业金融机构、非银行支付机构应当建立开立企业账户异常情形的风险防控机制，第二十二条规定互联网服务提供者对监测识别的涉诈异常账号应当采取重新核验、限制功能、暂停服务等处置措施。这些规定均属于首次在法律层面作出规定，作为反电信网络诈骗专门法律，自然应当适用本法规定。

2. 本法没有规定，还可以具体区分以下两种情形：

（1）本法没有规定，但其他法律对反电信网络诈骗工作涉及的有关管理和责任制度有规定的，应当从其规定。以几个常见的涉反电信网络诈骗工作的有关法律为例：

一是网络安全法有关规定。电信网络诈骗区别于普通诈骗活动的本质特征就是通过利用电信网络设施及相关技术，使得诈骗活动更具隐匿性、涉诈资金更加不易追溯、诈骗结果更具危害性，因此，本法第四章“互联网治理”中对网络实名制、涉诈异常互联网账号监测等制度进行了专门规定。除此之外，2017 年 6 月 1 日网络安全法开始施行，对在境内建设、运营、维护和使用网络，以及网络安全的监督管理等作了规定，部分规定同样适用于反电信网络诈骗工作。其第二十一条规定，国家实行网络安全等级保护制度。网络运营者应当按照网络安全等级保护制度的要求，采取防范计算机病毒和网络攻击、监测和记录网络运行状态及网络安全事件、对重要数据备份和加密等安全保护义务，保障网络免受干扰、破坏或者未经授权的访问，防止网络数据泄露或者被窃取、篡改。网络安全法还对发布、传输法律法规禁止的内容（包括涉诈 App 和非法链接等），如何处置作了规定：任何个人和组织发送的电子信息、提供的应用软件，不得设置恶意程序，不得含有法律、行政法规禁止发布或者传输的信息。电子信息发送服务提供者和应用软件下载服务提供者，应当履行安全管理义务，有前述行为的，应当停止提供服务，采取消除等处置措施，保存有关记录，并向有关主管部门报告。网络运营者应当加强对其用户发布的信息的管理，发现法律、行政法规禁止发布或者传输的信息的，应当立即停止传输该信息，采取消除等处置措施，防止信息扩散，保存有关记录，并向有关主管部门报告。同时，网络运营者应当建立网络信息安全投诉、举报制度，及时受理并处理有关网络信息安全的投诉和举报。国家网信部门和其他依法履行网络信息安全监督管理职责的有关部门，对来源于中华人民共和国境外的上述信息，应当通知有关机构采取技术措施和其他必要措施阻断传播。

二是个人信息保护法有关规定。在电信网络诈骗活动中，往往存在公民姓名、身份证号、银行账号、手机号等个人信息泄露等问题，有数据显示，约 1/4 的网络诈骗是在获取公民个人信息后“精准出手”，有针对性地实施犯罪，侵犯公民个人信息已成为电信网络诈骗“黑灰产业”的关键环节，需要对公民个人信息的处理与保护作出规定。2021 年 11 月 1 日，个人信息保护法生效实施，对在境内处理自然人个人信息的，以及在境外以向境内自然人提供产品或服务为目的处理境内自然人个人信息，在境外分析、评估境内自然人行为等情形，作了规定。其第四条第二款规定，个人信息的处理包括个人信息的收集、存储、使用、加工、传输、提供、公开、删除等。根据个人信息保护法有关规定，除法定情形外，个人信息处理者应当征得个人同意方可处理个人信息；另外，只有在具有特定的目的和充分的必要性，并采取严格保护措施的情形下，个人信息处理者方可处理敏感个人信息。个人信息处理者，是指在个人信息处理活动中自主决定处理目的、处理方式的组织和个人。敏感个人信息，是一旦泄露或者非法使用，容易导致自然人的人格尊严受到侵害或者人身、财产安全受到危害的个人信息，包括生物识别、宗教信仰、特定身份、医疗健康、金融账户、行踪轨迹等信息，以及不满十四周岁未成年人的个人信息。据此，由于电信业务经营者、银行业金融机构、非银行支付机构、互联网服务提供者等主体在日常经营活动中掌握大量包括身份信息、支付账户、人脸识别信息在内的敏感个人信息，这些机构在履行本法规定的反电信网络诈骗义务职责外，还应当遵守个人信息保护法的规定，采取措施确保个人信息处理活动符合法律、行政法规规定，并防止未经授权的访问以及个人信息泄露、篡改、丢失。包括：制定内部管理制度和操作规程；对个人信息实行分类管理；采取相应的加密、去标识化等安全技术措施；合理确定个人信息处理的操作权限；制定并组织实施个人信息安全事件应急预案；对个人权益有重大影响的个人信息处理活动事前进行影响评估等。

三是反洗钱法有关规定。涉诈资金的追缴没收与被害人返还，一直是反电信网络诈骗工作的重点和难点，本法第三章“金融治理”对银行业金融机构、非银行支付机构建立客户尽职调查制度，依法识别受益所有人，采取相应风险管理措施等作了规定，并明确由国务院公安部门会同有关部门建立完善电信网络诈骗涉案资金即时查询、紧急止付、快速冻结、及时解冻和资金返还制度，明确有关条件、程序和救济措施。除此之外，受害人钱款一旦进入涉诈账户，即需要通过“跑分”平台、地下钱庄等渠道将钱款进行分发和转移，此时这些涉诈资金的洗钱活动就已经启动，为及时拦截涉诈资金、最大限度地维护受害人合法权益，需要对洗钱活动采取强有力的预防和惩治措施。2007 年 1 月 1 日反洗钱法施行，对通过各种方式掩饰、隐瞒犯罪所得及其收益的来源和性质的洗钱活动，规定了预防、监控和惩治措施。该法对金融机构、特定非金融机构设定了三项基本的反洗钱义务：建立健全客户身份识别制度、客户身份资料和交易记录保存制度、大额交易和可疑交易报告制度。其中，客户身份识别制度和可疑交易报告制度已经在本法中作了专门规定。客户身份资料和交易记录保存制度，根据反洗钱法规定，是指金融机构在业务关系存续期间，客户身份资料发生变更的，应当及时更新；在业务关系结束后、客户交易信息在交易结束后，应当至少保存五年；金融机构破产和解散时，应当将客户身份资料和交易信息移交国务院有关部门指定的机构。大额交易报告制度，是指金融机构办理的单笔交易或者在规定期限内的累计交易超过规定金额的，应当及时向反洗钱信息中心报告。《金融机构大额交易和可疑交易报告管理办法》第二章对大额交易报告的标准和例外情形作了规定。

四是数据安全法有关规定。近几年，随着国内不断加强打击治理电信网络诈骗违法犯罪工作，很多电信网络诈骗分子将犯罪据点转向国外尤其是东南亚国家，并利用非法设备和技术手段从境外获取境内自然人个人信息从而实施诈骗，境外作案占 80% 以上，这之中就涉及大量的数据跨境流动问题，需要对数据安全及跨境审查作出规范。2021 年 9 月 1 日数据安全法施行，规定在我国境内开展数据处理活动及其安全监管，适用本法；在中华人民共和国境外开展数据处理活动，损害中华人民共和国国家安全、公共利益或者公民、组织合法权益的，依法追究法律责任。根据数据安全法有关规定，任何组织、个人收集数据，应当采取合法、正当的方式，不得窃取或者以其他非法方式获取数据；从事数据交易中介服务的机构提供服务，应当要求数据提供方说明数据来源，审核交易双方的身份，并留存审核、交易记录；关键信息基础设施的运营者在中华人民共和国境内运营中收集和产生的重要数据的出境安全管理，适用网络安全法的规定；其他数据处理者的出境安全管理办法，由国家网信部门会同国务院有关部门制定等。另外，个人信息保护法也对个人信息跨境处理规则作出了规定。该法规定，一般情况下，个人信息处理者因业务等需要，确需向中华人民共和国境外提供个人信息的，应当依法通过国家网信部门组织的安全评估，并按照国家网信部门的规定进行个人信息保护认证，以标准合同与境外接收方订立合同等。在向中华人民共和国境外提供个人信息时，应当向个人告知境外接收方的名称或者姓名、联系方式、处理目的、处理方式、个人信息的种类以及个人向境外接收方行使本法规定权利的方式和程序等事项，并取得个人的单独同意。

（2）本法与其他法律均未作规定，行政法规作出规定的，也应当根据本条规定，适用行政法规有关内容。

根据立法法基本原则，除应当由法律作出规定的事项外，国务院有权就宪法第八十九条规定的国务院行政管理职权的事项，制定行政法规。在没有上位法规定时，可以直接适用行政法规的规定。

正如前文所述，电信网络诈骗活动往往需要通过互联网实施诈骗活动，除了通过网络安全法等对互联网活动进行规范外，互联网接入服务、互联网虚拟专用网业务、域名解析服务业务等前端网络搭建均属于电信业务范畴。除此之外，作为电信网络诈骗非法利用的另一个主要途径，IP 电话业务、国际通信设施服务、互联网国际数据传送业务等，也属于电信业务范畴，需要加以规制。本法第二章“电信治理”和第四章“互联网治理”中规定电信业务经营者提供服务时应当进行实名认证，对不法行为进行监测识别和处置，对域名解析、域名跳转、网址链接转换服务进行管理和溯源等。

此外，电信条例对境内从事电信活动或者与电信有关的活动也作了规范。根据该条例规定，任何组织或者个人不得有利用电信网络从事窃取或者破坏他人信息、损害他人合法权益等危害电信网络安全和信息安全的行为；任何组织或者个人不得以虚假、冒用的身份证件办理入网手续并使用移动电话等扰乱电信市场秩序的行为，违反规定但尚不构成犯罪的，由国务院信息产业主管部门或者省、自治区、直辖市电信管理机构依据职权责令改正，没收违法所得，处违法所得 3 倍以上 5 倍以下罚款；没有违法所得或者违法所得不足 1 万元的，处 1 万元以上 10 万元以下罚款。电信业务经营者应当按照国家有关电信安全的规定，建立健全内部安全保障制度，实行安全保障责任制。对于在公共信息服务中，电信业务经营者发现电信网络中传输的信息明显属于法律法规所禁止内容的，应当立即停止传输，保存有关记录，并向国家有关机关报告。

【实践中应注意的问题】

在该条的理解适用中，应当注意以下两个方面的问题：

第一，对于本法有规定的，其他法律暂时没有规定，但本法实施后，又制定有关的新法或者修改有关法律的，如何适用的问题。在全国人大常委会2022年度立法工作计划中，修改商业银行法、中国人民银行法、反洗钱法，制定电信法、网络犯罪防治法等方面的立法工作，均属于预备审议项目。在本法审议过程中，也有意见提出，建议通过电信法，对网络用户实名制、网络资源管理、网络技术防范、涉诈用户信用管理等源头治理、事中监管和事后惩治核心环节作出具体规定。通常情况下，即使是新的法律中涉及反电信网络诈骗工作的有关管理责任制度，也一般与本法的有关规定与精神一致。如果以后其他法律对反电信网络诈骗有关管理责任制度作出新的规定，则需要根据立法法等法律中关于新法优于旧法、特别法优于普通法等处理法条竞合的有关规定和精神处理。

第二，对于本法有规定，其他法律也有规定，但两者规定并不完全一致的问题。如本法第十八条规定的可疑交易监测与报告制度与反洗钱法规定可疑交易活动的行政调查。根据本法第十八条第三款规定，对监测识别的异常账户和可疑交易，银行业金融机构、非银行支付机构应当根据风险情况，采取核实交易情况、重新核验身份、延迟支付结算、限制或者中止有关业务等必要的防范措施。

根据反洗钱法和《金融机构大额交易和可疑交易报告管理办法》有关规定，金融机构应当按照规定执行大额交易和可疑交易报告制度。发现可疑交易明显涉嫌洗钱、恐怖融资等犯罪活动的，金融机构应当在向中国反洗钱监测分析中心提交可疑交易报告的同时，以电子形式或书面形式向所在地中国人民银行或者其分支机构报告，并配合反洗钱调查。反洗钱调查是指，国务院反洗钱行政主管部门（即中国人民银行）或者其省一级派出机构作为监管主体，发现可疑交易活动，需要调查核实的，可以向金融机构进行调查，并可采取询问、查阅、复制、封存和临时冻结等措施。同时，为了避免权力滥用，对部分调查措施的行使条件、主体、批准程序和期限作了限制：一是只对可能被转移、隐藏、篡改或者毁损的文件、资料才能进行封存，对涉案账户资金有可能转移至境外的，才可采取临时冻结措施；二是只有中国人民银行总行可以采取临时冻结措施，并且必须报经其负责人批准；三是临时冻结以48小时为限。

可以看出，在反洗钱法中，并没有赋予金融机构可以直接采取限制或者中止有关业务等防范措施的权力，对于临时冻结这种具有临时性限制交易性质的措施也规定了较为严格的程序和条件。本法规定银行业金融机构等可以采取必要防范措施，属于针对涉电信网络诈骗的新规定，实践中要注意应当严格限制在电信网络诈骗活动监测机制中识别出的异常账户和可疑交易。对于已经依照本法规定采取了必要防范措施的，也不妨碍依照反洗钱法规定采取其他措施；对于涉嫌其他犯罪的洗钱活动（如涉嫌有组织犯罪）或者其他违法行为的可疑交易，应当按照反洗钱法有关规定执行。

第五十条　本法自2022年12月1日起施行。

【条文主旨】本条是关于反电信网络诈骗法施行日期的规定。

【立法宗旨和背景】

（一）起草背景

法律的施行日期，是指法律开始施行并发生法律效力的日期。关于法律的施行时间，立法法有明确规定。立法法第五十七条规定："法律应当明确规定施行日期。"法律的施行时间，是法律效力的起点。一部法律何时开始生效，一般是由该法律的具体性质和实际需要决定的。目前，关于法律施行日期的规定，我国立法实践中通常有两种做法：一是法律公布的时间与法律施行的时间是一致的，也就是说，法律自公布之日起施行。二是法律公布的时间与法律施行的时间不一致，即法律公布后经过一段时间后才施行，其目的是给法律的施行以必要的准备时间。

（二）审议中各方面的意见

在审议过程中，关于反电信网络诈骗法的施行日期，也存在两种不同的观点。有的提出，当前电信网络诈骗多发高发，严重影响了人民群众的生命财产安全、社会和谐稳定和国家经济安全。反电信网络诈骗法草案深入贯彻落实习近平总书记关于打击治理电信网络诈骗工作的重要批示指示和党中央决策部署，为坚决打击电信网络诈骗犯罪提供了十分重要的法律支撑。作为一部“小快灵”“小切口”立法，反电信网络诈骗法的生效实施有利于及时为反电信网络诈骗工作提供法治保障，有利于遏制猖獗的电信网络诈骗势头，有利于维护人民群众切身利益、社会稳定和国家安全，出台反电信网络诈骗法非常迫切、非常及时，建议通过即施行；有的则提出，反电信网络诈骗法是我国预防性法律制度建设的重要组成部分，审议稿内容对行业监管部门责任、企业责任、强化反洗钱制度建设、加强涉“两卡”管理惩戒、网络“黑灰产”治理、个人信息保护等主要制度和关键环节均作了规定，涉及主管部门、司法机关、企业、个人等多方主体，法律出台后，需要给予上述主体一定时间修改调整相关工作机制、进一步健全完善相关法规配套文件，也需要向公众宣传法律的基本内容，形成社会上的共识，建议通过后一定时期再施行。

【条文释义】

本条是关于反电信网络诈骗法施行日期的规定。一部法律何时开始发生效力，需要具体的规定。正确理解法律关于施行时间的规定，是运用法律的前提条件。法律的施行和法律的公布是两个不同概念。法律公布是指经立法机关法定程序表决通过，由国家主席签署主席令形式将法律向社会发布和公告。法律的施行是法律开始产生实际约束力，可以行使法律规定的权利并承担法律规定的义务。一般法律通过后都会在当日公布，但法律从何时开始施行，往往需要根据实际来决定。

法律的施行时间有四种情况，其中一、二种比较常见。一是法律自公布之日起施行，施行时间、公布时间与通过时间同步。二是法律另定时间施行，该时间是确定的一个时间，是法律公布后经一段时间后的具体时间。我国多数法律都采取这种形式。三是法律公布后先试行或者暂行，经试行或者暂行一段时间后，由立法机关予以修改调整补充，经通过为正式法律后，公布施行。在施行或者暂行期间，法律也有约束力。如第五届全国人民代表大会常务委员会第二十二次会议和第二十五次会议分别通过的《中华人民共和国民事诉讼法（试行）》和《中华人民共和国食品卫生法（试行）》。四是规定一个法律的生效日期取决于另一个法律的制定和施行时间，如第六届全国人民代表大会常务委员会第十八次会议通过的企业破产法（试行）第四十三条规定："本法自全民所有制工业企业法实施满三个月之日起施行……"而全民所有制工业企业法在企业破产法（试行）通过时还尚未制定出来，因此有意见认为采取这种方式规定的施行日期是不确定的，立法应当明确施行日期。

本法施行时间采取了第二种方式。根据本条规定，反电信网络诈骗法自2022年12月1日起施行。制定反电信网络诈骗法，是贯彻落实习近平总书记关于打击治理电信网络诈骗工作的重要指示批示精神，贯彻习近平法治思想，坚持以人民为中心，统筹发展和安全，坚持精准防治和问题导向，强化系统观念，注重源头治理、综合治理，加强预防性法律制度建设，为打击遏制电信网络诈骗活动提供法治支撑的一项重要立法活动。本法结合实践需要，对反电信网络诈骗急需的主要制度和关键环节作了规定，对于严厉打击反电信网络诈骗活动，遏制网络"黑灰产"高发态势，维护人民群众合法权益，建设更高水平的平安中国、法治中国，具有重要意义。

综合考虑反电信网络诈骗法的重要性和为实施准备的必要性，本条规定，反电信网络诈骗法自2022年12月1日起施行。一方面，本法是针对预防、遏制和惩治电信网络诈骗活动出台的一部预防性、综合性的法律，在本法出台之前，有关主管机关已经出台了大量的针对互联网账号、银行卡开立、支付结算等监督管理有关规定，部分法律如个人信息保护法、反洗钱法、网络安全法中也有涉及相关管理责任制度，因此，有关工作已经有了一定的积累和基础，各方面也做了一定的准备。

另一方面，反电信网络诈骗法的实施仍然需要一定时间的准备期。一是，为有关反电信网络诈骗工作主管部门留有相应的准备时间，方便及时制定和调整相应的工作机制，加强专业队伍建设，组织开展综合治理和社会宣传教育防范等工作；二是，通过前期公布和宣传，使得广大公民个人、单位等得以知悉法律内容，以使其能够事先对照法律规范的权利义务调整自身的行为，并对自身的行为进行合法性预期，从而促进法律在现实社会生活中的有效实现。另外，由于本法针对电信业务经营者、银行业金融机构、非银行支付机构、互联网服务提供者规定了风险防控义务，要求其建立反电信网络诈骗内部控制机制和安全责任制度，给予一定时间的准备期，也有利于这些企业主体及时组织开展工作，进行合规建设。

本法是 2022 年 9 月 2 日第十三届全国人民代表大会常务委员会第三十六次会议通过的，自 2022 年 12 月 1 日起施行。在法律文本中明确规定本法施行的具体日期，表明了法的时间效力状态。且本法自通过至施行的这段准备期，既符合设定准备期的本意，又不至于过分延长法律的施行日期，有利于实践中理解、掌握和执行。

【实践中应注意的问题】

在该条的理解适用中，需要注意的是，法律的施行时间还涉及法律对其施行前的行为有无溯及力的问题。法律的溯及力，即溯及既往的效力，是指法律施行后，对施行前的行为是否适用的效力。如果适用，就表明具有溯及力；如果不能适用，也就是所谓的法不溯及既往，表明没有溯及力。各国规定大体有这样几种情况：一是从旧原则，即新法没有溯及力。二是从新原则，即新法有溯及力。三是从轻原则，即比较新法与旧法，哪个处理轻些就按照哪个法处理。四是从新兼从轻原则，即新法原则上溯及既往，但是旧法对行为人的处罚较轻时，则用旧法。五是从旧兼从轻原则，即新法原则上不溯及既往，但新法对行为人的处罚较轻时，则从新法。目前世界上多数国家采取从旧原则，法律没有溯及力。在法律规定有溯及力的国家，通常采用从旧兼从轻原则。比如我国刑法的时间效力就采用了从旧兼从轻原则，即对犯罪行为原则上应当适用行为时的法律规定，但如果适用新的法律规定对犯罪人更为有利的，则应适用新的法律规定。

就本法而言，本法针对电信业务经营者、互联网服务提供者、银行业金融机构、非银行支付机构存在违反本法规定的情形的，设置了相应的法律责任，尤其是行政责任和民事责任。根据立法法第九十三条规定，法律、行政法规、地方性法规、自治条例和单行条例、规章不溯及既往，但为了更好地保护公民、法人和其他组织的权利和利益而作的特别规定除外。本法考虑到电信网络诈骗及其相关黑灰产业的社会危害性，对违反本法规定义务的情形，设置了较重的行政处罚，因此一般不溯及既往，即只有在本法施行之后，违反本法规定的行为才会按照本法规定进行处罚。

第三部分

附　录

附录一

关于《中华人民共和国反电信网络诈骗法（草案）》的说明

——2021年10月19日在第十三届全国人民代表大会常务委员会第三十一次会议上

全国人大常委会法制工作委员会副主任　李　宁

委员长、各位副委员长、秘书长、各位委员：

我受委员长会议委托，作关于《中华人民共和国反电信网络诈骗法（草案）》的说明。

一、制定本法的必要性

一是贯彻落实党中央决策部署的重要举措。当前电信网络诈骗活动多发高发，严重危害人民群众利益和社会和谐稳定。习近平总书记高度重视打击治理电信网络诈骗犯罪工作，多次作出重要指示批示，对反电信网络诈骗工作的指导思想、基本原则、关键环节和制度构建，以及加强法律制度建设等提出明确要求。制定反电信网络诈骗法是落实党中央决策部署、打击遏制电信网络诈骗的重要举措。

二是坚持以人民为中心，统筹发展和安全的必然要求。近年来，电信网络诈骗犯罪活动形势严峻，在刑事犯罪案件中占据很大的比重。犯罪分子利用新型电信网络技术手段，钻管理上的漏洞，利用非法获取个人信息、网络黑灰产业交易等实施精准诈骗，组织化、链条化运作，跨境跨地域实施，严重危害人民群众获得感、幸福感、安全感。电信网络诈骗犯罪已经成为当前发案最高、损失最大、群众反响最强烈的突出犯罪，多发高发态势难以有效遏制，需要进一步完善制度，坚决打击治理，维护人民群众切身利益。

三是反电信网络诈骗工作实践的迫切需要。从实践情况看，反电信网络诈骗工作综合治理、源头治理方面的制度措施不够充分，金融、通信、互联网等行业治理存在薄弱环节，需要进一步建立完善各方面责任制度，形成协同打击治理合力；实践中一些好的做法和政策文件需要上升为法律规定；现有法律规定总体上较为分散，不够明确，针对性不强，各方面对于加强法律制度建设的需求较为迫切。

二、起草的过程和总体思路

为贯彻落实党中央决策部署，完善反电信网络诈骗法律制度建设，法制工作委员会会同有关方面积极开展研究起草工作。一是深入调查研究，到各有关行业主管部门、互联网企业、电信企业，以及浙江、云南、江苏、北京等地调研；商请有关部门提供统计数据分析和案例；系统梳理现有政策文件、总结实践经验；委托有关方面对国外电信网络管理制度、反电信网络诈骗法律制度等进行研究。二是广泛听取意见，多次召开座谈会听取中央有关部门、企业和地方的意见，听取部分全国人大代表意见，将草案征求意见稿印发中央有关部门和部分省（市）等征求意见。三是会同公安部、工信部、中国人民银行、中央网信办等就立法中的主要问题深入研究论证，形成共识。

制定反电信网络诈骗法的总体思路是，贯彻落实习近平总书记关于打击治理电信网络诈骗工作的重要指示批示精神，贯彻习近平法治思想，坚持以人民为中心，统筹发展和安全，坚持精准防治和问题导向，强化系统观念、注重源头治理、综合治理，加强预防性法律制度建设，为打击遏制电信网络诈骗活动提供法治支撑。立法工作中注意把握以下几点：一是立足综合治理、源头治理和依法治理，侧重前端防范。关于电信网络诈骗违法犯罪分子的法律责任，刑法已做出多次修改完善，治安管理处罚法也有相关规定。本法主要是按照完善预防性法律制度的要求，针对电信网络诈骗发生的信息链、资金链、技术链、人员链等各环节加强防范性制度措施建设。二是“小快灵”、“小切口”，对关键环节、主要制度作出规定，条文数量不求太多，增强立法的针对性、实用性和有效性。三是急用先行。本法是一部系统综合、针对性强的专项法律，对实践中迫切需要的制度安排作出规定，拟制定修改的电信法、网络犯罪防治法、反洗钱法等其他相关立法针对电信网络诈骗也可从各自角度细化相关规定，专项立法与相关立法相互配套、共同推进。

三、草案的主要内容

草案共三十九条，主要内容包括：

一是反电信网络诈骗工作的基本原则。强调坚持系统观念，注重源头治理、综合治理，全面落实打防管控各项措施；规定各部门职责、企业职责和地方政府职责；加强协同联动工作机制建设。

二是完善电话卡、物联网卡、金融账户、互联网账号有关基础管理制度。落实实名制，规定电话卡、互联网服务真实信息登记制度，建立健全金融业务尽职调查制度；对办理电话卡、金融账户的数量和异常办卡、开户情形进行限制，防范开立企业账户风险；有针对性地完善物联网卡销售、使用监测制度。

三是支持研发电信网络诈骗反制技术措施，统筹推进跨行业、企业统一监测系统建设，为利用大数据反诈提供制度支持。规定金融、通信、互联网等领域涉诈异常情形的监测、识别和处置，包括高风险电话卡、异常金融账户和可疑交易、异常互联网账号等，规定相应救济渠道；规定金融、通信、互联网行业主管部门统筹推进相关跨行业、企业的统一监测系统建设，推进涉诈样本信息数据共享；要求互联网企业移送监测发现的嫌疑线索。

四是加强对涉诈相关非法服务、设备、产业的治理。治理改号电话、虚假主叫和涉诈非法设备；加强涉诈 APP（移动互联网应用程序）、互联网域名监测治理；打击治理涉电信网络诈骗相关产业。

五是其他措施方面，建立涉案资金紧急止付、快速冻结和资金返还制度；防范个人信息被用于电信网络诈骗；有针对性加强宣传教育；对潜在受害人预警劝阻和开展被害人救助；加强治理跨境电信网络诈骗活动，规定特定风险防范措施和国际合作。

六是明确法律责任，加大惩处力度。加大惩处非法买卖、出租、出借电话卡、物联网卡、金融账户、互联网账号行为，实施惩戒措施；对违反本法规定依法追究刑事责任以及实施、帮助实施电信网络诈骗活动的法律责任作出衔接性规定；规定金融、电信、互联网企业违反本法规定制度措施的处罚；对有关企业因重大过错导致电信网络诈骗损失或者造成损失扩大的，规定依法承担相应民事责任。

反电信网络诈骗法草案和以上说明是否妥当，请审议。

全国人民代表大会宪法和法律委员会关于《中华人民共和国反电信网络诈骗法（草案）》修改情况的汇报

全国人民代表大会常务委员会：

常委会第三十一次会议对反电信网络诈骗法草案进行了初次审议。会后，法制工作委员会将草案印发各省（区、市）人大常委会、中央有关部门和部分高等院校、研究机构、基层立法联系点等征求意见。在中国人大网全文公布草案征求社会公众意见。宪法和法律委员会、法制工作委员会就一些重要问题与中央有关部门多次沟通研究，联合召开座谈会听取中央有关部门、全国人大代表和专家的意见，到北京等地调研，通过视频方式听取互联网企业意见。王晨副委员长率队到公安机关调研。宪法和法律委员会于5月23日召开会议，根据常委会组成人员的审议意见和各方面意见，对草案进行了逐条审议，还就修改方案征求了公安部、工信部、中国人民银行的意见。6月14日，宪法和法律委员会召开会议，再次进行了审议。现将反电信网络诈骗法草案主要问题的修改情况汇报如下：

一、有的常委委员、地方和社会公众提出，反电信网络诈骗工作要注意处理好打击治理与保护公民、组织合法权益之间的关系。宪法和法律委员会经研究，建议增加规定，反电信网络诈骗工作应当依法进行，维护公民和组织的合法权益，依法保护国家秘密、商业秘密和个人隐私，并规定相应法律责任。

二、有的常委委员、地方、部门和社会公众提出，从实践看开展有效宣传防范是重要经验，建议草案加强完善这方面的规定。宪法和法律委员会经研究，建议作以下修改补充：一是规定增强公民防范意识和防范能力。二是增加金融机构、电信企业、互联网企业和新闻媒体单位开展反电信网络诈骗宣传的相关义务。三是扩大预警劝阻的责任主体，增加其他有关部门和金融、电信、互联网企业的预警劝阻措施。

三、有的常委委员、部门、地方提出，防范利用金融系统非法转移资金是反电信网络诈骗工作的重要环节，建议进一步拓展涉电信网络诈骗“资金链”治理。宪法和法律委员会经研究，建议作以下修改补充：一是将涉诈监测治理对象由银行账户、支付账户扩展到数字人民币钱包、收款条码等支付工具和支付服务。二是增加规定有关部门组织建立为用户提供查询名下银行账户、支付账户便捷渠道。三是为保障监测识别异常账户、可疑交易的有效性，明确金融机构可依法收集必要的交易和设备位置信息。四是规定支付机构应当依照规定完整、准确传输有关交易信息，防范电信网络诈骗分子借此洗钱。

四、有的常委会组成人员、地方、部门和社会公众建议提高草案法律责任部分的罚款幅度，加大对电信网络诈骗人员的惩处力度。宪法和法律委员会经研究，建议作以下修改补充：一是增加对电信网络诈骗分子使用电话卡、金融账户、互联网账号等的限制措施，并增加限制措施情形。二是根据打击治理跨境电信网络诈骗的实践需要，增加规定对有关涉电信网络诈骗人员可以采取限制出境措施。三是对有关违反本法规定行为的罚款幅度作了调整。

五、有的部门提出，国家正在按照规定推进试点网络身份认证公共服务建设，可以为涉诈异常的电话卡、银行卡、互联网账号提供重新核验身份服务。宪法和法律委员会经研究，建议采纳上述意见，增加相应规定，同时明确按照个人、企业自愿使用原则，是一种可供电信、金融、互联网等行业企业选择适用的措施，不排斥现有核验措施的适用。

六、草案第三十一条对电信业务经营者、金融机构和互联网服务提供者一定情形下承担相应民事责任作了规定。有的常委委员、部门、地方和企业提出，电信网络诈骗分子是主要侵权责任人，对相关行业企业设定民事责任应当慎重，同时要考虑对优化服务可能带来的不利影响，也有意见认为企业应当依法承担民事责任。宪法和法律委员会经研究，建议修改为与民法典的衔接性规定，不设定新的民事责任制度。

此外，还对草案作了一些文字修改。

草案二次审议稿已按上述意见作了修改，宪法和法律委员会建议提请本次常委会会议继续审议。

草案二次审议稿和以上汇报是否妥当，请审议。

全国人民代表大会宪法和法律委员会

2022 年 6 月 21 日

全国人民代表大会宪法和法律委员会关于《中华人民共和国反电信网络诈骗法（草案）》审议结果的报告

全国人民代表大会常务委员会：

常委会第三十五次会议对反电信网络诈骗法草案进行了二次审议。会后，法制工作委员会将草案印发中央有关部门、金融机构等征求意见，在中国人大网全文公布草案二次审议稿，再次征求社会公众意见。宪法和法律委员会、法制工作委员会就一些重要问题会同有关方面加强研究，通过视频方式与福建省有关部门连线调研，赴湖北省实地调研，召开座谈会听取互联网企业和有关部门、商业银行、专家等意见。宪法和法律委员会于7月18日召开会议，根据委员长会议精神、常委会组成人员审议意见和各方面的意见，对草案进行了逐条审议。公安部、工业和信息化部、中国人民银行有关负责同志列席了会议。8月17日，宪法和法律委员会召开会议，再次进行了审议。宪法和法律委员会认为，草案经过两次审议修改，已经比较成熟。同时，提出以下主要修改意见：

一、有的常委会组成人员、部门和社会公众提出，为了进一步加强打击电信网络诈骗，建议在草案中增加人民法院、人民检察院和公安机关的相应职责。宪法和法律委员会经研究，建议增加以下规定：一是人民法院、人民检察院发挥审判、检察职能作用，依法防范、惩治电信网络诈骗活动。二是公安机关应当建立完善打击治理工作机制，加强能力建设，有效惩治电信网络诈骗活动，对电信网络诈骗犯罪案件依法及时立案。

二、有的常委会组成人员提出，应当根据实践需要有针对性地加强宣传教育防范措施。宪法和法律委员会经研究，建议增加以下规定：一是加强对老年人、青少年等群体的宣传教育，增强反电信网络诈骗宣传教育的针对性、精准性。二是明确有关行业企业对本领域新出现的电信网络诈骗手段及时向用户作出提醒。三是规定对公众举报电信网络诈骗的奖励制度。

三、有些互联网企业提出，反电信网络诈骗工作需要重视和加强互联网企业和有关部门对于涉诈违法犯罪线索、风险信息的共享，完善有关移送处置机制，提升企业监测防范水平。宪法和法律委员会经研究，建议采纳上述意见，增加相应规定。

四、有些常委委员、部门和社会公众提出，要进一步加大对电信网络诈骗分子的惩处力度。在刑法作出刑事责任规定的同时，也要就行政处罚作出专门规定，并进一步明确承担民事责任和纳入信用记录。宪法和法律委员会经研究，建议采纳上述意见，增加以下规定：一是规定对从事电信网络诈骗活动的有关人员，可以按照国家有关规定记入信用记录，并规定了具体惩戒措施。同时，明确有关部门应当建立健全申诉渠道、信用修复和救济制度。具体办法由国务院公安部门会同有关主管部门规定。二是规定从事电信网络诈骗活动，尚不构成犯罪的行政处罚。三是进一步明确从事电信网络诈骗违法犯罪人员除依法承担刑事责任、行政责任以外，造成他人损害的，依法承担民事责任。

五、有的常委委员、部门和社会公众提出，对涉诈异常情形采取相应处置措施时，要进一步明确救济途径。宪法和法律委员会经研究，建议增加规定，有关部门、单位应当将处置原因、救济渠道及需要提交的资料等事项告知被处置对象，并建立完善申诉渠道。

六、有的常委会组成人员、部门提出，电信网络诈骗犯罪多发高发，严重侵害国家利益、社会公共利益，有必要增加规定检察机关可以依法提起公益诉讼。宪法和法律委员会经研究，建议采纳上述意见，增加相应规定。

此外，还对草案二次审议稿作了一些文字修改。

8 月 16 日，法制工作委员会召开会议，邀请有关基层部门、企业、全国人大代表和专家学者，就草案的可行性、出台时机、实施的社会效果和可能出现的问题等进行评估。普遍认为，草案贯彻落实习近平总书记重要指示批示精神和党中央决策部署，坚持以人民为中心，统筹发展和安全，立足各环节、全链条防范治理电信网络诈骗，精准发力，为反电信网络诈骗工作提供有力法律支撑。草案经过两次审议已比较成熟，具有较强的针对性和可操作性，实践迫切需要，建议尽快出台。同时，还对草案提出了一些具体修改意见，宪法和法律委员会进行了认真研究，对有的意见予以采纳。

草案三次审议稿已按上述意见作了修改。宪法和法律委员会建议提请本次常委会会议审议通过。

草案三次审议稿和以上报告是否妥当，请审议。

全国人民代表大会宪法和法律委员会

2022 年 8 月 30 日

全国人民代表大会宪法和法律委员会
关于《中华人民共和国反电信网络诈骗法（草案三次审议稿）》修改意见的报告

全国人民代表大会常务委员会：

本次常委会会议于8月30日下午对反电信网络诈骗法草案三次审议稿进行了分组审议。普遍认为，草案已经比较成熟，建议进一步修改后，提请本次常委会会议表决通过。同时，有些常委会组成人员和列席人员还提出了一些修改意见和建议。宪法和法律委员会于8月31日上午召开会议，逐条研究了常委会组成人员和列席人员的审议意见，对草案进行了审议。公安部、工业和信息化部、中国人民银行有关负责同志列席了会议。宪法和法律委员会认为，草案是可行的，同时，提出以下修改意见：

一、有的常委委员提出，实践中单位财务人员等成为电信网络诈骗重点对象，造成单位财产损失，建议加强单位内部管理防范措施。宪法和法律委员会经研究，建议增加规定，各单位应当加强内部防范电信网络诈骗工作，对工作人员开展防范电信网络诈骗教育。

二、有的常委委员提出，草案三次审议稿第二十五条所列不得为他人实施电信网络诈骗活动提供有关支持和帮助的行为中，有些与正常经营和业务活动有交叉，建议进一步明确法律界限。宪法和法律委员会经研究，建议将所列行为分为两类情形规定，明确电信业务经营者、互联网服务提供者应当依照国家有关规定履行合理注意义务，对有关涉诈活动进行监测识别和处置。

三、有的常委委员、部门提出，本法对主管部门监管责任、企业各项防范治理责任等作了相应规定。为保障这些规定得到有效实施，建议增加规定，有关主管部门应当依照职责对企业落实情况进行监督检查；有的部门、企业提出，有关监督检查活动应当依法规范开展。宪法和法律委员会经研究，建议采纳上述意见，增加相应规定。

四、根据有些常委会组成人员的意见，宪法和法律委员会经研究，建议对有关国际合作的规定作进一步修改完善，规定："国务院公安部门等会同外交部门加强国际执法司法合作，与有关国家、地区、国际组织建立有效合作机制，通过开展国际警务合作等方式，提升在信息交流、调查取证、侦查抓捕、追赃挽损等方面的合作水平，有效打击遏制跨境电信网络诈骗活动。"

有的常委会组成人员还对本法通过后的实施和宣传工作提出了意见。宪法和法律委员会建议有关部门认真研究常委会组成人员的审议意见，抓紧制定和完善相关配套规定，积极做好宣传和解读，加大执法力度，保证法律全面有效实施。

经与有关部门研究，建议将本法的施行时间确定为2022年12月1日。

此外，根据常委会组成人员的审议意见，还对草案三次审议稿作了一些文字修改。

草案修改稿已按上述意见作了修改，宪法和法律委员会建议本次常委会会议审议通过。

草案修改稿和以上报告是否妥当，请审议。

全国人民代表大会宪法和法律委员会

2022年9月1日

十三届全国人大常委会第三十一次会议审议反电信网络诈骗法草案的意见

2021年10月20日下午，十三届全国人大常委会第三十一次会议对反电信网络诈骗法草案进行了审议。现将审议意见简报如下。

一、总的意见

1. 关于草案制定的必要性和意义

常委会组成人员和列席人员普遍认为，当前电信网络诈骗多发高发，严重影响了人民群众的生命财产安全、社会和谐稳定和国家经济安全。反电信网络诈骗法草案深入贯彻落实习近平总书记关于打击治理电信网络诈骗工作的重要指示批示和党中央决策部署，坚持以人民为中心，强化系统治理、综合治理、源头治理，适应实际需要，完善相关法律制度和各方面法律责任，推动形成协同打击治理电信网络诈骗犯罪的工作合力，为坚决打击电信网络诈骗犯罪提供了十分重要的法律支撑。草案充分体现了全国人大常委会及时用法律解决人民对美好生活新期待的需要，体现了全国人大“小快灵”“小切口”立法，体现了以人民为中心的治国理念。制定反电信网络诈骗法有利于为反电信网络诈骗工作提供法治保障，有利于遏制猖獗的电信网络诈骗势头，有利于维护人民群众切身利益、社会稳定和国家安全，是一件大快人心的好事，一桩深孚众望的德政，意义重大。制定一部符合我国国情、适应信息化发展需要的反电信网络诈骗法十分必要，出台反电信网络诈骗法非常迫切、非常及时，完全赞成制定该法，建议尽早出台。草案的制定和出台，必将为持续巩固安定团结良好局面，进一步提升人民群众的获得感、幸福感、安全感，提供坚强有力的法治保障。

2. 关于草案的结构内容

有些常委会组成人员提出，草案经过大量调查研究，将近几年公安、电信、网信、金融等相关部门在打击电信网络诈骗过程当中所形成的好经验、好做法，用法律形式固化下来，推进这项工作的常态化、机制化；草案内容定位准、思路好，体现了综合治理、源头治理和依法治理的导向，抓住了通信、金融和互联网等关键环节，针对电信网络诈骗发生的信息链、资金链、技术链、人员链等环节，加强防范性制度措施建设，进一步完善了预防性法律制度；草案结构合理、内容全面、可操作性强，条文简明扼要，针对性、综合性、专业性都很强，对法律责任作了较全面规定，包括民事责任、刑事责任、行政责任。总体上内容可行，基础很好，该法出台后必将有力打击遏制电信网络诈骗活动。

有的建议，正确处理好与相关法律之间的衔接关系，如刑法、国家安全法、网络安全法、反洗钱法和数据安全法、个人信息保护法等，可以和正在起草的电信法、网络犯罪防治法以及最高人民法院、最高人民检察院相应的司法解释互为补充、形成合力。

有的建议，对诈骗方式等进行溯源，进一步作出明确而有针对性的规定；对民商事活动中利用电信网络实施诈骗活动的都予以打击，建议对电信领域之外的内容作原则性规定，为电信网络诈骗的专项立法留出空间。

有的建议，平衡打击治理行为与公民、组织合法权益之间的关系，采取限制措施要慎重，并要有救济渠道；造成损失的，要依法承担赔偿责任。

3. 关于立法及宣传工作

有的提出，常委会党组高度重视反电信网络诈骗立法工作，法工委做了大量工作，反电信网络诈骗法草案坚持问题导向，抓住关键环节，注重综合治理、源头治理、依法治理。

有的提出，全国人大常委会法工委积极贯彻党中央决策部署，坚持问题导向，聚焦防范治理，在较短的时间内起草了反电信网络诈骗法草案，覆盖通信、金融、互联网等多个重点领域，针对性、实用性都比较强，对于加强反电信网络诈骗工作具有重要意义。

有的建议，加快完善相关立法，推进电信法立法进程，建立防治电信网络诈骗基础电信制度；尽快出台细则，细化行业治理内容；出台相关司法解释明确证据规则等，公布典型案例。

有的常委会组成人员提出，法律出台后，要加强宣传教育，对违法犯罪分子形成有力震慑，同时加强社会防范，提高群众识骗防骗能力，形成全民反诈、全社会反诈的浓厚氛围。

二、关于第一章总则

（一）总的意见

1. 有的建议，在第一章总则后设置预防措施专章，整合并进一步细化草案第二十四条、第二十五条、第二十八条、第二十九条关于在打击治理电信网络诈骗活动中涉及的个人信息保护、宣传教育、被害人救助及相关机制建设方面的内容，同时增加一些有针对性的其他预防措施。

2. 有的建议，增加国务院、省级人民政府应当建立集在线举报，信息拦截、预警、宣传等功能于一体的反诈平台的规定。

3. 有的建议，建立涉诈违法行为举报奖励制度。

4. 有的建议，加强金融手段特别是技术手段争取在早期对电信网络诈骗行为进行识别、制止，及早进行打击。

5. 有的建议，在总则或者法律责任中进一步体现以人民为中心的相关内容，明确以老人、未成年人、残疾人等为对象的属于情节严重。

（二）关于草案第一条

草案第一条规定了立法目的。

有些常委会组成人员提出，“单位”在有些情形下也是受害者，建议扩大保护范围，在“公民”后增加“法人和其他组织”，将“保护公民合法权益”修改为“保护公民、法人和其他组织合法权益”。

有的提出，草案涉及个人处理信息活动的规范，建议有关内容参照个人信息保护法的规定和表述；建议增加“根据宪法”的表述。

（三）关于草案第二条

草案第二条规定电信网络诈骗定义，即电信网络诈骗是指以非法占有为目的，利用电话、短信、互联网等电信网络技术手段，通过远程、非接触方式，骗取公私财物的行为。

有的常委会组成人员提出，从司法实践看，应当将支持或者帮助他人实施电信网络诈骗活动的行为列入电信网络诈骗范畴，并作为规制对象，建议增加“为他人提供支持和帮助”的表述。

有的常委会组成人员提出，通过微信进行网络诈骗时有发生，建议增加“微信”；有的提出，“利用电话、短信、互联网等电信网络技术手段”的表述不够科学全面，建议修改为“利用电信网络技术手段”。

有的常委会组成人员提出，在“技术手段”后增加“传播虚假信息”，在“非接触方式”后增加“使被害人陷入错误认识”；有的建议删除“非接触式”表述。

有的提出，电信网络诈骗犯罪的对象是不特定的人，一对一的诈骗行为即使利用了电信网络手段也应归入普通诈骗，建议定义中增加“不特定”的表述。

（四）关于草案第三条

草案第三条规定本法适用范围。第一款规定打击治理中华人民共和国境内的电信网络诈骗活动或者中华人民共和国公民在境外实施的电信网络诈骗活动，适用本法。第二款规定，境外的组织、个人针对境内实施电信网络诈骗活动，或者为他人实施电信网络诈骗活动提供产品、服务，损害中华人民共和国国家或者公民利益的，可以依照本法有关规定处理和追究责任。

有的常委会组成人员建议，在第二款“公民”后增加“、法人和其他组织”。

有的建议，增加中华人民共和国公民在境外针对境内人员实施犯罪的，才适用本法的限制性规定。

有的提出，境外电信网络诈骗现在比境内的还要多，建议增加规定“积极开展打击境外电信网络诈骗活动的工作，加强国际合作，国际上共同打击电信网络诈骗犯罪”。

（五）关于草案第四条

草案第四条规定反电信网络诈骗工作原则，包括坚持以人民为中心，统筹发展和安全；坚持精准防治，防止对正常生产经营活动、群众生活便利造成不当影响等。

有的建议，要切实保护正常用户的合法权益。“坚持精准防治，防止对正常生产经营活动、群众生活便利造成不当影响”是原则性规定。一方面要精准，尽可能提高被限制服务对象的精准度，实行“限制服务”要有严格的内部审批，做到慎重使用限制服务；另一方面要对限制服务对象履行告知义务，尽可能减少相应的损失和负面效应。

有的建议增加“加强国际合作，共同打击跨境犯罪”作为工作原则。

（六）关于草案第五条

草案第五条规定地方各级人民政府、各行业主管部门和企业反电信网络诈骗责任。第六条规定国务院建立打击治理电信网络诈骗工作机制，统筹协调打击治理工作。

有的常委会组成人员建议，增加“新闻媒体要加强反电信网络诈骗宣传，引导公民依法保护自身权益”的规定，加大宣传力度，提高打击防范诈骗的意识。

有的常委会组成人员提出，考虑到为优化营商环境而简化企业注册程序可能被不法分子加以利用，建议在各行业主管部门中增加“市场监督管理部门”；有的建议，增加履行个人信息保护职责部门、单位安全责任的要求。

有的提出，明确“地方各级人民政府”为“县级以上人民政府”。有的建议，将“金融、通信、互联网”修改为“电信、金融、互联网”。有的建议，在企业责任后增加“配合司法机关开展侦查、打击工作”的规定，为这些部门提供调查取证等方面的有力支持，形成打击合力。

（七）关于草案第六条

草案第六条规定国务院建立打击治理电信网络诈骗工作机制，统筹协调打击治理工作。有关部门应当密切配合，实现跨行业、跨地域协同配合、快速联动，有效防范电信网络诈骗活动。

有的建议，将“国务院建立打击治理电信网络诈骗工作机制”修改为“国务院建立反电信网络诈骗联席会议机制”，明确联动机制的具体方案。有的建议，在“协同配合、快速联动”前增加“信息共享”。

有的提出，草案仅第二十九条涉及国务院打击治理电信网络诈骗工作机制的具体职能，建议从事前预防能力建设、事中责任督导机制建设、事后反诈骗成效体系建设三个方面明确细化，建立跨行业、跨地域、跨部门、跨地区的联防联控工作机制，进一步明确国务院打击治理电信网络诈骗工作机制的具体职能；有的建议，明确打击治理电信网络新型违法犯罪工作部际联席会议制度。

有些常委会组成人员和列席人员建议，调整第五条和第六条的顺序，将第六条作为第五条第一款，第五条第一款作为第六条，先写国务院后写地方各级人民政府。

三、关于第二章通信治理

（一）关于草案第七条

草案第七条对电信业务经营者落实实名制作出规定，要求电信业务经营者应当依法落实电话用户真实身份信息登记制度。

有的提出，本条中“电话用户”的范围不能全部涵盖网络电话等终端设备，对跨国转接的电话应当采取特殊的针对措施，但是这部法中没有涉及，建议斟酌。

（二）关于草案第八条

草案第八条对办理电话卡的数量和建立信息共享机制作出规定。第一款规定办理电话卡一般不得超出国家有关规定限制的数量。对经识别存在异常办卡情形的，电信业务经营者有权延长办理期限或者拒绝办卡。第二款规定国家电信主管部门组织建立电话用户开卡情况信息共享机制和管理平台，并为用户提供查询名下电话卡的便捷渠道。

有的建议，将第一款第一句修改为“办理电话卡除法定事由外，不得超出国家有关规定限制的数量”，这样规定更明确，也便于电信业务经营者把握；有的提出，“一般”很难界定，建议表述为“有特定事由，或者是法定事由，或者是有关规定允许。”有的建议修改为“办理电话卡不得超出国家有关规定限制的数量，对经识别存在异常办卡情况的，电信业务经营者有权拒绝办卡”，删除“一般”“延长办理期限”的表述，实践中容易被滥用。

有的建议，将第二款修改为“国家电信主管部门组织建立电话开卡情况信息共享机制和管理平台，为相关部门打击治理工作提供信息支撑，并为用户提供查询名下电话卡的便捷通道”，建议工信部、三大基础电信运营商会同有关部门、互联网企业，建立跨行业的电话卡、互联网账号核验机制和风险共享机制。

（三）关于草案第九条

草案第九条规定电信业务经营者对监测识别的涉诈高风险电话卡应当重新进行实名核验，根据风险等级采取有区别的、相应的核验措施。对未按规定核验或者核验未通过的，电信业务经营者可以限制、暂停有关电话卡功能。

有的提出，当前涉案电话卡黑灰产最突出的问题不是不实名登记，而是实名不实人操作，建议修改为“电信业务经营者对监测识别的涉诈高风险电话卡应进行实人实操核验”。

（四）关于草案第十条

草案第十条对物联网卡的管理作出规定。其中第三款规定电信业务经营者对物联网卡的使用建立监测预警机制。对存在异常使用情形的，应当采取暂停服务、重新核验身份和使用场景或者其他合同约定的处置措施。

有的建议，将第三款第二句修改为“对存在异常使用情形的，应当主动采取暂停服务、重新核验是否实人实操和使用场景或者其他合同约定的处置措施”。

（五）关于草案第十二条

草案第十二条对电信诈骗相关非法设备作出规定。第一款规定任何单位和个人不得非法制造、销售、提供或者使用可以实现改变主叫号码、虚拟拨号、互联网电话违规接入公用电信网络等功能的非法设备、软件。第二款规定电信业务经营者、互联网服务提供者应当采取技术措施，及时识别、阻断前款规定的非法设备、软件接入网络，并向公安机关和相关行业主管部门报告。

有的建议，删除第一款第一项“移动电话卡批量插入设备”中的“移动”，修改为“电话卡批量插入设备”。有的提出，当前电话、短信骚扰也是电信网络诈骗的主要软件或者设备，是重要引流方式之一，建议将第一款第二项修改为“改变主叫号码、虚拟拨号、互联网电话违规接入公用电信网络、实现通信骚扰（电话、短信）等功能的”。

有的建议，删除第一款第四项“其他专门或者主要用于实施电信网络诈骗等违法犯罪的设备、软件”中的“专门或者主要”，因为本款已经明确规定“任何单位和个人不得非法制造、销售、提供或者使用可以实现下列功能的设备、软件”，是禁止行为，“专门或者主要”不应成为前置条件。

有的建议，将第二款采取技术反制措施的主体增加“电信主管部门”；将“及时识别、阻断前款规定的非法设备”修改为“即时识别、阻断前款规定的非法设备”，对非法设备软件接入网络，应该第一时间阻断，防止人民群众上当受骗。

有的建议，将章名“通信治理”修改为“电信治理”。有的提出，草案中“工信部门”“通信主管部门”“电信主管部门”的表述不统一，建议统一规定为“电信主管部门”。

四、关于第三章金融治理

（一）关于草案第十三条

草案第十三条规定，与客户业务关系存续期间，银行业金融机构、非银行支付机构，依法识别受益所有人。有的提出，“受益所有人”容易引起歧义，建议修改为“受益人”。

（二）关于草案第十四条

草案第十四条规定，对经识别存在异常开户情形的，银行业金融机构、非银行支付机构有权延长办理期限或者拒绝开户。有的建议删除“对经识别”。

（三）关于草案第十六条

草案第十六条规定异常账户监测制度。银行业金融机构等建立完善涉电信网络诈骗特征的异常账户监测模型；中国人民银行统筹建立跨银行业金融机构和非银行支付机构的反洗钱统一交易监测系统，会同国务院公安部门完善与电信网络诈骗犯罪资金流转特点相适应的反洗钱可疑交易报告制度。

有的提出，草案中多次提到“监测识别异常”，建议进一步明确草案第十六条、第十九条等中规定的“异常”的标准，以便在全国范围内进行统一规范。

有的建议，增加银行业金融机构在监控到异常账户，或交易额度较大时必须承担提醒、中止交易等义务。

有的建议，将“统一交易监测系统”修改为“统一交易监测模型”，并在之后增加“严格执行对网银、手机银行、第三方支付 App 实行实人实操认证的管控”的规定。

（四）关于草案第十七条

草案第十七条规定紧急止付、快速冻结和资金返还制度。紧急止付、快速冻结、资金返还由公安机关决定，银行业金融机构、非银行支付机构应当予以配合。

有的常委会组成人员提出，从司法实践看，被冻结的涉案账户中，有被害人的被骗资金和企业贸易往来合法资金，在能够甄别资金来源的前提下，应当及时解冻，并及时返还给被害人和企业，建议在“快速冻结”后增加“及时解冻”制度。

有的常委会组成人员提出，紧急止付、快速冻结、资金返还是否只能由公安机关决定，在特殊情况下，银行是不是也可以直接决定采取措施。

五、关于第四章互联网治理

（一）关于草案第十八条

草案第十八条对互联网服务提供者落实实名制作出规定。互联网服务提供者在与用户签订协议或者确认提供服务时，应当依法要求用户提供真实身份信息，用户不提供真实身份信息的，不得提供相关互联网服务。

有的常委会组成人员建议，在以电话卡实名制为基础的身份验证机制上，进一步加强技术手段建设和防范性制度建设，解决“实名不实人”的突出问题，并防范违法犯罪分子通过技术对抗，突破电话卡实名制，进而突破网络实名制的严重问题。

有的建议，将“用户不提供真实身份信息的”修改为“用户不提供本人真实身份信息的”。

有的常委会组成人员建议，在“广告推广”后加上“及其他电信服务”作为兜底条款。

（二）关于草案第十九条

草案第十九条规定，互联网服务提供者对监测识别异常账号，涉案、涉诈高风险电话卡所关联注册的有关互联网账号可采取关停等处置措施。

有的提出，对“异常”的标准需要进一步明确，在全国范围内进行统一规范。有的建议，修改为“互联网服务提供者对监测识别的异常账号应当采取重新进行实人实操核验、限制功能、暂停服务等处置措施”。

有的建议，增加一款规定，“用户对关停其互联网账号存在异议的，可以向公安机关、电信主管部门提出证据证明其与涉案电话卡、涉诈高风险电话卡不存在因果关系，互联网服务提供者应当根据公安机关、电信主管部门的认定结果，采取取消关停等措施。”

（三）关于草案第二十条

草案第二十条对移动互联网应用程序管理作了规定。第一款规定网信、工信、公安等部门应当建立健全移动互联网应用程序备案机制。第二款规定为应用程序提供封装、分发服务的，应当登记并核验应用程序开发运营者的真实身份信息，核验应用程序的功能、用途，支持实现对封装、分发的全程溯源。

有的建议，将“工信”表述为“电信”。有的提出，条文表述使用“网信、工信、公安等部门”，其中“网信、工信部门”对普通百姓不易理解，建议使用全称。

有的建议，对第二款“全程溯源”的可行性再斟酌。按照个人信息保护法的规定，应用程序的提供者应严格遵守个人信息保护的要求，实践中完成了相应服务之后，是不能够随意追踪个人信息，无权开展全程追溯的，建议删除第二款中的“支持实现对封装、分发的全程溯源”。有的建议，将第二款修改为“为应用程序提供封装、分发服务的，应当登记并核验应用程序开发运营者的真实身份信息，严格落实实人实操核验机制，核验应用程序的功能。”

（四）关于草案第二十二条

草案第二十二条对涉及电信网络诈骗的网络黑灰产业治理作出规定。第一款规定任何单位和个人不得明知他人实施电信网络诈骗，而提供支持或者帮助行为。第二款规定互联网服务提供者应当建立监测防范制度，进行相应的监测、拦截和处置。

有的常委会组成人员建议，删除“明知”：一是在电信网络诈骗环节，不论行为人是否明知，此类为电信网络诈骗提供各类支持或者帮助的行为，包括出售、提供他人信息的行为，都应予以禁止。二是作此规定，不仅可以与草案第三十六条关于行政处罚的规定相衔接，也与刑法第二百八十七条之二规定紧密衔接，更有利于依法区分行政违法与刑事犯罪的界限。对于如果是明知他人利用信息网络实施犯罪，而为其犯罪提供互联网接入、服务器托管、网络储存、通信传输等技术支持，或者提供广告推广、支付结算等帮助，情节严重的，则应当按刑法第二百八十七条之二帮助信息网络犯罪活动罪的规定定罪处罚。

有的建议，将“明知”改为“知道或应当知道”他人实施电信网络诈骗而提供帮助，并且删除本条第一项“出售、提供个人信息”，这一帮助类型在任何情况下都不得这样做。

有的建议，将第一款第一项修改为“出售、提供企业、个人信息”，认为出售企业信息也是当前比较突出的现象。

（五）关于草案第二十三条

草案第二十三条对互联网服务提供者协助司法机关办案和移送相关涉诈线索、信息作出规定。第一款规定司法机关办理电信网络诈骗案件依法调取证据的，互联网服务提供者应当及时提供数据查询、证据调取等支持。第二款规定互联网服务提供者在依照本法规定对互联网账号异常使用监测、涉诈产业监测、涉诈信息、活动监测中发现的可疑犯罪线索、风险信息等，应当依照规定移送公安、网信、工信等部门。

有的建议，将第一款中“提供数据查询、证据调取等支持”修改为“提供相关技术支持和协助”，与国家安全法第七十七条、网络安全法第二十八条等相关立法表述一致，也符合国际提法，比如欧盟的 GDPR 规定。

有的建议，将第二款中的“异常使用监测、涉诈产业监测、”修改为“异常使用监测，涉诈产业监测，”。

有的建议将“工信”表述为“电信”。

六、关于第五章其他防范措施

（一）关于草案第二十四条

草案第二十四条规定个人信息保护。第一款规定个人信息处理者应当依法加强个人信息保护，建立防范个人信息被用于电信网络诈骗的工作机制。

第二款规定履行个人信息保护职责的部门、单位对物流信息、购物信息、贷款信息、医疗信息等可能被电信网络诈骗利用的重要信息实施重点监管和保护。

有的提出，本法作为专门法，应进一步规定更严格、更有针对性的个人信息保护制度，建议针对非法搜集、倒卖个人生物识别信息等规定相应打击治理措施等。

有的建议，在“物流信息”前增加“个人身份信息”。

（二）关于草案第二十五条

草案第二十五条规定，地方各级人民政府及其有关部门应当加强反电信网络诈骗宣传，普及法律知识，提高公众对各类电信网络诈骗的鉴别能力和安全防范意识。村民委员会、居民委员会和教育、民政、市场监管等有关部门，应当结合电信网络诈骗受害群体的分布等特征，有针对性地开展防范电信网络诈骗违法犯罪知识进学校、进企业、进社区、进农村等宣传活动。

有的常委会组成人员提出，宣传舆论主管部门掌握着宣传资源，建议加强宣传教育和社会防范，提高群众识骗防骗能力；有的建议明确宣传舆论主管部门的宣传职责；有的建议明确电信企业、互联网企业、金融机构反电信网络诈骗宣传的责任；有的建议增加综治部门。

有的建议，增加针对老年人、未成年人等重点人员的防范电信网络诈骗宣传教育的规定；有的建议，根据电信网络诈骗多针对普通民众尤其是老年人、多发生在境外对境内实施的特点，在相关章条中进一步明确一些具体要求，如明确银行应当张贴、发放反电信网络诈骗宣传材料，明确新闻媒体的宣传责任等。

有的提出，银行、通信等相关部门属于垂直管理体系，不受地方政府直接管理，应当在法律层面补充规定其宣传义务，建议将“有关部门”修改为“有关行业主管部门”。

（三）关于草案第二十六条

草案第二十六条对非法买卖、出租、出借电话卡、银行账户等规定了惩戒措施。对惩戒措施有异议的，可以提出申诉。

有的建议，对涉嫌网上诈骗前科人员实施信用惩戒作出专门规定，明确因涉嫌电信网络诈骗相关犯罪的列为严重失信主体，并配套惩戒措施、移出条件、惩戒程序等有关内容。

有的提出，对采取各种措施有误的，本条规定了申诉的救济渠道，建议进一步增加造成损害要赔偿的规定。

（四）关于草案第二十七条

草案第二十七条，对依据本法有关技术措施，针对异常情形采取的限制、暂停服务等处置措施及申诉作了规定，对申诉后核查通过的，应当及时解除有关措施。

有的建议，将“及时”解除有关措施修改得尽量明确。

有的建议，在采取“处置措施”之后，增加规定“要提高精确度，慎重审批，及时告知被限制服务对象”的规定。

（五）关于草案第二十八条

草案第二十八条规定，公安机关应当建立预警劝阻系统，对预警发现的潜在受害人，根据情况及时采取相应劝阻措施。对因电信网络诈骗遭受重大生活困难的受害人，有关方面应当依照规定给予救助。

有的建议，在预警劝阻机制中增加金融、电信企业的预警劝阻责任规定。

有的提出，“有关方面”和“给予救助”的规定不明确，建议明确为民政、慈善等有关部门单位，细化相关规定。

（六）关于草案第二十九条

草案第二十九条规定，经国务院打击治理电信网络诈骗工作机制决定或者批准，国家金融、通信、互联网行业主管部门和公安部门对电信网络诈骗活动严重的特定地区，可以采取相应的风险防范措施。

有的建议，加入信用黑名单、违法禁业机制、举报奖励等三项风险防范措施。

有的提出，建议对防诈骗重点人群，特别是独居老人等群体的防诈骗工作，作出有针对性的规定。

（七）关于草案第三十条

草案第三十条规定，国家外交、公安等部门积极稳妥推进国际执法司法合作，与有关国家和地区建立快速联络工作机制，共同推进跨境电信网络诈骗犯罪打击治理。

有的提出，电信网络诈骗的恶性案件多属跨国跨境犯罪，建议充实具体举措。有的建议，增加各级办案机关应当加强对新型犯罪证据研究，以达到依法打击犯罪的效果。

有的建议，通过规范企业数据管理、建立数据安全第三方管理平台、安全评价体系等加强个人信息保护。

有的建议，增加对可能用于电信网络诈骗的通信设备进行监管的规定，并对单位和个人非法销售或者非法提供通信设备的行为作出规定。

有的建议，增加地方各级人民政府应开发利用网络软件、搜索引擎、应用程序等新技术，加强技术反制能力。

七、关于第六章法律责任

（一）关于草案第三十一条

草案第三十一条第一款规定，电信业务经营者、金融机构、互联网服务提供者知道或者应当知道他人利用其产品、服务实施电信网络诈骗活动，未采取必要措施的，或者未依照本法规定履行义务，造成电信网络诈骗损失扩大的，根据过错程度等情况依法承担相应民事责任。第二款规定，有关单位、个人提起民事诉讼时，可以向人民法院申请公安机关协助提供有关情况和证据，公安机关应当予以帮助。

有的常委会组成人员建议，在第一款中“损失扩大”前增加“造成损失”的情形，修改为“造成电信网络诈骗损失或者损失扩大的，根据过错等依法承担民事责任”。

有的建议，明确不同情形的过错责任，或者授权国务院制定相应的过错划分认定办法，增强可操作性。

有的建议，第二款的表述应与民法典保持一致，修改为“有关自然人、法人和非法人组织提起民事诉讼时，可以向人民法院申请公安机关协助提供有关情况和证据，公安机关应当予以帮助”。

有的提出，电信业务经营者、银行业金融机构和非银行支付机构、互联网服务提供者作为管理者、经营者，在工作中存在过错时，不仅应承担安全主体责任，还应承担一定经济责任。

有的建议，增加对受害人进行赔偿的法律责任，将“承担相应民事责任”明确为“承担相应赔偿责任”。

（二）关于草案第三十五条

草案第三十五条规定，非法制造、销售、提供或者使用专门或者主要用于电信网络诈骗的设备、软件的，或者从事相关涉诈产业的，处违法所得一倍以上十倍以下罚款，没有违法所得的，处二十万元以下罚款；情节严重的，由公安机关并处十日以下拘留。

有的建议，追加连带赔偿责任的规定，提高处罚上限，根据情节严重程度，完善行刑衔接机制。

有的建议，对电信业务经营者、金融机构、互联网服务提供者没有遵守规定的，罚款基准提高为十万元到五十万元，严重的可以达到五十万元到五百万元。

（三）关于草案第三十七条

草案第三十七条规定：“违反本法规定，构成犯罪的，依法追究刑事责任。”“任何个人、单位实施电信网络诈骗活动，或者帮助他人实施电信网络诈骗活动的，依法追究刑事责任；尚不构成犯罪的，依法给予行政处罚。”

有的提出，电信网络诈骗犯罪问题需要使用重刑，建议修改为“违反本法规定，构成犯罪的，依法从严从重追究刑事责任”。

有的建议，将“实施电信网络诈骗活动”修改为“组织、实施电信网络诈骗活动”。

有的建议，在第三十七条第二款依法追究刑事责任前增加“构成犯罪的”条件性表述；有的建议，增加规定“有违法所得的，没收违法所得”。

有的建议，增加“组织、胁迫、教唆、利诱未成年人参与实施电信网络诈骗犯罪的，从重处罚”。

有的建议，加大对电信网络诈骗犯罪负有责任的相关单位和相关人员的处罚力度。明确对违反相关规定，不按规定执行，负有严重责任并造成严重后果的人，要依法承担刑事责任。

有的建议，加大对销售手机卡、微信号或者 QQ 号、第三方取款人、收款银行账号或者收款二维码、销售公民个人信息这类关联犯罪的打击力度。

有的提出，互联网企业、电信运营商等主体缺少明确的法律责任，特别是在没有尽职等情况下惩戒责任缺失，总体上法律责任过轻；有的建议，提高罚款基准，加大处罚力度。

八、关于第七章附则

草案第三十八条规定了法律之间的衔接。反电信网络诈骗工作适用本法。有关管理和责任制度，本法没有规定的，适用网络安全法、个人信息保护法、反洗钱法等相关法律法规规定。其他法律对相应行为有更重处罚规定的，从其规定。

有的常委会组成人员提出，最后一句体现从重兼从旧的原则，这与从旧兼从轻的法律效力原则、同位法之间“后法优于前法”原则都不太相符，建议现阶段就找出罚则不一致的地方，明确排除彼此的矛盾。

有的提出，第三条已经说明了适用范围，建议将本条修改为，反电信网络诈骗工作涉及的有关管理和责任制度，本法没有规定的，适用网络安全法等相关法律法规规定。

九、其他意见建议

1. 关于法律和章节名称。有的提出，本法的调整对象不仅包括电信还包括互联网，建议将本法名称修改为“反网络诈骗法”。

2. 有的提出，现在电信网络诈骗不断更新升级，需要进一步研究把潜在有可能发生的情况涵盖进去，防范诈骗；并对被诈骗后的补救措施作出规定。

3. 关于涉案财产处置和涉案资金管理。有的提出，受害群众范围很广，损失金额巨大，受银行监控保存时限短，作案工具变换快等客观因素的影响，对涉案财产的认定和处置困难，很多诈骗分子的涉案金额巨大，但是量刑认定的金额不多，涉案财产处置少，建议对涉案财产的处置作出进一步明确规定。此外，有的提出，加强现金支取管理是打击电信网络诈骗账款取现、套现的有效举措，建议进一步加强对现金支取的管理。

4. 有的建议在立法中明确进一步强化重点人员管控，明确电信网络诈骗高危人员、前科人员不准出境；明确对电信网络诈骗违法犯罪前科人员参照失信被执行人有关限制措施实施措施，提高犯罪成本。

5. 有的建议增加对公民、法人隐私权保护的规定。

十三届全国人大常委会第三十五次会议审议反电信网络诈骗法草案二次审议稿的意见

2022年6月23日下午，十三届全国人大常委会第三十五次会议对反电信网络诈骗法草案二次审议稿（以下简称草案）进行了审议。现将审议意见简报如下：

一、总的意见

常委会组成人员和列席人员普遍认为，草案深入贯彻落实习近平法治思想和党中央关于打击治理电信网络诈骗犯罪的决策部署，统筹发展和安全、打击和保护、惩治和预防，强化系统治理、依法治理、综合治理、源头治理，推动形成协同打击治理电信网络诈骗犯罪的工作合力，对于保护公民合法权益、维护社会稳定和国家安全具有重要意义。草案坚持问题导向和结果导向，在一审稿的基础上作了进一步修改完善，更加成熟，建议尽快出台，为反电信网络诈骗工作提供坚强法制保障。法律通过以后，要做好宣传释法工作。

有的提出，本法名称是反电信网络诈骗法，指向应该是打击、惩治电信网络诈骗活动，而规定的内容主要是预防、遏制电信网络诈骗的措施。建议增加打击、惩治的分量。

有的提出，草案对诈骗者和受害者这两个关键主体规定不足，建议予以充实，比如增加有关禁止性条款，明确列明当前电信网络诈骗的主要作案手法或违法情形；进一步充实明确受害人及其家庭成员的相关法律权责。

有的建议，把握好本法的立法节奏和发布节点，一些立法考虑可在实践中检验，后期通过司法解释、典型判例等予以完善，经验成熟后，再通过修法固定；在打击整治的过程中，发现问题、总结经验，为后续立法修法以及互联网、金融等行业规则制定等提供支撑。

有的建议，在第一章“总则”后设置“预防措施”专章，将第五章“综合治理措施”中关于预防措施的有关规定进行整合并进一步细化，同时增加一些有针对性的其他预防措施。

二、关于总则

1. 草案第二条规定，本法所称电信网络诈骗，是指以非法占有为目的，利用电信网络技术手段，通过远程、非接触方式，诈骗公私财物的行为。

有的常委会组成人员提出，电信网络诈骗手段具有多样性，并且随着技术手段的发展而变化，实际中可能会出现远程和近端、接触和非接触相结合的诈骗形态，建议在本条规定的方式后面加上“等”字。

有的提出，本法对诈骗实施者的处罚没有明确规定，主要是依据刑法，本法中对诈骗行为的定义与刑法的规定有所不同，没有规定数额较大。对诈骗数额较小的如何处罚，建议明确。

有的提出，草案删去了一审稿中“电话、短信、互联网”具体手段的列举，建议保留，阐述具体的形式更通俗易懂。

2. 草案第四条中规定，坚持精准防治，保障正常生产经营活动和群众生活便利。

有的建议，将“保障正常生产经营活动和群众生活便利”修改为“保障正常生产经营活动、群众生活便利和个人信息安全”。

3. 草案第五条第二款规定，有关部门和单位、个人应当对在反电信网络诈骗工作过程中知悉的国家秘密、商业秘密和个人隐私予以保密。

有的建议，增加对“个人信息”予以保密。

有的建议，增加规定“非依法律规定，不得向任何单位和个人提供。”

4. 草案第六条第一款规定，国务院建立反电信网络诈骗工作机制，统筹协调打击治理工作。第二款规定，地方各级人民政府负责本行政区域内反电信网络诈骗工作，确定反电信网络诈骗目标任务和工作机制，组织开展综合治理。第三款规定，公安机关组织协调反电信网络诈骗工作，金融、电信、网信、市场监管等有关主管部门承担监管主体责任，依照职责负责本行业领域反电信网络诈骗工作。

有的建议，将第一款中的“统筹协调打击治理工作”修改为“统筹协调电信网络诈骗打击治理工作”。

有的建议，在第二款中“负责本行政区域内反电信网络诈骗工作”后增加规定“组织、指挥、推动、协调反电信网络诈骗工作”。

有的提出，“组织协调反电信网络诈骗工作”属政府职能，公安机关作为职能部门，与金融、通信、互联网行业主管部门在职责分工上属于并列关系，建议将第三款修改为“公安、金融、通信、互联网等部门依照法定职责负责本行业反电信网络诈骗工作。”

5. 草案第七条规定，有关部门、单位在反电信网络诈骗工作中应当密切协作，实现跨行业、跨地域协同配合、快速联动，加强专业队伍建设，有效打击治理电信网络诈骗活动。有的建议，在“跨地域协同配合”后增加“数据共享”，以与第十七条中“信息共享查询系统”“共享信息”的内容相对应。

6. 草案第八条第一款规定，地方各级人民政府和有关部门应当加强反电信网络诈骗宣传，普及法律知识，提高公众对各类新型电信网络诈骗方式的识骗能力和防骗意识。第二款规定，教育行政、市场监管、民政等有关部门和村民委员会、居民委员会，应当结合电信网络诈骗受害群体的分布等特征，有针对性地开展反电信网络诈骗宣传教育防范进学校、进企业、进社区、进农村、进家庭等活动。第三款规定，单位、个人应当加强电信网络诈骗防范意识，履行基本审慎义务，协助、配合有关部门依照本法规定开展反电信网络诈骗工作。

有的常委会组成人员建议，将第一款中的“提高公众对各类新型电信网络诈骗方式的识骗能力和防骗意识”修改为“提高公众特别是老年人对各类新型电信网络诈骗方式的识骗能力和防骗意识”。有的建议，将第一款中的“识骗能力和防骗意识”修改为“防骗意识和识骗能力”。有的提出，反电信网络诈骗宣传不应仅仅是地方政府的职责，建议删除第一款“地方各级人民政府”中的“地方”。

有的常委会组成人员建议，在第二款中增加规定“新闻媒体应当加强反电信网络诈骗的宣传，引导公众增强反诈骗意识和能力”。有的建议，将第二款中的“电信网络诈骗受害群体的分布等特征”修改为“电信网络诈骗受害群体的类别、分布等特征”，使表述符合“等”字使用习惯；将“宣传教育防范”修改为“宣传教育和防范”，使逻辑更恰当。

有的提出，第三款中规定单位、个人履行基本审慎义务，对不履行义务的就要规定相应的法律责任，是否合适，建议进一步研究。有的建议，将第三款单列为一条。

7. 有的建议，增加一条规定“国家、省级人民政府应当建立在线举报、信息拦截、预警宣传等功能一体的反诈平台”。

三、关于电信治理

1. 草案第九条第一款规定，电信业务经营者应当依法落实电话用户真实身份信息登记制度。

有的提出，目前有不少境外发售而又能接入境内网络的电话卡，建议为境外能够接入境内网络的电话卡提供实名登记渠道。

2. 草案第十条对异常办卡情形作了规定。

有的建议，增加规定“异常办卡情形的识别办法由国务院、电信主管部门制定”。

3. 草案第十一条规定，电信业务经营者对监测识别的涉诈异常电话卡用户应当重新进行实名核验，根据风险等级采取有区别的、相应的核验措施。对未按规定核验或者核验未通过的，电信业务经营者可以限制、暂停有关电话卡功能。

有的常委会组成人员建议，在“暂停有关电话卡功能”后增加规定“直至按规定完成并通过核验”。

有的建议，增加规定用户可以恢复有关电话卡功能的方式。

4. 草案第十四条第一款对不得非法制造、销售、提供或者使用非法设备、软件作了规定。

有的常委会组成人员建议，增加一款作为第二款，规定“相关生产单位、行业主管部门和市场监管部门要加强对制造、销售、提供上述设备软件的许可、备案和管理，严格市场准入，保证合法使用。”

有的提出，有不少电信网络诈骗分子涉及冒充国家机构工作人员、企业员工，包括利用“虚拟实境”技术（也有真实）搭建相应场境，高度仿真。

建议增加规定“禁止任何单位、个人开发、提供、贩卖相关仿真虚拟实境”。

有的建议，将“销售”修改为“买卖”。

四、关于金融治理

1. 草案第十五条中规定，银行业金融机构、非银行支付机构应当建立客户尽职调查制度等，防范银行账户、支付账户等被用于电信网络诈骗活动。

有的常委会组成人员建议，增加规定“金融机构应当及时针对电信网络诈骗案件的新型诈骗模式和特点定期向客户发送短信提醒服务”。

有的建议，增加规定“银行开户的时候应该通过公安系统核对用户的身份信息”。

2. 草案第十七条第一款规定，银行业金融机构、非银行支付机构应当建立开立企业账户异常情形的风险防控机制。金融、电信、市场监管、税务等有关主管部门建立开立企业账户相关信息共享查询系统，提供联网核查服务。第二款对市场监管部门应当对企业实名登记履行身份信息核验职责等作了规定。

有的建议，在第一款中增加规定“建立电话卡银行卡的实名信息交叉核验工作机制”。有的提出，有的省开展行政审批改革实践，承担登记职能的部门在省级层面是市场监管部门，市县层面是行政审批部门，建议将第二款中的“市场监管部门”修改为“登记机关”或者“承担市场主体登记工作的部门”。

3. 草案第二十条规定，国务院公安部门会同有关部门建立完善电信网络诈骗涉案资金即时查询、紧急止付、快速冻结、及时解冻和资金返还制度，明确有关条件、程序和救济措施。紧急止付、快速冻结、资金返还由公安机关决定，银行业金融机构、非银行支付机构应当予以配合。

五、关于互联网治理

1. 草案第二十一条对用户不提供真实身份信息的，电信业务经营者、互联网服务提供者不得提供的服务作了列举。

有的建议，将第一款中的“不得提供以下服务”修改为“不得提供下列产品及相关服务”。

有的提出，所列各项之前已有“不得提供下列服务”的表述，建议删去各项表述中的“提供”两字。

有的常委会组成人员建议，增加第五项“其他可能导致电信网络诈骗违法犯罪的服务”作为“兜底条款”。

2. 草案第二十二条对互联网服务提供者对监测识别的涉诈异常账号、涉案电话卡、涉诈异常电话卡所关联注册的有关互联网账号采取相关处置措施作了规定。

有的建议，对被限制功能、暂停服务、暂停使用的通过什么途径可以予以恢复作出明确规定。

3. 草案第二十五条对不得为他人实施电信网络诈骗提供支持或者帮助作了规定。

有的提出，支持和帮助诈骗中有主观故意的和非主观故意的之别，在处罚上应有区别。

4. 草案第二十六条第二款规定，互联网服务提供者在依照本法规定对互联网账号异常使用监测、涉诈支持、帮助活动监测和其他涉诈信息、活动监测中发现的可疑犯罪线索、风险信息等，应当依照规定，根据涉诈风险程度情况移送公安、网信、电信等部门。

有的提出，“风险信息”含义不清，建议将“可疑犯罪线索、风险信息等”修改为“可疑犯罪线索等信息”。

有的建议，在“移送公安、网信、电信等部门”前增加“及时”。

有的建议，增加规定“采集用户敏感信息的，要建立防止信息数据泄露或者非法使用的工作制度，严格保护信息数据安全，不具备管理能力和管理条件的，不得采集用户敏感信息。”“银行业金融机构因履行防范电信网络诈骗犯罪职责需要，可以收集和处理个人的身份信息、生物特征信息、地理位置信息等必需的个人信息”。

六、关于综合治理措施

1. 有的建议，将第五章章名“综合治理措施”修改为“综合治理”，与第二章、第三章、第四章章名统一。

2. 草案第二十七条第二款中规定，对可能被电信网络诈骗利用的物流信息、交易信息、贷款信息、医疗信息、婚介信息等实施重点监管和保护。有的建议，增加对“教育信息”实施重点监管和保护。

3. 草案第二十八条对开展反电信网络诈骗宣传作了规定。其中第二款规定，新闻、广播、电视、文化、互联网信息服务等单位，应当有针对性地面向社会开展反电信网络诈骗宣传教育防范。

有的提出，宣传案例需要根据司法实践的情况及时更新，以短视频、电视节目、动画、报纸、杂志，甚至进入教材等多种宣传形式，定期通过各种媒介向大众宣传，抓住各类诈骗最显著特点，扩大受众范围和层面。

有的建议，将第二款中的“宣传教育防范”修改为“宣传教育和防范”。

有的建议，在第二款最前面增加规定“各类学校应当对学生开展反电信网络诈骗宣传教育”。

有的提出，第二款与第八条第二款有关宣传教育防范的内容有重复，建议删除，相关内容整合到第八条第二款中进行表述。

4. 草案第二十九条第一款规定，任何单位和个人不得非法买卖、出租、出借电话卡、物联网卡、银行账户、支付账户、互联网账号等；不得为非法买卖、出租、出借的上述卡、账户、账号等提供实名核验帮助。第二款规定，对经设区的市级以上公安机关认定的实施前款行为的单位、个人和相关组织者，以及因从事电信网络诈骗活动受到刑事处罚的人员，可以采取限制其有关卡、账户、账号等功能和停止非柜面业务、暂停新业务、限制入网等措施。对上述认定和措施有异议的，可以提出申诉。具体办法由国务院有关主管部门会同国务院公安部门规定。

有的提出，为诈骗提供支持和帮助，后果情节严重的，如诈骗数额大、屡犯的，应以共同犯罪处理，可以采取入罪轻刑的方式进行处罚，如计入信用档案等。

有的建议，明确可以采取限制有关卡、账户、账号等功能和停止非柜面业务、暂停新业务、限制入网等措施的主体，而不是授权国务院有关部门规定，比如可明确由公安机关等政府有关部门决定，电信业务经营者、银行业金融机构、非银行支付机构、互联网服务提供者具体执行。

5. 草案第三十条第二款规定，国家网信、电信、金融管理和公安部门等应当统筹负责本行业领域技术反制措施建设，推进涉电信网络诈骗样本信息数据共享，建立有关涉诈信息、活动的监测识别、动态封堵和处置机制。第三款中规定，对异常情形采取限制、暂停服务等处置措施的，有关单位、个人可以向作出决定或者采取措施的有关部门、单位提出申诉。有关部门、单位应当建立完善申诉渠道，对提出的申诉及时核查，核查通过的，应当即时解除有关措施。

有的提出，动态封堵和处置在什么情形下采取没有规定，可能导致公安部门自由裁量权限过大，建议增加具体表述，防止发生滥用职权的情形。

有的常委会组成人员建议，在第三款中增加规定“因不当处置造成损害的，应追究相关人员、部门的责任”。有的建议，明确“对提出的申诉及时核查”的具体核查期限。

6. 有的提出，草案第二十九条、第三十条规定了异议申诉制度，但不够完善，建议统一异议申诉机制，增加规定“建立公安机关等有关部门与相关机构统一的异议申诉机制，建立相关信息系统，并统一管控指令的传输、异议申诉等信息的传递渠道”，并对打击电信网络诈骗中造成损失的对象增加有关补偿的规定。

7. 有的常委会组成人员建议，在第三十条后增加一条，规定“国家推进信用惩戒制度建设，建立电信网络诈骗严重失信主体名单制度，将电信网络诈骗及关联违法犯罪人员纳入严重失信主体名单，并将相关违法信息、被惩戒情况纳入全国信用信息共享平台。健全失信惩戒、行政处罚和刑事处罚衔接机制。建立健全信用修复和救济制度。”

8. 草案第三十一条规定，国家推进网络身份认证公共服务建设，支持个人、企业自愿使用，电信业务经营者、银行业金融机构、非银行支付机构、互联网服务提供者对存在涉诈异常的电话卡、银行账户、支付账户、互联网账号，可以通过国家网络身份认证公共服务对用户身份重新进行核验。

有的建议，对网络身份认证公共服务建设用于身份核验作出进一步规定，在应用范围、情形和自愿性上作出明确限制，避免在实践中成为变相强制，处理好本法与个人信息保护法的关系，加强对个人信息的保护。

有的提出，银行卡是凭身份证办理，如何通过国家网络身份认证公共服务对用户身份重新进行核验，建议再研究。

9. 草案第三十二条第一款规定，公安机关应当会同网信、电信和金融管理部门，以及电信业务经营者、互联网服务提供者、银行业金融机构、非银行支付机构等组织建立预警劝阻系统，对预警发现的潜在被害人，根据情况及时采取相应劝阻措施。第二款规定，对电信网络诈骗案件应当加强追赃挽损，及时返还被害人的合法财产。对财产不能追回，因电信网络诈骗遭受重大生活困难的被害人，符合国家有关救助条件的，有关方面依照规定给予救助。

有的常委会组成人员提出，现实中存在受害人规避、对抗劝阻的情况，建议第一款中增加规定“公安机关采取劝阻措施的临时处置权”，以便更好处置紧急特殊情况。

有的提出，管理部门指导和组织建立预警系统，不具备劝说功能，如网信、电信和金融管理部门；而电信业务经营者、互联网服务提供者、银行业金融机构、非银行支付机构等组织是劝说执行者，建议在表述上有所区别，将第一款修改为“公安机关应当会同网信、电信和金融管理部门，组织建立预警劝阻系统，电信业务经营者、互联网服务提供者、银行业金融机构、非银行支付机构等对预警发现的潜在受害人，根据情况及时采取相应劝阻措施。”

有的建议，在第一款中的“组织建立预警劝阻系统”后增加规定“开发和升级反诈 App、反诈软件，不断增加和完善相应功能”。

有的提出，对遭受重大生活困难的被害人给予救助难以从根本上解决涉诈资金的返还问题。建议深入研究这一问题，探索作出一些创新的制度性规定。

有的提出，目前公安机关在打击治理电信网络诈骗工作中冻结了大量的涉诈资金，建议对这部分资金依法作出处置，可以建立专项救助基金，对符合条件的予以救助，加强追赃挽损的力度。

有的常委会组成人员提出，对受害人的救助按照有关法律规定就可以，建议删除对受害人予以救助的条款。

10. 有的常委会组成人员提出，2021 年底中央印发的相关文件对涉及电诈公益诉讼作了规定，建议在第三十二条后单独设立公益诉讼专门条款。

11. 草案第三十四条第一款规定，对来自电信网络诈骗活动严重的特定地区人员或者前往电信网络诈骗活动严重的特定地区人员，不具有合法、真实出境事由，出境活动存在重大涉诈嫌疑的，移民管理机构可以决定不准其出境。

有的建议，将“不具有合法、真实出境事由，出境活动存在重大涉诈嫌疑的，移民管理机构可以决定不准其出境”修改为“移民管理机构应当严格审查其出入境事由，发现不具有合法、真实出入境事由的或者出入境活动存在重大涉诈嫌疑的，可以决定不准其出入境”。

有的提出，限制出境应当明确具体限制时间。

12. 有的建议，在第三十四条后增加一条规定“对非法滞留境外电信网络诈骗活动严重的特定地区人员，有关地方人民政府应当积极开展劝返等工作。”

13. 草案第三十五条规定，国务院公安部门等会同外交部门积极稳妥推进国际执法司法合作，与有关国家和地区建立有效合作机制，共同推进跨境电信网络诈骗犯罪打击治理。

有的建议，在“国际执法司法合作”后增加“和交流”。

有的建议，将“国务院公安部门等”修改为“国家公安、司法等部门”。

有的建议，在“国务院公安部门等”后增加“主管部门”。

有的建议，将“积极稳妥推进”改为“加强”。

有的建议，在“有关国家和地区”后增加“国际组织”。

有的建议，在“推进国际执法司法合作”后增加规定“通过诉讼程序和其他方式，最大限度地追回受害单位和个人的财产”。

有的提出，草案的规定较为原则，建议在总结这方面实践经验的基础上，针对跨境执法的突出问题进一步明确部门的具体职责和工作要求。

14. 有的常委会组成人员建议，建立举报奖励保护制度，增加一条规定，任何单位和个人有权对电信网络诈骗活动进行举报。收到举报的国家网络、电信、金融管理和公安等部门应当依法及时处理，保护举报人的身份信息，并将处理结果告知举报人。对提供有效线索或证据的举报人，应当予以奖励。相关部门应当公布受理举报的联系方式。

15. 有的建议，增加规定“公安机关要公开对群众问询电话的号码及其程序”。

16. 有的建议，增加一条规定“地方各级人民政府相关部门应当开发利用网络软件、搜索引擎、应用程序等新技术和新手段，加强技术反制能力，有效拦截诈骗电话、信息和网络链接，运用大数据建立精准预警工作机制”。

17. 有的提出，应赋予电信业务经营者、金融机构、互联网服务提供者开展防范电信网络诈骗宣传的责任，在消费者办理业务、运用电信和网络等时机，及时提醒，加强宣传，提高公众鉴别能力和防范意识。

七、关于法律责任

1. 有的建议，将第三十六条、第三十七条、第三十九条中的“或者”修改为“并可以”。

2. 草案第三十七条规定了银行业金融机构、非银行支付机构违反本法规定的法律责任。有的常委会组成人员提出，草案加大了对相关机构的处罚力度，但对直接负责的主管人员和其他直接负责人员的处罚没有修改，仍为1万元以上20万元以下，建议修改为5万元以上50万元以下。

3. 草案第三十九条规定了非法制造、销售、提供或者使用专门或者主要用于电信网络诈骗的设备、软件，或者从事相关涉诈支持、帮助活动的法律责任。有的建议，明确从事相关涉诈支持、帮助活动是指主观故意还是主观无意。

4. 草案第四十条规定了违反本法第二十九条第一款规定的法律责任。有的提出，第二十九条第一款规定的“非法买卖、出租、出借电话卡、物联网卡、银行账户、支付账户、互联网账号等”和“为上述卡、账户、账号等提供实名核验帮助”两种行为的危害程度有差异，法律责任应当进行区分设置。

5. 草案第四十一条规定，反电信网络诈骗工作有关部门、单位的工作人员滥用职权、玩忽职守、徇私舞弊，或者有违反规定泄露国家秘密、商业秘密和个人隐私行为的，依法追究法律责任。

有的建议，在“个人隐私”后增加“个人信息”。

有的建议，保留一审稿第三十一条第二款规定“有关单位、个人提起民事诉讼时，可以向人民法院申请公安机关协助提供有关情况和证据，公安机关应当予以帮助”作为第四十一条第二款。

6. 草案第四十二条规定，电信业务经营者、银行业金融机构、非银行支付机构、互联网服务提供者违反本法规定，造成他人电信网络诈骗损失，构成民事侵权的，依法承担民事责任。

有的提出，将“构成民事侵权”作为违反本法的法律责任的前置条件不妥，建议删除“构成民事侵权的”。

有的建议，将“造成他人电信网络诈骗损失”修改为“造成他人电信网络诈骗损失或者个人信息泄露”。

7. 有的建议，在第四十二条后增设一条检察公益诉讼条款“电信业务经营者、银行业金融机构、非银行支付机构、互联网服务提供者违反本法规定，侵害众多个人的合法权益的；负有反电信网络诈骗工作职责的有关部门、单位违法行使职权或者不作为，致使国家利益或者社会公共公益受到侵害的，人民检察院可以根据民事诉讼法、行政诉讼法的相关规定提起公益诉讼。”

8. 草案第四十三条第一款规定，违反本法规定，构成犯罪的，依法追究刑事责任。第二款规定，任何单位、个人组织、策划、实施电信网络诈骗活动的，或者为电信网络诈骗活动提供帮助的，依法追究刑事责任；尚不构成犯罪的，依法给予治安管理处罚。

有的常委会组成人员提出，两款有重复，建议删除第一款。

有的常委会组成人员建议，将第二款中的“提供帮助的”修改为“提供帮助，构成犯罪的”。

有的建议，将第二款中的“任何单位、个人组织、策划、实施电信网络诈骗活动的”修改为“任何单位和个人违反本法规定，组织、策划、实施电信网络诈骗活动的”。

9. 有的建议，明确实施电信网络诈骗的人应该承担的责任。

八、其他

1. 有的常委会组成人员建议，在附则中对电信业务经营者、互联网服务提供者、非银行支付机构等专业术语作出界定。

2. 有的提出，针对利用招聘广告，以高薪诱骗国民出国工作，然后在境外运用暴力违法手段强逼他们从事诈骗活动的情况，完善刑法相关规定，加重打击这类拐卖强逼犯罪。

3. 有的提出，本法有大量授权性规定，如第六条、第十条、第十六条、第十八条、第二十条、第二十九条第二款的有关规定。建议尽量在本法中明确规定，确需授权的，有关部门要尽快启动制定配套规定工作，确保与本法同步实施，以增强法律实施效果。

4. 有的提出，工信部、公安部关于依法清理整治涉诈电话卡、物联网卡以及关联互联网账号的通告中规定“电信企业、互联网企业应按照‘谁开卡、谁负责，谁接入、谁负责，谁运营、谁负责’的原则，严格落实网络信息安全主体责任，加强电话卡、物联网卡、互联网账号的实名制管理，加强涉诈网络信息监测处置，强化风险防控。”建议将上述内容写入草案。

5. 有的提出，很多诈骗分子涉案金额巨大，但量刑认定的金额不多，建议对涉诈财产的处置作出进一步明确规定。

6. 有的建议，在第四章或第五章中对电信、互联网、公安等主管部门打击治理网络黑灰产业的责任作出总体规定，提出明确要求。

附录二

电信网络诈骗犯罪常见的刑法罪名及相关条文

第二百六十六条【诈骗罪】 诈骗公私财物，数额较大的，处三年以下有期徒刑、拘役或者管制，并处或者单处罚金；数额巨大或者有其他严重情节的，处三年以上十年以下有期徒刑，并处罚金；数额特别巨大或者有其他特别严重情节的，处十年以上有期徒刑或者无期徒刑，并处罚金或者没收财产。本法另有规定的，依照规定。

第二百八十八条【扰乱无线电通讯管理秩序罪】 违反国家规定，擅自设置、使用无线电台（站），或者擅自使用无线电频率，干扰无线电通讯秩序，情节严重的，处三年以下有期徒刑、拘役或者管制，并处或者单处罚金；情节特别严重的，处三年以上七年以下有期徒刑，并处罚金。

单位犯前款罪的，对单位判处罚金，并对其直接负责的主管人员和其他直接责任人员，依照前款的规定处罚。

第二百八十三条【非法生产、销售专用间谍器材、窃听、窃照专用器材罪】 非法生产、销售专用间谍器材或者窃听、窃照专用器材的，处三年以下有期徒刑、拘役或者管制，并处或者单处罚金；情节严重的，处三年以上七年以下有期徒刑，并处罚金。

单位犯前款罪的，对单位判处罚金，并对其直接负责的主管人员和其他直接责任人员，依照前款的规定处罚。

第二百二十二条【虚假广告罪】 广告主、广告经营者、广告发布者违反国家规定，利用广告对商品或者服务作虚假宣传，情节严重的，处二年以下有期徒刑或者拘役，并处或者单处罚金。

第二百二十五条【非法经营罪】 违反国家规定，有下列非法经营行为之一，扰乱市场秩序，情节严重的，处五年以下有期徒刑或者拘役，并处或者单处违法所得一倍以上五倍以下罚金；情节特别严重的，处五年以上有期徒刑，并处违法所得一倍以上五倍以下罚金或者没收财产：

（一）未经许可经营法律、行政法规规定的专营、专卖物品或者其他限制买卖的物品的；

（二）买卖进出口许可证、进出口原产地证明以及其他法律、行政法规规定的经营许可证或者批准文件的；

（三）未经国家有关主管部门批准非法经营证券、期货、保险业务的，或者非法从事资金支付结算业务的；

（四）其他严重扰乱市场秩序的非法经营行为。

第一百七十七条之一【妨害信用卡管理罪】 有下列情形之一，妨害信用卡管理的，处三年以下有期徒刑或者拘役，并处或者单处一万元以上十万元以下罚金；数量巨大或者有其他严重情节的，处三年以上十年以下有期徒刑，并处二万元以上二十万元以下罚金：

（一）明知是伪造的信用卡而持有、运输的，或者明知是伪造的空白信用卡而持有、运输，数量较大的；

（二）非法持有他人信用卡，数量较大的；

（三）使用虚假的身份证明骗领信用卡的；

（四）出售、购买、为他人提供伪造的信用卡或者以虚假的身份证明骗领的信用卡的。

【窃取、收买、非法提供信用卡信息罪】 窃取、收买或者非法提供他人信用卡信息资料的，依照前款规定处罚。

银行或者其他金融机构的工作人员利用职务上的便利，犯第二款罪的，从重处罚。

第二百八十条【伪造、变造、买卖国家机关公文、证件、印章罪；盗窃、抢夺、毁灭国家机关公文、证件、印章罪】 伪造、变造、买卖或者盗窃、抢夺、毁灭国家机关的公文、证件、印章的，处三年以下有期徒刑、拘役、管制或者剥夺政治权利，并处罚金；情节严重的，处三年以上十年以下有期徒刑，并处罚金。

【伪造公司、企业、事业单位、人民团体印章罪】 伪造公司、企业、事业单位、人民团体的印章的，处三年以下有期徒刑、拘役、管制或者剥夺政治权利，并处罚金。

【伪造、变造、买卖身份证件罪】 伪造、变造、买卖居民身份证、护照、社会保障卡、驾驶证等依法可以用于证明身份的证件的，处三年以下有期徒刑、拘役、管制或者剥夺政治权利，并处罚金；情节严重的，处三年以上七年以下有期徒刑，并处罚金。

第二百八十条之一【使用虚假身份证件、盗用身份证件罪】 在依照国家规定应当提供身份证明的活动中，使用伪造、变造的或者盗用他人的居民身份证、护照、社会保障卡、驾驶证等依法可以用于证明身份的证件，情节严重的，处拘役或者管制，并处或者单处罚金。

有前款行为，同时构成其他犯罪的，依照处罚较重的规定定罪处罚。

第二百八十五条【非法侵入计算机信息系统罪】 违反国家规定，侵入国家事务、国防建设、尖端科学技术领域的计算机信息系统的，处三年以下有期徒刑或者拘役。

【非法获取计算机信息系统数据、非法控制计算机信息系统罪】 违反国家规定，侵入前款规定以外的计算机信息系统或者采用其他技术手段，获取该计算机信息系统中存储、处理或者传输的数据，或者对该计算机信息系统实施非法控制，情节严重的，处三年以下有期徒刑或者拘役，并处或者单处罚金；情节特别严重的，处三年以上七年以下有期徒刑，并处罚金。

【提供侵入、非法控制计算机信息系统程序、工具罪】 提供专门用于侵入、非法控制计算机信息系统的程序、工具，或者明知他人实施侵入、非法控制计算机信息系统的违法犯罪行为而为其提供程序、工具，情节严重的，依照前款的规定处罚。

单位犯前三款罪的，对单位判处罚金，并对其直接负责的主管人员和其他直接责任人员，依照各该款的规定处罚。

第二百八十六条【破坏计算机信息系统罪】 违反国家规定，对计算机信息系统功能进行删除、修改、增加、干扰，造成计算机信息系统不能正常运行，后果严重的，处五年以下有期徒刑或者拘役；后果特别严重的，处五年以上有期徒刑。

违反国家规定，对计算机信息系统中存储、处理或者传输的数据和应用程序进行删除、修改、增加的操作，后果严重的，依照前款的规定处罚。

故意制作、传播计算机病毒等破坏性程序，影响计算机系统正常运行，后果严重的，依照第一款的规定处罚。

单位犯前三款罪的，对单位判处罚金，并对其直接负责的主管人员和其他直接责任人员，依照第一款的规定处罚。

第二百八十六条之一【拒不履行信息网络安全管理义务罪】 网络服务提供者不履行法律、行政法规规定的信息网络安全管理义务，经监管部门责令采取改正措施而拒不改正，有下列情形之一的，处三年以下有期徒刑、拘役或者管制，并处或者单处罚金：

（一）致使违法信息大量传播的；

（二）致使用户信息泄露，造成严重后果的；

（三）致使刑事案件证据灭失，情节严重的；

（四）有其他严重情节的。

单位犯前款罪的，对单位判处罚金，并对其直接负责的主管人员和其他直接责任人员，依照前款的规定处罚。

有前两款行为，同时构成其他犯罪的，依照处罚较重的规定定罪处罚。

第二百八十七条【利用计算机实施其他犯罪的罪数规定】 利用计算机实施金融诈骗、盗窃、贪污、挪用公款、窃取国家秘密或者其他犯罪的，依照本法有关规定定罪处罚。

第二百八十七条之一【非法利用信息网络罪】 利用信息网络实施下列行为之一，情节严重的，处三年以下有期徒刑或者拘役，并处或者单处罚金：

（一）设立用于实施诈骗、传授犯罪方法、制作或者销售违禁物品、管制物品等违法犯罪活动的网站、通讯群组的；

（二）发布有关制作或者销售毒品、枪支、淫秽物品等违禁物品、管制物品或者其他违法犯罪信息的；

（三）为实施诈骗等违法犯罪活动发布信息的。

单位犯前款罪的，对单位判处罚金，并对其直接负责的主管人员和其他直接责任人员，依照第一款的规定处罚。

有前两款行为，同时构成其他犯罪的，依照处罚较重的规定定罪处罚。

第二百八十七条之二【帮助信息网络犯罪活动罪】 明知他人利用信息网络实施犯罪，为其犯罪提供互联网接入、服务器托管、网络存储、通讯传输等技术支持，或者提供广告推广、支付结算等帮助，情节严重的，处三年以下有期徒刑或者拘役，并处或者单处罚金。

单位犯前款罪的，对单位判处罚金，并对其直接负责的主管人员和其他直接责任人员，依照第一款的规定处罚。

【择一重处】 有前两款行为，同时构成其他犯罪的，依照处罚较重的规定定罪处罚。

第三百一十二条【掩饰、隐瞒犯罪所得、犯罪所得收益罪】 明知是犯罪所得及其产生的收益而予以窝藏、转移、收购、代为销售或者以其他方法掩饰、隐瞒的，处三年以下有期徒刑、拘役或者管制，并处或者单处罚金；情节严重的，处三年以上七年以下有期徒刑，并处罚金。

单位犯前款罪的，对单位判处罚金，并对其直接负责的主管人员和其他直接责任人员，依照前款的规定处罚。

打击电信网络诈骗及关联犯罪所涉主要罪名及相关规范性文件

一、诈骗罪

（一）最高人民法院、最高人民检察院《关于办理诈骗刑事案件具体应用法律若干问题的解释》

（二）最高人民法院、最高人民检察院《关于办理与盗窃、抢劫、诈骗、抢夺机动车相关刑事案件具体应用法律若干问题的解释》

（三）最高人民法院、最高人民检察院、公安部《关于办理电信网络诈骗等刑事案件适用法律若干问题的意见》

（四）最高人民法院、最高人民法院、公安部等《关于防范和打击电信网络诈骗犯罪的通告》

（五）最高人民法院、最高人民检察院、公安部《关于办理电信网络诈骗等刑事案件适用法律若干问题的意见（二）》

二、扰乱无线电通讯管理秩序罪

（一）最高人民法院、最高人民检察院《关于办理扰乱无线电通讯管理秩序等刑事案件适用法律若干问题的解释》

（二）最高人民法院《关于审理扰乱电信市场管理秩序案件具体应用法律若干问题的解释》

三、破坏公用电信设施罪

（一）最高人民法院《关于审理破坏公用电信设施刑事案件具体应用法律若干问题的解释》

（二）最高人民法院、最高人民检察院、工业和信息化部、公安部关于印发《公用电信设施损坏经济损失计算方法》的通知

（三）最高人民法院、最高人民检察院、公安部、国家安全部《关于依

法办理非法生产销售使用“伪基站”设备案件的意见》

四、非法生产、销售专用间谍器材罪

最高人民法院、最高人民检察院、公安部、国家安全部《关于依法办理非法生产销售使用“伪基站”设备案件的意见》

五、破坏广播电视设施罪

最高人民法院《关于审理破坏广播电视设施等刑事案件具体应用法律若干问题的解释》

六、虚假广告罪、非法经营罪

（一）最高人民法院、最高人员检察院《关于办理非法从事资金支付结算业务、非法买卖外汇刑事案件适用法律若干问题的解释》

（二）最高人民法院《关于审理扰乱电信市场管理秩序案件具体应用法律若干问题的解释》

（三）最高人民法院、最高人民检察院、公安部《办理非法经营国际电信业务犯罪案件联席会议纪要》

（四）最高人民检察院《关于非法经营国际或港澳台地区电信业务行为法律适用问题的批复》

（五）最高人民法院、最高人民检察院《关于办理利用信息网络实施诽谤等刑事案件适用法律若干问题的解释》

（六）最高人民法院、最高人民检察院、公安部、国家安全部《关于依法办理非法生产销售使用“伪基站”设备案件的意见》

（七）最高人民法院、最高人民检察院《关于办理扰乱无线电通讯管理秩序等刑事案件适用法律若干问题的解释》

（八）最高人民法院、最高人民检察院、公安部、原国家新闻出版广电总局《关于依法严厉打击非法电视网络接收设备违法犯罪活动的通知》

（九）最高人民检察院公诉厅《关于办理涉互联网金融犯罪案件有关问题座谈会纪要》

七、妨害信用卡管理罪

最高人民法院、最高人民检察院《关于办理妨害信用卡管理刑事案件具体应用法律若干问题的解释》

八、窃取、收买、非法提供信用卡信息罪，侵犯公民个人信息罪（出售、非法提供公民个人信息罪）

（一）最高人民法院、最高人民检察院《关于办理妨害信用卡管理刑事案件具体应用法律若干问题的解释》

（二）最高人民法院、最高人民检察院《关于办理侵犯公民个人信息刑事案件适用法律若干问题的解释》

（三）最高人民检察院关于印发《检察机关办理侵犯公民个人信息案件指引》的通知

（四）最高人民法院、最高人民检察院、公安部《关于依法惩处侵害公民个人信息犯罪活动的通知》

九、伪造、变造、买卖国家机关公文、证件、印章罪，伪造、变造、买卖身份证件罪

（一）全国人大常委会《关于惩治骗购外汇、逃汇和非法买卖外汇犯罪的决定》

（二）最高人民法院、最高人民检察院《关于办理妨害信用卡管理刑事案件具体应用法律若干问题的解释》

（三）公安部《关于对伪造学生证及贩卖、使用伪造学生证的行为如何处理问题的批复》

十、非法获取计算机信息系统数据罪，非法控制计算机信息系统罪，提供侵入、非法控制计算机信息系统程序、工具罪，破坏计算机信息系统罪，拒不履行信息网络安全管理义务罪

最高人民法院、最高人民检察院《关于办理危害计算机信息系统安全刑事案件应用法律若干问题的解释》

十一、非法利用信息网络罪、帮助信息网络犯罪活动罪

（一）最高人民法院、最高人民检察院《关于办理非法利用信息网络、帮助信息网络犯罪活动等刑事案件适用法律若干问题的解释》

（二）最高人民法院刑事审判第三庭、最高人民检察院第四检察厅、公安部刑事侦查局《关于“断卡”行动中有关法律适用问题的会议纪要》

十二、掩饰、隐瞒犯罪所得、犯罪所得收益罪

（一）最高人民法院《关于审理掩饰、隐瞒犯罪所得、犯罪所得收益刑事案件适用法律若干问题的解释》

（二）最高人民法院《关于审理洗钱等刑事案件具体应用法律若干问题的解释》

（三）最高人民法院、最高人民检察院《关于办理危害计算机信息系统安全刑事案件应用法律若干问题的解释》

一些国家电信网络诈骗的形势与治理举措

一、一些国家电信网络诈骗的形势

随着移动通信的发展以及各类网络应用的普及，全球电信网络诈骗形势愈演愈烈，逐步向高科技靠拢、向网络诈骗转变。目前，全球电信网络诈骗的实施仍以电话联络为主，且日益呈现智能化、产业化、同质化等新特点新问题，诈骗对象也逐步从广撒网式向精准诈骗转变，表现为面向老年人、留学生等重点人群的精准诈骗。

（一）美国诈骗电话激增，有近三分之一的人是电话诈骗受害者

近六年来美国电话诈骗受害者数量逐年增长，平均增长率达 30%，诈骗金额也呈逐年上升态势，2020 年较 2014 年增长近三倍。随着技术的演进，采用机器人语音的诈骗形式成为当前电话诈骗的主流，是当前美国治理电话诈骗工作的重点。（1）从受害人数量来看，2020 年美国有近三分之一的人遭受电话诈骗，5600 万人成为电话诈骗受害者，较 2019 年增长 30.2%。其中有 17% 的美国人曾多次被骗。（2）从损失金额来看，2020 年美国人民因电话诈骗造成的损失约为 197 亿美元，较 2019 年增长 88%；人均损失额为 351 美元，较 2019 年增长 43.9%。（3）从受害人性别来看，2020 年美国电话诈骗受害者以男性居多，占 55%，且主要分布在 18—44 岁。（4）从电话诈骗类型来看，2020 年美国所有电话诈骗中有 61.5% 的诈骗电话来自于机器人语音，较 2019 年增长 1.7 个百分点。（5）从通信工具来看，2020 年美国电话诈骗主要以手机联络为主，已从 2014 年的 49% 上升至目前的 82%，而固定电话诈骗从 36% 降至 28%。（6）从诈骗脚本来看，2020 年在美国有超过 44% 的人接到与疫情相关的诈骗电话或短信。

（二）德国电信网络诈骗数量多且金额大，老年人成为主要诈骗对象

2018 年德国警方登记的案件有 4.1 万起，涉案金额达 5000 万欧元。在德国，国民非常重视个人信息保护，诈骗防范意识较强，普通的诈骗短信和诈骗电话很难成功。诈骗分子主要以警惕性较低的老年人作为诈骗目标。利用德国老年人多数不与子女同住、行动不便、不善于通过各类渠道核实对方身份来实施诈骗。如德国著名的“孙子骗局”，诈骗分子伪装成受害人孙子给德国老年人打诈骗电话索要钱财，或给德国老年人打电话，谎称其孙子出事了，急需用钱来诈骗钱财。近期，诈骗分子又编制了新的脚本，利用设立在境外的“警方呼叫中心”，冒充便衣警察向老年人拨打诈骗电话，以“老人的储蓄或珠宝等贵重物品已被盗窃团伙锁定，需派警察上门援助代为保管”或“我是警察，正在调查入室盗窃案，希望能够帮您保管值钱物品”等为由与受害人联系并获得受害人信任，再通过境内的“下线”冒充警察上门“援助”，从而骗取受害人钱财。

（三）韩国电信网络诈骗上升趋势明显，以冒充类诈骗为主

2017 年韩国电信网络诈骗案涉案金额高达 2431 亿韩元，同比增长 26.4%。2018 年上半年涉案金额高达 1802 亿韩元，较 2017 年同期增加 73.7%，其中冒充政府机关工作人员的电信网络诈骗金额高达 528 亿韩元，20—39 岁女性是这种诈骗类型的最大受害者；被骗人数达 2.1 万人，比 2017 年同期增加 56.4%，相当于平均每天有 116 个人被骗，每天被骗 10 亿韩元。韩国还发生多起冒充“总统亲戚”的电信网络诈骗案件，有人甚至被骗上亿韩元，为此，韩国总统公开回应称“纯属诈骗”，并提醒民众要及时举报。2020 年，韩国出现大量冒充“熟人”的电信网络诈骗，年初仅“短信诈骗”涉及的金额就达 128 亿韩元，比 2019 年同期（84 亿韩元）增加了 52%。

（四）日本电信网络诈骗发案数有所下降，但诈骗分子中青少年比例大幅增加

在日本，电信网络诈骗被称为“汇款诈骗”“特殊诈骗”，近年来在日本已成顽疾，如著名的“是我是我”电话诈骗，诈骗分子利用日本人在接电话时会直接说“是我是我”这一传统礼仪以及平时不经常与家人电话联

络这一习惯，冒充受害人亲属以“出车祸，急需用钱”或“挪用公款，要尽快还上”等理由实施电话诈骗。据日本警察厅数据统计，虽然日本的电信网络诈骗发案率与损失金额呈“双降”趋势，但诈骗形势依然严峻。（1）从诈骗案件数量来看，日本电信网络诈骗在连续七年上升后，于2018年迎来首次下降，2018年全日本共发生电信网络诈骗案件16493起，较2017年减少1719件；2019年再次出现大幅下降，全日本共发生电信网络诈骗案件6697起，较2018年下降59.4%。（2）从诈骗损失金额来看，2018年全日本因电信网络诈骗损失金额约356.8亿日元，虽然较2017年减少约38亿日元，但平均每天仍有近1亿日元的诈骗损失，情况依然相当严重。（3）从受害者年龄来看，2018年所有日本电信网络诈骗受害者中，65岁以上的高龄者占比高达78%；2019年，这一比例达到84.3%，其中，受害者为80岁左右女性的案件最为多发。（4）从诈骗分子年龄来看，近几年，日本的诈骗人员呈上涨趋势，负责拨打诈骗电话的人员以大学生为主，甚至有些是高中生。2018年，警方共逮捕嫌犯多达2747人，创历史新高，其中未满18岁的青少年共有754人，占全体嫌犯的27.4%，比2017年增加1.5倍。

（五）新加坡网络诈骗频发，电子商务、贷款、色情类诈骗大幅增长

2019年新加坡电子商务、贷款或色情类诈骗总数上升54.2%，达5646起。（1）从电子商务、贷款类诈骗来看，电子商务诈骗是新加坡最常见的诈骗方式，2019年发案数较2018年增加了30%；贷款诈骗案增加了92.6%，被骗的总金额约为97.8万新元，较2018年增长192%；色情类诈骗受疫情影响，2020年仍呈上升趋势，1—3月，新加坡警方共收到237起举报，较2019年同期相比增长40.2%；涉案金额超过61.3万新元。（2）从社交媒体诈骗来看，2019年，新加坡通过二手交易平台以及社交媒体平台实施的诈骗有所增加，从2017年的71起上升到2019年1月至2019年11月的672起，增长了近10倍，被骗金额也从2017年的16.8万新元上升到720万新元。（3）从仿冒类诈骗来看，在新加坡冒充中国官员的诈骗形式也较为常见，2019年1月至11月，共发生401起假冒中国官员诈骗案，高于2017年的188起，同比增长113.3%。诈骗金额也从2017年的1280万新元增加至2019年的1880万新元，同比增长46.9%。

（六）澳大利亚冒充政府官员诈骗案件多发，华人受害者居多

2019 年诈骗给澳大利亚人带来的损失已达 5.32 亿澳元。诈骗带来的经济损失在逐年增长，2018 年为 4.89 亿澳元，比 2017 年的 3.4 亿澳元高出 44%。据统计，2020 年 1—10 月间澳大利亚竞争与消费者委员会下的防诈骗机构已收到超过 1.8 万起冒充各种官员的诈骗案件，较 2019 年全年增长 40%。基于威胁的诈骗损失超过 880 万澳元，其中，在冒充政府机构的诈骗受害者中，以华人社区以及年轻人损失最严重。（1）从受害者情况来看，在冒充各种官员，包括警察、澳大利亚税务局官员或政府调查等实施的诈骗行为中，年龄在 24 岁及以下的受害者损失了逾 410 万澳元，且女受害者的损失是男受害者的 3 倍。（2）从诈骗损失金额来看，在各类冒充诈骗行为中，假冒中国政府官员（如中国大使馆、警察或其他政府的官员）的诈骗案件造成的损失金额占比达到 74%，损失金额超过 650 万澳元。这类诈骗行为主要面向澳大利亚的中国留学生。

综合来看，全球电信网络诈骗整体呈上升态势，且具有以下主要特征：（1）从诈骗联络渠道来看，近几年，电信网络诈骗犯罪逐渐由诈骗电话、诈骗短信向互联网诈骗转变；（2）从受害者年龄来看，高龄群体受害者逐渐增加，已成为电信网络诈骗的主要受害者；（3）从诈骗分子构成来看，诈骗分子年龄向低龄化发展，未成年诈骗犯越来越多。

二、反电信网络诈骗的主要举措

为进一步防范治理电信网络诈骗，全球主要国家和地区立足本国国情，结合本国电信网络诈骗特点规律，多措并举，纷纷加强个人信息保护，强化重点人群以及弱势群体管理，持续提升技术防范能力，不断畅通用户举报投诉等工作机制，同步配套宣传引导与警示教育等，遏制电信网络诈骗活动的蔓延。

（一）强化立法保障，打好诈骗治理的法治基础

美国政府为打击电信网络诈骗、防范电话骚扰，先后发布《电话消费者保护法案》《控制非自愿色情和推销侵扰法》《真实电话主叫身份法案》等多项法规政策。2019 年 8 月初，美国联邦通信委员会批准了一项禁止欺诈性短信及国际自动语音电话的新规则，明确允许追踪、监控、惩处身处境外

的欺诈性短信及国际自动语音电话背后的操控者，进一步弥补了《真实电话主叫身份法案》的有关漏洞。

根据美国法律规定，未经用户同意向“拒绝电话名单”注册用户推送商业推销、产品推广、服务广告等垃圾短信的，将面临500美元至1500美元的处罚。日本《刑法典》规定“欺骗人而使其交付财务的，处十年以下徒刑”，与此同时，日本规定把银行账户转给他人使用、使用他人银行账户、唆使他人转让账户的行为都是违法行为，将处以1年以下有期徒刑或100万日元以下罚金，或同时处以刑期和罚金；若是以转让他人银行账户为业者，则处3年以下有期徒刑或500万日元以下罚金，或同时处以刑期和罚金；对于未经运营商同意而转让手机号码，并从中牟利的，可能被处以2年以下有期徒刑或300万日元以下罚金，或同时处以刑期和罚金。

（二）加强组织保障，高站位推进治理工作落地实施

1. 设立专门负责机构。2019年，美国成立了网络安全局，专门向其合作伙伴提供关于大规模网络诈骗的相关线索。泰国成立网络犯罪调查科，负责处理泰国境内的各种形式的网络犯罪，并受理各类投诉，同时由中央调查科辖下的科技罪案调查科处理与科技有关的电信网络诈骗案件。

2. 建立跨部门协调机制。2018年，英国金融业协会与英国财政部、伦敦市警察局、大都会警察局联合成立专用卡和支付欺诈专案组，专职打击欺诈类犯罪。英国金融业协会通过金融欺诈反欺局和欺诈情报共享系统与警察局、金融从业机制之间建立欺诈情报共享机制，并根据共享情况定期生成可疑活动报告，供监管机构、司法机关、金融从业机构和消费者交流共享来提高英国金融业整体反欺诈水平。

（三）关注重点人群，筑牢电信网络诈骗防火墙

从全球电信网络诈骗发展态势来看，老年人、留学生群体已成为电信网络诈骗治理的重灾区，如何提升重点人群、弱势人群管理，加强保护其免受诈骗成为各国治理的重点方向。

1. 针对老年人的诈骗。美国于1994年制定发布了《打击针对老年人的营销骗局法》，加大了对于老年人的保护。2019年，美国司法部宣布，将针对诈骗老年人的欺诈行为进行大规模打击，美国联邦调查局、邮政调查局、

特勤局和国土安全部都参与了执法行动。德国于2018年成立了专项调查小组，定向打击针对老年人的电信网络诈骗犯罪；2020年1月，德国新乌尔姆市警方向社会征集“合作伙伴”，向其开展反诈技巧培训，包括在接到假警察电话后套问对方信息，以协助警方收集更多犯罪证据，或是假装受骗上当，与警方合作在家守株待兔，等待假警察自投罗网；与此同时，巴伐利亚州警察局开展“老年人告知老年人”项目，招募退休警官为志愿者，定期面向老年人组织各类讲座，分享最新的诈骗案例和防范手段。

2. 针对留学生的诈骗。2019年底，中领馆与德国刑警总局联合举办防范电信网络诈骗座谈会，详细介绍了针对中国公民和华人电信网络诈骗的典型案例，传授防骗技巧。2020年中国驻加拿大大使馆推出防范电信网络诈骗动画短片，揭示电信网络诈骗的惯用手法，提供简单有效的防骗招数。2020年，中国驻德国、英国、泰国、瑞典、爱尔兰、奥地利等国家大使馆陆续发布警示通报，详明当前冒充大使馆的诈骗套路，并给出举报渠道与防范措施。

（四）强化技术能力建设，提升事前事后精准治理能力

1. 诈骗电话拦截方面。德国联邦刑事犯罪调查局联合其他单位成立了专门机构，用技术手段加强骗术的甄别，以对诈骗行为进行前期拦截。美国通信业巨头，如苹果、谷歌等联合成立了“反自动呼叫电话打击行动组”，开发了主叫号码ID识别技术，能够屏蔽虚假号码拨出的诈骗电话，与此同时，美国的VolP网络电话领域还有一个名为Nomorobo的呼叫屏蔽服务，可以封锁自动呼叫电话。澳大利亚政府于2019年底宣布了一项打击电话诈骗的新计划，将在整个通信行业试行三项措施，包括设立黑名单阻断伪装成权威机构的诈骗电话、识别并屏蔽那些诱骗回拨以收取高昂费用的诈骗电话，以及定位实施诈骗的海外电话。

2. 诈骗电话提醒方面。自2013年起，日本政府每年拨款约10亿日元，专门用于在老年人的家庭电话上安装电话录音机，当有疑似诈骗的海外电话或网络电话拨入时，会启动警方的诈骗电话检测系统，当检测为诈骗电话时会向受害人以及诈骗分子发出警报信息，达到提醒受害人以及震慑诈骗分子的目的，同时将诈骗录音传至警方以备后续溯源追责。2020年，英国监管

机构推出欺诈广告警告系统，对互联网上的诈骗广告进行监测与拦截，同时通过该系统用户可以举报欺诈性广告。

3. 诈骗钱财转账止付方面。日本公司开发出一款装有人工智能的 ATM 机，如果 ATM 摄像头捕捉到操作者正在用手机通话或是戴着口罩、墨镜的画面，该 ATM 机就会在屏幕上发布警告，要求操作者摘下口罩和墨镜。它还会要求对方回答与诈骗相关的问题，并根据操作者的回答选择是否强行中止交易。日本的许多银行都会组织员工进行训练，教工作人员分辨出哪些老人正遭到诈骗，学习如何提醒老年人谨防诈骗，达到在转账环节终止诈骗行为的目的。

4. 诈骗资金追踪方面。英国金融协会和英国零售支付服务提供商联合开发了“钱骡”账户追踪方案，一方面能够跟踪可疑交易，发现支付链条上的“钱骡”账户和收款人信息，打击为网络诈骗者充当洗钱中介牟取利益的“钱骡”。另一方面能够在交易确认前检查收款账户背景信息的真伪，防止授权支付欺诈。澳大利亚建立公民身份识别和金融交易监管系统，帮助受害者跟踪交易记录，尽可能挽回用户因电信网络诈骗导致的经济损失。

（五）加强社会监督与宣传引导，织密群防群控安全网

民众既是电信网络诈骗的受害者，更是各国打击电信网络诈骗的重要主体。各国均将发挥民众监督作用、提升民众防诈反诈意识作为电信网络诈骗治理的有效举措。

1. 畅通社会监督渠道。美国成立了网络诈骗投诉中心，用于受理各类网络诈骗投诉，并利用大数据分析和比对技术打击网络诈骗分子。澳大利亚政府设立了专门的举报网站，以受理民众举报诈骗电话等信息；且设立网络犯罪在线举报和欺诈报告平台，通过大数据来研究其分布规律，对公民作出警示。

2. 提升民众防范能力。美国、俄罗斯、英国、新加坡等国家均在其官方网站发布近期常见电信网络诈骗手法，并为用户提供了信息核查验证渠道；在感恩节、圣诞节等特殊节日期间，美国、德国等分别发布了题为“感恩节期间请注意安全、防范电信诈骗”“德国的电话诈骗伎俩”等警示信息，给出经典诈骗案例以及有效预防措施；澳大利亚设立诈骗意识周，开办

博客系列活动，展示当前电信网络诈骗新技术以及防范措施，同时编印《诈骗小黑书》，详细介绍了最常见诈骗手法以及防范措施，列出了诈骗的举报投诉方式，并翻译成10种语言供大家参考学习。2018年，英国金融业协会联合金融服务公司、司法机构、电信服务供应商、商业机构、公共机构等发起了“拒绝欺诈倡议”，面向全国消费者和企业用户宣传金融安全知识和防范欺诈要点，帮助大众提高安全意识。

国外电话卡管理制度有关情况

为做好反电信网络诈骗专项立法工作，深入研究和借鉴其他国家的有关规定，现将有关电话卡管理制度的情况简报如下：

一、实名制

根据全球移动通信系统协会的统计，截至 2020 年 1 月，已有 155 个国家或地区制定了强制性 SIM（GSM 系统的移动用户所持有的 IC 卡，称为用户识别卡）注册法律。81% 有强制性 SIM 注册法律的国家要求运营商在客户购买预付费 SIM 卡时采集个人信息并保存记录，与政府机构共享信息。典型国家有：

（一）韩国

韩国采用手机和 SIM 卡合一并采用 CDMA 制式的移动网络。在这种技术制式下，韩国信息通信部 2001 年对移动用户采取了一户一网、机卡合一的手机入网登记制。韩国《电信事业法》对用户身份核验进行了规定：用户在办理电信业务时，电信经营企业可以要求用户提供使用人的真实信息；监管部门应当构建身份核验系统，并可通过行政信息共享机制要求其他行政部门进行用户身份核验；电信运营企业负有业务办理、变更等短信提醒义务。

（二）德国

德国 2004 年 6 月《电信法》第 111 款第 1 条明确规定，针对用户进行实名登记是运营商获得电信资源经营权的条件之一。在德国，有两种途径可获得手机号：一种是与手机运营商签订至少两年的合同，除非特殊情况，否则用户不可以随意解除合同。另外一种途径是购买预付费手机卡。按规定，购买此类手机卡时也必须出示有效的个人身份证明，经销商必须监督购买者进行实名登记。

（三）日本

日本《移动话音通信业者确认用户身份及防止移动话音通信服务不当利用法》中规定了实名制身份验证。移动语音通信服务运营商应当要求用户提供身份信息，对身份真实性进行验证，并保存身份验证记录。未按照规定进行真实身份验证的，移动语音通信服务运营商可拒绝提供服务。日本移动运营商也采取了行业协同管理行动。2000 年 5 月 12 日，当时日本 5 家移动运营商 NTT Do Co Mo，J – Phone（即曾经的 Vodafone K. K.，现在的软银移动）、IDO、DDI Cellular、Tu – Ka Cellular（后三家运营商现已并入 KDDI 集团）联合宣布，共同协商采取防范协议。根据协议，2000 年 7 月起新入网的预付费手机用户需要向运营商提供真实的个人信息，用户依据协议获得的预付费手机，在移动运营商将手机送到申请书所登记的用户时，在确认身份信息后方能获得。针对已经入网的用户，呼吁其提供住所、姓名等个人信息。

（四）瑞士

在 2003 年，瑞士联邦议会就通过了一项法律，对手机预付费卡实行实名制，旨在保护用户利益，防范和打击犯罪。该措施规定，凡在 2002 年 11 月 1 日之后持有手机充值卡的客户必须亲自到电信部门进行注册，不可代办，并需要提供姓名、住址、出生日期以及有效身份证件。补办上述注册手续期限至 2004 年 10 月 31 日，逾期不办理，将被限停或终止电信服务。

（五）澳大利亚

澳大利亚自 2000 年开始对移动预付费 SIM 卡服务身份认证进行监管。2007 年，为应对合规问题，澳大利亚移动电信协会与监管机构澳大利亚通信和媒体管理局合作，协商出台一种在销售点获取客户信息的相关行业方法。为建立更高效和有效的身份验证过程，通信和媒体管理局提出了一套新系统，该系统基于区分使用信用卡/借记卡购买移动预付费服务的用户和使用其他支付方式的用户运作，金融部门在个人获得信用卡或借记卡时所进行的身份验证过程被认为足够严格。在前一种情况下，购买移动预付费 SIM 卡服务的用户不需要出示任何额外的身份证明。

（六）新加坡

2005年10月，新加坡信息通信发展局、内务部要求对2005年10月后所有预付费卡用户进行实名登记，此前已取得预付费卡的用户需要在2005年11月1日至2006年5月1日期间进行实名登记，若在2006年5月1日后仍未实名登记的，电信运营商将停止其通信服务。

（七）印度

自2005年以来，SIM卡注册在印度已成为强制性要求，但随着时间的推移，对此的要求也在不断变化。2017年，电信部开始强制执行生物识别SIM注册，便于发布新的移动连接和重新验证现有用户。潜在的移动用户需要使用他们的Aadhaar号码访问移动网络运营商零售商以完成生物识别SIM卡注册。然而，在2018年9月的一项判决中，印度最高法院以多数裁决裁定，虽然生物识别SIM注册没有侵犯个人隐私权，但Aadhaar详细信息不应再成为开设银行账户或注册移动SIM卡的强制性要求。

（八）巴西

自2003年以来，巴西SIM卡的注册一直是强制性的，所有移动用户都必须出示身份证明才能获得SIM卡。根据巴西国家电信管理局的数据，身份证号码（官方身份证）、驾照和纳税人号码都可以用来完成SIM卡的注册。手机网络运营商必须将所有客户信息存储在一个安全的数据库中。虽然存在生物识别身份卡，但移动网络运营商无法验证客户对移动SIM登记的生物特征信息真实性。

截至2020年3月，英国、美国、加拿大、新西兰、瑞典、中国香港等38个国家/地区没有强制性SIM卡注册法。

二、主叫身份真实性

（一）美国

2010年，美国为治理非法使用虚假来电显示信息以及电话诈骗，颁布了《主叫身份真实法》。根据该法规定，任何来电显示服务故意传输误导性或不准确的来电显示信息以欺诈、欺骗或错误地获取有价值信息均为违法，适用于传统的电话和互联网协议语音（Volp）服务。该法规定对违法者每次违法行为最高处以10000美元的罚款，或对持续违规者每天的违法行为处以

30000美元罚款。但该处罚不会取代其他相关立法中有关监禁或罚款的规定。

2019年8月，美国联邦通信委员会批准了一项禁止欺诈性短信及国际自动语音电话的新规则，明确允许追踪、监控、惩处身处境外的欺诈性短信及国际自动语音电话背后的操控者，进一步扩大了《主叫真实身份法》的适用范围。

（二）韩国

禁止伪造或使用虚假电话号码牟利的服务，只在被特别允许的情况下可以使用，如对政府号码的标识、增加对来自国外电话呼叫识别的国家代码等。

韩国《电信事业法》详细规定了禁止虚假短信息、主叫号码显示、禁止虚假呼叫等保证主叫身份真实性的相关要求。第22条规定，对于将文字短信发送系统与电信业务经营企业所属电信设备直接或间接地相互连接，提供短信发送业务的增值电信业务运营商，应当杜绝发送人使用伪造电话号码。违反规定的企业或者个人可能被处以2年以下有期徒刑或者1亿韩元以下罚款。第84条要求电信运营企业应当提供主叫号码显示服务。此外，还要求不得以营利或欺诈等为目的显示虚假来电号码，电信运营企业应对虚假来电等采取切断服务等举措，监管部门可据此对于电信运营企业适当提供经费扶持。

（三）加拿大

加拿大电信和广播行业的主要监管机构是加拿大广播电视和电信委员会，加拿大的电话号码由广播电视和电信委员会建立的加拿大编号管理员根据要求分配。广播电视和电信委员会一直致力于减少使用误导性呼叫线路标识的垃圾邮件电信数量。广播电视和电信委员会现在要求所有提供语音电信的电信服务提供商在呼叫者识别线路不符合既定编号计划时，实施通用网络级呼叫阻止系统。广播电视和电信委员会还决定，到2021年6月，所有电信服务提供商将被要求实施STIR/SHAKEN框架，这是一种来电者身份验证和验证措施，用于证明来电者身份可信程度。

（四）新加坡

目前，新加坡还没有专门关于动态呼叫线标识表示的特殊规则。尽管如此，为了减轻和保护公众免受欺骗电话的伤害，新加坡通信媒体发展管理局要求电信运营商在所有国际来电的电话屏幕上显示“+”标志前缀，国内呼叫将不会显示“+”符号前缀。这项措施对于不期望接打国外电话的用户在接听显示“+”前缀的电话时，更容易识别，并可以提高警惕。

（五）德国

德国2004年《电信法》规定，电信服务提供商应当提供呼叫号码显示服务，被呼叫方可以拒听未显示号码的呼叫。

三、办卡数量限制

韩国一张身份证只允许开通一个预付费卡的手机。新加坡规定客户必须年满15岁才有资格购买预付费SIM卡，每位客户最多只能注册3张预付费SIM卡。泰国规定每个人允许持有的SIM卡数量是15张。德国、日本、澳大利亚等国家对于SIM卡允许持有的数量没有作出限制。

四、转让限制

（一）德国

转让手机卡（号）时新的用户（受让人）也必须提供相应的身份证明，并办理过户手续。如果不按规定过户，一旦新的持卡人用该手机卡从事违法行为，原持卡人将会承担相应的法律责任。提供商如果未能执行SIM卡注册法，将面临2.22万欧元的罚款；用户SIM卡将被停用，罚款2万欧元。

（二）日本

《移动话音通信业者确认用户身份及防止移动话音通信服务不当利用法》第七条规定，承包人拟将其服务提供合同相关的可调用终端设备转让给他人时，除转让给从事同业的亲属外，必须事先征得移动语音通信运营商的同意或进行受让人身份验证。

（三）韩国

《电信事业法》明确规定，禁止私下交易电信号码，监管部门可要求对私下交易的电话号码采取服务隔离或信息显示限制。《电信事业法》第48－2对电信号码交易禁止作了规定：（1）任何人都不能私下交易属于有限国家资源的电信号码。（2）科学技术信息通信部部长发现违反第 1 项规定的行为，通过私下交易将电信号码的信息发布到信息通信网络上的，可以命令信息电信服务提供商采取服务隔离和信息显示限制等处置措施。

（四）泰国

如果用户不慎丢失电话或转让 SIM 卡给其他用户，须向警方报案或到其服务提供商处备案，以防止被盗或转让给他人的 SIM 卡被滥用。

国外互联网管理制度情况

为做好反电信网络诈骗立法工作，研究借鉴其他国家的有关规定，现将一些国家与电信网络诈骗治理相关的互联网管理制度情况简报如下：

一、互联网账号管理

从国际立法及实践看，由于受到公民言论自由基本权利的掣肘，旗帜鲜明推行互联网实名制的国家不多。韩国曾一度由政府推动网络实名制，美国有些互联网企业的命名规则中会有身份真实的要求。

（一）韩国

韩国是全球率先普及互联网的国家之一，也是第一个强制实行网络实名制的国家。韩国的实名制被西方视作“失败经验”广泛提及，并成为抵制网络实名制的事实论据。该制度经历了兴起、顶峰到低潮三个阶段，并于2012年以裁定违反宪法告终。

总体而言，韩国网络实名制度的兴衰与社会民意基础联系紧密。从2001年起，发生在网络论坛的一系列网络暴力事件，使韩国政府开始尝试推行网络实名制，并据此修改了《信息通信基本保护法》。社会对限制公民任意表达的实名制态度不一。但2008年相继出现数起针对娱乐明星并产生严重后果的网络暴力事件后，社会民众对实名制的呼声达到顶峰。韩国政府借此扩大了网络实名制的适用范围，将《信息通信网络利用及信息保护法》第44－5条网站用户身份验证的范围，由第1款规定的政府、公共企业运营网站，扩展为日均用户在10万人以上的信息通信服务提供者。据此，韩国的网络实名制在2009年全面铺开。

网络实名使互联网服务商掌握用户信息更为普遍和集中，这也相应地增加了泄露风险。2011年韩国一家大型网站遭受黑客攻击，占韩国75%人口的个人信息全部泄露，泄露内容包括名字、身份证号码、生日及地址等。此事件使得韩国社会对网络实名制推行的必要性出现动摇。当时，韩国广播通信委员会计划逐步废除网络实名制。同时，韩国宪法法院也于2012年对一起关于实名制条款侵犯言论自由权的宪法诉讼作出裁定，裁定认为《信息通信网络利用及信息保护法》第44－5条第1款第2项违反了过度禁止原则，侵害了用户的表达自由。

（二）美国

美国没有制度层面的网络实名要求。作为大型国际性互联网企业的集中地，美国有的互联网巨头通过用户协议等方式推行各自平台上的网络账号名称规则，其中脸书（Facebook）和领英（LinkedIn）网站较为典型。

脸书网站是美国较早推行账号名称规则，提出账号真实要求的社交网络平台，要求用户名称应为其“日常生活中的名字”。为落实该要求，脸书网站还采取多项配套措施，包括对网络账号命名方式作出限定（如命名不能包括符号、数字、不寻常的大写、重复字符或标点符号、来自多种语言的字符等）；要求用户提交政府颁发的身份证件、杂志订阅和水电费账单、信用卡对账单等材料以证明其身份；主动提起身份认证要求等。数年来，平台同时采用人工审核和自动验证系统，同时也会与受信任的服务提供商合作来验证用户的身份。该政策虽然受到用户批判，但为了更好确保用于身份验证的身份证件真实性，至今仍在执行。

领英网站是美国具有全球影响力的求职平台，该平台现行用户协议第2.1条服务资格要求“您将只有一个领英账号，且必须是您的真实姓名”，以及第8.1条要求“在您的个人资料中请使用真实姓名”。同时，在用户帮助页面中也强调“领英不允许会员使用不反映真实或首选专业名称的假名、企业名称、协会、群组、电子邮件地址或特殊字符”。

从执行上看，美国上述由企业主导的互联网账号政策并不与权威机关对用户的实名认证挂钩。用户及互联网信息服务提供者对此类政策的违反并不产生法律上的责任。从政策基础看，其推进动力一般源于互联网企业的盈利策略，例如试图掌握用户最真实的信息以最大精准度地推送广告、快速形成用户规模、培养用户黏性等。

二、互联网企业的监管职责

（一）欧盟

总体上看，欧洲对于互联网企业有关用户使用行为管理所施加的义务，采取了“软硬兼施”的制度策略。起初期待各互联网企业通过行为自律的方式治理各自平台上的违法犯罪内容，但见效甚微。从 2018 年起，相关立法机构逐渐摒弃原有的“轻触式监管”思路，在争议中赋予互联网企业强制性义务。

欧盟 2020 年颁布《数字服务法》和《数字市场法》，从网络内容治理和互联网经济秩序维持两个方面规制互联网市场。其中《数字服务法》着力于规范互联网平台对在线内容的“守门人”义务：一是要求互联网平台建立方便用户的非法内容删除及通知机制，以及相应的内部投诉处理系统；二是互联网平台在打击非法信息方面的措施及透明度义务，例如删除非法内容时需对上传信息者作出解释，并发布其与删除、禁用非法内容和服务相关活动的详细报告；三是法律责任上，对违法的互联网平台处以年收入或营业额最高 6% 的罚款，连续违反者处以上一财政年度平均日营业额 5% 的定期罚款；四是在保障措施上，要求互联网平台必须在欧盟指定一名法律代表，与监管机构合作，并对违规行为负责。

（二）美国

与欧洲逐渐意识到言论自由应有边界不同，美国仍坚持较为绝对的言论自由主义，因此在有关互联网用户管理的讨论上偏向于自由化。其中，围绕《通信法》第 230 条的讨论是研究美国互联网平台管理责任的核心。《通信法》第 230 条的规定概括性地免除了互联网平台对用户信息内容应承担的责任，包括刑事、知识产权、通信隐私以及其他法律上的违规风险。与此同时，互联网服务机构对非法信息内容所采取的措施更像是一种实施后可以免责的权利，而非一种必然的义务。此外，该条文“根据任何与本节不一致的州或地方法律，不得提起任何诉讼理由，也不得追究任何责任”的规定，也防止了在地方立法上对互联网企业在内容管理上施加过多的限制。

但伴随互联网平台算法的兴起，近年来主张废除第 230 条，以使互联网平台承担更多责任的呼声愈渐高涨。2020 年 9 月，美国司法部向国会提议制定限制大型互联网公司部分豁免权的立法，司法部认为取消互联网公司在某些情况下的豁免将有助于促使它们制定出对公众健康更为友好的政策。同时，美国大法官克拉伦斯·托马斯在2020年10月发布的一起声明中表示，第230条授予互联网平台的一些法律豁免在未来的司法案件中可以缩小适用或者取消。美国总统拜登也表示，由于社交平台上普遍存在政治错误信息，脸书网站应失去第230条的豁免权。

三、企业协助执法调查义务

（一）美国

电信运营商和电信设备制造商有义务保障其提供的设备、设施和服务满足必要的监控能力。美国国会1994年通过的《执法通信协助法》旨在提高执法机构合法拦截通信的能力，要求电信运营商和电信设备制造商修改或设计其设备、设施及服务，以确保具有针对性监控的内置能力，从而允许联邦机构选择性窃听任何电话流量。此后，伴随技术的发展，该法的适用范围扩展到互联网和VoIP领域。该法虽然目的在于确保执法机构的电子监控能力，但其机制对于管控电信网络诈骗也能够起到作用，执法机构可以要求电信运营商提供关于诈骗电话相关的信息；要求电信运营商确保其设备、设施或服务能够根据合法授权迅速隔离和交付有线和电子通信以及呼叫识别信息。根据该法要求，电信运营商有义务协助拦截用于执法目的和其他目的的通信，基于设施的宽带互联网接入提供商、互联网协议语音服务提供商应根据执法部门的要求允许执法机构通过其网络进行任何电话对话，并提供通话详细记录。

如果法院裁定电信运营商未遵守该法的要求，可对电信运营商、电信传输或交换设备制造商或电信支持服务提供商发出命令，要求其在下达命令后或法院规定日期后，对违反规定的处以最高每天1万美元的民事罚款。

此外，服务提供商在其中需要承担的义务并不多，除了限制非法电话营销外，还需要按照用户的要求关闭或冻结其本人账户，并且不得收取费用。

（二）欧盟

《电子通信准则》对及时终止数字和服务提出了要求。第97条要求成员国应确保国家监管机构或其他主管当局能够要求公共电子通信网络或公开可用的电子通信服务提供商在有正当理由（无欺诈或滥用）的情况下，逐案阻止对号码或服务的访问，并要求电子通信服务提供商扣留相关服务收入。

（三）德国

德国2021年5月通过的《电信现代化法案》除互联网企业外将适用范围扩大到其他服务提供商，包括人机通信服务，要求服务提供商确保检测高风险攻击及进行合法拦截，以确保网络和服务的可访问性和安全性。根据该法，严重侵权行为可能会被处以最高100万欧元或全球营业额的1%的行政罚款，以较高者为准。

（四）澳大利亚

在要求互联网企业协助打击犯罪方面，被澳大利亚政府机构广泛和长期应用的制度是该国《电信法》第313（3）条中有关通信服务提供商或承包商的协助执法义务。该条款规定，通信业务服务商应基于澳大利亚选举委员会的要求提供合理必要的协助，包括执行刑法和罚款法，协助执行外国现行法，保护公共收入，维护国家安全等。实践中，有关政府机构将上述条款的执行扩充至互联网服务提供商。

（五）日本

2018年3月，日本政府在内阁会议上提交了《电信事业法》修正案，写入了为加强打击网络攻击，通信商之间推进信息共享的新制度。修正案提出要出台通信商在关停对用户影响较大的通信服务时有义务事先申报的制度。在日本，随着监控探头和各种传感器等物联网设备的普及，劫持设备引起网上故障的网络攻击与日俱增。日本政府欲通过修改《电信事业法》使各通信商通过第三方机构共享有关网络攻击的信息，从而能迅速阻断攻击。

（六）韩国

《信息网络通信法》第49条第2款规定，任何人不得通过信息通信网络进行欺骗，收集他人信息或者诱使他人提供信息。服务提供者有必要根据广播及通信委员会或韩国互联网推广局的要求，收集有关违规事实的信息，并且采取防止损害蔓延的紧急措施，包括切断行为人对信息和通信服务提供商的访问途径。第47条规定，如果信息通信网络发生重大侵权事件，并且使用其服务的用户的信息系统或信息通信网络等可能出现严重故障，主要信息通信服务提供商应按照使用条款要求用户采取保护措施，如果不实施，可以暂时限制访问该信息通信网络。

四、其他互联网行业管理方面

（一）英国

在App治理方面，2019年2月，英国政府联合银行业界、消费者群体等多方力量，发布了《授权推送付款（App）诈骗自律守则》，规定银行金融机构若未能达到相关要求而导致客户遭受App诈骗，则需对客户损失进行赔偿。目前共有包括巴克莱银行、劳埃德银行、汇丰银行、Metro银行、苏格兰皇家银行在内的8家机构已签署加入。

（二）美国

美国及部分欧洲国家对互联网企业在黑灰产业领域的治理责任规范相对宽松，主要期待相关企业自主落实主体责任，并通过发布非强制性法律文件敦促相关企业执行相关建议，颁布系列指南向企业提供实践方法。

2021年6月，美国白宫针对企业发布《避免勒索软件备忘录》，敦促各商界领袖必须采取紧急行动应对勒索软件威胁，并罗列了五种行为以防范勒索软件攻击措施，包括：备份数据、系统映像和配置，定期对其进行测试，并使备份保持离线状态；及时更新和修补系统；测试事件响应计划；检查安全团队的工作；以及分段网络等措施。但上述行为要求均为建议性质，不具备法律强制性。

2021年5月，美国网络安全与基础设施安全局和美国联邦调查局发布《针对DarkSide勒索软件的警告》，并敦促运营商关注各类资源如网络安全与基础设施安全局和多国信息共享和分析中心、网络安全与基础设施安全局管道网络安全计划等，以获得加强网络安全态势的最佳实践。此前，网络安全与基础设施安全局和MS－ISAC发布联合勒索软件指南，也对勒索软件预防的最佳实践进行介绍。

在互联网企业监测、阻断、预警责任方面，美国《网络安全信息共享法》有两个主要方面的制度规定。一是它允许公司监控网络流量，包括对自己的系统采取防御措施。二是它鼓励公司之间以及与政府共享网络威胁信息。

（三）法国

法国国家网络安全局于2021年6月发布《防范勒索软件攻击指南》，主要就防范相关网络犯罪，降低攻击风险问题提出建议措施，包括备份数据、限制用户权限和应用程序权限、控制互联网访问、实施日志监管、实施应对网络攻击的计划等。上述措施要求仅为建议性质，不具备法律强制力。

（四）日本

日本《网络安全基本法》为国家和地方政府加强网络安全的职责和政策提供了基本框架。《网络安全基本法》责成关键基础设施的运营商作出努力，主动并积极提高网络安全，并与国家和地方政府合作推动实施，加强网络安全。2018年12月，日本对《网络安全基本法》进行了修订，并建立网络安全委员会。网络安全委员会旨在成为允许国家和地方政府当局以及商业运营商共享信息的渠道，这可能有助于网络安全措施的提议和实施。

五、电信网络犯罪相关规定

（一）美国

电信欺诈类犯罪在美国属于重罪，在某些情况下，最高可被判处三十年监禁、罚款和没收财产，其表现形式包括身份欺诈、信用卡欺诈 、计算机欺诈、邮件欺诈、电汇欺诈或金融机构欺诈等。

（二）日本

日本的《禁止未经授权的计算机访问法》第4条禁止通过网络钓鱼获取任何识别码，第7条规定禁止网络钓鱼。《刑法》第12条规定上述行为可处以最高一年的监禁或最高50万日元的罚款。《刑法》第246—2条规定，任何使用通过网络钓鱼获得的识别码获取非法利益的人将被处以最高10年的监禁。《刑法》对分发、销售或提议销售用于实施网络犯罪的硬件、软件或其他工具的行为也作出了规定。

（三）韩国

《防止电信金融欺诈造成的损失和退款特别法》（金融欺诈特别法）规定任何导致他人将数据或指令输入计算机或其他信息处理单元的人，或以电信金融欺诈为目的，使用他人获得的数据将数据或指令输入计算机或其他信息处理单元，处10年以下有期徒刑或1亿韩元以下罚款。

（四）新加坡

《计算机滥用法》第3条规定，为了确保在未经授权的情况下访问任何计算机中保存的任何数据而使计算机执行任何功能，均属违法。根据具体情况，这可能包括网络钓鱼。根据本条被定罪的罪犯应处以：最高5000美元的罚款，最高2年的监禁。第4条规定，任何人使计算机执行任何功能，以访问任何计算机中存有的任何程序或数据，而意图若干犯罪，包括某些涉及欺诈或不诚实的犯罪，即属犯罪。被判犯有该等罪行的人，可并处或者单处5万美元以下罚款，10年以下的监禁刑。

《刑法典》第224章规定了对身份盗窃和身份欺诈的处罚。根据《刑法》第419条与第416规定，冒充他人、作弊的人以外的人，犯有罪行，一经定罪，可处最高5年的监禁；罚款或前两者并罚。这种罪行是普遍适用的，也可以扩展到网络环境。

（五）加拿大

《刑法》第380（1）节，网络钓鱼可构成欺诈。其中第402.2节禁止获取或拥有他人的身份信息，意图使用它来实施可公诉的罪行，例如欺诈；最高刑罚为5年监禁。第403条禁止欺诈性地“冒充”他人以谋取利益、获得财产、对他人造成不利影响或避免逮捕或起诉；最高刑罚为10年监禁。

有关国家和地区金融账户管理制度情况

为做好反电信网络诈骗立法工作，研究借鉴其他国家的有关规定，现将一些国家和地区金融账户实名制、尽职调查、支付账户特殊管理和金融账户办理条件、程序等情况简报如下：

一、关于金融账户实名制、尽职调查制度

从国际立法及实践来看，普遍要求金融账户进行实名登记管理，并规定对超过一定数额的现金交易提供相应交易报告，且不少国家同时要求金融机构进行客户尽职调查。

（一）韩国

1982年韩国政府起草了《实名金融交易法》，但该法案从未施行过。1993年金融实名制才终于出台。2014年国民议会修订《实名金融交易和保密法》，禁止借名金融交易，目的是通过实行金融交易实名制，规范金融交易和确保交易保密，实现经济公正，促进国民经济健康发展。《实名金融交易和保密法》第三条对实名金融交易作出了规定，要求以实名方式与客户进行金融交易，但对于在总统令规定的期间内购买外币、收取外币存款或转让外币债券等交易、总统令规定的不超过100万韩元的公共征收和转账、特殊证券发行等交易，以及金融经济部长官确定的发行期限、利率、期限等特定条件下发行的有关债券等金融业务时，金融公司可以决定不核实客户真实姓名。

在韩国，金融机构根据《实名金融交易和保密法》和《金融交易报告法》进行客户尽职调查，有效禁止开立、维护匿名账户或假名账户，并要求金融机构核对客户的真实姓名进行核查。2006年1月《金融交易报告法》修正案，扩大了客户尽职调查要求的范围，包括需要满足客户尽职调查要求

的金融交易种类和需要验证的客户身份信息。金融机构需要对各类客户进行核对的身份信息如表 1 所示。

表 1　金融机构需要对各类客户进行核对的身份信息

客户类别	身份信息
个人	真实姓名、居民登记号码、地址、联系方式
营利性法律实体	工商登记真实姓名、工商登记号、业务类型、总部及办事处所在地、联系方式、代表真实姓名
非营利法人实体、其他组织	设立目的、主要办公地点、联系方式、代表真实姓名
外国人和外国组织	以上三类对应类别中指定的信息、国籍、当地居住或办公地点

（二）日本

1997 年《日本银行法》《本人确认法》《日本银行关于活期存款账户交易或贷款交易对象选定标准》等，将客户身份尽职调查作为监管的核心内容，银行一旦被认定违规，将会对法人及个人实施比较严重的行政处罚或刑法处罚。《防止转移犯罪所得法》要求涵盖的机构和个人对客户和商业伙伴进行以下尽职调查：（1）客户的身份资料，例如姓名、住所和出生日期文件；（2）交易的目的；（3）职业（自然人）和业务内容（法人）；（4）通过要求客户出示身份证明文件等验证方式获取有关受益所有人的信息。对于注册会计师或税务会计师、税务会计公司等，该法案要求他们仅核实客户的身份资料。

如果交易涉及价值超过 200 万日元的财产转让，涉及的机构和个人还应核实财产和收入状况。

（三）新加坡

新加坡规定了客户尽职调查，具体措施包括：识别和验证客户（或与客户有关的任何受益所有人）的身份、了解与客户建立业务关系的目的、预期性质和持续监控与客户的业务关系。

新加坡通常采用基于风险的方法，对政治公众人物及其家庭成员和亲密伙伴需要加强客户尽职调查措施。如果客户或受益所有人来自或位于被金融行动特别工作组确定为高风险或反洗钱措施不足的国家地区，也需要加强客户尽职调查措施。

（四）欧盟

1980年欧洲理事会《防止转移和保存来源于犯罪资金的措施》，强调对客户真实身份的识别，打击对犯罪所得的洗白行为，建立严格的识别制度，包括客户身份的识别和交易情况的识别，要求所有账户必须实名认证，对于交易双方身份的识别一般要在交易开始前完成，可以根据交易风险的大小采取不同程度的识别措施。

1991年开始，欧盟在第一反洗钱指令的基础上通过并修订了反洗钱框架，该指令首次引入了对客户身份识别的要求，即识别和验证客户身份、监控交易并报告可疑交易。

二、关于移动支付账户的管理

（一）美国

从监管层级来看，美国对移动支付的监管主要分为联邦和州政府两个方面。联邦政府主要负责整体法律框架体系的顶层设计；各州政府结合联邦层面的法律法规，充分考虑当地移动支付的发展现状和实际经济情况，制定并贯彻执行差异化的监管细则，监管方式更为灵活、具体。此外，电子交易协会、移动支付行业工作组等行业自律组织在移动支付监管体系中也承担重要的职责。

美国联邦和地方州政府针对银行账户和支付机构的不同功能理解，对银行账户和支付机构账户制定不同的监管标准，对支付账户进行差异化监管。如美国联邦将支付机构定义为货币服务商，仅具有支付功能，不具有储蓄功能，而在地方州政府层面，大部分州将其定义为“金融机构”，主要从事支付结算服务，不能吸储和放贷。少部分州则从其实质业务出发，认为支付机构正在从事“非法”的银行业务，需要遵照对“银行”的监管要求进行监管。美国联邦和州政府依据《银行保密法》《爱国者法案》等，对支付账户使用人执行严格的客户身份识别和交易报告制度，确保客户信息的真实性，并规定支付机构代表客户进行的交易和个人携带货币类支付工具出入境，金额超过 1 万美元的均需提交相应交易报告。

（二）欧盟

欧盟对移动支付的监管机构主要有欧洲委员会、欧盟理事会和欧洲央行，且执行统一的移动支付监管体系和法律法规标准。2002 年，欧盟成立移动支付行业自律组织——欧洲支付理事会，负责移动支付核心业务规范和技术平台标准的制定。各成员国监管部门也按照合作自愿的原则，逐渐统一制定在欧盟范围内的支付安全技术标准。

欧盟对支付机构的监管重点与美国不一样，欧盟实行的是机构监管，相对于交易过程，更注重对整个支付机构的监管。在具体监管措施方面，对银行开立的银行账户和支付机构开立的支付账户，进行区别管理，并随着支付账户体系的不断深化，对支付机构进行动态监管，从功能和行为特征上不断细化支付账户的分类标准，实施灵活、完善、动态的新型支付账户监管。以 PayPal 公司为例，英国在 2004 年向 PayPal 公司颁发了“电子货币机构许可”，卢森堡在 2007 年根据动态监管机制，依据 PayPal 公司的申请，结合其实质业务开展，向其颁发了银行牌照。自 2011 年 4 月 30 日，欧盟正式废止《电子货币机构指令》，曾经的网络类支付机构在这以后被认定成“信贷机构”，并依据信贷机构的监管标准接受严格监管。欧盟还加强了对支付账户的身份验证工作，制定强客户认证和安全通信的监管技术标准，加强消费者保护、促进创新和提高整个欧盟支付服务的安全性。自 2019 年 9 月 14 日起，修订后的支付服务指令的强客户身份验证要求生效。

（三）澳大利亚

澳大利亚 1988 年《金融交易报告法》（2018 年修订）规定，网络支付服务商有义务在为顾客开户前，核实顾客身份，并向澳大利亚交易报告分析中心报告所有 1 万澳元以上的支付交易。不得利用信用卡透支向支付账户充值。除了月充值额小于 1000 澳元的，其余支付账户必须与银行账户挂钩。

三、关于金融账户办理条件、程序和时间

（一）英国

银行账户一般有以下几类：一是现金卡，主要作用是帮助持卡人在银行或 ATM 机上存取现金。二是支票保证卡，在使用支票时出示，以作为支付保证，支票保证卡上会被注明担保的金额，即持卡人每次可以开具支票的最高额。三是借记卡，主要作用是帮助持卡人在商场里刷卡消费，费用通过银行结算系统直接从相应银行账户上扣除。英国银行对以上三种卡会采取合并的形式，将上述的功能统一到一张卡上方便客户的使用。四是信用卡，主要用于透支消费。五是现金账户，用于存取日常开支的活期现金账户，账户利息很低或没有利息。六是存款账户，用来存款，利息较高可以支付支票。如果提取现金需要和银行提前预约。英国银行结算账户管理在开户环节上与国内有很大的不同：

（1）在银行开立账户实行面谈制度。

从面谈的流程看，开立账户时，除客户填写申请表，提供自身详细信息外，客户经理还要亲自询问开立账户的目的、资金收支情况等，尤其着重了解账户内是否有大额现金的划汇和支取，一旦日后监控发现异常资金流动，将视同客户违反开户合同。银行的客户经理有责任了解和记录开户目的、资金的来源和支出方向以及账户持有人的风险偏好。

从制度的实践情况看，开户人一般要提前与银行进行预约方能开立账户，且必须由客户本人或单位法人代表或法人代表授权人亲自到银行办理，个人账户不允许委托人代为开立。

最后，面谈结束前，银行的客户经理会对开户人的风险偏好进行简单测试并予以记录。

（2）开户实行审查制度。

英国开立账户并不是立即可取，一般需要1—2周时间。在此期间，银行会向英国政府相关行政部门提交核实申请，主要涉及客户在其他银行的违约纪录、税收不良记录、在警察局是否存在不良案底、外汇资金使用情况等。如果符合开户条件，银行将迅速为开户人邮寄一份开户成功的确认函，告知银行账户和银行检索代码等办理现金汇入等业务必需的账户要素，方便客户提前进行账户操作。

（3）实行有效证件制和“一个账户”制。

根据英国1985年《公司法》规定，任何单位开立银行账户时，必须提供单位有效证明。从账户管理的前提条件看，由于英国不实行工商登记审批制度（仅金融、能源等少数行业实行行业许可），英国企业并无开户所需的工商执照等有效证件。该法明确，企业开立银行账户，应提供由英国工商局出具的身份确认函。由于英国尚未对公民个人实行户籍制，不强制公民办理身份证，因此个人如需在银行开户，须提交警察局提供的银行开户确认函。如为外籍人员，除了提供护照和签证外，还需要受访单位或部门出具包括受访目的、停留期间、住所等内容的确认函。更为严格的是，英国法律规定，一家银行只能接受一份（套）有效证明，且只能开立一个银行账户。如果开户人要开立新账户，前提是将老账户销户后方可办理。

（二）法国

法国规定银行可以根据合理的理由拒绝为客户开户，但如果个人客户在任意两个银行被拒绝开户，则可向法兰西银行申请指定一家商业银行为其开户。

法国的银行账户主要可分为两类：传统账户与储蓄账户。其中，传统账户称为活期账户，是日常生活中最常用到的账户，平时刷卡、取款或绑定的自动扣款都是直接通过活期账户进行。活期账户主要可分为三类，分别为：

（1）个人账户。此类账户开户者只有一人，且仅有账户持有者能进行账户使用、管理等各项操作。对于已婚人士，在个人账户开户时，可以任意选择本姓或随夫姓，但需提供相关证明信息，大多以身份证上的姓名为准。对于未成年人，个人账户开户则需在监护人的陪同下进行，且会加上监护人信息，由监护人在一定条件下协助监管。

（2）（双人）共同账户。（双人）共同账户需要至少两人联名开户，多数为家庭成员间或情侣间，账户由双方共同管理，且联名双方都有连带责任，如出现问题，银行可向任一方追究责任。共同账户也可转为个人账户或多人联名账户，但转换手续需由开户双方签字确认后才可生效。共同账户所有附带文件（如银行账单、支票簿）等都会有双方名字。

（3）多人联名账户。多人联名账户多用于企业或投资/创业者间，由多人共同管理，任何操作都需所有持有人授权后才能进行。持有者之间相互不存在连带责任，但开户时需签署较多复杂的法律文件。如发生支票跳票等情况，则由操作者单方负责，其他持有人无须负担连带责任。

（三）澳大利亚

银行账户分为三种情况：一是结算户，存款人可以使用票据、信用卡、贷记卡、借记卡等支付信用工具办理各种结算业务；二是投资户，存款人的定期存款；三是存折户，存款人不能自行签发支票，只能到开户银行的柜台办理转账结算和支取现金。

金融账户种类和数量不受限制。澳大利亚对银行账户的种类和性质不作特殊的规定，对存款人开立银行账户的数量也不作特别限制，完全由商业银行自我规范。

开户实行“百分检查”制度。澳大利亚规定，开立银行账户时，银行除要认真核对申请人提交的护照、出生证、驾驶执照、教育经历记录、社会保障卡、有长期业务往来的第三方金融实体或客户的签字证明等有效证件或记录外，还实行“百分检查”制度，有效地遏制了伪造身份证明、提供虚假证明文件的现象。在澳大利亚，开户时如果提供的身份证明文件未达到百分，商业银行也可开户，但款项只收不付，属于“可存不可取”的限制性账户。存款人在12个月内仍未达到百分时，银行应按规定向交易报告中心报告，对银行账户依法进行处理。

关于开户信息建立数据库及保存制度。法律规定银行必须建立存款人开户信息的数据库，供系统内外机构共享，对存款人的开户信息在账户撤销后至少保存7年，对打击借用账户、洗钱等违法行为提供有力保障。澳大利亚除对银行账户的种类、性质、数量不作人为规定外，对银行账户一般也不限制其使用方式，都可以办理转账和现金收支业务，对银行账户的使用管理主要体现在交易报告制度上。

（四）美国

在美国，个人开立银行账户，一般应向银行出具至少两种带照片的个人身份证件。美国的银行账户主要分两种：支票账户和储蓄账户，储蓄账户可以与支票账户做连接，当支票账户发生透支时连接账户可以自动划款。另外，一般银行还会有定期存款账户，利息相对较高。

在对存款客户开立银行账户上，各家商业银行还是秉着“充分了解客户”的原则制定了严格的要求。如美联银行要求其存款客户开户时必须填报职业和所服务的公司名称、地址、家庭电话、办公电话、邮政编码等 30 多项数据和材料，这些要素只要缺一项，在电脑上都通不过，开不了户。与此同时，银行客户在使用银行账户时，当该账户一天的收付发生金额达到或超过 1 万美元时，商业银行必须在 15 个日历日内写出该账户的现金转移报告递交给财政部的货币监理官以备检查监督。

（五）韩国

韩国严格外国人开设金融账户的条件。鉴于外国人开设金融账户的条件相对较低（仅凭护照就可申办），极易成为电话金融诈欺犯罪分子募集“大炮账户”重要来源的情况，韩国后来又规定，外国人开设账户的，除了提供护照外还要另附公课金纳入领收证等其他身份确认资料，在确认实名后才允许开设账户。

金融机构经营者负有金融交易实名确认的义务，因而开户人在开设金融账户时需提供身份证件，并由金融机构职员加以审核确认。

（六）德国

个人在银行开户时，用户不仅要实名登记，还要接受严格的身份检验，包括身份证、家庭住址、固定电话、工作单位等都要进行存档备案。开户者还要和银行签订“信用合同”。个人签订手机、网络等合同时，也有类似的开户流程。另外，个人是否能在德国银行顺利开户，还取决于德国信用保障机构。德国的银行、电信、网络和租房等公司会定期将客户的个人信用信息向信用保障机构报告。截至 2016 年 12 月，该机构数据库已有 6620 万自然人和 150 万法人的信用记录，他们在信用保障机构都有档案和评分，系统会自动扣除被查出涉嫌电信诈骗的个人和公司的信用分。